中华国学典藏读本

史记

注·译·评

周家丞 主编

精编

中国言实出版社

图书在版编目（CIP）数据

史记精编 / 周家丞主编. -- 北京 : 中国言实出版社，2016.12
ISBN 978-7-5171-1462-8

Ⅰ. ①史… Ⅱ. ①周… Ⅲ. ①中国历史—古代史—纪传体—通俗读物 Ⅳ. ①K204.2-49

中国版本图书馆CIP数据核字(2016)第300502号

责任编辑：史会美
文字编辑：崔文婷
封面设计：杨 光

出版发行 中国言实出版社
地 址：北京市朝阳区北苑路 180 号加利大厦 5 号楼 105 室
邮 编：100101
编辑部：北京市海淀区北太平庄路甲 1 号
邮 编：100088
电 话：64924853（总编室） 64924716（发行部）
网 址：www.zgyscbs.cn
E-mail：zgyscbs@263.net

经 销 新华书店
印 刷 北京富达印务有限公司
版 次 2017 年 3 月第 1 版 2017 年 3 月第 1 次印刷
规 格 710 毫米 ×1000 毫米 1/16 26 印张
字 数 390 千字
定 价 78.00 元 ISBN 978-7-5171-1462-8

出版说明

中国传统史学作为一门经世之学，受到了历朝历代上自帝王将相下至黎民百姓的高度重视，官修私撰，长盛不衰，堪称中国文化史上的一大奇观，其丰富的内容、多样的形式、完备的制度、杰出的史家、精善的理论、浩瀚的历代典籍，在世界历史上都是非常罕见的。梁启超在《中国历史研究法》中说："中国于各种学问中，惟史学为最发达；史学在世界各国中，惟中国为最发达。"这种说法是符合实际的。

中国传统史学是传统文化的重要组成部分。出现于魏晋南北朝，确立于唐初的"经、史、子、集"四部分类法，不仅为史著设立专部，而且位居第二。从此，史学成为仅次于经学的显学，终封建之世未变。中国传统史学又是传统文化的重要载体。中国之所以被称为文明古国，正是因为有着悠久的历史和灿烂的文化，而这悠久的历史和灿烂的文化，在很大程度上是通过历代史学典籍来承载的。

中国自古就有极其浓厚的历史意识。传说黄帝时期就已经设立了史官，夏、商、西周时期，史官分工逐渐明细，商朝开始有"典"与"册"的历史典籍。春秋时期，孔子把鲁国史官所作《春秋》删削成有独立思想体系的历史著作，标志着中国古代史学的正式开端，并创立了编年体史学体裁。先秦时期的史著主要有两类，一是《春秋》《左传》等以记事为主的史书，二是《国语》《战国策》等以记言为主的史书。其中，《左传》是历史上第一部叙事详备的编年体史著，代表了先秦史学的最高成就。西汉时期，司马迁撰写了历史上第一部纪传体通史《史记》，开创了中国史学的新纪元。东汉史学家班固沿用《史记》体例，创作了中国历史上第一部断代史《汉书》。此后，纪传体逐渐成为中国古代史学的主要体裁。《隋书·经籍志》记载："自是世有著述，皆拟班（班固）、马（司马迁），以为'正史'。"后来，人们把《史记》《汉书》《后汉书》《三国志》等历代编修的二十四部正史合称为"二十四史"。直至北宋时，司马光主编的我国第一部编年体通史《资治通鉴》，打破了断代史为主流的格局，成为一部划时代的史学巨著。《清史稿·艺文志》著录的史部图书，据粗略统计，多达

3900部左右，80000多卷，如果加上大量未被著录的史书，其数量更是难以计数。

中国传统史学在漫长的发展过程中，逐渐形成了博古通今、惩恶扬善、经世致用、秉笔直书等优良传统，使其具有难以估量的开发和利用价值。首先，历史的经验与教训是极为宝贵的财富，“前事不忘，后事之师”，一个国家、一个民族对自己的历史认识得越清楚、越透彻，对未来的把握就越准确、越科学。其次，弘扬历史文化可以培养人们的爱国情怀和民族自豪感，增强民族的凝聚力与向心力。清代思想家龚自珍说：“灭人之国，必先去其史。”对于个人来说，学习和掌握丰富的历史知识，可以完善知识结构，开阔视野，启迪智慧。一个人无论什么身份，从事什么职业，都能够从历史知识中汲取营养。

习近平同志曾经指出：“学史可以看成败、鉴得失、知兴替。”作为中国人尤其是党员干部，有必要读一读中国古代史学典籍，从中汲取有益的成分。然而，史学典籍卷帙浩繁，仅仅“二十四史”就有4000万字，普通读者不免望而生畏，所以我们精选了最具代表性的几部典籍中最为精彩的文章。在编排体例上，我们设置了导读、注释、译文、精彩语段、知识链接等栏目，以帮助读者深入理解和掌握作品的精髓，为读者展示历史上优秀的人物和重要的历史事件，以及中国丰富的历史文化。希望我们的努力能够引领读者跨越时空，进入辉煌的历史殿堂，更深入地去学习历史、思考历史，为普及和弘扬传统文化尽一份绵薄之力。由于编者水平有限，书中错误、疏漏之处在所难免，欢迎广大读者批评指正。

前 言

《史记》原名《太史公书》，是中国历史上第一部纪传体通史，被誉为“二十四史”之首，与《汉书》《后汉书》《三国志》合称为“前四史”，因其巨大的史学价值和文学价值，被鲁迅赞为“史家之绝唱，无韵之离骚”。

《史记》的作者司马迁（前145—？），字子长，西汉时夏阳（今陕西韩城）人，年轻时曾游历过很多地方。他的父亲司马谈曾任太史令，原计划编撰一部通史，未竟而卒，临终前嘱咐司马迁完成他的遗志。司马谈去世三年后，司马迁被汉武帝任命为太史令。太初元年（前104），司马迁开始了规模浩大的《史记》的撰写。天汉二年（前99），司马迁因“李陵事件”被处以腐刑。受到奇耻大辱的司马迁将内心巨大的悲愤融入到《史记》的编撰创作中，最终完成了这部鸿篇巨制。

《史记》记载了上起传说中的黄帝，下至汉武帝太初年间两千多年的历史，分为八书、十表、十二本纪、三十世家、七十列传，共一百三十篇，五十余万字。《史记》开创了纪传体史书创作体例，从《汉书》到《清史稿》的所有正史，基本上都承袭了《史记》中“书”“表”“本纪”“世家”“列传”五种体例，只是有的史书可能体例不够完整。中国古代，史学最初是包含在经学范围之内的，自从《史记》修成以后，专门的史著越来越多，史学才最终取得了独立的地位，并在“经、史、子、集”四大部类中排名第二，足以证明《史记》对中国史学的巨大贡献。

《史记》记事详尽，内容丰富，包罗万象，可以看作是对此前中国两千多年社会的全方位扫描和整理，以广阔的视野对整个“天下”进行考察，堪称“百科全书式”的历史巨著。从内容上看，《史记》囊括了政治、经济、文化、民族、宗教、天文、地理等各个方面；从记述的对象看，《史记》涉及了帝王、将相、贵族、官吏、说客、策士、游侠、刺客、文人、隐士、商贾、医卜、屠夫、乞丐等各类人群。司马迁编撰此书的目的，则是要“究天人之际，通古今之变，成一家之言”，所以更需以较为客观的历史素材为依据。司马迁不畏强权，甚至连汉王朝的开创者汉高祖刘邦也不粉饰，记录其种种“劣行”，对当朝的汉武帝奢靡迷信、盘剥人民、追求长生的行为大胆揭露，秉持“尊重史实”的

根本态度，实事求是地记录历史，成为后世史家的光辉典范。

《史记》也是一部伟大的文学作品，对后世的文学创作产生了非常深远的影响。《史记》有着独特的叙事艺术，注重对事件因果关系进行深层次的探究，在人物的编排上采用了“互见”的写作手法，使整部著作详略得当。《史记》重视细节描写，善于通过个性化的语言以及人物之间的矛盾冲突，惟妙惟肖地刻画出人物的性格特点，如表面谦逊内心自负的刘邦、雍容大度不计私仇的韩信、心胸狭小报复心强的主父偃等。即便是同类型的人物，也有着鲜明的个人特征，如司马迁对春申、孟尝、信陵、平原四君子的不同形象展现等。《史记》将人物形象置于广阔的社会背景下，通过一系列重大的历史事件展现出个人的悲剧命运，给全书笼罩上非常浓郁的悲剧气氛。联系到司马迁因“李陵事件”所经受的身心摧残，其通过为悲剧式人物立传的方式，寄寓个人的深切同情，也就不难理解了。而每篇传记最后的“太史公曰”，则又是司马迁将自己的人生感慨倾注在人物身上，形成了鲜明的个人风格。

《史记》的影响远播海外。早在魏晋南北朝时，《史记》就已经流传到朝鲜半岛。隋朝时，《史记》被第一批遣隋使带回日本，对日本政治、教育、史学、文学等各个方面都产生了巨大而深远的影响。近代以来，美、英、德、法等西方国家也掀起了研究《史记》的热潮，如法国汉学家沙畹将《史记》中的《五帝本纪》至《孔子世家》的篇章译成法文并加以注释，成为很有影响的法文读本。国际上第一个专门的《史记》研究机构也在巴黎成立，很好地推动了法国汉学家对《史记》的深入研究。1956 年，司马迁被推举为世界文化名人。可见，《史记》不仅是中国文化宝库中的珍品，也是世界文化中的一朵奇葩。

为了帮助读者阅读和理解《史记》，我们参考了古今诸多名家注本，将《史记》的精华内容为读者作全方位深入细致的阐释和解读。读史可以使人明智，鉴以往可以知未来，我们希望广大读者尤其是党员干部在阅读本书后，能够提高为人做事的智慧，增加知识，开阔视野，进一步了解那个英雄辈出、风云变幻的时代。

目 录

五帝本纪

五帝，指的是远古传说中的五位部落首领——黄帝、颛顼（zhuān xū）、帝喾(kù)、帝尧、帝舜。在那个年代，部落首领的传承，是遵照禅让的方式。这些古代传说，虽然不免带有一定的神话色彩，但在人类历史的发展规律和文物发掘中不断得到证明，并最终构成了中华民族长达五千年的历史文明和灿烂文化。在《五帝本纪》中，司马迁将主要笔墨集中在尧、舜二帝的身上，彰显出尧、舜二帝知人善任、从谏如流的政治风度，也记载了远古先民在战猛兽、治洪水、开良田、种嘉谷、观天文、推历法等方面所取得的功绩。

帝尧者，放勋。其仁如天，其知如神。就之如日[1]，望之如云。富而不骄，贵而不舒[2]。黄收纯衣[3]，彤车乘白马。能明驯德[4]，以亲九族[5]。九族既睦，便章百姓[6]。百姓昭明，合和万国。

乃命羲、和，敬顺昊天，数法日月星辰[7]，敬授民时。分命羲仲，居郁夷，曰旸谷。敬道日出，便程东作[8]。日中，星鸟[9]，以殷中春。其民析，鸟兽字微。申命羲叔，居南交，便程南为，敬致。日永，星火，以正中夏。其民因，鸟兽希革[10]。申命和仲，居西土，曰昧谷。敬道日入，便程西成。夜中，星虚，以正中秋。其民夷易[11]，鸟兽毛毨[12]。申命和叔，居北方，曰幽都，便在伏物[13]。日短，星昴，以正中冬。其民燠[14]，鸟兽氄毛[15]。岁三百六十六日，以闰月正四时。信饬百官[16]，众功皆兴。

【注释】

[1] 就：接近、迫近。

[2] 舒：傲慢、放纵。

[3] 收：古代一种帽子，夏朝时专指“冕”。纯衣：指黑色的衣服。

[4] 明：尊敬。驯德：指拥有好的德行的人。驯，又作“俊”，美好。

[5] 九族：指从高祖到玄孙的同族九代人。

[6] 便章：同“辨章”，辨明、判明。

[7] 数：历数，这里为动词，指观察、推定。法：这里指法则、运行规律等。

[8] 便程：分清步骤做事。便，通“辨”，辨别。东作：春天里做的农事。

[9] 星鸟：即星宿，古代二十八星宿之一，为朱雀七宿中的第四宿。下文的星火、星虚、星昴，都是古代星宿名称。

[10] 希革：指夏季炎热的时候，鸟兽的皮上毛羽非常稀少。

[11] 夷易：形容民众欢乐的样子。

[12] 毨（xiǎn）：指鸟兽在秋天新生的整齐的羽毛。

[13] 便在：详细审问、认真过问。在，审视。伏物：指冬季到来前将各种物资贮藏起来。

[14] 燠（yù）：热、暖，这里指温暖的处所。

[15] 氄（róng）毛：指鸟兽身上细软而茂密的毛。

[16] 饬：通“敕”，告诫。

【译文】

帝尧，也就是放勋。他有像天一样的仁德，有如神一样的智慧。接近他就像靠近太阳一样温暖，仰望他就像望见云彩一样灿烂。他富有却不骄傲，尊贵却不放纵。他戴着朴素的帽子，穿着黑色的衣裳，乘坐朱红色的车子，驾驭着白色的马。他能够宣明美好的德行，让同族亲爱彼此。他做到了同族人和睦，然后去彰明各个家庭。辨别清楚了各个家庭，各方邦国彼此和睦共处。

于是，帝尧命令羲氏、和氏，遵循上天的旨意，从日月星辰的运行中总结规律，教授民众按时令生产。另外命令羲仲住在郁夷，地名为旸谷，恭敬地迎接日出，确定节令的时间，让人们按时耕种。白昼与黑夜时间等长，朱雀七宿黄昏时在正南中天，确定为仲春之时。这时候，民众分散到田中耕作，鸟兽开始交尾。又命令羲叔，住在南交，安排夏季耕作的步骤，勤谨地做好种植之事。白昼最长时，青龙七宿中的心宿黄昏时在正南中天，确定为仲夏之时。这时候，民众依然在田中耕作，鸟兽毛羽变得稀疏。又命令和仲，居住在西方，地名为昧谷，恭送太阳落下，安排秋天收获的事务。黑夜与白昼时间等长，玄武七宿中的虚宿黄昏时在正南中天，确定为仲秋之时。这时候，民众变得欢乐，鸟兽的羽毛重新长齐。又命令和叔，住在北方，称为幽都，恭敬地安排冬季的收藏。

白昼变得最短，白虎七宿中的昴宿黄昏时在正南中天，确定为仲冬之时。这时候，民众在屋内取暖，鸟兽长满细毛。一年有三百六十六天，设置闰月来校正春夏秋冬。帝尧真诚地训诫百官，各种事业都兴盛起来了。

尧曰："谁可顺此事[1]？"放齐曰："嗣子丹朱开明[2]。"尧曰："吁！顽凶[3]，不用。"尧又曰："谁可者？"讙兜曰："共工旁聚布功[4]，可用。"尧曰："共工善言，其用僻[5]，似恭漫天[6]，不可。"尧又曰："嗟，四岳[7]，汤汤洪水滔天[8]，浩浩怀山襄陵[9]，下民其忧，有能使治者？"皆曰鲧可。尧曰："鲧负命毁族[10]，不可。"岳曰："异哉[11]，试不可用而已。"尧于是听岳用鲧。九岁，功用不成。

尧曰："嗟！四岳，朕在位七十载，汝能庸命[12]，践朕位？"岳应曰："鄙德忝帝位[13]。"尧曰："悉举贵戚及疏远隐匿者。"众皆言于尧曰："有矜在民间[14]，曰虞舜。"尧曰："然，朕闻之。其何如？"岳曰："盲者子。父顽，母嚚[15]，弟傲，能和以孝，烝烝治[16]，不至奸[17]。"尧曰："吾其试哉。"于是尧妻之二女，观其德于二女。舜饬下二女于妫汭，如妇礼。尧善之，乃使舜慎和五典[18]，五典能从。乃遍入百官，百官时序。宾于四门[19]，四门穆穆[20]，诸侯远方宾客皆敬。尧使舜入山林川泽，暴风雷雨，舜行不迷。尧以为圣，召舜曰："女谋事至而言可绩，三年矣。女登帝位。"舜让于德不怿[21]。正月上日，舜受终[22]于文祖。文祖者，尧大祖[23]也。

于是帝尧老，命舜摄行天子之政，以观天命[24]。

【注释】

[1] 顺：继承、接任。

[2] 嗣子：指可以继承父位的后代。开明：形容通达聪明的样子。

[3] 顽凶：愚顽、凶恶的样子。凶，又作"讼"，争强好辩。

[4] 旁聚：广泛地聚合民众。旁，广泛。布：显示、显露。

[5] 用僻：指用心邪僻、不端正。

[6] 漫：欺瞒、欺骗。

[7] 四岳：上古时期掌管四方的诸侯首领。

[8] 汤（shāng）汤：形容水流盛大的样子。

[9] 怀：怀抱，这里指包围。襄：淹没。

[10] 负命：违背上天的命令。毁族：毁灭同族的人。

[11] 异：没有别人可用了。

[12] 庸命：指顺应上天的安排。庸，通“用”。

[13] 鄙德：形容个人的德行非常浅薄。忝（tiǎn）：玷污、侮辱。

[14] 矜（guān）：通“鳏”，指没有结婚的成年男子。

[15] 嚚（yín）：指人性愚顽的样子。

[16] 烝（zhēng）烝：形容非常孝顺、德行美好的样子。

[17] 奸：指从事邪恶的事情。

[18] 五典：即“五常”，即父义、母慈、兄友、弟恭、子孝。

[19] 宾：动词，指接迎朝见的诸侯和远方宾客。

[20] 穆穆：形容端庄敬重而又和颜悦色的样子。

[21] 让于德：借口德行修养不够而推辞。怿：喜悦、高兴。

[22] 受终：指接受尧的禅让。终，这里指尧终止担任天子的事情。

[23] 大祖：即家族的太祖、始祖。

[24] 天命：上天的意旨。

【译文】

尧说：“谁可以继承帝位？”放齐说：“您的儿子丹朱开通明达。”尧说：“哼！丹朱愚顽凶劣，不可用。”尧又问：“还有谁可以？”谨兜说：“共工能够聚拢民众布施功德，可用。”尧说：“共工爱讲漂亮话，心不正，看似恭敬却欺骗上天，不可用。”尧又问：“哎，四岳，如今滔天的洪水无止尽，包围了高山和丘陵，让民众愁苦万分，有谁可以派去治理呢？”大家都说鲧可以。尧说：“鲧背负天命毁败族人，不可用。”四岳都说：“没有别人了，就试试他，不可以再换人。”尧于是听从四岳的建议任用了鲧。九年过去了，鲧治水没有成效。

尧说：“唉！四岳，我已经在位七十年了，你们能顺应天命接替我的帝位吗？”四岳回答：“我们鄙陋的德行登不上帝位。”尧说：“你们就推举尊贵的族人和隐居者吧。”大家都对尧说：“有一个单身汉在民间，叫虞舜。”尧说：“对，我听说过这个人，他怎么样？”四岳回答：“他是盲人的儿子。父亲不讲道义，母亲不讲忠信，弟弟傲慢无礼，舜能以孝悌之道与他们和睦相处，把家打理好，让他们不走向奸邪。”尧说：“我试试他吧。”于是尧把两个女儿嫁给他，通过两个女儿观察他的德行。舜让她们迁居在妫河边，遵守妇人之道。尧认为舜做得很对，就让舜慎重地宣扬“五常”之规，受到民众的普遍遵从。尧又让舜广泛地参与各方面的事务，把各项事务都处理得非常有条理。让他在朝堂接待四方诸侯，表现出恭敬肃穆的态度。诸侯和宾客都能恭敬守礼。尧又让舜深入山林川泽，即使遇上暴风雷雨，舜也没有迷路。尧认为舜非常聪明神圣，就把他召回来说:“你谋划事情很周到,说话办事都能说到做到,已经三年了。现在你来登临天子之位吧。”舜推辞说自己的德行还不深厚，难以让别人心悦诚服。正月初一,舜在文祖庙接受了尧的禅让。文祖,就是尧的太祖。

此时，尧从天子之位退下，让舜代为处理天子的政事，以观察上天的反应。

讙兜进言共工[1]，尧曰：“不可。”而试之工师，共工果淫辟[2]。四岳举鲧治鸿水，尧以为不可，岳强请试之，试之而无功，故百姓不便[3]。三苗在江淮、荆州数为乱[4]。于是舜归而言于帝，请流共工于幽陵，以变北狄[5]；放讙兜于崇山，以变南蛮；迁三苗于三危[6]，以变西戎；殛鲧于羽山[7]，以变东夷：四罪而天下咸服。

尧立七十年得舜，二十年而老[8]，令舜摄行天子之政，荐之于天。尧辟位凡二十八年而崩[9]。百姓悲哀，如丧父母。三年，四方莫举乐，以思尧。尧知子丹朱之不肖[10],不足授天下,于是乃权授舜[11]。授舜，则天下得其利而丹朱病[12]；授丹朱，则天下病而丹朱得其利。尧曰“终不以天下之病而利一人[13]”，而卒授舜以天下。尧崩，三年之丧毕，舜让辟丹朱于南河之南。诸侯朝觐者不之丹朱而之舜[14]，狱讼者不之丹朱而之舜[15],讴歌者不讴歌丹朱而讴歌舜[16]。舜曰“天也”，夫而后之中国践天子位焉[17]，是为帝舜。

【注释】

[1] 进言：举荐、推荐。

[2] 淫辟：放纵邪僻的样子。

[3] 不便：不便利，不适宜，这里有“不以……为宜”的意思。

[4] 三苗：我国古代散居于今湘、鄂、赣、皖一带地区的部族。

[5] 变：指改变风俗。北狄：指当时处于北方的部族。下文的南蛮、西戎、东夷，分别是指不同方位的部族。

[6] 迁：使……迁徙，即流放。

[7] 殛（jí）：通“极”，流放到远方。

[8] 老：因年老从朝廷中退出、年老告退。

[9] 辟位：即“退位”。辟，通“避”。

[10] 不肖：不贤、不成才。

[11] 权：姑且、暂且。

[12] 病：有害，有“不利、使遭殃”的意思。

[13] 终：最终、毕竟。

[14] 朝觐：指诸侯到都城拜见天子，其中春天的拜见叫做朝，秋天的拜见叫做觐。

[15] 狱讼：打官司、犯口舌。

[16] 讴歌者：泛指歌功颂德的人。

[17] 中国：即“国之中心”，指国都、京师。

【译文】

谨兜曾举荐共工，尧说：“不行。”而任他为工师来试用，共工果然骄纵邪淫。四岳曾举荐鲧治理洪水，尧认为不合适，四岳坚持让他试试，结果没有取得成效，还给民众造成不便。三苗部落在江淮、荆州一带多次作乱。于是，舜回来后向尧帝建议，将共工流放到幽陵，去改变北狄人的习俗；将讙兜流放到崇山，去改变南蛮人的习俗；将三苗迁徙到三危地区，去改变西戎人的习俗；将鲧流放到羽山地区，去改变东夷人的习俗。舜以这样的方式惩办了这四个人，让天下人都心悦诚服。

尧做了七十年天子而得到了舜，又过了二十年退位，让舜代行天子的权力，把舜举荐给了上天。尧让出天子之位二十八年后去世。百姓为之悲痛哀愁，就像是死了生身父母一样。为了悼念帝尧，在尧死后三年里，天下四方没有人演奏乐曲。尧知晓儿子丹朱没有贤才，不值得将天下传给他，因此才将天子之权禅让给舜。传给舜，天下民众可以得到利益但对丹朱不利；传位给丹朱，天下民众就会利益受损而只有丹朱得益。尧说“终究不能让天下人利益受损而让一人得益”，最终将天下传给了舜。尧逝世三年，丧期结束。为了能让丹朱即位，舜躲到了黄河的南岸地区。

诸侯朝见的人不去丹朱那里却来舜这里，官司诉讼的人也不去丹朱那里而到舜这里，歌功颂德的人不歌颂丹朱而歌颂舜的美德。舜说“这是上天的意思啊”，然后才到京师登临天子之位，这就是帝舜。

舜，冀州之人也。舜耕历山，渔雷泽，陶河滨[1]，作什器于寿丘[2]，就时于负夏[3]。舜父瞽叟顽，母嚚，弟象傲，皆欲杀舜。舜顺适不失子道，兄弟孝慈。欲杀，不可得；即求，尝在侧[4]。

舜年二十以孝闻。三十而帝尧问可用者，四岳咸荐虞舜，曰可。于是尧乃以二女妻舜以观其内[5]，使九男与处以观其外[6]。舜居妫汭，内行弥谨。尧二女不敢以贵骄事舜亲戚[7]，甚有妇道。尧九男皆益笃。舜耕历山，历山之人皆让畔；渔雷泽，雷泽上人皆让居[8]；陶河滨，河滨器皆不苦窳[9]。一年而所居成聚[10]，二年成邑[11]，三年成都[12]。尧乃赐舜絺衣[13]，与琴，为筑仓廪，予牛羊。瞽叟尚复欲杀之，使舜上涂廪[14]，瞽叟从下纵火焚廪。舜乃以两笠自扞而下，去，得不死。后瞽叟又使舜穿井，舜穿井为匿空旁出[15]。舜既入深，瞽叟与象共下土实井，舜从匿空出，去。瞽叟、象喜，以舜为已死。象曰：“本谋者象。”象与其父母分，于是曰：“舜妻尧二女，与琴，象取之。牛羊仓廪予父母。”象乃止舜宫居[16]，鼓其琴。舜往见之。象鄂不怿[17]，曰：“我思舜正郁陶[18]！”舜曰：“然，尔其庶矣[19]！”舜复事瞽叟爱弟弥谨。于是尧乃试舜五典百官，皆治。

【注释】

[1] 陶：动词，制作陶器。
[2] 什器：泛指各种家用的器物。
[3] 就时：指按照时间逐利，即经商。
[4] 尝：通“常”，经常。
[5] 内：指在家中。
[6] 外：与“内”相对，指在家以外的地方。
[7] 亲戚：指父母兄弟姊妹等亲属。
[8] 居：指便于捕鱼时站立的地方。
[9] 苦窳（gǔ yǔ）：形容非常粗劣的样子。

[10] 聚：聚居、村落。

[11] 邑：小型的城镇。

[12] 都：规模较大的都市。

[13] 絺（chī）衣：用细葛布制作而成的衣服。

[14] 涂：用泥巴涂抹。

[15] 匿空：暗道。旁出：从侧面与外面相通。

[16] 宫：房子。先秦时期的"宫"，指的是一般房屋，与"室"同义。

[17] 鄂：通"愕"，愕然、吃惊的样子。

[18] 郁陶：形容闷闷不乐的样子。

[19] 庶：几乎、差不多。

【译文】

舜是冀州人。他曾在历山下耕田，在雷泽捕鱼，在黄河岸边制作陶器，在寿丘制作各种生活用具，在负夏做生意。舜的父亲瞽叟不讲道义，母亲不讲忠信，弟弟傲慢无礼，都想杀掉舜。而舜顺从父母的心意，不违背为子的道义，对弟弟也很友爱。舜让他们想杀他的时候，就找不到他，有事找他的时候，他又总是在旁边等候着。

舜从二十岁开始就因为孝顺有了名望。三十岁时尧问谁可以继承他的位置，四岳全都推荐他，说他可以。于是尧把两个女儿嫁给了舜来观察他内在的修养，让九个男子与他同处来考察他的外在表现。舜居住在妫河岸边，在自身的修养上更加恭谨。尧的两个女儿不敢因为出身尊贵而对舜的家属傲慢对待，很守妇道。九个男子对待舜也更加笃诚厚道。舜在历山下耕作时，历山人从来没有因地界产生纠纷；在雷泽中捕鱼时，雷泽人从来都是彼此推让捕鱼的位置；在黄河岸边制作陶器的时候，那里从来没有出过次品。经过一年，舜所住的地方就会形成一个村落，两年就会形成小镇，三年就会变成都市。于是尧赐给舜一套细葛布衣物，一把琴，为他建造了粮仓，还把牛羊赏赐给他。瞽叟仍然想杀死舜，就让舜到谷仓高处去用泥土修补谷仓，瞽叟却从下面放火。舜就用两个斗笠护住身体从谷仓顶上跳下来，才没有被烧死。后来瞽叟又让舜去挖井，舜就秘密地提前在侧壁上凿了一条通道。井挖到深处后，瞽叟和象就一齐往下倒土填埋，舜就从通道里逃出去了。瞽叟和象都很高兴，以为舜已经死了。象说："是我想出了这个主意。"象与父母共同瓜分舜的财产，说："舜娶来的尧的两个女儿和尧赐的那把琴，全都归我了。牛羊和谷仓都留给父母吧。"于是象就住进了舜的屋里，弹弄着舜的琴玩乐。舜回来后去见象，象表现出惊愕又尴尬的样子，说："我正因为想念你伤心呢！"舜说："是啊，你的兄弟情谊很不错呢！"事后，舜仍然恭谨地侍奉父母，友爱兄弟。于是，尧才让舜去推行"五常"之规，担任各种官职来考察他。舜做得都很好。

昔高阳氏有才子八人，世得其利，谓之"八恺[1]"。高辛氏有才子八人，世谓之"八元[2]"。此十六族者，世济其美[3]，不陨其名[4]。至于尧，尧未能举。舜举"八恺"，使主后土[5]，以揆百事[6]，莫不时序[7]。举"八元"，使布五教于四方，父义，母慈，兄友，弟恭，子孝，内平外成[8]。

昔帝鸿氏有不才子，掩义隐贼[9]，好行凶慝[10]，天下谓之浑沌[11]。少皞氏有不才子，毁信恶忠，崇饰恶言[12]，天下谓之穷奇[13]。颛顼氏有不才子，不可教训，不知话言[14]，天下谓之梼杌[15]。此三族世忧之。至于尧，尧未能去。缙云氏有不才子，贪于饮食，冒于货贿，天下谓之饕餮[16]。天下恶之，比之三凶。舜宾于四门，乃流四凶族，迁于四裔[17]，以御螭魅[18]，于是四门辟，言毋凶人也。

舜入于大麓，烈风雷雨不迷，尧乃知舜之足授天下。尧老，使舜摄行天子政，巡狩。舜得举用事二十年，而尧使摄政。摄政八年而尧崩。三年丧毕，让丹朱，天下归舜。而禹、皋陶、契、后稷、伯夷、夔、龙、倕、益、彭祖，自尧时而皆举用，未有分职[19]。于是舜乃至于文祖，谋于四岳，辟四门，明通四方耳目，命十二牧论帝德，行厚德，远佞人，则蛮夷率服。

【注释】

[1] 恺：和悦、和善。

[2] 元：完善、美善。

[3] 济：保全、成就。

[4] 陨：损害、伤害。

[5] 后土：先秦时期负责掌管土地的官职。

[6] 揆：掌管、规范。

[7] 时序：按时序妥当安排事务。

[8] 内平外成：家庭和睦、邻里真诚相待的样子。平，和睦。成，即“诚”。

[9] 掩义隐贼：意指掩蔽仁义、包庇奸贼的行为。义，古通“俄”，奸邪。

[10] 慝（tè）：邪恶。

[11] 浑沌：形容人顽冥不化、野蛮无知的样子。

[12] 崇饰：粉饰、美化。

[13] 穷奇：形容怪僻、怪异的样子。

[14] 不知话言：即听不出好坏话。

[15] 梼杌：形容无比凶顽的样子。

[16] 饕餮（tāo tiè）：形容非常贪婪且不知收敛的样子。

[17] 四裔：指四方边远的地方。裔，原指衣服边，引申为边远的地方。

[18] 螭魅：传说中住在山林里的妖怪，代指更加邪恶的人。

[19] 分职：指具体的职务、名分。

【译文】

从前高阳氏的族人中有八个有才德的人，为世人做了很多好事，被人称为“八恺”。高辛氏的族人中有八个有才德的人，被世人称为“八元”。这十六个家族的后人，世代保持着他们的美德，从没有辱没过他们的名声，到了尧的时候也是这样，但是没有受到尧的任用。于是，舜起用“八恺”的后人，将土地上的事务交给他们，结果各项事务都被管理得井井有条。舜举用“八元”的后人，将向四方传布教化的事务交给他们，结果使得为父的讲道义，为母的讲慈爱，为兄的讲友善，为弟的讲恭谨，为子的讲孝道，于是国内和平，四夷同化。

以前帝鸿氏后人中有个人不成材，他废弃仁义，包庇奸邪，喜好行凶作恶，天下人都称他为“浑沌”。少皞氏的后人中有个人不成材，不讲信义，憎恶忠直，喜好说邪恶的言语攻击别人，粉饰自己的错误，天下人都称他为“穷奇”。颛顼氏有个不成材的后人，没有人能调教得了他，他也不懂好坏话，天下人都称他为“梼杌”。这三个宗族让世人都避之不及。到了尧在位时，尧没能除掉他们。缙云氏的后人里有个不成材的人，喜好吃喝，贪图财货，天下人都称他为“饕餮”。所有人都憎恨他，认为他跟前面提到的“三凶”没有什么区别。舜掌管四方之门的迎宾事务，就将这四个凶恶的家族都流放到边远的地方，去抵御比他们更邪恶的人。从这以后，国内太平无事，因为没有为非作歹的恶人了。

舜在山林里不因遇到暴风雷雨而迷路误事，所以尧知道可以将天下交给他管理。尧退位后，让舜代行天子的权力，让他巡视四夷。舜被举荐后掌管政事长达二十年，之后尧让他代行天子之权。代行天子之权八年后，尧去世了。服丧三年完毕后，舜将天子之位让给丹朱，但天下人还是都来归服舜。禹、皋陶、契、后稷、伯夷、夔、龙、倕、益、彭祖，尧在位的时候就得到了举用，却一直没有明确的职务。于是在文祖庙与四岳商量，将四方诸侯之长召集起来，敞开四方的大门，广泛听取四方的意见，让十二州的长官发扬尧的品德，施仁政，疏远只会谄媚的小人，四方的夷族相继归服。

此二十二人咸成厥功[1]：皋陶为大理，平[2]，民各伏得其实[3]；伯夷主礼，上下咸让；垂主工师，百工致功[4]；益主虞，山泽辟[5]；弃主稷，百谷时茂；契主司徒，百姓亲和；龙主宾客，远人至；十二牧行而九州莫敢辟违[6]；唯禹之功为大，披九山，通九泽，决九河，定九州，各以其职来贡[7]，不失厥宜[8]。方五千里。至于荒服[9]。南抚交阯、北发，西戎、析枝、渠廋、氐、羌，北山戎、发、息慎，东长、鸟夷，四海之内咸戴帝舜之功[10]。于是禹乃兴《九招》之乐，致异物[11]，凤皇来翔。天下明德皆自虞帝始。

舜年二十以孝闻，年三十尧举之，年五十摄行天子事，年五十八尧崩，年六十一代尧践帝位。践帝位三十九年，南巡狩，崩于苍梧之野。葬于江南九疑，是为零陵。

【注释】

[1] 厥：他们的。

[2] 平：指审判公正、断狱公平。

[3] 伏：佩服、信服。得其实：指审判的结果与实情相符。

[4] 致功：做出成绩、完成任务。

[5] 辟：开发、利用。

[6] 辟违：违背、违抗。

[7] 职：职务、职责本分。

[8] 不失厥宜：没有违反规定的。

[9] 荒服：指先秦时期的“五服”之一，即距离都城两千五百里（又有“四千五百里”的说法）的地方，代指极为遥远的地带。

[10] 戴：拥戴、称颂。

[11] 致异物：招来象征祥瑞的珍奇事物。

【译文】

这二十二个人每一个都有建树：皋陶担任法官，公平司法，人们都佩服他能着眼实情；伯夷主管礼仪，让上下都能彼此礼让；倕主管土建及手工制作，让百工都能做好本职；益主管林牧，让山林湖泽得到开发；弃主管农业，能够按时令安排耕作，让百谷茂盛生长；契主管教化，让百官都亲善和睦；龙负责接待宾客，使得远方夷族也来朝拜；十二州的长官推行政令，九州内的人做事不敢违背命令；其中功劳最大的是禹，他开凿了多座大山，对多处湖泽进行了治理，对多条河流进行了疏浚，对九州的地界进行了确定，让九州都按规定缴纳贡物，没有不恰当的地方。从都城蔓延五千里的疆域，直到离都城最远的四方边荒地区。向南到了交阯、北发，向西到了戎、析枝、渠廋、氐、羌，向北到了山戎、发、息慎，向东到了长、鸟夷，四海之内的人民都在称颂舜的功德。于是禹创制了歌颂舜功德的《九招》乐曲，让祥瑞之物闻声而来，凤凰也飞来了，随着乐曲声盘旋起舞。天下清明的德政就是从虞舜时候才开始有的。

舜二十岁时因孝顺闻名，三十岁时受到尧的任用，五十岁时代行天子之权，五十八岁时尧去世，六十一岁时登上天子之位。登位三十九年的时候巡视南方，在苍梧的郊野逝世。舜死后就埋葬在了长江南岸的九嶷山下，这就是零陵。

【成语解析】

饕餮盛宴：泛指规模盛大、食物众多的宴会。饕餮，是中国古代传说中的一种神兽，据传是龙的九子之一，因食量巨大且贪食以致最终被撑死而闻名。因为贪欲极强，所以常被用来形容贪吃或性情贪婪的人。先秦时期，饕餮形象还常被用作青铜器的纹饰，在很长一段时期内都被视为威武、高贵的象征，也成为绵延不绝的一大艺术主题。

知识链接 湘妃竹

舜即位为天子后，除了勤于政务，还非常爱护自己的民众。为了增强朝廷与各地的联系，他除了规定部落首领要定期拜见天子之外，还会定期巡游全国，随行的人中除了必要的大臣，舜的两位妻子娥皇、女英也都随行照顾舜的起居，恩爱异常。舜最后一次巡游时，在来到洞庭湖的时候，因为天气过于炎热，娥皇、女英就留在了洞庭湖中的君山上避暑，舜继续南巡。忽然有一天，女英在梦中见到了舜，言说自己已经离开人世了，女英醒来后非常焦灼不安。过了不久，娥皇、女英果然接到了舜死在苍梧郊野的消息。舜的死去让娥皇、女英异常悲伤，健康遭到了极大的损害，眼泪哭干后从眼眶里淌出了一滴一滴的鲜血。她们的志诚感动了上天，终于在一个风雨交加的夜晚，上天将她们的泪水、血泪全都收集起来，淋洒在洞庭湖君山的翠竹上，娥皇、女英也在这一晚投身洞庭湖中，追随舜去了。从此之后，君山上的翠竹就开始有了斑斑点点的泪迹，也见证着娥皇、女英与舜之间至真至纯的爱情，被后人称为“湘妃竹”。

周本纪

这篇本纪将周王朝的兴衰历史勾画出来，并展现出不同阶段的政治风气，表达了司马迁所持的明显的儒家观点。司马迁选取了周武王、成王、周公这几位被儒家思想视为圣主贤臣的典范人物，尤其是周武王在灭商后，为了安邦定国、攘边安内而实施的策略和政策，展现出了其胸怀宏图、经营有方的政治形象。同时，司马迁也记述了西周后期出现的厉王、幽王等昏暴君形象，将西周王朝的历史，简明扼要地展现出来。此外，司马迁也记述了几位重要的辅臣形象，如周穆王时的祭公，厉王时的召公等。

武王即位，太公望为师[1]，周公旦为辅[2]，召公、毕公之徒左右王[3]，师修文王绪业[4]。

九年，武王上祭于毕。东观兵，至于盟津。为文王木主[5]，载以车，中军[6]。武王自称太子发，言奉文王以伐，不敢自专。乃告司马、司徒、司空、诸节[7]:“齐栗[8]，信哉！予无知，以先祖有德臣，小子受先功，毕立赏罚，以定其功。”遂兴师。师尚父号曰：“总尔众庶[9]，与尔舟楫，后至者斩。”武王渡河，中流[10]，白鱼跃入王舟中，武王俯取以祭。既渡，有火自上复于下，至于王屋，流为乌，其色赤，其声魄云[11]。是时，诸侯不期而会盟津者八百诸侯。诸侯皆曰:“纣可伐矣。”武王曰:“女未知天命，未可也。”乃还师归。

居二年，闻纣昏乱暴虐滋甚[12]，杀王子比干，囚箕子。太师疵、少师彊抱其乐器而奔周。于是武王遍告诸侯曰：“殷有重罪，不可以不毕伐。”乃遵文王，遂率戎车三百乘，虎贲三千人，甲士四万五千人，以东伐纣。十一年十二月戊午，师毕渡盟津，诸侯咸会。曰：“孳孳无怠[13]！”武王乃作《太誓》，告于众庶：“今殷王纣乃用其妇人之言，自绝于天，毁坏其三正，离逖其王父母弟[14]；乃断弃其先祖之乐，乃为淫声[15]，用变乱正声[16]，怡说妇人[17]。故今予发维共行天罚。

勉哉夫子，不可再，不可三！”

【注释】

[1] 师：太师，周代负责辅佐国君的职位。

[2] 辅：对于古代天子左右辅臣的一种通称。

[3] 左右：动词，扶持、辅佐。

[4] 绪业：遗业、未竟的事业。

[5] 木主：即牌位，削木而成，书写死者的谥号方便供奉。

[6] 中军：指供奉在军中。

[7] 诸节：指接受王命的官吏。节，符节，古代王朝用作凭证的一种信物，借指王命。

[8] 齐（zhāi）栗：形容严肃恭敬的样子。

[9] 总：聚拢、集合。

[10] 中流：行进到河流中央、河心。

[11] 魄：象声词。

[12] 滋甚：形容程度越来越严重。

[13] 孳孳：同“孜孜”，形容努力坚持不松懈的样子。

[14] 离逖（tì）：疏远。

[15] 淫声：泛指格调淫乱的音乐。

[16] 用：以致、从而。正声：指格调雅正的音乐。

[17] 怡说（yuè）：使高兴、取悦。

【译文】

周武王即位后，任命太公望担任太师，周公旦担任辅相，召公、毕公等人则在左右辅佐帮助，承继文王遗留的事业。

第九年，周武王到毕地文王的葬地举行祭祀。又前往东方显示武力，然后到达盟津。他制作了文王的牌位，载在车上，供奉在军中。武王自称太子发，宣称自己是奉文王的遗命讨伐商纣的，自己不敢擅自决定。于是，他向司马、司徒、司空等官员宣告：“大家要严肃恭敬地做事，的确如此，我本来是个无知的人，只是因为先祖的美好德行，让我承受了前人所创的功业，制定齐备的各种赏罚制度，以巩固先祖的功业。”于是宣布起兵。师尚父向全军发出军令：“把你们这些兵众聚集起来，整理好你们的船只，凡是迟到的一律杀头。”武王乘船横渡黄河，当船行至河流

中央的时候，一条白鱼跳进武王所乘坐的船中，武王俯身抓起鱼来用以祭天了。渡过黄河之后，天上降下一团火，一直到武王住的房屋顶上，才变成乌鸦的形状，它的颜色是红色的，发出啪啪的响声。这时候，诸侯们没有事先约定却前来盟津会盟的共有八百多位。诸侯都说："可以讨伐纣王了！"武王说："你们对上天的意图还不了解，还没有到讨伐的时候。"于是就率领军队回去了。

过了两年，听说纣王变得更加昏庸暴虐了，杀死了比干王子，把箕子囚禁起来。太师疵、少师彊带着乐器到周国躲避。于是武王向诸侯传达消息："殷王的罪孽太深重了，不可以不讨伐他了！"于是遵照文王的遗命，亲自带领着三百辆战车，三千勇士，四万五千名披甲的战士，向东讨伐纣王。十一年十二月的戊午日，全部军队在盟津渡过黄河，与诸侯军队会合在一起。武王说："勤勉努力，不能懈怠！"于是武王作《太誓》，向众人宣告："现在殷王纣听任那个妇人的言论，把自己与上天的关系隔绝了，残害重臣，疏远他的亲近兄弟，抛弃了先祖流传下来的乐曲，创制出淫乱的声调，扰乱雅正的音乐，以此去讨妲己的欢心。所以我要恭敬地执行上天对他的惩罚。努力吧，壮士们，不能有第二伙，也不能有第三伙！"

二月甲子昧爽[1]，武王朝至于商郊牧野，乃誓。武王左杖黄钺，右秉白旄[2]，以麾。曰："远矣，西土之人！"武王曰："嗟！我有国冢君[3]，司徒、司马、司空，亚旅、师氏，千夫长、百夫长，及庸、蜀、羌、髳、微、纑、彭、濮人，称尔戈，比尔干[4]，立尔矛，予其誓。"王曰："古人有言'牝鸡无晨。牝鸡之晨，惟家之索[5]'。今殷王纣维妇人言是用，自弃其先祖肆祀不答[6]；昏弃其家国[7]，遗其王父母弟不用，乃维四方之多罪逋逃是崇是长[8]，是信是使[9]，俾暴虐于百姓，以奸轨于商国[10]。今予发维共行天之罚。今日之事，不过六步七步，乃止齐焉[11]，夫子勉哉！不过于四伐五伐六伐七伐，乃止齐焉，勉哉夫子！尚桓桓[12]，如虎如罴，如豺如离[13]，于商郊，不御克奔[14]，以役西土，勉哉夫子！尔所不勉，其于尔身有戮。"誓已，诸侯兵会者车四千乘，陈师牧野。

【注释】

[1] 昧爽：指天将亮未亮的时候。

[2] 旄：用旄牛尾作装饰的旗帜。

[3] 冢君：犹言“首领”。

[4] 比：紧靠、相邻。这里是整齐排列的意思。

[5] 索：尽，犹言“破败”“毁败”。

[6] 肆祀：指对于祖先的祭祀。答：过问。

[7] 昏弃：昏乱地抛弃、舍弃。昏，通“泯”，非常蔑视的样子。

[8] 多罪逋（bū）逃：指犯下诸多罪行的逃犯。是崇是长：即“崇是长是”，抬高、重视这些人。崇，高，这里有“使……高”的意思。长，以……长，即重视。

[9] 是信是使：即“信是使是”，信任、驱使这些人。

[10] 奸轨：泛指犯法作乱的行为。轨，通“宄”，内部的叛乱。

[11] 齐：使阵列整齐，即整顿军队。

[12] 桓桓：形容十分威武的样子。

[13] 离（chī）：通“螭”，指一种传说中的外形像龙的动物。

[14] 御：抵御、抵挡、阻止。克奔：指前来投降的人。

【译文】

周历二月甲子日，武王一大早就来到了商都郊外的牧野，举行誓师大会。武王左手拿着黄钺，右手拿着白色的旄牛尾装饰的旗帜，用以指挥。“辛苦了，从西方前来的将士们！”武王说，“啊！我友邦的君主们，司徒、司马、司空，亚旅、师氏，千夫长、百夫长诸位官员，还有庸人、蜀人、羌人、髳人、微人、纑人、彭人、濮人们，举起你们的戈，排布好你们的盾，竖起你们的矛，让我们来一起宣誓！”武王说：“古人说：‘母鸡不会在黎明时啼叫。谁家的母鸡在黎明时报晓，这户人家就要灭亡了。’如今纣王只听妇人妲己的言论，废弃对祖先的祭祀，不回应神灵；放弃国家的政务，不任用亲族兄弟，却任用那些四方诸侯国的逃犯，推崇、尊重、信任、使用他们，任由他们欺压百姓，为非作歹。如今我恭敬地执行上天对纣王的惩罚。今日作战，每前进六七步就要停下来整顿队伍再前进。努力吧！用武器刺倒敌人，少则四五次，多则六七次，就可以停下来齐整队伍再前进。努力吧！希望大家都威风勇武地向前冲，像猛

虎像熊罴，像豺狼像蛟龙。在商都的郊外作战，不要杀伐那些投降的士兵，要让他们服务于我们。努力吧各位！如果你们谁不努力，就将遭受杀戮！”誓师完毕后，诸侯军队会合在一起，共有四千辆兵车，在牧野摆开了战阵。

帝纣闻武王来，亦发兵七十万人距武王[1]。武王使师尚父与百夫致师，以大卒驰帝纣师[2]。纣师虽众，皆无战之心，心欲武王亟入。纣师皆倒兵以战[3]，以开武王。武王驰之，纣兵皆崩畔纣[4]。纣走，反入，登于鹿台之上，蒙衣其殊玉，自燔于火而死[5]。武王持大白旗以麾诸侯，诸侯毕拜武王，武王乃揖诸侯，诸侯毕从。武王至商国，商国百姓咸待于郊。于是武王使群臣告语商百姓曰[6]：“上天降休[7]！”商人皆再拜稽首，武王亦答拜。遂入，至纣死所。武王自射之，三发而后下车，以轻剑击之，以黄钺斩纣头，县大白之旗[8]。已而至纣之嬖妾二女[9]。二女皆经自杀。武王又射三发，击以剑，斩以玄钺，县其头小白之旗。武王已乃出复军[10]。

其明日，除道，修社及商纣宫[11]，及期，百夫荷罕旗以先驱[12]。武王弟叔振铎奉陈常车[13]，周公旦把大钺，毕公把小钺，以夹武王[14]。散宜生、太颠、闳夭皆执剑以卫武王。既入，立于社南大卒之左，左右毕从。毛叔郑奉明水[15]，卫康叔封布兹，召公奭赞采，师尚父牵牲[16]。尹佚筴祝曰[17]：“殷之末孙季纣，殄废先王明德[18]，侮蔑神祇不祀，昏暴商邑百姓，其章显闻于天皇上帝。”于是武王再拜稽首，曰：“膺更大命，革殷[19]，受天明命。”武王又再拜稽首，乃出。

【注释】

[1] 距：通“拒”，抵抗。

[2] 驰：驱赶着战车冲锋。

[3] 倒兵：掉转兵器攻击己方，即临阵倒戈。

[4] 畔：通“叛”，背叛。

[5] 燔（fán）：焚烧。

[6] 告语（yù）：告诉，向……宣告。

[7] 休：吉祥、祥瑞。

[8] 县（xuán）：通“悬”，悬挂。
[9] 嬖（bì）：宠爱。
[10] 复军：返回军中。
[11] 社：指古代祭祀土地神的处所。
[12] 罕旗：指装饰着九条飘带的旗帜。
[13] 常车：王的仪仗车，因车上插有画着日月图像的太常旗而得名。
[14] 夹：在左右保卫。
[15] 明水：指明月之夜凝成的露水。
[16] 牲：指专门用作祭祀物品的猪、牛、羊等家畜。
[17] 筴祝：宣读策书祝文。
[18] 殄废：殄灭、灭绝。
[19] 革：革除、废除。

【译文】

纣王听说武王前来进攻，也派遣了七十万人来抵抗。武王派太公望和百夫长带领百名勇士挑战，指挥勇士驾着战车冲击纣王军队。纣王的军队虽然人数众多，却没有战斗的意志，心里希望武王率领军队赶快进来。他们纷纷掉头攻击纣王的军队，给武王做先导。武王催促着战车冲进来，纣王的军队四散奔逃，背叛了纣王。纣王败逃，回到了城中登上鹿台，将珠宝盖在身上，自焚而死。武王用大白旗指挥着诸侯，接受诸侯的拜礼，然后作揖还礼答谢，诸侯全都跟随着武王。武王进入了商都朝歌，商都的百姓全都来到郊外迎候武王。于是武王向商的百姓宣称：“上天将福赐给你们！”商都的百姓拜了两拜，跪地叩头，武王也回拜答谢。武王进入城中，来到纣王自焚的鹿台。武王亲自向纣王的尸体射了三箭，然后从战车上走下来，又用佩剑刺纣王的尸体，用黄钺斩下纣王的头，挂在大白旗的旗杆上。又来到纣王的两个宠妃那里，她们都上吊自杀了。武王亲自向她们射了三箭，用剑刺击尸体，用黑色的钺斩下她们的头，挂在小白旗的旗杆上。做完这些事情后，武王才返回军营。

第二天，开始清除道路，对祭祀土地和谷神用的神坛和纣王宫室进行修缮。到了举行仪式的时间，一百名壮士扛着罕旗为武王开道。武王的弟弟叔振铎态度恭敬地摆放好常车，周公旦手持大钺，毕公手持小钺，在左右护卫着武王。散宜生、太颠、闳夭全都持剑护卫武王。进了社庙，

武王在社坛的南面、精锐部队的左边站立，身后跟随着他的护卫。毛叔郑用手捧着明水，卫康叔在地上铺好了草席，召公奭拿着币帛等祭物，太公望牵来用于祭祀的牲畜。尹佚诵读着祝文祝祷："殷朝的末代子孙纣，背弃先王的明德，轻慢天地间的鬼神不去祭祀，欺凌都城的百姓，罪恶昭著，已被上天了解。"武王跪拜叩头，说："领受上天的安排，改变了殷的政权，接受上天圣明的旨令。"然后武王又拜了两拜，退出社庙。

成王少，周初定天下，周公恐诸侯畔周，公乃摄行政当国[1]。管叔、蔡叔群弟疑周公，与武庚作乱，畔周。周公奉成王命，伐诛武庚、管叔，放蔡叔。以微子开代殷后，国于宋[2]。颇收殷余民，以封武王少弟封为卫康叔。晋唐叔得嘉谷，献之成王，成王以归周公于兵所[3]。周公受禾东土，鲁天子之命[4]。初，管、蔡畔周，周公讨之，三年而毕定，故初作《大诰》，次作《微子之命》，次《归禾》，次《嘉禾》，次《康诰》《酒诰》《梓材》，其事在《周公》之篇。周公行政七年，成王长，周公反政成王，北面就群臣之位[5]。

成王将崩，惧太子钊之不任[6]，乃命召公、毕公率诸侯以相太子而立之。成王既崩，二公率诸侯，以太子钊见于先王庙，申告以文王、武王之所以为王业之不易，务在节俭，毋多欲，以笃信临之[7]，作《顾命》。太子钊遂立，是为康王。康王即位，遍告诸侯，宣告以文武之业以申之，作《康诰》。故成康之际，天下安宁，刑错四十余年不用。康王命作策毕公分居里[8]，成周郊，作《毕命》。

【注释】

[1] 摄行政：代为处理国家事务。当国：主持国家局面。

[2] 国：动词，立国、建立国都。

[3] 归（kuì）：通"馈"，馈赠、赠送。

[4] 鲁：宣布、宣扬。

[5] 北面：即事君称臣的意思。古代君主坐北向南，臣子朝见君主时面朝北方。

[6] 不任：担不起，无法胜任。

[7] 临之：指临朝治理天下。

[8] 策：即策书，是古代一种帝王对臣下使用的文书。

【译文】

成王年纪小，周朝刚刚平定天下，周公对诸侯可能背叛周朝非常担心，于是就为成王代管政务，处理国事。管叔、蔡叔等一群弟兄怀疑周公是要篡位，于是联合武庚发起兵变，背叛周王室。周公奉了成王的旨令，讨伐并诛杀了武庚、管叔，将蔡叔流放到边地。周公让微子启率领殷朝的遗族，在宋地建国。收纳了很多殷朝的遗民，赏给了武王的小弟弟封并封他为卫康叔。晋唐叔得到了象征祥瑞的谷穗，进献给成王，成王把它赐给了尚在军中的周公。周公在东方接受了这种谷穗，宣扬了天子的命令。当初，管叔、蔡叔反叛的时候，周公讨伐并彻底平定他们用了三年，所以先作《大诰》，接着作《微子之命》，又作《归禾》《嘉禾》，之后又作《康诰》《酒诰》《梓材》等，这些事迹都在《鲁周公世家》中有所记载。周公代行了七年朝政，成王终于长大成人，周公便把政权还给了成王，自己又回到了群臣的行列中。

成王临终前，担心太子钊难以胜任国事，就诏命召公、毕公率领诸侯共同辅佐太子登位。成王去世后，召公、毕公统率诸侯，陪同太子钊去先王宗庙拜谒，用文王、武王艰难开创周朝王业的故事告诫太子，让太子明白力行节俭的道理，要他戒除贪欲，以坚定的诚心处理国家政务，作《顾命》。于是太子钊登位，这便是周康王。康王即位之后，通告天下的诸侯君主，彰显文王、武王所创下的业绩，反复说明创业之难，作《康诰》。所以在成王、康王时期，天下安宁无事，连续四十年间都不曾用到刑罚。康王诏令毕公作策书让民众按照等级确定居住的区域，明确都城四郊的边界，作《毕命》。

厉王即位三十年，好利，近荣夷公，以荣公为卿士，用事[1]。

王行暴虐侈傲[2]，国人谤王[3]。召公谏曰:“民不堪命矣。”王怒，得卫巫，使监谤者，以告，则杀之。其谤鲜矣，诸侯不朝。三十四年，王益严，国人莫敢言，道路以目。厉王喜，告召公曰："吾能弭谤矣，乃不敢言。”召公曰:“是鄣之也。防民之口，甚于防水。水壅而溃[4]，

伤人必多，民亦如之。是故为水者决之使导，为民者宣之使言。故天子听政，使公卿至于列士献诗[5]，瞽献曲，史献书，师箴[6]，瞍赋，矇诵，百工谏，庶人传语，近臣尽规，亲戚补察，瞽史教诲，耆艾修之[7]，而后王斟酌焉，是以事行而不悖。民之有口也，犹土之有山川也，财用于是乎出；犹其有原隰衍沃也[8]，衣食于是乎生。口之宣言也，善败于是乎兴。行善而备败，所以产财用衣食者也。夫民虑之于心而宣之于口，成而行之[9]。若壅其口，其与能几何？”王不听。于是国莫敢出言，三年，乃相与畔，袭厉王。厉王出奔于彘。

厉王太子静匿召公之家，国人闻之，乃围之。召公曰：“昔吾骤谏王，王不从，以及此难也。今杀王太子，王其以我为仇而怼怒乎？夫事君者，险而不仇怼，怨而不怒，况事王乎！”乃以其子代王太子，太子竟得脱。

召公、周公二相行政，号曰“共和[10]”。共和十四年，厉王死于彘。太子静长于召公家，二相乃共立之为王，是为宣王。宣王即位，二相辅之，修政，法文、武、成、康之遗风，诸侯复宗周。十二年，鲁武公来朝。

【注释】

[1] 用事：指执掌国家权力，处理国事。

[2] 侈傲：奢侈傲慢。

[3] 国人：指生活在国都的百姓。

[4] 壅：堵塞水流，使水流不畅。

[5] 献诗：指从民间采集那些指摘朝政得失的诗歌进献给君主。

[6] 箴（zhēn）：规诫的言辞，这里指进献箴言。

[7] 耆艾：指五六十岁的老人，这里指师傅。

[8] 原：地势高而平坦的地方。隰（xí）：地势低矮而潮湿的地方。衍：指低平的地方。沃：有水流经过可以灌溉的地方。

[9] 成：指已经在心中考虑好了。

[10] 共和：在“国人暴动”之后，周厉王逃到彘地，国家大事由召公和周公共同处理，史称“共和”。从共和元年（前841年）开始，中国历史上出现了确切的纪年。

【译文】

周厉王即位三十年，对财利非常贪婪，亲近荣夷公，任命荣夷公为卿士，掌管国事。

厉王的行为暴虐豪奢而又放纵傲慢，国都平民议论他的过失。召公劝谏："平民无法忍受您的政令了！"厉王非常愤怒，找到一个卫国巫师，派他专门监视议论国王的人，报告给厉王的立即就杀掉。这样让议论的人少了许多，诸侯也不敢来朝拜了。三十四年，厉王变得更加严苛，平民没有敢开口说话的了，以致在路上碰见用眼神示意。厉王非常高兴，对召公说："我能平息平民对我的议论了，他们都不敢说话了。"召公说："这只是堵住了而已。封堵平民的嘴巴，要比阻挡住水流更严重。水流积蓄得多了，一旦决口就会伤害很多人，不让平民说话的道理也是一样。所以，治水的人会沟通河道让水流通畅，治理平民的人则要让他们痛快地讲话。因此天子处理政务，就是要让公卿直到列士都敢于讽喻得失，民间盲人乐师奉献民乐，史官奉献可供借鉴的史书，宫廷乐师奉献箴诫的言辞，盲人吟诵诗篇，诵读箴诫的言辞，各行各业的匠人可以直接进谏，市井平民可以把意见辗转传达给天子，近臣要尽力规劝，皇室成员要补察过失，乐师、史官要负责教诲，师傅等年长的人要经常修正告诫，然后由天子自行斟酌决定，所以事情做起来顺当而不会违谬。平民都是有嘴巴的，就像大地上有山川，财货器用都是从那里生产出来的；又像大地上有丰饶肥沃的田野，衣物粮食也从那里生产出来。平民能把话说出来，也就能看出政务处理得哪里好哪里坏了。施行好的而防备不好的，所以才能出产财物器用、衣服粮食等。平民心里想到什么，嘴里就说到什么，考虑好了就付诸行动。如果封堵住了他们的嘴巴，又能堵得了多久呢？"厉王不肯听从召公的劝阻。于是平民都不敢再说话了。三年后，大家约好一起造反，袭击周厉王。厉王逃到了彘地。

厉王的太子静被召公藏在自己家里，平民知道了，就包围了召公家。召公说："先前我多次规劝王，王不肯听从，导致了这样的灾难。如果今天杀掉太子，王就会认为是我对他仇视而怨恨他吧？身为事奉君主的臣子，即使身处险境也不该怨恨，即使怨恨也不该发怒，更何况是事奉天子呢？"于是他用自己的儿子代替王太子赴死，让王太子最终免遭杀害。

召公、周公二人以国相之职代理朝政，号称“共和”（前 841 年）。共和十四年（前 828 年），周厉王在彘地去世。太子静则已在召公家长大成人，于是两位辅相便一起拥立他为王，这便是周宣王。周宣王即位后，任命召公、周公共同辅政，修明政事，效法文王、武王、成王、康王时的遗风，于是诸侯又重新尊奉周王室。宣王十二年（前 816 年），鲁武公到王都来朝拜周宣王。

四十六年，宣王崩，子幽王宫湦立。幽王二年，西周三川皆震。伯阳甫曰:“周将亡矣。夫天地之气，不失其序;若过其序，民乱之也。阳伏而不能出，阴迫而不能蒸[1]，于是有地震。今三川实震，是阳失其所而填阴也[2]。阳失而在阴[3]，原必塞；原塞，国必亡。夫水土演而民用也[4]。土无所演，民乏财用，不亡何待！昔伊、洛竭而夏亡，河竭而商亡。今周德若二代之季矣，其川原又塞，塞必竭。夫国必依山川，山崩川竭，亡国之征也[5]。川竭必山崩。若国亡不过十年，数之纪也。天之所弃，不过其纪。”是岁也，三川竭，岐山崩。

三年，幽王嬖爱褒姒。褒姒生子伯服，幽王欲废太子。太子母申侯女，而为后。后幽王得褒姒，爱之，欲废申后，并去太子宜臼，以褒姒为后，以伯服为太子。

褒姒不好笑，幽王欲其笑万方[6]，故不笑[7]。幽王为熢燧大鼓[8]，有寇至则举熢火。诸侯悉至，至而无寇[9]，褒姒乃大笑。幽王说之，为数举熢火。其后不信，诸侯益亦不至。

幽王以虢石父为卿，用事，国人皆怨。石父为人佞巧善谀好利，王用之。又废申后，去太子也。申侯怒，与缯、西夷犬戎攻幽王。幽王举熢火征兵[10]，兵莫至。遂杀幽王骊山下，虏褒姒，尽取周赂而去。于是诸侯乃即申侯而共立故幽王太子宜臼，是为平王，以奉周祀。

【注释】

[1] 蒸：指气体升腾上升。

[2] 填阴：指受到阴气的镇伏。填，通“镇”。

[3] 阳失而在阴：指阳气丧失本来的位置而处在阴气之下。

[4] 演：滋润、湿润，指水土通气的状态。

[5] 征：表征、征兆。

[6] 万方：泛指各种方法。

[7] 故：仍旧、依然。

[8] 熢燧：古代一种用作传递军事消息的警报设施，白天燃狼烟为熢，夜里燃明火为燧。

[9] 寇：泛指盗匪或入侵的敌人。

[10] 征兵：向四方诸侯征召救兵。

【译文】

宣王四十六年（前 782 年），周宣王去世，他的儿子幽王宫涅继位。幽王二年（前 780 年），都城与附近的泾水、渭水、洛水流域都发生了地震。伯阳甫说："周朝就要灭亡啦。天地间的阴阳之气，不会丧失秩序；如果破坏了秩序，那就是有人扰乱了它。阳气伏下去而不能发出，阴气压迫着阳气无法上升，于是就出现了地震。如今三川流域发生了地震，是因为阳气离开了原来的位置，而阴气填充了阳气的位置镇压着阳气。阳气失去原来的位置而被阴气压着，河水源头就必定受到阻塞，源头受到阻塞，国家就一定会灭亡。土地被滋润才能有出产，民众才有生产生活之用。土地无法得到滋润，民众就会缺乏财物用度，那么国家不灭亡还要等到什么时候呢？从前伊水、洛水枯竭，夏朝就灭亡了；黄河枯竭，商朝也灭亡了。如今周朝的气数也到了如夏、商末年的样子了，河水的源头被阻塞住了。水源受到阻塞，河流必定会枯竭。国家的生存必定要依赖山陵和河川，山陵崩塌河水枯竭，这是要亡国的征兆啊。河水枯竭了，山陵也一定会崩塌。如果国家真的要灭亡，那就不会超过十年，因为十是天数的一个循环。被上天厌弃的国家，不会超过那个循环。"这一年，三条河流都枯竭了，岐山也崩塌了。

幽王三年（前 779 年），幽王非常宠爱褒姒。褒姒生了个儿子，取名叫做伯服，幽王就想着废掉太子。太子的母亲原本是申侯的女儿，是幽王的王后。幽王得到了褒姒之后，非常宠爱褒姒，就想把申后废掉，也把太子宜臼一起废掉，立褒姒为新王后，立伯服为太子。

褒姒不喜爱笑，幽王为了逗她发笑，用了各种各样的办法，但是她

仍然不笑。周幽王曾修建了烽火台并安设大鼓，在国都受到敌人侵犯的时候就点燃烽火求援。为了取悦褒姒发笑，周幽王竟然点燃烽火，等到诸侯见了烽火全都赶来后，却不见有敌情，褒姒看了诸侯的样子果然大笑起来。幽王喜欢看褒姒笑,所以多次点燃烽火。后来诸侯再也不相信了，也就不来了。

周幽王任命虢石父担任卿，处理政务，国人对他都很忿恨。虢石父为人非常奸诈而且巧舌如簧，非常善于阿谀奉承，又贪财逐利，却得到周幽王的重用。周幽王废掉申后之后，又废掉了太子。申侯非常气愤，就联合缯国、犬戎势力一起攻打幽王。于是幽王点起烽火向诸侯求救，但没有一个诸侯再派救兵来。申侯在骊山脚下杀死了幽王，俘虏了褒姒，掠取了周王室的全部财宝后离去。于是诸侯聚拢在申侯的周围，共同拥立幽王的前太子宜臼为王，这便是周平王，继承周朝的宗庙祭祀。

【精彩语段】

褒姒不好笑，幽王欲其笑万方，故不笑。幽王为熢燧大鼓，有寇至则举熢火。诸侯悉至，至而无寇，褒姒乃大笑。幽王说之，为数举熢火。其后不信，诸侯益亦不至。

评析　“烽火戏诸侯”是发生于周幽王时期的一个著名事件。周幽王只是为了博得褒姒一笑，竟然数次欺骗诸侯率兵前来救援。但当游戏玩得过头之后，也就再也没有人愿意相信他，以至于当危险真的降临的时候，再也无法获得诸侯的救援和回应，导致了西周的灭亡。这样的故事，与寓言故事《狼来了》非常相似。如果在事情尚未发生时不懂得树立自己的诚信，不懂得真诚地建立关系，就可能在真的面临危难时，陷入孤立无援的境地。

知识链接　国人暴动

国人暴动又称“彘之乱”“国人起义”，是一场爆发于公元前842年的平民暴动事件，结果周厉王被逐出了都城。需要指出的是，此处的“国人”，并非指当时所有的周朝人，而仅指当时居住在都城镐京（今陕西西安长安区西北）城郭之内的平民，是西周、春秋时期对各国都城或采邑内居民的特有称谓。当时的国人拥有参与国事的权利，甚至有权废立国王，同时承担纳税和服兵役的义务。这场暴动的发生有着深刻的根源，是当时西周社会各种矛盾和斗争的一次集中爆发。此次暴动之后，上层统治者施行了缓和阶级矛盾的措施，但周王朝终究无法挽救颓势，最终在周幽王时灭亡。同时，“防民之口，甚于防水（川）”也成为这段历史留给人们的重要启示。

秦始皇本纪

作为中国历史上第一个中央集权制的封建王朝，秦朝奠定了中国整个封建社会的基础。而作为完成这一伟大变革的历史人物，秦始皇实施了一系列重大的措施，囊括政治、经济、军事、文化、生活等方方面面，对后世产生了非常重大且深远的影响，甚至对中华民族的形成和壮大也做出了非常重大的贡献。但是，伟大的秦王朝二世而亡，则又留给后世永远的借鉴和警示，让后世王朝统治者从秦朝迅速灭亡的过程中看到了人民的无穷力量。司马迁从朴素的唯物主义历史观点出发，将对于秦朝成败兴衰的思考贯穿始终，最终形成了这篇气势磅礴、富有感染力的政论文，给我们认识秦朝的历史提供了一定的借鉴。

秦初并天下，令丞相、御史曰："异日韩王纳地效玺[1]，请为藩臣，已而倍约，与赵、魏合从畔秦，故兴兵诛之，虏其王。寡人以为善，庶几息兵革[2]。赵王使其相李牧来约盟，故归其质子。已而倍盟，反我太原，故兴兵诛之，得其王。赵公子嘉乃自立为代王，故举兵击灭之。魏王始约服入秦，已而与韩、赵谋袭秦，秦兵吏诛，遂破之。荆王献青阳以西，已而畔约，击我南郡，故发兵诛，得其王，遂定其荆地。燕王昏乱，其太子丹乃阴令荆轲为贼，兵吏诛，灭其国。齐王用后胜计，绝秦使，欲为乱，兵吏诛，虏其王，平齐地。寡人以眇眇之身[3]，兴兵诛暴乱，赖宗庙之灵，六王咸伏其辜[4]，天下大定。今名号不更，无以称成功[5]，传后世，其议帝号。"丞相绾、御史大夫劫、廷尉斯等皆曰："昔者五帝地方千里，其外侯服夷服[6]，诸侯或朝或否，天子不能制。今陛下兴义兵，诛残贼，平定天下，海内为郡县，法令由一统，自上古以来未尝有，五帝所不及。臣等谨与博士议曰：'古有天皇，有地皇，有泰皇，泰皇最贵。'臣等昧死上尊号，王为'泰皇'。命为'制[7]'，令为'诏[8]'，天子自称曰'朕'。"王曰："去'泰'，著'皇'，采上古'帝'位号，号曰'皇帝'。他如议。"制曰

"可"。追尊庄襄王为太上皇。制曰:"朕闻太古有号毋谥,中古有号,死而以行为谥[9]。如此,则子议父,臣议君也,甚无谓,朕弗取焉。自今已来,除谥法。朕为'始皇帝',后世以计数,二世三世至于万世,传之无穷。"

【注释】

[1] 异日:先前、昔日。效:奉献。

[2] 息兵革:停息战争。兵革,本指兵器、甲胄,借指战争。

[3] 眇眇:渺小、微小。眇,通"渺"。

[4] 伏:领受。

[5] 称:显示、显扬。

[6] 侯服夷服:依周制,以天子所在的京城为中心,千里之内的地方称"王畿",往外每隔五百里设一"服",依次为侯服、甸服、男服、采服、卫服、蛮服、夷服、镇服、藩服。这里用来代指都城之外的远近地区。

[7] 制:指帝王发布的命令。

[8] 诏:诏书,指皇帝颁布的文告命令。

[9] 行(xìng):个人的品行、生平事迹。

【译文】

秦统一天下后,秦王对丞相、御史下令说:"从前韩王割让土地,献上玉玺,表示愿意做守卫我秦国边境的臣子,可是不久便背弃誓约,联合赵国、魏国反叛秦国,所以我们才派兵讨伐,俘虏了韩国国君。我认为这很好,因为这样秦、韩之间的战争就会永远停止了。赵王曾派遣相国李牧与我们盟约,所以让赵国的质子回去。可是不久他们就违背盟约,在太原反抗我们,所以我们派兵讨伐,俘获了赵国国君。赵公子嘉自立为代王,我们派军队前去灭亡了赵国。魏王已经约定向秦臣服,不久却与韩、赵谋划如何袭击秦国,我们只得派兵征讨,终于击败了他们。楚王已经割让了青阳以西的区域给秦国,不久也反悔,袭击我国的南郡地区,所以我们派兵讨伐,俘获了他们的国君,平定了楚地。燕王头脑糊涂,太子丹竟然暗中派荆轲来行刺,我们只好派兵讨伐,灭亡了燕国。齐王建在后胜的建议下,与秦国断绝使臣往来,妄图作乱,我们派兵讨伐,俘虏了他们的国君,平定了齐地。凭我这个渺小的人物,居然能诛暴平乱,

全凭祖宗神灵的庇护，六国的国君都已经受到应有的惩罚，天下实现了大体上的安定。现在不更改名号，我们就无法显扬所取得的功业，无法让后世永远流传。你们商议一下我应该用个什么样的帝号。”丞相王绾、御史大夫冯劫、廷尉李斯等都说：“从前，‘五帝’不过能管辖方圆千里的土地，辖地之外有‘侯服’‘夷服’地区，有的诸侯朝贡，有的诸侯不朝贡，天子不能掌控。如今您兴起义兵，讨伐四方的残暴之人，安定天下，将全国以郡县分别管理，从朝廷发出统一的法令，这是以前从没有过的，连‘五帝’也比不上您的功业。我们与博士们商议：‘古代有天皇、地皇、泰皇，其中以泰皇最为尊贵。’我们大胆建议，您当称‘泰皇’，发出的命令称‘制’‘诏’，自称为‘朕’。”秦王说：“去掉‘泰’字，留下‘皇’字，再加上古代的称号‘帝’，合称为‘皇帝’。其他的就按你们商议的办。”于是批示“可以”。追尊庄襄王为“太上皇”。接着又下令：“听说上古时候的君主只有生前的号而没有死后的谥，中古时候的君主生前有号，死后又有据生前品行确定的谥号，也就是让儿子评议父亲，为臣的评议为君的，这没有道理，我不赞成采取这种做法。从现在开始，我要废除谥号。我就叫做‘始皇帝’，后世子孙以辈数称谓，从二世、三世直到万世，接续相传没有穷尽。”

始皇推终始五德之传[1]，以为周得火德，秦代周德，从所不胜。方今水德之始，改年始[2]，朝贺皆自十月朔[3]。衣服旄旌节旗皆上黑[4]。数以六为纪，符、法冠皆六寸[5]，而舆六尺[6]，六尺为步[7]，乘六马。更名河曰德水，以为水德之始，刚毅戾深[8]，事皆决于法，刻削毋仁恩和义，然后合五德之数。于是急法，久者不赦。

丞相绾等言：“诸侯初破，燕、齐、荆地远，不为置王，毋以填之。请立诸子，唯上幸许。”始皇下其议于群臣，群臣皆以为便[9]。廷尉李斯议曰：“周文武所封子弟同姓甚众，然后属疏远，相攻击如仇雠，诸侯更相诛伐，周天子弗能禁止。今海内赖陛下神灵一统，皆为郡县，诸子功臣以公赋税重赏赐之，甚足易制。天下无异意，则安宁之术也。置诸侯不便。”始皇曰：“天下共苦战斗不休，以有侯王。赖宗庙，天下初定，又复立国，是树兵也[10]，而求其宁息，岂不难哉！廷尉议是。”

【注释】

[1] 推：推求、推算。终始五德：指战国阴阳家借五行的相生相克来附会王朝兴替。

[2] 改年始：即更改一年的开始，秦始皇以建亥之月（夏历十月）作为一年的开始。

[3] 朔：阴历每月的初一。

[4] 上：通"尚"，尊尚、崇尚、以……为尊贵。

[5] 法冠：指御史佩戴的冠冕。法冠本属楚王，楚国灭亡后，被秦始皇赐予御史，称法冠。后来的汉朝使节、执法人员也多佩戴这种冠冕。

[6] 六尺：指车辇两轮之间的距离。

[7] 步：古代计量单位，即现在的两步，长度为六尺。

[8] 戾（lì）深：形容非常严厉、狠毒。

[9] 便：有利、适合。

[10] 树兵：树起兵器，即"挑起战争"的意思。

【译文】

秦始皇按照五行终始循环、相生相克的道理，认为周朝是得火德，秦朝取代周朝而兴盛，就必须是周朝火德无法战胜的水德。如今是水德开始之时，所以要更改一年的起始，规定群臣朝觐拜贺的时间要从十月初一开始。无论是衣服、符节还是旗帜，都应该崇尚黑色。数目以六为准度，符节、法冠的标准都为六寸，车子的宽度以六尺为标准，确定六尺为一步，每辆车的驾马为六匹。黄河改称德水，以标示水德的起始。朝廷处事作风应刚毅严厉，一切依法律决定，执法严酷而不讲仁爱、恩惠、和善、情义，从而符合水德的命数。于是秦始皇施行异常严酷的法令，从不宽恕犯法之人。

丞相王绾上书说："诸侯刚刚被平定，燕、齐、楚等地过于偏远，如果不在这些地方设王就无法让那里保持安定。现在请求封赏各位皇子为王，希望您准许这件事。"始皇把这个建议交给群臣们商议，群臣都认为可以施行。廷尉李斯却说："周文王、周武王封赏过很多同姓的子弟和亲属，可是后代的关系却非常疏远，就像仇人一样互相攻击，诸侯间更是充满了征战杀伐，连周天子也无法让他们停止。如今天下全都靠您的神威重新统一，又划分了郡县进行统治，皇子功臣受到国家赋税的重重赏赐，

这样让统治变得容易控制了。天下人也没有生出邪异的心思，这就是让天下长久安宁的好办法啊。封赏诸侯对国家没有好处。”始皇说：“天下人都痛恨无休止的战争，就是因为存在着诸侯。如今我仗着祖宗神灵刚刚统一天下便又设立诸侯，等于又在埋战争的种子却妄求国家安定，那不是很困难吗？廷尉说得很对。”

分天下以为三十六郡，郡置守、尉、监。更名民曰“黔首[1]”。大酺。收天下兵，聚之咸阳，销以为钟鐻[2]，金人十二，重各千石，置廷宫中。一法度衡石丈尺，车同轨，书同文字。地东至海暨朝鲜，西至临洮、羌中，南至北向户，北据河为塞，并阴山至辽东。徙天下豪富于咸阳十二万户。诸庙及章台、上林皆在渭南[3]。秦每破诸侯，写放其宫室，作之咸阳北阪上。南临渭，自雍门以东至泾、渭，殿屋复道周阁相属[4]。所得诸侯美人钟鼓，以充入之。

二十七年，始皇巡陇西、北地，出鸡头山，过回中。焉作信宫渭南，已更命信宫为极庙，象天极。自极庙道通郦山，作甘泉前殿。筑甬道[5]，自咸阳属之。是岁，赐爵一级。治驰道。

始皇巡北边，从上郡入。燕人卢生使入海还，以鬼神事，因奏录图书，曰“亡秦者胡也”。始皇乃使将军蒙恬发兵三十万人北击胡，略取河南地。

三十三年，发诸尝逋亡人、赘婿、贾人略取陆梁地[6]，为桂林、象郡、南海，以適遣戍[7]。西北斥逐匈奴。自榆中并河以东，属之阴山，以为四十四县，城河上为塞。又使蒙恬渡河取高阙、阳山、北假中，筑亭障以逐戎人[8]。徙谪，实之初县[9]。禁不得祠。明星出西方。三十四年，適治狱吏不直者，筑长城及南越地。

【注释】

[1] 黔首：又称“黎首”，指黎民百姓。黔，黑色。

[2] 鐻（jù）：指一种如钟的乐器，多为木质或铜质，呈猛兽形。

[3] 章台：秦朝宫殿，因宫内设有章台而得名。上林：皇家林苑，位于今陕西西安、周至、户县等地境内。

[4] 复道：指楼宇之间的阁道、天桥。周阁：指环行的长廊等。

[5] 甬道：古代一种两侧筑墙的通道。

[6] 逋（bū）亡人：指逃亡的犯人。赘婿：穷苦人家质押给富人家做奴隶的子女，称“赘子”，过期无法赎身，由主人家娶妻并仍做奴隶的，称“赘婿”。

[7] 適：通“谪”，指因罪受到降职或流放处罚的人。

[8] 亭障：指边疆地区于险要地段修建的堡垒。

[9] 初县：指新近设置的县。

【译文】

于是秦始皇把天下划分为三十六个郡。每个郡都设置守、尉、监等职位。改称百姓为“黔首”。下令全国百姓可以聚集宴饮表达欢庆。将天下的兵器全都收缴起来，运送到咸阳，熔铸成一批大钟，另铸造了十二个铜人，每个重达千石，放置在皇宫中。统一各国的法令和度量衡。统一车辆两轨间的尺寸。全国统一使用一种文字。秦朝的领土版图向东到达大海和朝鲜，向西到达临洮、羌中，向南到达北回归线以南，向北达到黄河要塞，沿阴山往东直到辽东。迁徙天下最为富有的十二万户人家到咸阳居住。将秦的各代祖庙及章台宫、上林苑等都设置在渭水南岸。每灭亡一个诸侯国，秦就仿照该国的宫殿样式，在咸阳北的山坡上仿造一座，这些建筑都南临渭水，从雍门一直绵延至泾水、渭水。殿屋之间以天桥和环形长廊相互连接，其中充斥着从诸侯国掠得的美人及钟鼓乐器之类的器物。

二十七年（前 220 年），秦始皇到陇西、北地两郡巡视，翻越了鸡头山后路经回中。于是便在渭水的南岸建造信宫，不久又改名为极庙，作为北极星的象征。从极庙修建了一条直通骊山的驰道，并修建了甘泉宫的前殿。修造了一条甬道，连接了咸阳和骊山。这一年，秦始皇普遍向百姓赏赐民爵一级。又修筑了一条专供皇帝巡行的驰道。

三十二年（前 215 年），始皇到北部边界巡视，路经上郡返回都城。燕地人卢生受始皇的派遣，入海求仙回来，报告鬼神的事情，还奉上用符命占卜的图录之书，上面写着“灭亡秦朝的是胡”。于是，始皇派遣将军蒙恬率领三十万秦军攻打胡人，将黄河以南的土地掠夺过来。

三十三年（前 214 年），始皇征发曾经逃亡的犯人、入赘做女婿的人、

从事商业的人去攻取南方的陆梁地区，并在新掠得的土地上设置桂林、象、南海等郡，派遣贬谪的人前去戍守。又在西北边境驱逐匈奴。将榆中沿黄河到阴山一带，划分为四十四个县。在黄河岸边修筑城墙，设置要塞。派遣蒙恬越过黄河攻占高阙、阳山、北假中部一带地方，构筑军事堡垒驱逐戎狄。迁徙那些受到贬谪的人去充实新设置的县。禁止祭祀主管稼穑的灵星。西方出现彗星。三十四年（前213年），始皇将执法不正的法官贬官，然后派遣他们前去修筑长城、戍守南越地区。

三十七年十月癸丑，始皇出游。左丞相斯从，右丞相去疾守。少子胡亥爱慕请从，上许之。十一月，行至云梦，望祀虞舜于九疑山。浮江下，观籍柯，渡海渚。过丹阳，至钱唐。临浙江，水波恶，乃西百二十里从狭中渡[1]。上会稽，祭大禹，望于南海，而立石刻颂秦德。

至平原津而病。始皇恶言死，群臣莫敢言死事。上病益甚，乃为玺书赐公子扶苏曰[2]："与丧会咸阳而葬[3]。"书已封，在中车府令赵高行符玺事所，未授使者。七月丙寅，始皇崩于沙丘平台。丞相斯为上崩在外，恐诸公子及天下有变，乃秘之，不发丧。棺载辒凉车中[4]，故幸宦者参乘[5]，所至上食。百官奏事如故，宦者辄从辒凉车中可其奏事。独子胡亥、赵高及所幸宦者五六人知上死。赵高故尝教胡亥书及狱律令法事，胡亥私幸之。高乃与公子胡亥、丞相斯阴谋破去始皇所封书赐公子扶苏者，而更诈为丞相斯受始皇遗诏沙丘，立子胡亥为太子。更为书赐公子扶苏、蒙恬，数以罪，赐死。语具在《李斯传》中。行，遂从井陉抵九原。会暑，上辒车臭，乃诏从官令车载一石鲍鱼[6]，以乱其臭。

行从直道至咸阳，发丧。太子胡亥袭位，为二世皇帝。九月，葬始皇郦山。始皇初即位，穿治郦山，及并天下，天下徒送诣七十余万人，穿三泉，下铜而致椁[7]，宫观百官奇器珍怪徙臧满之。令匠作机弩矢，有所穿近者辄射之。以水银为百川江河大海，机相灌输，上具天文，下具地理。以人鱼膏为烛，度不灭者久之。二世曰："先帝后宫非有子者，出焉不宜。"皆令从死[8]，死者甚众。葬既已下，或言工匠为机，臧皆知之，臧重即泄。大事毕，已臧，闭中羡[9]，下外羡门，尽闭工匠臧者，无复出者。树草木以象山。

【注释】

[1] 狭中：指江面狭窄的地方。

[2] 玺书：指盖有皇帝印玺的书信。

[3] 与丧：指参加丧葬事宜。

[4] 辒凉车：原为古代一种密闭、通风且可以躺卧的车，后来专用作丧车。

[5] 参乘：指陪乘的人。古代乘车以左为尊，驭者居中间，陪乘者坐在车子右侧或在车子右方陪同。

[6] 鲍鱼：指散发腥臭味的腌鱼。

[7] 下铜：用铜熔液填充缝隙。

[8] 从死：即殉葬。从，跟从、跟随。

[9] 羡（yán）：通“埏”，墓道。设置有内、中、外三道羡门。

【译文】

三十七年（前210年）十月癸丑日，始皇外出巡游。左丞相李斯跟随，右丞相冯去疾在京城留守。始皇的小儿子胡亥也想去巡游，请求跟随，始皇答应了他。十一月，在云梦泽，始皇向九嶷山的方向遥祭虞舜。然后乘坐船只沿江而下，观览籍柯，渡过海渚，路经丹阳，最后到达钱塘。在进入浙江的时候，水情凶险，于是向西走了一百二十里，在江面狭窄的地方渡过江水。到会稽山上祭祀大禹，遥望南海（今东海）。命人刻石立碑，宣扬秦朝的功德。

始皇在到达平原津的时候生了病。始皇平时对“死”这个字非常讨厌，随同的群臣也没有敢说始皇死后的事情。始皇的病变得更厉害了，就写了一封给公子扶苏的信并盖上御印：“回咸阳参加丧事，在咸阳安葬我。”信封好了，就存放在掌管玺印事务的中车府令赵高那里，没有立即交给使者。七月丙寅日，车队走到沙丘平台的时候始皇去世了。丞相李斯认为，皇帝逝世在外面，担心皇子们和各地会趁这个机会制造混乱，就严守始皇逝世的秘密，不公开始皇去世的消息。始皇的棺材就放在密闭通风的辒凉车中，让从前受过始皇宠信的宦官保卫左右，走到适当的地方就向始皇奉上饭食。命百官仍像平常一样向始皇奏事。奏书一到，宦官就在

辒凉车中递出始皇的批示诏书。只有胡亥、赵高和五六个从前受到宠幸的宦官知道始皇已经逝世。赵高从前曾教授胡亥书法及狱律法令等，在私下很受胡亥的喜欢。赵高与胡亥、李斯私下里商量拆开那封封好的始皇给公子扶苏的信，诈称李斯在沙丘接受始皇遗诏，改皇子胡亥为皇太子。伪造给公子扶苏、蒙恬的诏书，列举他们所犯下的罪状，命令他们自杀。这些事在《李斯列传》中都有记载。车队继续前进，从井陉一直走到九原。当时正赶上暑天，辒凉车中的始皇尸体散发出臭味，李斯就下令往车里装了带着腥臭气的腌鱼，来遮掩尸臭。

车队一路行进，从直道回到咸阳后，才发布治丧的告示。皇太子胡亥继位，这便是二世皇帝。九月，始皇被安葬在骊山皇陵。始皇刚刚登位时，就开始挖通修凿骊山，统一天下后，开始从全国各地征调徒役七十多万，在地上挖了三重泉水的深度，用熔化的铜水填塞土地缝隙，把外棺放进去，接着修造宫观，排布百官的位次，填满各种珍奇器物、珍宝怪石等。命令工匠制造各种机关操纵的弓箭，有人挖墓靠近时就射死他。用水银做成天下江河湖海的样子，并用机器灌注输送，墓顶装饰着天文图象，墓底部设置各种地理图形。用娃娃鱼的油脂制作长燃的火炬，估计很久都不会熄灭。二世说："先帝后宫中没有子女的嫔妃，放她们出宫去不合适。"于是就命令将这些人全部殉葬，人数很多。下葬完毕，有人说工匠建造了墓内器械，知道墓中的宝物有多贵重，难免会把秘密泄露出去。举行完隆重的丧礼，把宝物也都藏好后，就下令将墓道中间的一道门封闭，又把墓地的最外面一道门放下来，将全部工匠都封闭在里面，没有一个人能出来。然后在墓上栽种草木，从外面看起来就像一座山。

【精彩语段】

丞相绾等言："诸侯初破，燕、齐、荆地远，不为置王，毋以填之。请立诸子，唯上幸许。"始皇下其议于群臣，群臣皆以为便。廷尉李斯议曰："周文武所封子弟同姓甚众，然后属疏远，相攻击如仇雠，诸侯更相诛伐，周天子弗能禁止。今海内赖陛下神灵一统，皆为郡县，诸子功臣以公赋税重赏赐之，甚足易制。天下无异意，则安宁之术也。置诸侯不便。"

评析 在偏远的王朝边地设置郡县还是分封贵族为王的问题上，当时的朝廷中也曾出现过一些争论。如王绾就主张分封各地贵族享有世袭的诸侯名分，为朝廷统治远离咸阳的原楚国、燕国、齐国的大片地方，而廷尉李斯则坚决反对这种观点，认为分封制是导致周朝出现诸侯分裂割据的重要原因，而周王室根本无力阻止诸侯之间彼此攻战杀伐的状况。在创建中国历史上第一个统一的封建制国家的过程中，秦始皇的很多措施都是具有开创性的，如这里的郡县制，就是秦始皇在比较分封制与郡县制的优劣之后得出的正确选择。无疑，郡县制的出现，是符合统一集权的中央封建王朝的政治统治的，对后世的影响也是非常深远的。

知识链接　焚书坑儒

“焚书坑儒”是发生于秦始皇时期的一个历史事件，史学家一般认为在这次事件中，除《秦纪》、医药、卜筮、农家经典，以及官方馆藏的诸子和其他历史古籍外，所有民间收藏的诗、书、诸子百家之言，全部遭到秦始皇的焚烧。为了维护和加强中央集权的政治统治，秦始皇还将一批敢于议论朝政的术士460余人全部坑杀，这就是著名的“焚书坑儒”。可以说，这是非常明显的“愚民”政策，它虽然在主观上是为了加强思想统治，进而为政治统治服务，但在客观上却是对诸子百家文化的扼杀，对古代典籍的传承也造成了严重的破坏。

项羽本纪

在秦汉之际的农民起义运动中，项羽无疑是最为耀眼的一颗明星，在推翻暴秦统治的过程中发挥了极其重要的作用。项羽勇猛善战、叱咤风云，尤其在对阵章邯时，以背水一战的气魄，破釜沉舟的策略，激发了军队的斗志，一战而成万古名。但项羽又是一位悲剧式的英雄人物，在推翻秦王朝的统治之后，目光短浅、刚愎自用的他，又实施了错误的策略，以春秋战国时代的分封方式分封各路农民起义军，让各路起义军保留了完整的军事力量，也给自己留下了无穷的祸患，让他不得不四处征战镇压，加之对烧杀破坏行为不加节制，逐渐丧失民心直至兵败身死。在这篇本纪中，司马迁巧妙地将项羽性格中的各个矛盾的侧面，通过秦末农民起义和楚汉之间的征战，恢弘壮阔地展现出来，虽然其中不乏挞伐，但也饱含着对项羽的由衷惋惜和深切同情，从而也使这篇本纪成为《史记》中最为精彩的一篇，达到了思想和艺术上的高度统一，具有极高的文学和史学价值。

项籍者，下相人也，字羽。初起时，年二十四。其季父项梁[1]，梁父即楚将项燕，为秦将王翦所戮者也。项氏世世为楚将，封于项，故姓项氏。

项籍少时，学书不成，去。学剑，又不成。项梁怒之。籍曰:“书，足以记名姓而已；剑，一人敌，不足学；学万人敌。”于是项梁乃教籍兵法，籍大喜，略知其意，又不肯竟学[2]。项梁尝有栎阳逮[3]，乃请蕲狱掾曹咎书抵栎阳狱掾司马欣，以故事得已。项梁杀人，与籍避仇于吴中。吴中贤士大夫皆出项梁下[4]。每吴中有大繇役及丧，项梁常为主办，阴以兵法部勒宾客及子弟[5]，以是知其能。秦始皇帝游会稽，渡浙江，梁与籍俱观。籍曰:“彼可取而代也。”梁掩其口，曰:“毋妄言[6]，族矣[7]！”梁以此奇籍。籍长八尺余，力能扛鼎，才气过人，虽吴中子弟皆已惮籍矣[8]。

【注释】

[1] 季父：指父亲最小的弟弟。季，指兄弟排行中最小的。

[2] 竟学：学完、学到底。竟，最终、完毕。

[3] 逮：指受官府追捕。

[4] 皆出项梁下：才能全都比不上项梁。

[5] 部勒：管理、约束。

[6] 妄言：胡乱说话。

[7] 族：动词，灭族、满门抄斩。

[8] 惮：畏惧、害怕。

【译文】

项籍是下相人，字羽。开始起事的时候，他刚刚二十四岁。他的叔叔名叫项梁，项梁的父亲就是被秦将王翦杀死的楚将项燕。项氏世代在楚国担任将军，因功被封在项地，所以他们就将项作为姓氏了。

项籍小时候读书写字没学成，就不学了，于是又学习剑术，结果也没有练成就不练了。项梁很生气。项籍说："写好字不过是用来记姓名而已，练好剑术也只能每次对付一个人，这些都不值得学。我要学习能对付万人的本事。"于是项梁就教授项籍兵法，项籍很高兴，可是刚刚学到一些兵法大意，就又不肯认真学习了。项梁曾因有人犯罪受牵连而在栎阳县被追捕，于是他就请蕲县狱掾曹咎给栎阳狱掾司马欣写了一封信说情，最终得以免刑。后来，项梁杀了人，为了躲避仇杀而带着项籍逃到吴中郡。吴中郡的贤士大夫的才能都在项梁之下，每当吴中郡出现大的徭役或丧事，总要请项梁做主操办，于是项梁经常暗中使用兵法约束当地的宾客和青年,并从中了解他们的才能。秦始皇游览会稽郡横渡浙江时，项梁和项籍也前去观看。项籍说："我可以取代那个人！"项梁赶紧捂住了项籍的嘴，说："不要胡说，这可是要灭族的罪！"但是项梁却从此觉得项籍很不寻常。项籍有八尺多高，力气大得能举鼎，吴中当地的子弟都很惧怕他。

秦二世元年七月，陈涉等起大泽中。其九月，会稽守通谓梁曰："江西皆反，此亦天亡秦之时也。吾闻先即制人，后则为人所制。吾欲发兵，

使公及桓楚将。”是时桓楚亡在泽中[1]。梁曰:“桓楚亡，人莫知其处，独籍知之耳。”梁乃出，诫籍持剑居外待。梁复入，与守坐，曰:“请召籍,使受命召桓楚。”守曰:“诺。”梁召籍入。须臾,梁眴籍曰[2]:“可行矣！”于是籍遂拔剑斩守头。项梁持守头,佩其印绶[3]。门下大惊，扰乱[4]，籍所击杀数十百人。一府中皆慑伏[5]，莫敢起。梁乃召故所知豪吏，谕以所为起大事[6]，遂举吴中兵。

章邯已破项梁军，则以为楚地兵不足忧，乃渡河击赵，大破之。当此时,赵歇为王,陈余为将,张耳为相,皆走入钜鹿城。章邯令王离、涉间围钜鹿，章邯军其南，筑甬道而输之粟。陈余为将，将卒数万人而军钜鹿之北，此所谓河北之军也。

【注释】

[1] 亡：逃亡、匿避。

[2] 眴（shùn）：使眼色。

[3] 绶：古代穿缚印纽的带子，起装饰或提系作用。

[4] 扰乱：形容异常混乱、杂乱的样子。

[5] 慑伏：形容因惧怕而屈服的样子。慑，恐惧。

[6] 谕：晓谕、说明。

【译文】

秦二世元年（前209年）七月，陈涉等人在大泽乡起义。九月，会稽郡的郡守殷通对项梁说：“如今江西地方全都有人造反，看起来是上天要灭亡秦朝啊。我听说做事情抢先了就能控制别人，落后了就会被别人控制。我打算也起兵反抗暴秦，请您和桓楚统领军队。”当时桓楚正在草泽中躲避罪行。项梁说:“桓楚正逃亡在外面,别人都不知道他到底在哪里，只有我的侄子项籍知道。”说完，项梁就出来找到了项羽，让他持剑等候在外面，然后又进去与郡守殷通坐了一会儿，说：“请允许我把项籍叫进来，让他去召请桓楚来吧。”郡守说:“好！”于是项梁就把项籍叫了进来。又过了一会儿，项梁向项籍使了个眼色，说：“可以动手了！”于是项籍便拔剑砍下郡守的头。项梁用手提着郡守的头，身上佩戴着郡守的官印。这时候，郡守的部下都非常惊慌，乱作一团，项籍趁乱杀了一百来个人，吓得郡府其余的人都趴在地上，没有人敢再动弹。这时，项梁将平时熟悉的那些豪强官吏都召集起来，向他们宣布了自己举事反秦的道理，便在吴中举兵起事了。

打败项梁的军队之后，章邯觉得楚地军队不值得担心了，便渡过黄河向北方攻击赵国，大败赵军。这时候，赵歇是赵国的国君，陈余任大将，张耳担任丞相，全部退回到钜鹿城内。章邯命令王离、涉间两位将军率兵包围钜鹿，自己率军驻扎在钜鹿南面，筑起甬道输送粮草。陈余是赵国的将军，统率几万赵军驻扎在钜鹿城北，这便是当时所说的河北军。

初，宋义所遇齐使者高陵君显在楚军，见楚王曰："宋义论武信君之军必败，居数日，军果败。兵未战而先见败征，此可谓知兵矣。"王召宋义与计事而大说之，因置以为上将军；项羽为鲁公，为次将；范增为末将，救赵。诸别将皆属宋义，号为卿子[1]冠军。行至安阳，留四十六日不进。项羽曰："吾闻秦军围赵王钜鹿，疾引兵渡河，楚击其外，赵应其内，破秦军必矣。"宋义曰："不然。夫搏牛之虻不可以破虮虱[2]。今秦攻赵，战胜则兵罢[3]，我承其敝[4]；不胜，则我引兵鼓行而西，必举秦矣[5]。故不如先斗秦、赵[6]。夫被坚执锐，义不如公；坐而运策，公不如义。"因下令军中曰："猛如虎，很如羊[7]，贪如狼，强不可使者，皆斩之。"乃遣其子宋襄相齐，身送之至无盐，饮酒高会。天寒大雨，士卒冻饥。项羽曰："将戮力而攻秦[8]，久留不行。今岁饥民贫，士卒食芋菽，军无见粮[9]，乃饮酒高会，不引兵渡河因赵食[10]，与赵并力攻秦，乃曰'承其敝'。夫以秦之强，攻新造之赵[11]，其势必举赵。赵举而秦强，何敝之承！且国兵新破，王坐不安席，埽境内而专属于将军[12]，国家安危，在此一举。今不恤士卒而徇其私[13]，非社稷之臣[14]。"项羽晨朝上将军宋义，即其帐中斩宋义头，出令军中曰："宋义与齐谋反楚，楚王阴令羽诛之。"当是时，诸将皆慑服，莫敢枝梧[15]。皆曰："首立楚者，将军家也。今将军诛乱。"乃相与共立羽为假上将军[16]。使人追宋义子，及之齐，杀之。使桓楚报命于怀王。怀王因使项羽为上将军，当阳君、蒲将军皆属项羽。

【注释】

[1] 卿子：古代对人的一种尊称。

[2] 搏：叮咬。

[3] 罢：通“疲”，疲惫。

[4] 承其敝：趁着它的疲惫、劣势。承，趁着、利用。

[5] 举：攻取、占领。

[6] 斗秦、赵：使秦赵两国相互争斗。

[7] 很：执拗、不听从。

[8] 戮力：合力、并力。

[9] 见：通“现”，现成的、现有的。

[10] 因赵食：趁着赵国还有粮食吃。因，趁着。

[11] 新造：刚刚建立的国家，这里指赵国。

[12] 埽：通“扫”，这里指全部集中。

[13] 徇：谋求。

[14] 社稷：古代天子诸侯祭祀土神、谷神的地方，常用来代指国家。

[15] 枝梧：本指屋架中的小柱与斜柱，相互抵在一起，引申为抵抗、抗拒。

[16] 假：代理。

【译文】

当初，宋义在路上遇见的齐国使者高陵君显正在楚军中。他对楚王说：“宋义早就对武信君必败的结果有过预测，几天后武信君真的败了。在军队作战之前就能先看出失败的征兆，他称得上是明白用兵的道理了。”于是楚怀王召见宋义，与他共商军中的事情，非常欣赏他，便任命他为上将军；封项羽为鲁公，担任次将；任命范增为末将，一起去增援赵国，还将其他各路将领都划归宋义统辖，宋义号称卿子冠军。军队前进到安阳时停了下来，连续四十六天不再前进。项羽说：“我听说秦军把赵王围困在钜鹿城内，我们应该尽快率兵渡河，从外围攻打秦军，赵军在城中接应，这样绝对能打垮秦军的。”宋义说：“不是这样的。牛虻能蜇痛牛却对付不了小小的虱子。如今秦兵围攻赵国，如果打胜了也会疲惫不堪，到时候我们可以乘机出击；如果没打胜，我们就可以长驱直入，率军西进，一举攻灭秦朝。所以如今不如先让秦、赵相斗。在披甲执兵作战方面，我比不上您;在谋划决策方面,您比不上我。”于是命令全军:“凡是凶猛、违逆、贪婪、倔强而不听统帅指挥的,一律处斩。”而后又派遣他的儿子宋襄去辅助齐王,还亲自送到无盐县,并大摆筵席。当时天气很冷,下着很大的雨,士卒们又冷又饿。项羽对身边的将士说:“我们都希望能合力攻打秦军,他却让我们停在这里久久不肯前进。如今年荒,百姓困苦,将士们都在吃野菜,军中一点存粮都没有了,他竟然还在那里大摆酒筵,宴请宾客,他不统率军队渡河去赵国取粮,与赵合力攻秦,却说‘要等秦军变得疲惫不堪’。任由强大的秦军去攻打一个刚刚建立的赵国,势必会让秦军攻占赵国。赵国一旦被攻占,秦军就会更强大,哪还会疲惫得等我们攻击?再说,我们楚国的军队刚刚打了败仗,急得怀王寝食难安,把国境内的全部军队粮饷集中起来交给上将军,国家的安危全在此次行动。可是上将军不对士卒加以体恤,却只想着自己的私利,他绝不是一个真正的国家贤良之臣。”于是项羽趁着早晨参见上将军宋义之机,在军帐中砍下了宋义的头,然后出来说道:“宋义和齐国共同谋划反对楚国,怀王已经秘密命我处死他了。”这让军中将领都畏服于项羽,没有敢抗拒的,都说:“首先扶立楚怀王的,是项家人。如今又是将军为楚王诛灭了乱臣。”于是一致推举项羽代为行使上将军的权力。项羽派人追踪宋义的儿子,在齐国境内把宋义的儿子宋襄也杀了。项羽派桓楚报告怀王全部的过程。楚怀王没有办法,只得任命项羽为上将军,统辖当阳君、蒲将军等各路将领。

项羽已杀卿子冠军,威震楚国,名闻诸侯。乃遣当阳君、蒲将军将卒二万渡河,救钜鹿。战少利[1],陈余复请兵。项羽乃悉引兵渡河,皆沈船,破釜甑[2],烧庐舍,持三日粮,以示士卒必死,无一还心。于是至则围王离,与秦军遇,九战,绝其甬道,大破之,杀苏角,虏王离。涉间不降楚,自烧杀。当是时,楚兵冠诸侯[3]。诸侯军救钜鹿下者十余壁,莫敢纵兵。及楚击秦,诸将皆从壁上观。楚战士无不一以当十,楚兵呼声动天,诸侯军无不人人惴恐[4]。于是已破秦军,项羽召见诸侯将,入辕门,无不膝行而前[5],莫敢仰视。项羽由是始为诸侯上将军,诸侯皆属焉。

章邯军棘原，项羽军漳南，相持未战，欲约。约未成，项羽使蒲将军日夜引兵度三户[6]，军漳南，与秦战，再破之。项羽悉引兵击秦军汙水上，大破之。

章邯使人见项羽，欲约。项羽召军吏谋曰："粮少，欲听其约。"军吏皆曰："善。"项羽乃与期洹水南殷虚上。已盟[7]，章邯见项羽而流涕，为言赵高。项羽乃立章邯为雍王，置楚军中，使长史欣为上将军，将秦军为前行[8]。

行略定秦地[9]。函谷关有兵守关，不得入。又闻沛公已破咸阳，项羽大怒，使当阳君等击关。项羽遂入，至于戏西。沛公军霸上，未得与项羽相见。沛公左司马曹无伤使人言于项羽曰："沛公欲王关中，使子婴为相，珍宝尽有之。"项羽大怒，曰："旦日飨士卒[10]，为击破沛公军！"当是时，项羽兵四十万，在新丰鸿门，沛公兵十万，在霸上。范增说项羽曰："沛公居山东时，贪于财货，好美姬。今入关，财物无所取，妇女无所幸，此其志不在小。吾令人望其气，皆为龙虎，成五采，此天子气也。急击勿失。"

【注释】

[1] 少利：稍稍取得胜利。

[2] 甑（zèng）：古代一种用来做饭的瓦器。

[3] 冠诸侯：在诸侯军中为冠，也就是居于第一的位置。

[4] 惴（zhuì）恐：形容非常恐惧的样子。

[5] 膝行：指用膝盖当脚行走。

[6] 度：通"渡"，渡河。

[7] 盟：订立誓约。

[8] 前行：先锋，先头部队。

[9] 行：指军队行进过程中。

[10] 飨：用酒肉等食物款待，这里指犒劳。

【译文】

项羽杀掉卿子冠军宋义之后，威名震动了楚国，传扬在诸侯之间。于是他派遣当阳君、蒲将军率领两万人渡河救赵。战争稍稍取得一些胜利，陈余继续请求项羽增援。于是项羽下令部队全部渡河，然后下令弄沉全

部船只，砸破全部锅碗，烧毁全部营帐，每人只带着三天干粮，表达决死战斗、只能前进不能后退的决心。部队到达钜鹿就包围了王离的秦军，立刻与秦军交战，多次战斗后冲断了秦军的甬道，大胜秦军，杀死苏角，俘虏王离。涉间拒绝投降，自焚而死。这个时候，楚军雄冠诸侯。当时前来援助钜鹿的诸侯军有十几座营垒，却没有一个有胆量与秦兵作战。在楚军与秦军作战时，各路援军都在营垒中远远地观望。楚军士卒一以当十，杀声震天，让诸侯士卒见了全都心惊胆寒。战胜秦军之后，项羽召见各路的将领，他们进入营门的时候，全都跪在地上用膝盖当脚向前走，谁都不敢抬头仰视。从此，项羽开始成为诸侯共同的上将军，统辖各路义军。

这个时候，章邯的军队驻扎在棘原，项羽的军队驻扎在漳南，两军相互对峙。章邯暗中派人去项羽军营打算谈判订立和约，结果没有成功。于是项羽命令蒲将军日夜兼程，从三户津渡过漳河，在漳南驻扎下来，与秦军交战两次击败秦军。于是项羽率领全部士卒在汙水上攻击秦军，把秦军打得溃不成军。

章邯只得再次派人求见项羽，请求订立和约。项羽召集部下将领商议："我们现在的粮草不多，我想接受他们的订约请求。"军官们都说："好。"于是，项羽约定时间与章邯在洹水南岸的殷墟高丘上会晤。盟约订立完成后，章邯面见项羽，禁不住流泪陈述赵高的斑斑劣迹。于是项羽将章邯封为雍王，安置在帐下。任命章邯的长史司马欣为上将军，统率秦军做先锋。

项羽率领军队继续西行，夺取、平定了秦朝领地。到了函谷关，因为有士兵把守，没能进去。又听说沛公已经攻占了咸阳，项羽非常愤怒，就下令当阳君向函谷关进攻。这样项羽才得以进关，一直到达戏水西岸。这个时候，沛公正率领军队驻扎在霸上，尚未与项羽见面。沛公的左司马曹无伤暗中派人向项羽报告："沛公打算在关中称王，任命秦朝投降的王子婴为相，把所有的珍奇宝物都独占了。"项羽非常愤怒，说："明早好好犒劳士卒，彻底打垮沛公的军队！"此时，项羽有四十万士卒，驻扎在新丰县的鸿门；沛公有十万士卒，驻扎在霸上。项羽的谋士范增劝说他："沛公在山东的时候，既贪财又好色，如今进了关，不掠取财物，

不亲近美女，看来他的志气不小啊。我让人观望他那边天空中的云气，呈现出龙虎的形象，斑斓五彩，这是天子的气象啊。您应该尽快进攻消灭他，不可错失良机！”

楚左尹项伯者，项羽季父也，素善留侯张良[1]。张良是时从沛公，项伯乃夜驰之沛公军，私见张良，具告以事，欲呼张良与俱去。曰：“毋从俱死也。”张良曰:“臣为韩王送沛公，沛公今事有急，亡去不义，不可不语[2]。”良乃入，具告沛公。沛公大惊，曰：“为之奈何？”张良曰:“谁为大王为此计者？”曰:“鲰生说我曰[3]：‘距关，毋内诸侯，秦地可尽王也。’故听之。”良曰：“料大王士卒足以当项王乎？”沛公默然，曰：“固不如也，且为之奈何？”张良曰：“请往谓项伯，言沛公不敢背项王也。”沛公曰：“君安与项伯有故[4]？”张良曰：“秦时与臣游，项伯杀人，臣活之[5]。今事有急，故幸来告良。”沛公曰:“孰与君少长？”良曰:“长于臣。”沛公曰:“君为我呼入，吾得兄事之[6]。”张良出，要项伯。项伯即入见沛公。沛公奉卮酒为寿[7]，约为婚姻，曰：“吾入关，秋豪不敢有所近，籍吏民，封府库，而待将军。所以遣将守关者，备他盗之出入与非常也[8]。日夜望将军至，岂敢反乎！愿伯具言臣之不敢倍德也[9]。”项伯许诺。谓沛公曰：“旦日不可不蚤自来谢项王[10]。”沛公曰：“诺。”于是项伯复夜去，至军中，具以沛公言报项王。因言曰:“沛公不先破关中，公岂敢入乎？今人有大功而击之，不义也，不如因善遇之。”项王许诺。

【注释】

[1] 善：与……关系要好。

[2] 语（yù）：告诉。

[3] 鲰（zōu）生：指见识浅薄而愚顽不灵的人。

[4] 安：奈何、怎么。

[5] 活之：使之活，让他免于死罪。

[6] 兄事之：以对待兄长的礼节对待他。事，侍奉。

[7] 为寿：古代敬酒时所说的祝颂词。

[8] 非常：指意外发生的变故。

[9] 倍德：忘恩负义。

[10] 蚤：通“早”，早早地。谢：谢罪、赔罪、道歉。

【译文】

楚国的左尹项伯是项羽的叔父，向来与留侯张良非常要好。张良此时正跟随着沛公，项伯于是偷偷地连夜前往沛公的军营中，私下与张良相见，把情况告诉了他，想让张良与他一同离开。项伯说：“不要跟着沛公一起送死啊。”张良说：“我是替韩王来护送沛公的，沛公现在正处在危急之中，我如果私下逃走了就太不仗义了。我不能不告诉他。”于是张良进入军帐，把项伯的话全都跟沛公说了一遍。沛公非常吃惊，说：“这可怎么办呢？”张良说：“是谁出主意让您派兵守住函谷关不让项羽进来的？”沛公说：“是个见识短浅的小子劝我说：‘守住函谷关，不要让诸侯的军队进来，您就可以在秦地称王了。’所以我就照他的话做了。”张良说：“您觉得以您的兵力敌得过项王吗？”沛公沉默了半天，才说：“当然敌不过。现在您说怎么办才好呢？”张良说：“请让我出去跟项伯说沛公从来没有想过背叛项王。”沛公说:“您怎么与项伯有交情的？”张良说:“还是在秦朝的时候，我们就是好朋友了，项伯杀人后，是我让他免于一死的。所以现在情况危急，他才来告诉我的。”沛公说：“你们两人的年龄谁大？”张良说：“他比我大。”沛公说：“您替我把他请进来，我要以对待兄长的礼节对待他。”于是张良出去请项伯进来。项伯进来面见沛公，沛公立刻捧起酒杯向项伯献酒，又与他定下儿女婚姻。沛公说：“我进关以来连关中的一草一木都没敢动，将官民的户口逐一登记，把各类仓库全部封存，只为恭候项将军到来。我之所以派军队守卫函谷关，是为了防备盗贼土匪侵扰和发生意外的变故。我们日夜期盼项将军的到来，哪里敢有谋反的心思啊！希望您回去之后将我的心思转告项将军。”项伯答应了，对沛公说：“明天千万记得要早点儿亲自向项将军赔罪。”沛公说：“是。”项伯又连夜回到项羽的军营，把沛公的话如实地报告了项王，接着又说：“如果不是沛公提前攻破关中，您今天怎么会这么容易进关呢？现在人家立下这么大的功劳，我们反要攻打人家，这不道义，不如我们好好地对待他吧。”项王觉得项伯的话有理，于是就答应了。

沛公旦日从百余骑来见项王，至鸿门，谢曰："臣与将军戮力而攻秦，将军战河北，臣战河南，然不自意[1]能先入关破秦，得复见将军于此。今者有小人之言，令将军与臣有郤。"项王曰："此沛公左司马曹无伤言之，不然，籍何以至此。"项王即日因留沛公与饮。项王、项伯东向坐，亚父南向坐。亚父者，范增也。沛公北向坐，张良西向侍。范增数目项王，举所佩玉玦以示之者三[2]，项王默然不应。范增起，出召项庄，谓曰："君王为人不忍，若入前为寿，寿毕，请以剑舞，因击沛公于坐，杀之。不者[3]，若属皆且为所虏[4]。"庄则入为寿。寿毕，曰："君王与沛公饮，军中无以为乐，请以剑舞。"项王曰："诺。"项庄拔剑起舞，项伯亦拔剑起舞，常以身翼蔽沛公[5]，庄不得击。于是张良至军门，见樊哙。樊哙曰："今日之事何如？"良曰："甚急。今者项庄拔剑舞，其意常在沛公也。"哙曰："此迫矣，臣请入，与之同命。"哙即带剑拥盾入军门。交戟之卫士欲止不内，樊哙侧其盾以撞，卫士仆地，哙遂入，披帷西向立，瞋目视项王，头发上指，目眦尽裂。项王按剑而跽曰[6]："客何为者？"张良曰："沛公之参乘樊哙者也[7]。"项王曰："壮士，赐之卮酒。"则与斗卮酒。哙拜谢，起，立而饮之。项王曰："赐之彘肩。"则与一生彘肩。樊哙覆其盾于地，加彘肩上，拔剑切而啖之。项王曰："壮士，能复饮乎？"樊哙曰："臣死且不避，卮酒安足辞！夫秦王有虎狼之心，杀人如不能举，刑人如恐不胜，天下皆叛之。怀王与诸将约曰'先破秦入咸阳者王之'，今沛公先破秦入咸阳，豪毛不敢有所近，封闭宫室，还军霸上，以待大王来。故遣将守关者，备他盗出入与非常也。劳苦而功高如此，未有封侯之赏，而听细说[8]，欲诛有功之人。此亡秦之续耳，窃为大王不取也。"项王未有以应，曰："坐。"樊哙从良坐。坐须臾，沛公起如厕，因招樊哙出。

沛公已出，项王使都尉陈平召沛公。沛公曰："今者出，未辞也，为之奈何？"樊哙曰："大行不顾细谨[9]，大礼不辞小让[10]。如今人方为刀俎，我为鱼肉，何辞为？"于是遂去，乃令张良留谢。良问曰："大王来何操？"曰："我持白璧一双，欲献项王；玉斗一双，欲与亚父，会其怒，不敢献。公为我献之。"张良曰："谨诺。"当是时，项王军在鸿门下，沛公军在霸上，相去四十里。沛公则置车骑，脱身独骑，与樊哙、夏侯婴、靳强、纪信等四人持剑盾步走[11]，从骊山下，道芷阳间行[12]。沛公谓张良曰："从此道至吾军，不过二十里耳。度我至军中，公乃入。"沛公已去，间到军中，张良入谢，曰："沛公不胜桮杓，不能辞。谨使臣良奉白璧一双，再拜献大王足下[13]；玉斗一双，再拜奉大将军足下。"项王曰："沛公安在？"良曰："闻大王有意督过之[14]，脱身独去，已至军矣。"项王则受璧，置之坐上。亚父受玉斗，置之地，拔剑撞而破之，曰："唉！竖子不足与谋。夺项王天下者，必沛公也，吾属今为之虏矣。"沛公至军，立诛杀曹无伤。

【注释】

[1] 不自意：没想到、没料到。

[2] 玦（jué）：古代一种环形有缺口的玉，常作配饰使用。

[3] 不者：不然的话、否则。

[4] 若属：你们这帮人。

[5] 翼蔽：用身体作掩护、遮蔽。翼，像翅膀一样。

[6] 跽（jì）：跪坐着抬起臀部挺直上身。

[7] 参乘：即"骖乘"，古代战车上在主将右侧担任护卫作用的武士。

[8] 细说：指小人的谗言。

[9] 大行：指做大事情。细谨：细微的礼节。

[10] 辞：推辞，此处意为"回避"。小让：微小的责备。

[11] 步走：指不骑马乘车而跟着跑。

[12] 间行：从小道走、抄近路。

[13] 再拜：古代一种重要礼节，有恭敬之意。

[14] 督过：责备。

【译文】

第二天一早，沛公就带着百十来个侍从骑马来见项王，来到鸿门，向项王赔罪说："我与将军齐心协力地攻打秦朝，将军在河北作战，我在河南作战，没有想到过自己能先进关攻破秦朝，今天在这里见到您。可是竟然有小人挑拨您与我的关系，让将军这样怀疑我。"项王说："这是您的左司马曹无伤说的，不然我怎么能怀疑您呢？"项羽把沛公留下一

起喝酒。项羽和项伯面朝东坐，亚父面朝南坐，亚父便是范增。沛公面朝北坐，张良面朝西陪侍着。酒宴开始后，范增向项羽使了好几次眼色，又数次拨弄自己身上佩戴的玉玦示意项羽，但项羽总是沉默着，没有反应。于是范增起身出去找到项庄，对他说："大王心肠太软了，你进去给他们献酒祝寿，然后请求舞剑助兴，趁机把沛公杀死在座位上，不然你们这些人都得被人家俘虏。"项庄于是进帐，上前献酒祝寿。祝酒之后，他对项羽说："大王与沛公在这里饮酒，军营中没有什么娱乐的项目，就让我来舞剑助兴吧。"项王说："好。"项庄拔剑起舞，项伯看出了其中的意图也跟着拔剑起舞，经常有意用身体掩护沛公，让项庄没有办法刺杀沛公。见此情景，张良走出军帐，找到樊哙。樊哙问道："现在事情怎样？"张良说："情况很危险！现在项庄正在舞剑助兴，意图一直在沛公的身上！"樊哙说："太危险啦！让我进去，与沛公同生死！"说完，樊哙左手按着剑柄右手举着盾牌直往军帐里闯。负责守卫的卫士架起双戟，想挡住不让他进去，樊哙侧身用盾牌一撞，卫士就被撞倒在地，樊哙于是闯进了军帐，面朝西站立着，瞪着眼睛怒视着项羽，头发都根根竖起着，连眼角都要裂开了。项羽用手握住宝剑，挺直身子问道："你是什么人？"张良在旁边介绍说："这是沛公的骖乘樊哙。"项王说道："真是位壮士！给他一杯酒！"侍从给他递上一大杯酒。樊哙俯身拜谢，然后起身一饮而尽。项王说："给他一只猪腿！"侍从给樊哙递过一只未切的猪腿肉。樊哙把盾牌扣在地上，把猪腿放在上面，拔出剑来边切边吃。项王不由得赞叹："真是一位壮士！还能再喝吗？"樊哙说："连死我都不惧怕，难道会推辞一杯酒吗？当初秦王像虎狼一样凶狠，杀人无数，只怕用刑不够凶狠，结果逼得天下人都揭竿造反。怀王一年前与诸将约定'谁先击败秦军攻入咸阳，谁就当关中的王'。现在沛公先击败秦军进入咸阳，连一草一木都不敢动，将秦王宫室封好，撤到霸上驻军，只为了等候大王您的到来。特地派遣士卒把守函谷关，就是为了防备盗贼窜入和发生意外的事情。像沛公这样劳苦功高，不仅没有受到应有的封赏，反而是您听信了小人的谗言，要杀害有战功的人。这完全是在走秦朝残暴灭亡的老路子，我私下认为大王您是不该这样做的！"项羽听了无话可答，只得说："请坐！请坐！"于是樊哙就挨着张良坐下。过了一会儿，沛公起身出帐上厕所，顺便把樊哙也叫了出来。

沛公出来后，项羽让都尉陈平出来请沛公回帐。沛公说："刚才出来的时候，没有来得及向项王告辞，怎么办呢？"樊哙说："要做大事情就不必在乎微小的细节，要行大礼就无须担心微小的责备，如今人家就像是刀子和砧板，而我们就像是待宰的鱼肉，还告辞什么？"于是沛公决定离开。沛公让张良留下来向项王辞谢。张良问："大王来时带了什么礼物吗？"沛公说："我带来了一双白璧，是准备献给项王的；一对玉斗，是准备献给亚父的。刚才碰上他们发怒，就没敢献给他们。您替我献给他们吧。"张良说："好。"当时，项羽的军队驻扎在鸿门，沛公的部队驻扎在霸上，之间相隔四十里。于是沛公舍弃来时的车马、侍从，独自骑马走了，由樊哙、夏侯婴、靳强、纪信四人各持剑盾，徒步跟在后面，经骊山下的芷阳小路回去了。沛公临走时对张良说："顺着这条小路到我们军营，不过二十里路。估计我们差不多回到了霸上，您再进帐去。"沛公离开后，张良估计已经回到霸上军营时便进帐对项羽说："刚才沛公不胜酒力，喝醉了酒，不能亲自向大王告别，特地让臣下张良奉上一双白璧，恭献大王足下；一对玉斗，恭献大将军足下。"项王问道："沛公现在在哪里？"张良说："听说大王您有意责罚他，所以只身一人走了，现在估计已经回到军营了。"项羽接过白璧，放在座位上；范增接过玉斗，气得扔在地上，拔出剑来把玉斗击得粉碎，说："唉！这小子不值得与他谋划事情，将来与项王争夺天下的，一定就是沛公了。我们这些人都会成为他的俘虏了！"沛公一回到军营，立即诛杀了曹无伤。

居数日，项羽引兵西屠咸阳，杀秦降王子婴，烧秦宫室，火三月不灭；收其货宝妇女而东。人或说项王曰："关中阻山河四塞[1]，地肥饶，可都以霸。"项王见秦宫室皆以烧残破，又心怀思欲东归，曰："富贵不归故乡，如衣绣夜行[2]，谁知之者！"说者曰："人言楚人沐猴而冠耳，果然。"项王闻之，烹说者。

项王使人致命怀王[3]。怀王曰："如约。"乃尊怀王为义帝。项王欲自王，先王诸将相。谓曰："天下初发难时，假立诸侯后以伐秦[4]。然身被坚执锐首事，暴露于野三年，灭秦定天下者，皆将相诸君与籍

之力也。义帝虽无功，故当分其地而王之。”诸将皆曰：“善。”乃分天下，立诸将为侯王。项王、范增疑沛公之有天下，业已讲解，又恶负约[5]，恐诸侯叛之，乃阴谋曰[6]：“巴、蜀道险，秦之迁人皆居蜀[7]。”乃曰：“巴、蜀亦关中地也。”故立沛公为汉王，王巴、蜀、汉中，都南郑。而三分关中，王秦降将以距塞汉王[8]。项王自立为西楚霸王，王九郡，都彭城。

【注释】

[1] 阻：凭仗、倚仗。四塞：四面都是要塞。

[2] 衣绣：穿着锦绣的衣服。

[3] 致命：报告、请示。

[4] 假立：暂时封立。

[5] 恶：顾忌、害怕。负约：违反约定、背约。

[6] 阴谋：偷偷策划、暗中谋划。

[7] 迁人：指遭受流放的人。

[8] 距塞：隔断、阻塞。

【译文】

过了几天，项羽率兵西进，在咸阳城里大肆屠戮，杀死了已经投降的秦王子婴，烧毁了秦朝宫室，大火连续烧了三个月都没有熄灭；他又劫掠了秦朝宫室中的财宝、妇女，准备向东撤离。于是有人劝说项王：“关中地方四面有山河作为屏障，土地肥沃富饶，在这里建都可以成就一番霸业。”但是，项王看到被火烧过显得残破不堪的秦朝宫室，再加上对家乡的思念，就说：“如果富贵了还不回故乡，就像是穿上了锦绣的衣裳却在夜里行走，别人谁能看得到呢？”那个劝说的人出来后，感叹道：“人们都说楚国人就像只猴子一样目光短浅，即便是戴上了人的帽子也是一样，果真是这样的。”项王听说了，就把那个人抓来煮死了。

项羽派人向楚怀王禀报入关后的情况。楚怀王说：“就按以前的约定办吧。”于是项羽就尊称楚怀王为“义帝”。项羽自己想称王，便先封赏各路将领。他说：“当初举事的时候，暂时拥立一些六国诸侯的后代，但真正冲锋陷阵、披坚执锐，风餐露宿于山野，经过三年灭亡秦朝的，都是各位将领和我项籍啊。义帝既然没有什么战功，我们就应该分划土地称王。”诸将都说：“好。”于是项羽便将天下分割开来，封赏各路将领为侯王。项王、范增本来就对沛公据有天下非常担心，但由于已经在鸿门达成和解，又顾忌违背约定，会引起其他诸侯的背叛，于是暗中谋划：“巴、蜀道路险阻，过去曾充当秦朝流放犯人的地方。”于是，他们对大家说：“巴、蜀也算得上是关中管辖的地方。”因此封沛公为汉王，统辖巴、蜀、汉中三个地方，都城建在南郑。他们又将关中之地分为三块，分给了秦朝的三名降将，阻断汉王向东进入关中的道路。项羽自立为西楚霸王，统治九个郡，都城建在彭城。

汉之元年四月，诸侯罢戏下[1]，各就国[2]。项王出之国，使人徙义帝，曰：“古之帝者地方千里[3]，必居上游[4]。”乃使使徙义帝长沙郴县，趣义帝行，其群臣稍稍背叛之，乃阴令衡山、临江王击杀之江中。

春，汉王部五诸侯兵，凡五十六万人，东伐楚。项王闻之，即令诸将击齐，而自以精兵三万人南从鲁出胡陵。四月，汉皆已入彭城，收其货宝美人，日置酒高会。项王乃西从萧，晨击汉军而东，至彭城，日中，大破汉军。汉军皆走，相随入穀、泗水[5]，杀汉卒十余万人。汉卒皆南走山，楚又追击至灵壁东睢水上。汉军却，为楚所挤，多杀[6]，汉卒十余万人皆入睢水，睢水为之不流。围汉王三帀[7]。于是大风从西北而起，折木发屋，扬沙石，窈冥昼晦[8]，逢迎楚军[9]。楚军大乱，坏散[10]，而汉王乃得与数十骑遁去。欲过沛，收家室而西；楚亦使人追之沛，取汉王家，家皆亡，不与汉王相见。汉王道逢得孝惠、鲁元，乃载行。楚骑追汉王，汉王急，推堕孝惠、鲁元车下，滕公常下收载之。如是者三。曰：“虽急不可以驱，奈何弃之？”于是遂得脱。求太公、吕后，不相遇。审食其从太公、吕后间行，求汉王，反遇楚军。楚军遂与归，报项王，项王常置军中。

【注释】

[1] 戏下：指大将军的旗帜下。戏，通“麾”，指将帅的大旗。

[2] 就国：前往自己的封国。

[3] 地方千里：指土地的面积方圆千里，言说地盘不是很大。

[4] 上游：河川的上流，这里指偏僻的内陆地区。

[5] 相随：一个接一个地首尾相随。

[6] 多杀：形容死伤惨重。

[7] 帀：通“匝”，环绕一圈。

[8] 窈（yǎo）冥：形容非常昏暗的样子。昼晦：白天像夜晚一样黑暗。

[9] 逢迎：正好迎着，指风沙迎面吹来。

[10] 坏散：崩溃、溃散。

【译文】

汉元年（前 206 年）四月，诸侯受封之后都分别前往各自的封地去了。项羽也打算离开关中前往自己的封国，就派人去催逼义帝迁都，说：“古时候的帝王不仅会拥有方圆千里的土地，且一定要住在河流的上游。”于是便让使者将义帝迁到长沙郡的郴县去。使者催逼着义帝赶紧起程，义帝的臣属便渐渐背离了义帝。于是项羽暗中命令衡山王吴芮、临江王共敖在长江中截杀了义帝。

春天，汉王统率五个反对项羽的诸侯国的兵马，共五十六万人，向东讨伐楚国。项羽听到这个消息后，命令诸将继续与齐国作战，自己亲自率领三万精兵，向南从鲁县出胡陵。四月，汉军攻占了彭城，掠夺了彭城的全部财宝、美人，每天都大摆酒席聚会。这个时候，项羽已经率兵向西攻占彭城西面的萧县，截断汉王的退路。第二天一早，项羽向东攻打汉军，进逼彭城，中午时在彭城大败汉王。汉军四处溃散，丧命于穀水、泗水，被杀的有十多万人。一些汉兵向南逃进山里，楚军又乘胜追击到灵壁以东的睢水上。汉军再次退却，受楚军所逼，汉军损失惨重，十余万士卒都掉入睢水里，以至于睢水因此断流。楚军将汉王重重围困。正在这个时候，忽然从西北方刮起一阵狂风，摧折了树木，掀飞了屋顶，吹得飞沙走石，刮得天昏地暗，让白天瞬时变得像黑夜一样，向着楚军吹去。楚军顿时大乱，溃不成军，汉王这才趁机带着几十名骑兵逃出重围。汉王从沛县经过的时候，本来打算接上家眷一起向西逃，但项羽派来的军队此时也到了沛县，正去抓他的家眷，此时汉王家眷已经逃散，没能跟汉王见上面。汉王在路上遇上了他的儿子孝惠帝和女儿鲁元公主，就把他们带上自己的车，一同西逃。楚军的骑兵很快就要追赶上了汉王，汉王着急了，就一把把儿子和女儿推下车，滕公夏侯婴很快就把他们重新抱上车，这样连续做了好几次。滕公说："就算是情况危急，车子跑不快，又怎么能把孩子们扔掉呢？"后来他们都脱离了险境。汉王一路打听太公、吕后的消息，但是没有找到。审食其一路跟随太公、吕后从小路上走，也在打听汉王的消息，却没想到碰上楚军。楚军就将他们捉了回去，禀报给了项羽，项羽就一直把他们留在军中。

汉之四年，项王进兵围成皋。汉王逃，独与滕公出成皋北门，渡河走修武，从张耳、韩信军。诸将稍稍得出成皋，从汉王。楚遂拔成皋，欲西。汉使兵距之巩，令其不得西。

是时，彭越渡河击楚东阿，杀楚将军薛公。项王乃自东击彭越。汉王得淮阴侯兵，欲渡河南。郑忠说汉王，乃止壁河内[1]。使刘贾将兵佐彭越，烧楚积聚[2]。项王东击破之，走彭越，汉王则引兵渡河，复取成皋，军广武，就敖仓食。项王已定东海来，西，与汉俱临广武而军，相守数月。

当此时，彭越数反梁地，绝楚粮食，项王患之。为高俎，置太公其上，告汉王曰："今不急下[3]，吾烹太公。"汉王曰："吾与项羽俱北面受命怀王，曰'约为兄弟'，吾翁即若翁，必欲烹而翁，则幸分我一桮羹。"项王怒，欲杀之。项伯曰："天下事未可知，且为天下者不顾家，虽杀之无益，只益祸耳。"项王从之。

是时，彭越复反，下梁地，绝楚粮。项王乃东，行击陈留、外黄。

外黄不下。数日，已降，项王怒，悉令男子年十五已上诣城东[4]，欲坑之。外黄令舍人儿年十三，往说项王曰："彭越强劫外黄，外黄恐，故且降，待大王。大王至，又皆坑之，百姓岂有归心？从此以东，梁地十余城皆恐，莫肯下矣。"项王然其言[5]，乃赦外黄当坑者。东至睢阳，闻之皆争下项王[6]。

汉果数挑楚军战。项王在睢阳，闻海春侯军败，则引兵还。汉军方围钟离眛于荥阳东，项王至，汉军畏楚，尽走险阻[7]。

是时，汉兵盛食多，项王兵罢食绝。汉遣陆贾说项王，请太公，项王弗听。汉王复使侯公往说项王，项王乃与汉约，中分天下，割鸿沟以西者为汉，鸿沟而东者为楚。项王许之，即归汉王父母妻子[8]。军皆呼万岁。项王已约，乃引兵解而东归。

【注释】

[1] 壁：营垒，这里指构筑壁垒。

[2] 积聚：指粮草辎重等。

[3] 急下：快速投降。

[4] 已：通“以”。

[5] 然其言：即“以其言为然”，认为他说的话是对的。然，正确。

[6] 争下：争相降服。

[7] 险阻：指山高路险的地方。

[8] 父母妻子：这里指刘邦的父母妻儿。

【译文】

汉四年（前 203 年），项王率领军队包围了成皋。汉王只身与滕公驾车从成皋北门逃了出去，渡过黄河后向修武逃亡，去寻找张耳、韩信的军队。帐下诸将也不断从成皋逃出来，追随着汉王前往修武。楚军拿下了成皋，准备继续西进。汉王调派军队在巩县抵抗，让项羽无法继续西进。

这个时候，身处项羽后方的彭越渡过黄河，攻击楚地的东阿，杀了楚将薛公。项羽于是率兵从东面攻打彭越。汉王得到了韩信的兵马，想要渡过黄河向南进发。郑忠劝阻汉王，汉王才停兵在河内驻扎。派刘贾率兵增援彭越，烧毁楚军的粮草辎重。于是项羽东进打败了刘贾，赶跑了彭越，汉王率领部队渡过黄河，重新取得成皋，在广武驻军，并就近从敖仓中取得粮食。项羽已经平定了东海郡，又掉头来向西进逼汉军，两军都在广武驻扎对峙了好几个月。

这时，彭越又数次兵出梁地攻击楚军，断绝了楚军的粮草补给，让项羽非常担心。于是他派人搭了一个高台，上面设置了一个案板，把汉

王的父亲放在上面，告诉汉王："如果你还不赶快投降，我就把你父亲煮死。"汉王说："当初我与项羽一起在怀王驾下称臣，说好要'相约结为兄弟'。我的父亲也就是你的父亲，你要是一定要煮了你的父亲，希望你能分给我喝一碗肉汤。"项羽大怒，真想把刘太公杀掉。项伯说："现在天下的大势还不明晰呢，再说抢夺天下的人都不会顾惜自己的家庭，你即便杀了他也没什么用，只会白白给自己增加祸患罢了。"于是项羽听从了项伯的话。

这时，彭越又发动叛乱，攻下了梁地，断了楚军的粮草供给。项羽于是率兵东进，进击陈留、外黄。

外黄没能攻下，数天后才投降。项羽非常忿恨，命令外黄十五岁以上的男子全部到城东去，要把他们全部活埋。外黄县令的门客有个十三岁的儿子，前去劝说项王："彭越依仗强力劫掠外黄，外黄城中的人都很害怕，所以才暂且投降彭越，就是为了等待大王前来。如今大王攻占了外黄，又要把外黄男子全部活埋，百姓哪儿还会真心归附呢？如果这样，那么从梁地往东的十几座城邑，百姓都会因为害怕被大王活埋而不肯投降您了，一定会拼命抵抗的。"项王认为他说得很对，就赦免了外黄的那些本要被活埋的男子。项羽于是向东进攻睢阳，睢阳人听说是项羽前来，都争先恐后地归附他。

汉军果然多次向驻守成皋的楚军挑战。项羽在睢阳，听到了海春侯被打败的消息，便带兵回击。当时汉军正将楚将钟离眛围困在荥阳城之东。项羽一到，汉军都非常害怕楚军，纷纷沿着险阻的道路撤退。

这时侯，汉军士卒士气旺盛且粮草充足，项羽的士卒疲惫不堪且粮草断绝。于是汉王派陆贾去说服项羽，要求释放刘太公，项羽不肯。汉王又派侯公去说服项羽，项羽于是跟汉王订立盟约，以鸿沟为界平分天下，鸿沟以西划归汉，鸿沟以东划归楚。项羽同意了，并释放了汉王的家眷。太公、吕后回到汉军中，汉军士卒都呼喊万岁。项羽与汉王订立和约后，就率军东归了。

汉欲西归，张良、陈平说曰："汉有天下太半，而诸侯皆附之。楚兵罢食尽，此天亡楚之时也，不如因其机而遂取之。今释弗击，此

所谓‘养虎自遗患’也。”汉王听之。

汉五年，汉王乃发使者告韩信、彭越曰：“并力击楚。楚破，自陈以东傅海与齐王，睢阳以北至穀城与彭相国。”使者至，韩信、彭越皆报曰：“请今进兵。”韩信乃从齐往，刘贾军从寿春并行，屠城父，至垓下。大司马周殷叛楚，以舒屠六，举九江兵，随刘贾、彭越皆会垓下，诣项王[1]。

项王军壁垓下，兵少食尽，汉军及诸侯兵围之数重。夜闻汉军四面皆楚歌，项王乃大惊曰：“汉皆已得楚乎？是何楚人之多也！”项王则夜起，饮帐中。有美人名虞，常幸从；骏马名骓[2]，常骑之。于是项王乃悲歌忼慨，自为诗曰：“力拔山兮气盖世，时不利兮骓不逝。骓不逝兮可奈何，虞兮虞兮奈若何！”歌数阕[3]，美人和之。项王泣数行下，左右皆泣，莫能仰视。

于是项王乃上马骑，麾下壮士骑从者八百余人，直夜溃围南出[4]，驰走。平明，汉军乃觉之，令骑将灌婴以五千骑追之。项王渡淮，骑能属者百余人耳。项王至阴陵，迷失道，问一田父，田父绐曰“左”[5]。左，乃陷大泽中，以故汉追及之。项王乃复引兵而东，至东城，乃有二十八骑。汉骑追者数千人。项王自度不得脱，谓其骑曰：“吾起兵至今八岁矣，身七十余战，所当者破，所击者服，未尝败北，遂霸有天下。然今卒困于此，此天之亡我，非战之罪也。今日固决死，愿为诸君快战[6]，必三胜之，为诸君溃围，斩将，刈旗，令诸君知天亡我，非战之罪也。”乃分其骑以为四队，四向[7]。汉军围之数重。项王谓其骑曰：“吾为公取彼一将。”令四面骑驰下，期山东为三处。于是项王大呼驰下，汉军皆披靡[8]，遂斩汉一将。是时，赤泉侯为骑将，追项王，项王瞋目而叱之，赤泉侯人马俱惊，辟易数里[9]，与其骑会为三处。汉军不知项王所在，乃分军为三，复围之。项王乃驰，复斩汉一都尉，杀数十百人。复聚其骑，亡其两骑耳，乃谓其骑曰：“何如？”骑皆伏，曰：“如大王言。”

【注释】

[1] 诣：到……去，这里有“逼近、迫近”之意。

[2] 骓（zhuī）：一种毛色乌白相间的马。
[3] 数阕：指歌曲唱了好几遍。阕，指乐曲终了一次。
[4] 直：通“值”，趁着。
[5] 绐（dài）：欺骗。
[6] 快战：痛快地打一仗。
[7] 四向：面向四个方向。
[8] 披靡：原指草木随着风的方向倾倒，这里喻指军队四向溃败的样子。
[9] 辟易：倒退、躲避。

【译文】

汉王也准备西归，张良、陈平劝说汉王：“现在汉王您已经占据了大半个天下了，许多诸侯也都归附您了。项羽现在已经兵疲粮尽，这正是上天要灭亡楚国的时候。我们不如干脆趁机消灭它。如果现在错过了，可就真是所说的‘养虎遗患’了。”汉王采纳了他们的建议。

汉五年（前 202 年），汉王派使者告诉韩信、彭越：“你们派兵前来与汉王合力击楚，破楚之后，陈地往东到海边的地方，划归齐王韩信；睢阳以北到榖城的地方，给相国彭越。”使者宣布汉王的意思之后，韩信、彭越都派人回报说：“我们即刻便带兵出发。”于是韩信从齐国出发，刘贾从寿春与他同时出兵，攻占城父并屠杀了守城的军民，到达垓下。此时，大司马周殷背叛了楚王，率领舒城的兵马攻占了六个县城，率领九江的全部兵力，与刘贾、彭越一起在垓下会师，将项羽合围。

项羽的军队在垓下修筑营垒，士卒稀少粮草也将要用尽。汉军与诸侯的军队将项羽团团包围了好几层。项羽深夜突然听到了四面的汉军军营中唱起的都是楚地的民歌，吃惊地说：“难道汉兵已经尽取楚地了吗？怎么汉军中有这么多楚人？”项羽非常忧虑，半夜起来在帐中饮酒。有个叫虞姬的美人，经常跟在项羽身边。有一匹叫骓的骏马，经常被项羽骑乘。项羽面对着虞姬、骏马骓，不禁慷慨悲歌道：“力量能拔山啊，英雄的气概举世无双，时运不济呀，骓马不再奔驰。不能再奔驰呀，又该怎么办？虞姬呀虞姬，我要怎么把你安排妥当？”项羽一连唱了好几遍，虞姬也跟着唱起来。项羽的眼泪不禁流淌下来，左右的将士也跟着唏嘘不已，都不忍抬起头来看他。

于是项王上马突围，此时帐下还有八百多壮士骑马跟随，趁着深夜突破重围，向南飞驰逃走。快天亮的时候，汉军才发觉。汉王命令骑将灌婴率领骑兵五千前去追赶。等到渡过了淮河，跟随在项羽身边的将士只有一百多人了。项羽在到达阴陵的时候迷了路，向一个农夫问路，农夫骗他说“向左边走”。项羽向左走，陷入大沼泽地中。因此，灌婴率领汉军追上了他们。于是项王率领骑兵向东，到达东城，身边只剩下二十八个士卒。追赶上来的汉军骑兵有几千人。项羽估计自己是无法脱险了，就对他的骑兵说：“我带兵起义至今已经八年了，曾身经七十多场大战，一向所向披靡，被我攻击的敌人没有不降服的，没有一次失败过，所以才能称霸天下。没想到今天会被困在这里，这是上天要我灭亡啊，绝不是我不会打仗。今天我们要在这决一死战了，我愿意为诸位再痛痛快快地打一个仗，一定要连续战胜汉军三回，我要为诸位突破敌人的重围，斩杀敌人的将领，砍倒敌人的旗帜，让你们明白是上天要我灭亡，而不是我不会打仗。”说完，项羽把二十八人分成四队，分别朝向四个方向冲击。汉军已经包围了他们好几层。项羽对他的骑兵们说：“看我为大家杀死他们一个将领！”他命令骑士驱马向四方飞驰，并约定到山的东边分三处集合。于是项羽大喊着冲向汉军，吓得汉军四处溃散，项羽乘乱杀掉了一个汉将。这个时候，赤泉侯杨喜正在汉军中做骑将，也在后面追赶项羽。项羽回头瞪大眼睛，大喝一声，吓得赤泉侯连人带马地后退了好几里地。项羽果然与他的骑兵在三处会合了。汉军不知道项羽到底在什么地方，就也分成三路追击，又包围上来。项羽再次驱马冲击，又杀死一名汉军都尉，杀死的汉军士卒近百人。等再次会合的时候，发现仅仅损失了两个人。于是项羽问骑兵道：“如何？”大家都非常敬佩地说：“果然是大王说的那样。”

于是项王乃欲东渡乌江。乌江亭长檥船待，谓项王曰：“江东虽小，地方千里，众数十万人，亦足王也。愿大王急渡。今独臣有船，汉军至，无以渡。”项王笑曰：“天之亡我，我何渡为[1]！且籍与江东子弟八千人渡江而西，今无一人还，纵江东父兄怜而王我，我何面目见之？纵彼不言，籍独不愧于心乎？”乃谓亭长曰：“吾知公长者。吾骑此马五岁，所当无敌，尝一日行千里，不忍杀之，以赐公。”乃令骑皆下马步行，持短兵接战。独籍所杀汉军数百人。项王身亦被十余创。顾见汉骑司马吕马童，曰：“若非吾故人乎？”马童面之，指王翳曰：“此项王也。”项王乃曰：“吾闻汉购我头千金，邑万户，吾为若德[2]。”乃自刎而死。王翳取其头，余骑相蹂践争项王，相杀者数十人。最其后，郎中骑杨喜，骑司马吕马童，郎中吕胜、杨武各得其一体。五人共会其体，皆是。故分其地为五：封吕马童为中水侯，封王翳为杜衍侯，封杨喜为赤泉侯，封杨武为吴防侯，封吕胜为涅阳侯。

项王已死，楚地皆降汉，独鲁不下，汉乃引天下兵欲屠之。为其守礼义，为主死节，乃持项王头视鲁，鲁父兄乃降。始，楚怀王初封项籍为鲁公，及其死，鲁最后下，故以鲁公礼葬项王穀城。汉王为发哀，泣之而去。

太史公曰：吾闻之周生曰“舜目盖重瞳子”，又闻项羽亦重瞳子。羽岂其苗裔邪？何兴之暴也[3]！夫秦失其政，陈涉首难，豪杰蜂起，相与并争，不可胜数。然羽非有尺寸[4]，乘埶起陇亩之中[5]，三年，遂将五诸侯灭秦，分裂天下，而封王侯，政由羽出，号为霸王。位虽不终[6]，近古以来未尝有也。及羽背关怀楚[7]，放逐义帝而自立，怨王侯叛己，难矣。自矜功伐[8]，奋其私智而不师古[9]，谓霸王之业，欲以力征经营天下[10]，五年卒亡其国，身死东城，尚不觉寤而不自责，过矣。乃引“天亡我，非用兵之罪也”[11]，岂不谬哉！

【注释】

[1] 何渡为：还渡过江去做什么。

[2] 为若德：送点儿恩德给你们。德，恩德、恩惠。

[3] 何兴之暴：指兴起非常突然。

[4] 尺寸：一说是尺寸之地，一说是些许或微小的事物，如功劳、名声等。

[5] 埶：通“势”，趋势、大势。

[6] 终：持久、到最后。

[7] 背关：舍弃、抛弃关中地区。背，背弃、抛弃。

[8] 自矜：自夸。功伐：战功、功劳。

[9] 奋：振奋，有尽力施展之意。师古：以古人为师、效法古人。

[10] 力征：靠武力征伐。

[11] 引：拿过来，有“借口”“托辞”之意。

【译文】

此时，项羽准备向东渡过乌江。乌江亭的亭长正驾着一只小船停靠在岸边，对项羽说：“江东虽然很小，但土地方圆也有一千里，有几十万子弟，也足够您称王了。希望大王能赶快渡江。附近只有我一个人有船，即使汉军追到这里了，他们也没有办法渡江。”项羽听了笑笑说：“既然上天要我灭亡，我还渡江过去做什么！再说当初我与江东八千子弟渡江西征，如今没有一个人能活着回去，即便是江东父老兄弟因为怜爱我而尊我为王，我又有什么脸面去面对他们呢？即便他们什么也不说，我项籍难道不心中有愧吗？”他对亭长说：“我知道您是位忠厚的长者，这匹马已经跟随我征战五年了，一向所向披靡，曾经一日行千里路，我不忍心杀掉它，就送给您吧。”项羽下令骑兵全部下马步行，拿着短兵器与追击的汉兵交战。只项羽一人就杀掉了几百汉军士卒。项羽的身上也受了十几处伤。项羽回头看见了汉军的骑司马吕马童，招呼他说：“你不是我的老朋友吗？”吕马童也看到了项羽，于是指着他对王翳说：“这就是项王。”项羽说：“我听说汉王为买我的人头愿付千金，还有万户的封邑，我今天就成全你们吧！”说完，项羽便自刎而死。王翳割下了项王的头，其他骑兵蜂拥而上抢夺项王的躯体，相互拥挤致使死伤的有几十人。最后，郎中骑杨喜，骑司马吕马童，郎中吕胜、杨武四人各抢到一个肢体。五人把手里的残肢拼合在一起，就可以确认是项羽了。因此，汉王就把当初悬赏的万户封邑分成五块，封吕马童为中水侯，封王翳为杜衍侯，封杨喜为赤泉侯，封杨武为吴防侯，封吕胜为涅阳侯。

项王死后，楚地全都向汉王投降了，只有鲁城曲阜不肯降服。汉王本来想率领天下所有的兵马屠戮鲁城，但考虑到曲阜人民是因为恪守礼义、忠于君主，就派人将项羽的人头给鲁城的百姓看，曲阜父老这才向汉王投降。起初，楚怀王曾经封项籍为鲁公，在他死后，鲁城曲阜的百姓最后才投降，所以汉王就按照鲁公的规格，将项羽安葬在穀城。汉王亲自给项羽发丧，还哭了一通才走。

太史公说：我从前曾听周生说过“舜的眼睛可能是双瞳孔”，又听说项羽也是双瞳孔。难道项羽是舜的后代吗？要不然他的兴起怎么会这么突然呢！秦朝暴虐无道，陈涉率先发难，各路豪杰纷纷起兵，相互争斗，多得数不清。然而项羽并没有可供凭借的封地做根基，从一个平民百姓迅速兴起，只用了三年时间，就率领原东方诸侯国的后代灭掉了秦朝，分割秦朝的土地，封王封侯，天下的政令都由项羽一人发出，还号称“西楚霸王”。他的地位尽管没能长久地保持，但像他这样的人，近古以来还未曾有过。至于他后来放弃关中，建都彭城，驱逐义帝而自我为尊，埋怨诸侯背叛自己，处境已经很艰难了。他对自己的战功自吹自擂，一意孤行而不知吸取古人智慧，只想着成就霸王的功业，凭借武力征伐治理天下，结果只用了五年时间便丢了自己的国家，直至临死仍不觉悟，也不知道自责，这就是他的错了，而他还说“是上天要我灭亡，不是我不会打仗”来为自己开脱，不是太荒谬了吗？

【精彩语段】

项羽乃悉引兵渡河，皆沈船，破釜甑，烧庐舍，持三日粮，以示士卒必死，无一还心。于是至则围王离，与秦军遇，九战，绝其甬道，大破之，杀苏角，虏王离。涉间不降楚，自烧杀。当是时，楚兵冠诸侯。诸侯军救钜鹿下者十余壁，莫敢纵兵。

评析　在推翻秦朝统治的各路起义军中，项羽所率领的楚军发挥了非常重要的作用。尤其是在钜鹿之战中，项羽在强大的秦军面前所表现出的誓死不留退路的气魄，激励了楚军将士，使得他们抛掉顾虑，奋勇前进，在钜鹿一战成名，也成就了项羽“西楚霸王”的地位和不可忽视也无法抹杀的历史功绩。成语“破釜沉舟”即出于此。

知识链接　咏叹项羽

司马迁对项羽生平事迹的整理和记述，对后世有着非常大的影响。有很多文人墨客对项羽最终自刎乌江畔的结局很是唏嘘，并用诗文追念项羽，借项羽抒发个人情志。如唐代诗人杜

牧《题乌江亭》:“胜败兵家事不期，包羞忍耻是男儿。江东子弟多才俊，卷土重来未可知。”南宋词人李清照《绝句》:“生当作人杰，死亦为鬼雄。至今思项羽，不肯过江东。”清人吴恭亨在《对联话》中，记述了抗清名将金正希所写的“有志者、事竟成，破釜沉舟，百二秦关终属楚;苦心人、天不负，卧薪尝胆，三千越甲可吞吴”，也是流传后世的名句。

高祖本纪

在这篇本纪中，司马迁主要写高祖是如何战胜项羽、创建大汉帝国的，表现方法上则运用了鲜明而强烈的对比，如项羽、刘邦分兵入关中击秦时，用项羽单纯的军事行动，来对比刘邦除军事策略之外的安民、治民措施；当听说有人自立为王时，项羽只是“大怒”“发兵”，刘邦则是在听说韩信请立“假王”后，因张良的提醒而转变最初的“怒”，封韩信为“齐王”，从而揭示出他们之间不同的人物形象和性格，也暗示了“楚汉之争”的必然结果。而在叙述方式上，司马迁也没有按照《项羽本纪》中“一事一段”的写法，而是将全部事情打乱，又在“乱”中整合出高祖刘邦的形象来，极为成功地塑造了刘邦的形象。

高祖，沛丰邑中阳里人，姓刘氏，字季。父曰太公，母曰刘媪[1]。其先，刘媪尝息大泽之陂[2]，梦与神遇。是时雷电晦冥，太公往视，则见蛟龙于其上。已而有身，遂产高祖。

高祖为人，隆准而龙颜[3]，美须髯，左股有七十二黑子。仁而爱人，喜施，意豁如也[4]。常有大度，不事家人生产作业[5]。及壮，试为吏，为泗水亭长，廷中吏无所不狎侮[6]。好酒及色。常从王媪、武负贳酒[7]，醉卧，武负、王媪见其上常有龙，怪之。高祖每酤留饮，酒雠数倍[8]。及见怪，岁竟，此两家常折券弃责[9]。

高祖常繇咸阳[10]，纵观[11]，观秦皇帝，喟然太息曰：“嗟乎，大丈夫当如此也！”

单父人吕公善沛令[12]，避仇从之客，因家沛焉[13]。沛中豪桀吏闻令有重客，皆往贺。萧何为主吏，主进[14]，令诸大夫曰：“进不满千钱，坐之堂下[15]。”高祖为亭长，素易诸吏[16]，乃绐为谒曰“贺钱万”[17]，实不持一钱。谒入，吕公大惊，起，迎之门。吕公者，好相人[18]，见高祖状貌，因重敬之，引入坐。萧何曰：“刘季固多大言，少成事。”高祖因狎侮诸客，遂坐上坐，无所诎[19]。酒阑[20]，吕公

因目固留高祖。高祖竟酒，后。吕公曰："臣少好相人，相人多矣，无如季相，愿季自爱，臣有息女[21]，愿为季箕帚妾[22]。"酒罢，吕媪怒吕公曰："公始常欲奇此女[23]，与贵人，沛令善公，求之不与，何自妄许与刘季？"吕公曰："此非儿女子所知也[24]。"卒与刘季。吕公女乃吕后也，生孝惠帝、鲁元公主。

【注释】

[1] 太公、媪：古代对老年男子和老年女子的尊称。

[2] 陂（bēi）：水边、岸边。

[3] 隆准：高鼻梁。准，鼻梁。龙颜：像龙一样的面貌，即额头突起的模样，后世一般指称皇帝的面貌。

[4] 豁如：形容性情豁达豪放的样子。

[5] 家人：指平常人家。

[6] 狎：指亲近而不庄重的态度。

[7] 贳（shì）：赊欠、赊取。

[8] 雠（chóu）：售卖、卖出。

[9] 折券弃责（zhài）：折断欠债的字据不再追讨。责，通"债"。

[10] 繇：通"徭"，服徭役。

[11] 纵观：允许人任意观看。

[12] 善：友善、与……要好。

[13] 家沛：把家安置在沛县。家，这里作动词，安家。

[14] 进：指收入的贺礼财物等。

[15] 坐之堂下：犹言"使之坐于堂下"，请在堂下坐着。

[16] 易：轻视、瞧不起。

[17] 谒：古代客人拜见主人时递送的名帖，与今天的名片之类的东西类似。

[18] 相人：为人看相。相，看相、相面。

[19] 诎：通"屈"，谦让。

[20] 酒阑：酒宴快要结束的时候。阑，将尽、末尾。

[21] 息女：亲生女儿。

[22] 箕帚妾：谦词，做洒扫等琐事的婢妾，即妻子。

[23] 奇：使……奇，让……出人头地。

[24] 儿女子：犹言"妇孺之辈"，你们女人，有蔑视的口气。

【译文】

汉高祖，沛县丰邑中阳里人，姓刘字季。他的父亲为刘太公，母亲为刘媪。当年，刘媪曾在大泽岸边休息的时候睡着了，梦中与天神交合。当时雷鸣电闪，天地昏暗，太公前去寻找她的时候，正看到一条蛟龙附在她身上。不久，刘媪就有了身孕，然后生下高祖。

高祖长着高鼻梁，额头很突出，一副漂亮的胡须，左腿上长了七十二颗黑痣。他待人仁爱，喜欢施舍别人，心胸非常豁达。他从小就有大的志向，不肯从事平常人家的生产劳作。成年之后，他去做了个小吏，在泗水亭做亭长，对官衙中的官吏，没有一个不捉弄玩笑的。他喜酒好女色，常到王媪和武负的酒店里赊酒喝，喝醉了就躺在那里睡觉，武负和王媪常看到他身体上方有龙出现，觉得很奇怪。高祖每次去酒店畅饮，这一天买酒的人就会增多好几倍。因为总是有这样的怪现象，每年年终结算的时候，两家酒店就常把高祖的账销掉。

高祖曾经到咸阳服劳役，有一次恰好遇上始皇出巡，允许百姓随意观看，高祖看到了始皇的仪仗，非常感慨地说："唉，大丈夫就应该是这个样子啊！"

单父县的吕公与沛县县令关系非常好，因躲避仇人投奔到县令家中做客，后来便把家眷都搬到了沛县。听说县令的家中有了贵客，沛县的豪杰、官吏都前往祝贺。萧何当时担任县令的属官，掌管的是收受贺礼的事情，他对那些前去祝贺的宾客说："送礼不满千金的请坐到堂下。"高祖做的是亭长，平常就非常看不起这些官吏，便在进见的名帖上谎称"贺钱一万"，其实一个钱也没带。名帖递进去后，吕公见了非常吃惊，赶快起身到门口迎接高祖。吕公非常喜好给人看面相，见了高祖的相貌，就表现得非常敬重，将他请到堂上坐下。萧何说："刘季平常就喜欢满口说大话，却很少能做成事。"高祖却趁机戏弄了那些宾客一番，然后就坐到上座去了，一点儿也不客气。酒宴快要结束的时候，吕公向高祖使眼色让他留下来，于是高祖便一直等到散席。吕公说："我很早就开始喜欢为别人看相，相过的人也非常多了，但还没有谁的面相能比得上你刘季，希望你能自我珍爱。我有个女儿，愿意许给你做你的妻子去服侍你。"酒宴散了，吕媪非常恼火吕公，说："你平常总是说要把女儿许配给贵人。

沛县县令与你这样好，想娶你的女儿都得不到你的应允，今天你为何这么随便地把她许给了刘季呢？”吕公说：“这不是你们女人能够懂得的。”吕公最终把女儿嫁给了刘季，她就是后来的吕后，生了孝惠帝和鲁元公主。

高祖以亭长为县送徒郦山[1]，徒多道亡[2]。自度比至皆亡之。到丰西泽中，止饮，夜乃解纵所送徒[3]。曰：“公等皆去，吾亦从此逝矣[4]！”徒中壮士愿从者十余人。高祖被酒[5]，夜径泽中[6]，令一人行前。行前者还报曰：“前有大蛇当径，愿还。”高祖醉，曰：“壮士行，何畏！”乃前，拔剑击斩蛇。蛇遂分为两，径开。行数里，醉，因卧。后人来至蛇所，有一老妪夜哭。人问何哭，妪曰：“人杀吾子，故哭之。”人曰：“妪子何为见杀？”妪曰：“吾子，白帝子也，化为蛇，当道，今为赤帝子斩之，故哭。”人乃以妪为不诚，欲告之[7]，妪因忽不见。后人至，高祖觉。后人告高祖，高祖乃心独喜，自负。诸从者日益畏之。

秦始皇帝常曰“东南有天子气”，于是因东游以厌之[8]。高祖即自疑，亡匿[9]，隐于芒、砀山泽岩石之间。吕后与人俱求，常得之。高祖怪问之。吕后曰：“季所居上常有云气，故从往常得季[10]。”高祖心喜。沛中子弟或闻之，多欲附者矣。

【注释】

[1] 徒：壮丁、服役的民夫。

[2] 道亡：半路上逃跑了。

[3] 解纵：释放、放走。

[4] 逝：离去，这里指逃亡。

[5] 被酒：带着几分醉意。

[6] 径：小道，这里作动词，取小路、抄小道。

[7] 告：本作“笞”，责打、抽打。

[8] 厌（yā）：压服、镇压、镇服。

[9] 亡匿：逃跑并躲藏起来。

[10] 从往：顺着云气的方位前往。

【译文】

高祖以亭长的身份曾替沛县押送徒役前往郦山，结果有很多徒役走到半路就逃走了。高祖估计走不到郦山徒役就会全部逃光，所以刚走到丰西大泽的时候，就让徒役停下来饮酒，趁着夜晚释放了所有的徒役。高祖说："你们都走吧，我现在也要远走高飞了！"有十多个青壮徒役表示愿意跟随他。于是高祖便乘酒意决定趁夜抄小路直穿沼泽地，让一个人在前边探路。那个人回来说："前边有条大蛇挡住了去路，我们往回走吧。"高祖醉醺醺地说："大丈夫走路，有什么可惧怕的呢！"于是走到了前面，拔剑将大蛇斩成两截，打通了道路。他又往前走了几里，醉得太厉害了就倒在地上睡着了。后面的人经过高祖斩蛇的地方时，看见有个老妇人在那里哭。人们问她为什么哭，老妇人说："有人杀死了我的儿子，所以我在这里哭。"人们问她："你的儿子为何被杀呢？"老妇人说："我的儿子是白帝的儿子，变成了蛇，挡在了道路的中间，结果被赤帝的儿子杀死了，所以我才哭。"人们以为老妇人是在说谎，刚想打她的时候，老妇人却忽然消失了。这几个人赶上高祖的时候，高祖已经酒醒了。那几个人将刚才碰上的事情跟高祖说了一遍，高祖心中暗暗高兴，更加觉得自己不是平凡人。那些追随高祖的人也从此日渐畏惧他了。

秦始皇常说"东南方的天空有一股天子之气"，于是便向东巡游，想借此压一压。高祖怀疑这与自己有关，就逃了出去，躲在芒山、砀山一带的山洞里。吕后与别人一起去找他，常常一下子就能找到。高祖非常奇怪，就问她是如何找到他的。吕后说："你躲藏的地方上空常会有一团云气，我们奔着它去就能找到你。"高祖心里更加高兴。沛县当地的年轻人听说了这些话后，就越来越愿意依附他。

秦二世元年秋，陈胜等起蕲，至陈而王，号为"张楚"。诸郡县皆多杀其长吏以应陈涉。沛令恐，欲以沛应涉。掾、主吏萧何、曹参乃曰："君为秦吏，今欲背之，率沛子弟，恐不听。愿君召诸亡在外者，可得数百人，因劫众[1]，众不敢不听。"乃令樊哙召刘季。刘季之众已数十百人矣。

于是樊哙从刘季来。沛令后悔，恐其有变，乃闭城城守，欲诛萧、

曹。萧、曹恐，逾城保刘季[2]。刘季乃书帛射城上，谓沛父老曰："天下苦秦久矣[3]。今父老虽为沛令守，诸侯并起，今屠沛。沛今共诛令，择子弟可立者立之，以应诸侯，则家室完。不然，父子俱屠，无为也。"父老乃率子弟共杀沛令，开城门迎刘季，欲以为沛令。刘季曰："天下方扰，诸侯并起，今置将不善，一败涂地。吾非敢自爱[4]，恐能薄，不能完父兄子弟。此大事，愿更相推择可者。"萧、曹等皆文吏，自爱，恐事不就，后秦种族其家[5]，尽让刘季。诸父老皆曰："平生所闻刘季诸珍怪，当贵；而卜筮[6]之，莫如刘季最吉。"于是刘季数让。众莫敢为，乃立季为沛公。祠黄帝，祭蚩尤于沛庭，而衅鼓旗[7]，帜皆赤。由所杀蛇白帝子，杀者赤帝子，故上赤。于是少年豪吏如萧、曹、樊哙等皆为收沛子弟二三千人，攻胡陵、方与，还守丰。

【注释】

[1] 劫：胁迫、威逼。

[2] 保：以……为保障，即"依附"之意。

[3] 苦秦：即"苦于秦"，受秦暴政所苦。

[4] 自爱：舍不得自己性命。爱，吝惜、舍不得。

[5] 种族其家：即族灭家族、灭绝后代。

[6] 卜筮：泛指占卜。卜，指烧灼龟壳根据裂纹预测吉凶。筮，指用蓍草占卜。

[7] 衅：一种古代重要的祭祀仪式，是将牲畜的血涂抹在鼓上。

【译文】

秦二世元年秋，陈胜等人在蕲县举兵反秦，攻占陈县之后自称为王，定国号为"张楚"。天下许多郡县的人们都杀了当地的官吏来响应陈涉。沛县的县令非常惊恐，也想亲率沛县百姓举事响应陈涉。县里的狱掾曹参、主吏萧何对他说："您身为朝廷官吏，如今想背叛朝廷率领沛县子弟起义，恐怕没有人愿意听从您的命令。您可以把那些逃亡在外的人召集回来，这样就可以召集到几百人，然后用他们去挟持众人，那时候就不会有人敢不听从您的命令了。"于是县令便派樊哙去叫刘季。这个时候，追随刘季的人已经有差不多一百人了。

樊哙跟着刘季一起来到沛县。县令此时又后悔了，害怕刘季会别有用心，因此就关闭了城门，据守城池，并且想杀掉萧何、曹参。萧何、曹参害怕了，就越过城池出去投奔刘季。于是刘季就用绢布写了封信射进城里，向沛县的百姓宣告："天下百姓遭受秦的暴政之苦已经很久了。如今父老居然还在为县令守城，各地诸侯已经全部起兵反秦了，很快就会屠戮到这里。你们现在一起把县令杀掉，选择一位受人拥戴的年轻人作首领，响应各地诸侯，这样才能让你们的家室得以保全。否则全县老少都要遭人家的杀戮，到时候就什么事情都做不成了。"于是城中父老率领年轻子弟一起杀掉了县令，打开城门迎接刘季，并推举他为沛县的新县令。刘季说："现在正逢乱世，诸侯纷纷起事，如果将领选得不妥当，就将一败涂地。我不是顾惜自己的性命，只是担心自己没有那么大的能力，无法保全父老兄弟。这是件大事，希望大家能推选出可以胜任的人。"萧何、曹参等都是文官，爱惜自己的生命，担心起事不成功会被满门抄斩，所以极力推选刘季。城中父老都说："我们很早就听说你的那么多奇异的事情，都认为你必是显贵之人，而且我们也占卜过了，没有比你更吉利的人了。"刘季还是推让再三，但还是没有敢出来当县令的，于是就拥立刘季做了沛公。人们在县衙中祭祀了黄帝和蚩尤，用牲畜的鲜血涂在旗鼓上祭旗祭鼓，选用红色的旗帜。因为以前被刘季杀死的是白帝之子，而杀蛇的那个人是赤帝之子，所以刘邦非常崇尚红色。萧何、曹参、樊哙等人在沛县中召集起两三千人，率领他们攻打胡陵、方与，然后又退守丰邑。

秦二世二年，项氏起吴。

秦军复振，守濮阳，环水[1]。楚军去而攻定陶，定陶未下。沛公与项羽西略地至雍丘之下，与秦军战，大破之，斩李由。

项梁再破秦军，有骄色。宋义谏，不听。秦益章邯兵，夜衔枚击项梁[2]，大破之定陶，项梁死。沛公与项羽方攻陈留，闻项梁死，引兵与吕将军俱东。吕臣军彭城东，项羽军彭城西，沛公军砀。

章邯已破项梁军，则以为楚地兵不足忧，乃渡河，北击赵，大破之。当是之时，赵歇为王，秦将王离围之钜鹿城，此所谓河北之军也。

秦二世三年，楚怀王见项梁军破，恐，徙盱台都彭城，并吕臣、项羽军自将之。以沛公为砀郡长，封为武安侯，将砀郡兵。

赵数请救，怀王乃以宋义为上将军，项羽为次将，范增为末将，北救赵。令沛公西略地入关。与诸将约，先入定关中者王之[3]。

当是时，秦兵强，常乘胜逐北，诸将莫利先入关。独项羽怨秦破项梁军，奋[4]，愿与沛公西入关。怀王诸老将皆曰："项羽为人僄悍猾贼[5]。项羽尝攻襄城，襄城无遗类，皆阬之[6]，诸所过无不残灭。且楚数进取，前陈王、项梁皆败。不如更遣长者扶义而西[7]，告谕秦父兄[8]。秦父兄苦其主久矣，今诚得长者往，毋侵暴，宜可下[9]。今项羽僄悍，今不可遣；独沛公素宽大长者，可遣。"卒不许项羽，而遣沛公西略地，收陈王、项梁散卒。乃道砀至成阳，与杠里秦军夹壁[10]，破秦二军。楚军出兵击王离，大破之。

【注释】

[1] 环水：有两种说法，一是说在城周围挖沟引水自守，一是说自黄河引水绕城据守。

[2] 衔枚：嘴里衔着木棍。枚，一种小木棍，两头有绳子，使用时将"枚"含在嘴里，将绳子打结在脑后、颈项上，可以防止行军偷袭敌人时大声喧哗。

[3] 王之：使之为王。

[4] 奋：形容情绪激愤、气愤的样子。

[5] 僄悍猾贼：这里指项羽为人凶悍奸猾的样子。

[6] 阬：坑埋、活埋。

[7] 长者：指性情忠厚老实的人。扶义：匡扶正义、扶持仁义，犹言"施行仁义之举"。

[8] 告谕：通告、宣告。

[9] 侵暴：侵害、欺凌。下：使降服、攻占。

[10] 夹壁：两军对阵、对垒。

【译文】

秦二世二年（前208年），项氏在吴县起兵。

秦军重整旗鼓，驻守濮阳，引黄河水环城坚守。楚军于是撤退转而去进攻定陶，没有成功。沛公和项羽率军向西进攻，在雍丘城下与秦军交战，大败秦军，杀死了秦将李由。

项梁接连两次打败秦军，开始显出骄傲的神色。宋义提醒他骄兵必败的道理，项梁不听。此时秦朝派军队增援章邯，章邯趁着黑夜率军袭击项梁的队伍，让士兵嘴里都衔着一根木棍，在定陶将项梁的军队击败，项梁战死。这个时候，沛公正与项羽攻打陈留，听到项梁战死的消息，就率军与吕将军一起向东撤退。吕臣的军队驻扎在彭城东，项羽的军队驻扎在彭城西，沛公的军队驻扎在砀县一带。

章邯击败项梁的军队之后，认为楚地的局面不值得担忧了，于是就渡过黄河，向北进攻赵国去了，大败赵国的军队。此时，赵歇为赵王，连同他的军队被秦将王离包围在钜鹿城内，这就是人们所说的河北军。

秦二世三年（前 207 年），楚怀王见项梁的军队被打败了，感觉非常害怕，就把都城从盱台迁到了彭城，把吕臣、项羽两人的军队合并归自己统领。他任命沛公为砀郡的长官，封为武安侯，负责统率砀郡的部队。

遭到围困的赵国几次向楚军求援，于是楚怀王任命宋义为上将军，任命项羽为副将，范增为末将，率兵北上救援赵国。同时命令沛公向西攻城略地，向关中进军。楚怀王还与诸将约定，谁先进占函谷关，谁就在关中称王。

这个时候，秦军的势力还非常强大，常常能乘胜追击败逃的敌人，诸将之中没有人认为率先入关是好事。只有项羽因为痛恨秦军打败了项梁，所以心情激愤，非常希望能与沛公一起向西挺进关中。楚怀王的老将们都说："项羽剽悍勇猛又奸猾狠毒，他曾经攻占襄城，结果那里的人全部被他活埋了。凡是他战斗过的地方，没有不遭到毁灭的。再说以前陈胜、项梁多次西进都不成功，不如改派一个老实忠厚的人率军西进，与秦地的父老讲明道理。秦地的父老兄弟也已经遭受他们的国君暴虐之苦很久了，如果真的能有老实忠厚的人前去，不以暴力欺压百姓，那么关中之地就会彻底降服。项羽凶狠残暴，不是合适的人，沛公一向老实忠厚，可以派他领兵西进。"最终，楚怀王也没有应允项羽西进，而是派沛公率军西进，一路收集陈胜、项梁的散兵，取道砀县到达成阳，在杠里驻扎的秦军对峙，很快击败了两支秦朝军队。此时，北上的楚军攻击

王离，将秦军打得大败。

沛公引兵西，遇彭越昌邑，因与俱攻秦军，战不利。还至栗，遇刚武侯，夺其军，可四千余人[1]，并之。与魏将皇欣、魏申徒武蒲之军并攻昌邑，昌邑未拔。西过高阳。郦食其为监门，曰："诸将过此者多，吾视沛公大人长者[2]。"乃求见说沛公。沛公方踞床[3]，使两女子洗足。郦生不拜[4]，长揖[5]，曰："足下必欲诛无道秦，不宜踞见长者。"于是沛公起，摄衣谢之。延上坐[6]。食其说沛公袭陈留，得秦积粟。

当是时，赵别将司马印方欲渡河入关，沛公乃北攻平阴，绝河津。南，战雒阳军，军不利，还至阳城，收军中马骑，与南阳守齮战犨东，破之。略南阳郡，南阳守齮走，保城守宛。沛公引兵过而西。张良谏曰："沛公虽欲急入关，秦兵尚众，距险[7]。今不下宛，宛从后击，强秦在前，此危道也。"于是沛公乃夜引兵从他道还，更旗帜，黎明，围宛城三帀。南阳守欲自刭。其舍人陈恢曰[8]："死未晚也[9]。"乃逾城见沛公，曰："臣闻足下约，先入咸阳者王之。今足下留守宛。宛，大郡之都也，连城数十，人民众，积蓄多，吏人自以为降必死，故皆坚守乘城。今足下尽日止攻，士死伤者必多；引兵去宛，宛必随足下后[10]：足下前则失咸阳之约，后又有强宛之患。为足下计，莫若约降[11]，封其守[12]，因使止守，引其甲卒与之西。诸城未下者，闻声争开门而待，足下通行无所累。"沛公曰："善。"乃以宛守为殷侯，封陈恢千户。引兵西，无不下者。

及赵高已杀二世，使人来，欲约分王关中。沛公以为诈，乃用张良计，使郦生、陆贾往说秦将，啖以利[13]，因袭攻武关，破之。又与秦军战于蓝田南，益张疑兵旗帜，诸所过毋得掠卤，秦人憙，秦军解，因大破之。又战其北，大破之。乘胜，遂破之。

【注释】

[1] 可：大约、将近。

[2] 大人：古代对德行高尚的人的一种称谓。

[3] 踞床：一种非常不礼貌的姿势，即叉开腿坐在床上。

[4] 拜：古代一种敬礼，是对下跪叩头、打恭作揖的统称。

[5] 长揖：古代见面时所行的礼节，没有尊卑之分，行礼时拱手高举，自上而下。

[6] 延：邀请、延请。

[7] 距险：凭借险要的地势进行抵抗。距，通“拒”。

[8] 舍人：古代对宾客侍从、左右亲信的通称。

[9] 死未晚也：指到了无计可施的时候再自杀也不算晚，即想死还太早。

[10] 随足下后：指跟随在刘邦军队的后面追击。

[11] 莫若：不如、没有办法可比。

[12] 封其守：封赏当地的郡守。

[13] 啖以利：犹言“啖之以利”，即用利益、金钱等进行收买诱惑。

【译文】

沛公率兵西进，走到昌邑时与彭越相遇。于是与他一起攻打秦军，没有取胜。撤退到栗县的时候，正好遇到刚武侯，就把他的队伍夺了过来，大约四千人，壮大了自己的力量。又联合魏将皇欣、魏申徒武蒲的队伍一起攻打昌邑，结果没有攻下。于是沛公继续西进，抵达高阳。郦食其此时负责看管城门，他说：“经过此地的将领不少了，只有沛公是个看起来德行高尚又老实忠厚的人。”于是求见沛公并游说他。郦食其进来的时候，沛公正叉腿坐在床上，让两个女子服侍着洗脚。郦食其见状并不叩拜，只是俯身作了个揖，说：“如果您真的想讨伐暴秦，就不该这样傲慢地坐着接见长者。”沛公听了立刻站起身来，重新整理好衣服向他道歉，并请郦食其坐在上座上。郦食其劝说沛公去攻打陈留，夺取秦军储备在那里的大批粮食。

这个时候，赵国的偏将司马卬正想渡过黄河向西进攻函谷关，沛公就向北攻打平阴，封锁了黄河上的渡口。接着又向南进军，在雒阳城东与秦军交战，没有取胜，只好退回到阳城，将军中的骑兵聚集起来，在南阳县东面与南阳太守吕齮作战，大败秦军。之后沛公占领了南阳郡，南阳郡守吕齮撤退到宛城据守。沛公率兵绕过宛城继续西进，张良于是跟他说：“您希望尽快入关的心情可以理解，但目前秦兵仍然人多势众，

也占据着很多地势险要的地方。如果我们现在不能攻下宛城，以后宛城的秦军就会攻击我们的背后，那时候前面还有秦军阻挡，我们不就更加危险了吗？”于是沛公率兵连夜从另一条道返回，变换了军队的旗帜，到天亮的时候将宛城重重包围。南阳郡守一看这样便想自杀，他的门客陈恢说道：“现在还不是自杀的时候。”于是翻出城墙求见沛公，说：“我听说您与诸侯有约定，最先攻入咸阳的就在那里称王。如今您停下来进攻宛城。作为一个大郡的都城，宛城前后连接着几十座城池，有充足的民众和积蓄，官民都觉得投降肯定会被杀死，所以都一心坚守不降。您每天都在这里攻城，肯定会伤亡很多士兵；如果从此离开西进，宛城里的军队一定会追击您；这样，您就可能会错过先攻占咸阳称王关中的机会，也会有遭受宛城军队袭击的隐患。让我为您考虑，不如招纳宛城投降，您可以封赏南阳太守留下来坚守南阳，由您亲率宛城的军队西进。这样就能让那些还没有投降的城邑，争着向您献城投降，您西进就能畅通无阻了，没有什么可以担心的了。”沛公说：“好！”于是封赏宛城郡守为殷侯，封陈恢为千户。沛公继续率兵西进，沿途经过的城邑没有一个不肯降服的。

等到赵高杀掉秦二世，派人联络沛公，希望与沛公在关中分地称王，沛公认为其中有诈，于是就采纳张良的计策，派郦生、陆贾前去说服秦将，用财利引诱他们，趁他们松懈的时候偷袭并攻占了武关，并把秦军打得大败。接着又在蓝田县的南面与秦军作战，沛公让人多张旗帜，布设疑阵，下令全军不得掳掠沿途所经过的地方，让秦地的人都很高兴，而秦军守备也日益松懈，因此沛公再次大败秦军。随后在蓝田县的北面大败秦军，并乘胜追击，终于彻底击败了强大的秦军。

汉元年十月，沛公兵遂先诸侯至霸上，秦王子婴素车白马[1]，系颈以组，封皇帝玺符节[2]，降轵道旁[3]。诸将或言诛秦王。沛公曰：“始怀王遣我，固以能宽容；且人已服降，又杀之，不祥。”乃以秦王属吏[4]，遂西入咸阳。欲止宫休舍，樊哙、张良谏，乃封秦重宝财物府库，还军霸上。召诸县父老豪桀曰：“父老苦秦苛法久矣，诽谤者族[5]，偶语者弃市[6]。吾与诸侯约，先入关者王之，吾当王关中。与父老约，法三章耳：杀人者死，伤人及盗抵罪。余悉除去秦法。诸吏人皆案堵如故[7]。凡吾所以来[8]，为父老除害，非有所侵暴，无恐！且吾所以还军霸上，待诸侯至而定约束耳。”乃使人与秦吏行县乡邑，告谕之。秦人大喜，争持牛羊酒食献飨军士。沛公又让不受，曰：“仓粟多，非乏，不欲费人。”人又益喜，唯恐沛公不为秦王。

或说沛公曰：“秦富十倍天下，地形强。今闻章邯降项羽，项羽乃号为雍王，王关中。今则来，沛公恐不得有此。可急使兵守函谷关，无内诸侯军，稍征关中兵以自益，距之。”沛公然其计[9]，从之。十一月中，项羽果率诸侯兵西，欲入关，关门闭。闻沛公已定关中，大怒，使黥布等攻破函谷关。十二月中，遂至戏。沛公左司马曹无伤闻项王怒，欲攻沛公，使人言项羽曰：“沛公欲王关中，令子婴为相，珍宝尽有之。”欲以求封。亚父劝项羽击沛公。方飨士，旦日合战[10]。是时项羽兵四十万，号百万。沛公兵十万，号二十万，力不敌。会项伯欲活张良[11]，夜往见良，因以文谕项羽，项羽乃止。沛公从百余骑，驱之鸿门，见谢项羽。沛公以樊哙、张良故，得解归。

项羽遂西，屠烧咸阳秦宫室，所过无不残破[12]。秦人大失望，然恐，不敢不服耳。

项羽使人还报怀王。怀王曰：“如约。”项羽怨怀王不肯令与沛公俱西入关，而北救赵，后天下约。乃曰：“怀王者，吾家项梁所立耳，非有功伐，何以得主约！本定天下，诸将及籍也。”乃详尊怀王为义帝[13]，实不用其命。

【注释】

[1] 素车白马：即白车白马，古代常用作凶丧的车马。

[2] 符节：古代朝廷专门用作信用的凭证。符，常为竹木或金属质地，且成对使用，当两部分完全相合时才能起作用，通常作调兵的凭证。节，一般为使臣手持之物，用竹枝做成，是使节的身份象征。

[3] 轵道：秦时亭名，位于今陕西西安东北。

[4] 属吏：交付给官吏。属，交付、托付。

[5] 诽谤：指批评朝政的得失。诽、谤，两词同义，均为指责别人过失，诽为暗中指责，谤为公开指责。

[6] 偶语：面对面地低声私语。弃市：判处死刑，即在街市上公开处决犯人，有“与众同弃”的意思。

[7] 案堵：形容安居、安定的状态。案，通“安”。堵，墙壁。

[8] 凡：总起来说，表示总括。

[9] 然其计：认为他的计策是正确的。然，这里是“以为然”的意思。

[10] 合战：交战、会战。

[11] 活：使……活命。

[12] 残破：使……破残、毁坏。

[13] 详：通“佯”，谎称、假装。

【译文】

汉元年（前 206 年）十月，沛公先于各路诸侯到达咸阳东南的霸上。此时退位重称秦王的子婴驾着素车白马，脖子上系着丝绳，手捧已经封好的玉玺和符节，在轵道亭旁向沛公投降。沛公将领中有的主张杀掉秦王。沛公说：“当初怀王之所以派我攻取关中，就是认为我能宽厚待人；如今人家已经投降了，我们还要杀掉人家，这么做不吉利。”于是沛公就把秦王交给了主管官吏看管。沛公带人进入咸阳，进宫后就留在秦宫不想出来，后经樊哙、张良劝阻，才命人封存秦宫中的贵重财物和府库珍宝，又退回来在霸上驻扎。沛公把关中各县的父老和有才德名望的人召集起来，对他们说：“你们遭受秦朝酷法的苦处已经很久了，秦法规定评议朝政的要灭族，私下议论国事的要杀头。我与诸侯们出发前就已经做过约定，谁率先进入关中就可在关中做王，所以我应当是当关中王的。如今我与父老们约定三条规法：杀人的要偿命，伤人及偷盗抢劫的要各依情节治罪。其余的秦朝法律全部废除。官吏要回到原来的岗位上，要照常处事。总之，我们到关中来，就是要为父老除害的，不会侵害你们，请大家不要怕！我之所以率军撤回霸上，也是想等各路诸侯全部到来后，能共同商定日后施行的办法。”随即，沛公又派人与秦朝官吏一起巡视各县镇乡村，向人们说明自己的意思。秦地百姓都非常高兴，纷纷给沛公送来牛羊酒食，慰劳沛公的士卒。沛公不肯接受，说：“仓库里有很多粮食，并不缺乏，不能再接受大家的赠予了。”人们于是更加高兴，都担心沛公以后不能做关中王。

这时候有人对沛公说："秦地的富足程度十倍于其他地区，而且地理形势十分险要。听说章邯已经投降了项羽，项羽封他为雍王，让他占据关中。他们要是到了，沛公您怕是无法拥有这里了。您应该赶快派军守住函谷关，不要让其他诸侯进来，并逐步征集关中士卒，增强自己的实力，挡住项羽的军队。"沛公采纳了这个人的建议。十一月中旬，项羽果然率领着各路诸侯西进，要进入函谷关的时候，发现有人把守。他听说沛公已经平定关中，非常愤怒，便派黥布等攻克函谷关。十二月中旬，项羽到达了咸阳城东的戏亭。这时候，沛公的左司马曹无伤听闻项羽非常愤怒，想要向沛公进攻，于是派人对项羽说："沛公想在关中称王，任命秦王子婴担任丞相，还把秦宫里所有的珍宝都据为己有。"他是想借此谋得封赏。亚父范增撺掇项羽派兵进攻沛公，于是项羽犒劳全军将士，准备第二天便与沛公开战。此时，项羽有四十万兵力，号称百万；沛公有十万兵力，号称二十万，实在不是项羽的对手。恰巧项伯要救恩人张良，于是趁着夜色到沛公的军营约见张良，让张良、沛公有机会借项伯说明自己的道理，项羽才没有发兵。第二天，沛公率领百余名随从到鸿门，向项羽谢罪。沛公在樊哙、张良的帮助下，最终得以安全地回到霸上。

此后，项羽率军西行进入咸阳，对咸阳居民大肆杀戮，将秦朝宫室付之一炬，所过之处便是一片废墟。秦地的百姓都对项羽非常不满，但由于畏惧他而不得不服从他。

项羽派人去向楚怀王报告情况。怀王说："按原来的约定办。"项羽早就对楚怀王当初不让他与沛公一起入关，却让他北去救赵，致使他晚于沛公入关怀恨在心，于是他说："怀王，是我叔父项梁拥立的，没有什么战功，凭什么主持定约呢！本来平定天下的，就是各路诸侯和我项籍。"于是他假意尊称怀王为"义帝"，实际上却不听从他的命令。

正月，项羽自立为西楚霸王，王梁、楚地九郡，都彭城。负约，更立沛公为汉王，王巴、蜀、汉中，都南郑。三分关中，立秦三将：章邯为雍王，都废丘；司马欣为塞王，都栎阳；董翳为翟王，都高奴。

四月，兵罢戏下，诸侯各就国。汉王之国，项王使卒三万人从，楚与诸侯之慕从者数万人[1]，从杜南入蚀中[2]。去辄烧绝栈道[3]，

以备诸侯盗兵袭之，亦示项羽无东意。至南郑，诸将及士卒多道亡归，士卒皆歌思东归。韩信说汉王曰："项羽王诸将之有功者，而王独居南郑，是迁也。军吏士卒皆山东之人也，日夜跂而望归[4]，及其锋而用之[5]，可以有大功。天下已定，人皆自宁[6]，不可复用。不如决策东乡，争权天下。"

八月，汉王用韩信之计，从故道还，袭雍王章邯。邯迎击汉陈仓，雍兵败，还走；止战好畤，又复败，走废丘。汉王遂定雍地。东至咸阳，引兵围雍王废丘，而遣诸将略定陇西、北地、上郡。令将军薛欧、王吸出武关，因王陵兵南阳，以迎太公、吕后于沛。楚闻之，发兵距之阳夏，不得前。

三月，新城三老董公遮说汉王以义帝死故[7]。汉王闻之，袒而大哭[8]。遂为义帝发丧，临三日。发使者告诸侯曰："天下共立义帝，北面事之。今项羽放杀义帝于江南，大逆无道。寡人亲为发丧，诸侯皆缟素[9]。悉发关内兵，收三河士，南浮江汉以下，愿从诸侯王击楚之杀义帝者。"

是时项王北击齐。虽闻汉东，既已连齐兵[10]，欲遂破之而击汉。汉王以故得劫五诸侯兵，遂入彭城。项羽闻之，乃引兵去齐，从鲁出胡陵，至萧，与汉大战彭城灵壁东睢水上，大破汉军，多杀士卒，睢水为之不流。乃取汉王父母妻子于沛，置之军中以为质。当是时，诸侯见楚强汉败，还皆去汉复为楚。

【注释】

[1] 慕从者：指因倾慕而追随的人。

[2] 蚀：指河流入江时所形成的谷口。

[3] 栈道：一种依凭峭岩陡壁铺架木板而成的悬空通道。

[4] 跂而望归：形容希望回归家乡的迫切心情。跂，踮起后脚跟。

[5] 锋：势头、势力。

[6] 宁：安定，指安居乐业。

[7] 三老：秦朝时期设立的掌管教化的职位。遮：遮拦、阻遏。

[8] 袒：指袒露左臂，是古代的一种丧礼仪礼。

[9] 缟素：指白色的丧服。按照传统民俗，为死者发丧时需穿白戴孝。缟，一种白色的丝织物。素，没有染色的丝绸，也指白色。

[10] 连齐兵：指连续与齐军作战。

【译文】

正月，项羽自立为西楚霸王，据有梁、楚等九个郡，建都彭城。改变当初的约定，立沛公为汉王，据有巴蜀、汉中一带地区，建都南郑。三分关中土地，分给三个投降的秦将：章邯为雍王，建都废丘；司马欣为塞王，建都栎阳；董翳为翟王，建都高奴。

四月，各路诸侯离开项羽的帐下，前往各自的封地去了。汉王前往自己的封地时，项羽只让他带走了三万士卒，项羽帐下及其他诸侯的帐下愿意跟随汉王的有几万人，汉王从杜县城南进入蚀谷山路。每通过一段栈道就将其全部烧掉，防备诸侯或其他强盗的偷袭，也是向项羽宣示没有东归争天下的意图。从咸阳到南郑的一路上，不断有部将和士卒中途逃了回去，留下的士卒都唱着思乡之歌。于是韩信劝说汉王："项羽封赏有功的将领，却让您到南郑来，分明就是在流放您。您的军队中有很多来自东方的将士，都日夜盼着能回归故乡。如果您能趁此时使用他们，是可以建大功的。如果等到以后天下平定、人们安居乐业了，就再也没法用他们了。不如现在就下定决心打回去，与项羽争夺天下。"

八月，汉王听从韩信的计策，率军从故道出兵，袭击雍王章邯。章邯迎击汉军于陈仓，结果被打得大败，撤军逃跑，到达好畤时整兵再战，结果再次被打败，只好逃到都城废丘。汉王很快就平定了雍地。又向东进到咸阳，一面派兵包围废丘，一面调兵遣将平定陇西、北地、上郡。又派薛欧、王吸率军出武关，与南阳一带的王陵会师，之后去沛县迎接刘太公和吕后。楚王听说后，派兵将汉军阻截在阳夏，使汉军不能前进。

（汉二年）三月，新城县的"三老"董公，告诉汉王义帝被杀的原委。汉王听后立刻袒露左臂大哭起来，下令为义帝发丧，吊唁三天，之后派出使者通告诸侯："义帝受天下诸侯的共同拥立，我们都是他的臣子。如今项羽将义帝放逐江南并杀害，真是大逆不道。我已经亲自为义帝发丧，诸侯也应该为义帝穿白戴素。如今我已经调集关中所有的军队，再收集

河南、河东、河内三郡的士兵，沿长江、汉水南下，希望你们与我一起去讨伐杀害义帝的那个罪人！”

这个时候，项羽正在率军与齐国作战。虽然已经听说汉王进攻的消息，却因为已与齐军作战多时，项羽就想平定齐国后再去对付汉军。汉王正好趁着这个机会，挟持其他诸侯一起攻占彭城。项羽听说彭城失守，立即率兵回师，从鲁县穿过胡陵到达萧县，在彭城灵壁以东的睢水上与汉军激战，大胜汉军，并杀死了许多汉兵，以至于让睢水因此无法畅流。项羽又派人从沛县捉来了刘太公和吕后，扣留在军中作为人质。此时，许多诸侯见楚军强大而汉军一败涂地，便又纷纷背离汉王去投奔项羽了。

吕后兄周吕侯为汉将兵，居下邑，汉王从之，稍收士卒，军砀。汉王乃西过梁地，至虞，使谒者随何之九江王布所[1]，曰：“公能令布举兵叛楚，项羽必留击之。得留数月，吾取天下必矣。”随何往说九江王布，布果背楚。

汉王军荥阳南，筑甬道属之河，以取敖仓。与项羽相距岁余。项羽数侵夺汉甬道，汉军乏食，遂围汉王。汉王请和，割荥阳以西者为汉，项王不听。汉王患之，乃用陈平之计，予陈平金四万斤，以间疏楚君臣。于是项羽乃疑亚父。亚父是时劝项羽遂下荥阳，及其见疑[2]，乃怒，辞老[3]，愿赐骸骨归卒伍[4]，未至彭城而死。

汉军绝食[5]，乃夜出女子东门二千余人，被甲，楚因四面击之。将军纪信乃乘王驾[6]，诈为汉王，诳楚，楚皆呼万岁，之城东观，以故汉王得与数十骑出西门遁。

项羽闻汉王在宛，果引兵南，汉王坚壁不与战[7]。是时彭越渡睢水，与项声、薛公战下邳，彭越大破楚军。项羽乃引兵东击彭越，汉王亦引兵北军成皋。项羽已破走彭越[8]，闻汉王复军成皋，乃复引兵西，拔荥阳，遂围成皋。

汉王跳，独与滕公共车出成皋玉门，北渡河，驰宿修武。自称使者，晨驰入张耳、韩信壁，而夺之军。乃使张耳北益收兵赵地，使韩信东击齐。汉王得韩信军，则复振。引兵临河，南飨军小修武南，欲复战。郎中郑忠乃说止汉王，使高垒深堑，勿与战。汉王听其计，使卢绾、刘贾将卒二万人，骑数百，渡白马津，入楚地，与彭越复击破楚军燕郭西，遂复下梁地十余城。

【注释】

[1] 谒者：古代宫中负责通报传达的专门人员，这里指使者。

[2] 见疑：受到怀疑。

[3] 辞老：以年老为借口请辞。

[4] 赐骸骨：乞求准许告老还乡。归卒伍：指回乡为民。古代户籍以五户为伍，以三百家为卒。

[5] 绝食：断绝了粮食。

[6] 王驾：指汉王刘邦所乘的车子。驾，对古代帝王所乘车辆的统称。

[7] 坚壁：坚守营垒不出战。

[8] 破走：击败并赶跑。

【译文】

这个时候，吕后的哥哥吕泽为汉王率兵驻扎在下邑。汉王来到他那里之后，逐渐收拢起一些士卒，率领他们在砀县驻扎。接着，汉王率军向西，经梁地到达虞县。他派随何到九江王英布那里游说："您如果能让英布背叛楚国，项羽必然会留下来攻击英布的。只要能拖延项羽几个月，就能让我趁机夺取天下。"于是随何便去游说九江王英布，英布果然背叛了项羽。

汉王的军队驻扎在荥阳城南，修筑了一条甬道连接到黄河岸边，以方便从敖仓中取用粮食。汉王与项羽对峙了一年多。项羽后来多次夺占汉军的甬道，汉军粮草补给中断，又陷入楚军的包围。于是汉王向项羽请求和解，要求将荥阳以西的地方划归自己。项羽不答应。汉王因此而忧虑不已，于是采用陈平的计策，给了陈平金钱四万斤，来离间项羽和范增的关系。项羽很快就对范增产生怀疑。范增当时主张项羽应尽快攻占荥阳，当他发现受到项羽猜疑之后，生气地以年老为名，请求能解职回乡，结果还没有到彭城就病死在半路上。

被包围在荥阳的汉军粮草断绝，于是就趁夜让抓来的两千多名女子穿上铠甲出东门，楚军于是从四面包围追杀，随后将军纪信乘坐汉王车

驾假扮汉王，欺骗楚军，楚军一见都高呼万岁，都到东门观看，汉王得以趁机带领几十名随从，骑马从西门逃了出去。

项羽听说汉王逃到了宛县，果然率军向南进攻。汉王坚守城池，不与项羽作战。此时彭越渡过睢水，在下邳与项声、薛公作战，大败楚军。听到消息后，项羽只好率军东进讨伐彭越，汉王趁机率军北进，到成皋驻扎。等到项羽赶走了彭越，却听说汉王已经驻进成皋，便又率军西进，攻占荥阳，又兵围成皋。

汉王出逃，与滕公驾车从成皋的玉门逃走了，北渡黄河，夜晚时在修武留宿。第二天他以汉王使者的名义，闯进了张耳、韩信的军营，剥夺了他们的军权。然后又派遣张耳前往赵地收集大量兵卒，派韩信攻打东方的齐国。取得韩信军队的汉王，很快又重新振作起来，率军向南逼近黄河，在小修武城南犒劳部队，一心想与项羽再次交战，于是郎中郑忠劝阻他，建议他深挖壕沟，修筑高垒坚守，不去与项羽交战。汉王采纳了他的计策，派遣卢绾、刘贾率兵两万士卒，数百名骑兵，从白马津渡河入楚，联合彭越的军队在燕县之西大败楚军，攻占了梁地城池十余座。

楚汉久相持未决[1]，丁壮苦军旅[2]，老弱罢转馕[3]。汉王项羽相与临广武之间而语。项羽欲与汉王独身挑战。汉王数项羽[4]，项羽大怒，伏弩射中汉王。汉王伤匈，乃扪足曰：“虏中吾指[5]！”汉王病创卧[6]，张良强请汉王起行劳军[7]，以安士卒，毋令楚乘胜于汉。汉王出行军，病甚，因驰入成皋。

项羽数击彭越等，齐王信又进击楚。项羽恐，乃与汉王约，中分天下，割鸿沟而西者为汉，鸿沟而东者为楚。项王归汉王父母妻子，军中皆呼万岁，乃归而别去。

项羽解而东归。汉王欲引而西归，用留侯、陈平计，乃进兵追项羽，至阳夏南止军，与齐王信、建成侯彭越期会而击楚军[8]。至固陵，不会。楚击汉军，大破之。汉王复入壁，深堑而守之。用张良计，于是韩信、彭越皆往。及刘贾入楚地，围寿春，汉王败固陵，乃使使者召大司马周殷举九江兵而迎武王，行屠城父，随刘贾、齐梁诸侯皆大会垓下。

五年，高祖与诸侯兵共击楚军，与项羽决胜垓下。淮阴侯将三十万自当之[9]，孔将军居左。费将军居右，皇帝在后，绛侯、柴将军在皇帝后。项羽之卒可十万。淮阴先合，不利，却。孔将军、费将军纵，楚兵不利，淮阴侯复乘之，大败垓下。项羽卒闻汉军之楚歌，以为汉尽得楚地，项羽乃败而走，是以兵大败。使骑将灌婴追杀项羽东城，斩首八万，遂略定楚地。鲁为楚坚守不下，汉王引诸侯兵北，示鲁父老项羽头，鲁乃降。

【注释】

[1] 未决：不分胜负。

[2] 苦：以……为苦。军旅：军队生活。

[3] 罢：通“疲”，疲倦。转馕：运送、运输粮草给养。

[4] 数：这里指历数项羽的罪状。

[5] 虏：古代一种对敌人的蔑称。

[6] 病创卧：指因受箭伤而卧病休养。

[7] 行劳：巡行营垒慰问士兵，视察部队。

[8] 期会：约定时间会合。

[9] 当之：指与楚军正面作战。

【译文】

楚汉之间相互对峙了很长时间，没有决出胜负，双方队伍中的年轻人都对长期的行军作战感到厌倦，老弱的人因为运送粮草而疲备不堪。一天，汉王和项羽站在广武涧两边对话。项羽提出要与汉王单独对战决出胜负，汉王则一项项地数落项羽的罪行。项羽非常恼怒，让预先埋伏的弓箭手开弓射箭，一箭射中了汉王的胸口，汉王却机智地抓住脚说:“这个家伙射中了我的脚趾！”汉王因中箭不能下床，张良坚持要汉王出去巡行，以稳定军心，避免楚军趁机进攻汉军。汉王巡视完军营，病情加重，乘车赶回成皋修养。

项羽本来就因为多次攻打彭越而数次东归，如今韩信又南下进逼楚境。项羽害怕了，于是与汉王盟约，以鸿沟为界平分天下，以西归汉，以东归楚。项羽释放了汉王的父母、妻子、儿女，军中士兵都欢呼万岁，

于是楚军撤军东归。

项羽撤军回往楚国，汉王也打算撤军西归，但是张良、陈平建议进兵追击，趁着楚军兵疲粮尽，一鼓作气消灭它，于是率军追赶项羽，直到阳夏城南才停下来。汉王本来约请韩信、彭越会合，共同攻击楚军。当汉王到达固陵时，韩信、彭越都还没有到。项羽回头痛击，大败汉军。汉王失败后逃回营垒，深挖壕堑坚守不出。汉王采纳张良的计策，于是韩信、彭越都率军而来。等到刘贾进入楚地，围攻寿春，汉王在固陵打了败仗后，派人到大司马周殷那里游说，请他出动九江的军队前去迎会英布。途中，英布屠戮了城父县，然后随着刘贾、齐梁诸侯在垓下会师。

汉五年（前 202 年），高祖与诸侯军队一起进击项羽，在垓下与之决战。韩信率三十万大军在项羽的正面，孔将军在左翼，费将军在右翼，高祖率兵在韩信的后面，周勃、柴武在高祖的后面。此时项羽大约有十万军队。韩信率先在正面与项羽交战，装作抵挡不住的样子，向后退却。孔将军、费将军率领左右两翼向前进攻，形势变得不利于项羽，韩信又乘势向前进攻，在垓下大败楚军。项羽夜间听到周围的汉军中唱起了楚地的歌谣，以为楚地已经完全被汉军占领，于是项羽溃败逃走，楚军全部溃散。高祖派骑将灌婴尾随追杀项羽，在东城击杀他，杀死八万楚兵，最终平定了楚地。此时只有曲阜还在为项羽坚守，不肯降服高祖。于是高祖率军北上到达曲阜，把项羽的头拿给曲阜父老看，鲁人这才投降高祖。

正月，诸侯及将相相与共请尊汉王为皇帝[1]。汉王三让，不得已，曰："诸君必以为便[2]，便国家。"甲午，乃即皇帝位汜水之阳[3]。

高祖置酒雒阳南宫。高祖曰："列侯诸将无敢隐朕[4]，皆言其情[5]。吾所以有天下者何？项氏之所以失天下者何？"高起、王陵对曰："陛下慢而侮人[6]，项羽仁而爱人。然陛下使人攻城略地，所降下者因以予之，与天下同利也。项羽妒贤嫉能，有功者害之[7]，贤者疑之，战胜而不予人功，得地而不予人利，此所以失天下也。"高祖曰："公知其一，未知其二。夫运筹策帷帐之中[8]，决胜于千里之外，吾不如子房；镇国家，抚百姓，给馈饟，不绝粮道，吾不如萧何；连百万之军，战必胜，攻必取，吾不如韩信。此三者，皆人杰也，吾能用之，此吾所以取天下也。项羽有一范增而不能用，此其所以为我擒也。”

高祖欲长都雒阳[9]，齐人刘敬说，及留侯劝上入都关中，高祖是日驾，入都关中。六月，大赦天下。

（十一年）春，淮阴侯韩信谋反关中，夷三族。

夏，梁王彭越谋反，废迁蜀；复欲反，遂夷三族。立子恢为梁王，子友为淮阳王。

秋七月，淮南王黥布反，东并荆王刘贾地，北渡淮，楚王交走入薛。高祖自往击之。立子长为淮南王。

【注释】

[1] 相与共：一起、共同。

[2] 便：适宜、有利。

[3] 汜水之阳：汜水的北岸。阳，古代对河流北岸和山的南面的叫法。

[4] 隐：隐瞒、哄骗。

[5] 情：真话、实情。

[6] 慢：形容傲慢无礼的样子。

[7] 害：伤害、嫉恨。

[8] 筹策：计谋、谋求。

[9] 长：长久地、永久地。

【译文】

正月，各路诸侯与汉王的将相共同尊请汉王即位为皇帝。汉王辞让了好几次，实在推辞不过了，才说：“既然你们都坚持认为我做皇帝才适宜，那我就为国家的利益顺从大家。”甲午日那天，汉王正式在汜水的北面即位为皇帝。

高祖在雒阳的南宫中设酒宴款待群臣。高祖说：“你们各位对我都要说真心话，不能欺瞒我。我为什么能取得天下，项羽为什么会失去天下？”高起、王陵说：“陛下虽然傲慢且喜欢侮辱别人，项羽待人仁厚且喜欢爱护别人，可是您攻占城池夺得土地，获得的战利品都分封给将士，与天下人利益同享。而项羽妒贤嫉能，谁有了战功他就妒忌谁，谁有才能他

就怀疑谁，作战胜利也不给别人授功，夺得土地也不分享好处，这就是他丧失天下的原因。”高祖说：“你们只知其一，不知其二。要讲运筹帷幄、决胜千里的能力，我比不上张良；要讲镇守后方、安抚百姓、输送粮草，保证粮草供应，我比不上萧何；统率百万军队，战必胜，攻必取，我比不上韩信。这三个人都是众人中的俊杰之士，我能够驾驭重用他们，这才是我取得天下的原因。项羽只有一个范增辅佐却不能重用，所以最终被我打败。”

高祖本来想永远地在雒阳建都，但齐人刘敬劝阻他，认为应该建都关中，再加上张良也这样认为，于是高祖当天就驱车前往关中，营建都城。这年六月，高祖宣布大赦天下。

高祖十一年（前 196 年）春天，淮阴侯韩信因在关中阴谋叛乱，被诛灭了三族。

这年夏天，梁王彭越谋反，爵位被废而谪迁到蜀地；随后他又一次意图谋反，结果被灭掉三族。于是皇帝立其子刘恢为梁王，立他另一个儿子刘友为淮阳王。

这年的秋七月，淮南王英布造反，攻占了荆王刘贾的封地，接着又向北渡过淮河进攻楚国，楚王刘交逃到薛地。高祖闻讯后亲自率军征讨，同时宣布册封自己的儿子刘长为淮南王。

十二年，十月，高祖已击布军会甀，布走，令别将追之。

高祖还归，过沛，留。置酒沛宫，悉召故人父老子弟纵酒[1]，发沛中儿得百二十人，教之歌。酒酣[2]，高祖击筑[3]，自为歌诗曰：“大风起兮云飞扬，威加海内兮归故乡，安得猛士兮守四方！”令儿皆和习之[4]。高祖乃起舞，慷慨伤怀，泣数行下。谓沛父兄曰：“游子悲故乡[5]。吾虽都关中，万岁后吾魂魄犹乐思沛[6]。且朕自沛公以诛暴逆，遂有天下，其以沛为朕汤沐邑[7]，复其民[8]，世世无有所与[9]。”沛父兄诸母故人日乐饮极欢[10]，道旧故为笑乐[11]。十余日，高祖欲去，沛父兄固请留高祖。高祖曰：“吾人众多，父兄不能给。”乃去。沛中空县皆之邑西献。高祖复留止，张饮三日。沛父兄皆顿首曰：“沛幸得复，丰未复，唯陛下哀怜之。”高祖曰：“丰，吾所生长，极不忘耳，吾特为其以雍齿故反我为魏。”沛父兄固请，乃并复丰，比沛[12]。于是拜沛侯刘濞为吴王。

汉将别击布军洮水南北，皆大破之，追得斩布鄱阳。樊哙别将兵定代，斩陈豨当城。

高祖击布时，为流矢所中，行道病。病甚，吕后迎良医，医入见。高祖问医，医曰：“病可治。”于是高祖嫚骂之曰[13]：“吾以布衣提三尺剑取天下，此非天命乎？命乃在天，虽扁鹊何益！”遂不使治病，赐金五十斤罢之。已而吕后问：“陛下百岁后，萧相国即死，令谁代之？”上曰：“曹参可。”问其次，上曰：“王陵可。然陵少戆[14]，陈平可以助之。陈平智有余，然难以独任。周勃重厚少文[15]，然安刘氏者必勃也，可令为太尉。”吕后复问其次，上曰：“此后亦非而所知也。”

四月甲辰，高祖崩长乐宫。

【注释】

[1] 纵酒：纵情、没有节制地饮酒。

[2] 酣：指酒宴喝到很畅快的状态。

[3] 筑：古代一种乐器，形状像琴。

[4] 和习：跟着唱、学习。

[5] 悲：眷恋、思念。

[6] 乐思沛：喜欢相思沛县的旧光景。

[7] 汤沐邑：周朝诸侯朝见天子时，天子须在王畿之内选择地方赏赐诸侯作住宿和斋戒沐浴用的封邑。后代也指以赋税供养皇帝、皇后、公主等用度的私邑。

[8] 复：指免除赋税徭役等。

[9] 无有所与：不需要纳税、服役。

[10] 诸母：古代对同宗族的叔母的一种叫法。

[11] 道旧故：谈起以往的旧事。

[12] 比：并列、与……一样。

[13] 嫚骂：辱骂、态度轻慢地责骂。

[14] 戆（zhuàng）：形容人愚直的样子。

[15] 少文：指说话没有文才。

【译文】

高祖十二年（前 195 年）十月，高祖在会甀打败了英布，英布败逃，于是高祖派遣别的将领继续追击英布。

在回京的途中，高祖在沛县停了下来。他在自己的老宅院里备办酒席，招待昔日的老朋友和父老兄弟。他从县中挑选出一百二十个青少年，教他们唱歌。当大家酒酣之时，高祖便一边击筑一边自己作词歌唱：“大风起兮云飞扬，威加海内兮归故乡，安得猛士兮守四方！”他让那一百二十名子弟跟着一起唱。然后高祖又起来跳了一回舞，神情慷慨而又心中感伤，热泪滚滚而下。他对沛县父老说：“远游的人总是思念自己的故乡。我如今建都关中，但即使死后我的魂魄也还是会喜欢和思念故乡的。再说我起兵讨伐暴秦是以沛公的身份，最终夺得天下，所以我要把沛县当成我的汤沐邑，免除沛县百姓的赋税徭役，世世代代地永远不必纳税服役。”沛县的父老亲朋故友与高祖一起尽情欢宴十多天。高祖告辞要走的时候，沛县父老执意请求高祖再住上几天。高祖说：“我的随从人员太多，父兄亲朋们供应不起。”于是起驾上路。高祖离开的这天，沛县城里的百姓全都出来欢送，在城西敬献酒食。于是高祖又停下来，与沛县父老痛饮了三天。沛县父兄叩头请求：“沛县幸免于赋税徭役，丰邑却还没有免除，请陛下可怜他们，将他们的赋税也免了吧。”高祖说：“丰邑是我出生长大的地方，我最不能忘记它，我只是痛恨当初丰邑人跟随雍齿投靠魏王来反对我。”沛县父老再三请求，高祖才答应免除丰邑的赋税徭役，与沛县一样。同时，沛侯刘濞受封为吴王。

追击英布的汉军从洮水南北夹击英布，大破英布军，在鄱阳将英布斩杀。樊哙另率军队平定了代地，在当城斩杀了陈豨。

高祖讨伐英布的时候，曾被飞箭射中，回来的路上生了病，病得非常严重。于是，吕后便为他请来了一位名医。医生看过之后，高祖问自己的病情如何，医生说：“可以治好。”于是高祖谩骂道：“我以平民的身份，用手中的三尺之剑取得天下，这不都是因为天命吗？人的命运受上天的决定，即便神医扁鹊在世，又能如何呢！”于是，高祖不让医生给他诊治，而是赏给他五十斤金钱打发走了。不久后，吕后问高祖：“陛下百年之后，萧相国如果死了，谁可以来接替他的相国之位呢？”高祖说：“可以任用曹参。”吕后又问：“曹参以后呢？”高祖说：“可以任用王陵。不过他稍稍有些迂愚刚直，可以由陈平佐助。陈平很有智慧，但难以独当重任。周勃性格厚重，学问不高，但日后捍卫刘氏政权的必然会是周勃，可以任命为太尉。”吕后再问其次是谁，高祖说：“再往后的事情就不是你所能知道的了。”

这一年的四月甲辰日，高祖在咸阳长乐宫病逝了。

【精彩语段】

召诸县父老豪桀曰：“父老苦秦苛法久矣，诽谤者族，偶语者弃市。吾与诸侯约，先入关者王之，吾当王关中。与父老约，法三章耳：杀人者死，伤人及盗抵罪。余悉除去秦法。诸吏人皆案堵如故。凡吾所以来，为父老除害，非有所侵暴，无恐！且吾所以还军霸上，待诸侯至而定约束耳。”乃使人与秦吏行县乡邑，告谕之。秦人大喜，争持牛羊酒食献飨军士。

评析　在攻入秦都咸阳之后，刘邦施行了宽松的法令措施，废除一切严苛的秦朝法令，为自己赢得了最大可能的支持。关中百姓的反应，也恰恰印证了这条法令的积极作用。正是这三章约法的颁布，刘邦在楚汉之争之前就获得了关中百姓的支持，是刘邦赢得关中民心的重要一步，为后来刘邦在楚汉之争中尽管屡屡战败但总能东山再起，奠定了一定的政治基础。

知识链接　白登之围

“白登之围”发生于汉高祖七年（前200年），汉高祖刘邦率军行至白登（今山西大同东北马铺山）时遭匈奴围困达七天七夜。事件起因于此前一年（前201年），韩王信叛乱，并与匈奴联盟，计划攻打太原。于是，刘邦亲率32万汉军迎击匈奴，不料中了匈奴人的诱敌术，在铜鞮（今山西沁县）大捷后乘胜追击，轻敌冒进，深入楼烦（今山西宁武）一带。当时正值寒冬天气，天降大雪，当刘邦率领先头部队追至大同平城时，被

围困在平城城外的白登山上，与主力部队断绝了联系。最终，在谋士陈平的建议下，刘邦以重金贿赂了冒顿单于的阏氏（正室妻子），才得以脱险。这次失败让刘邦认识到了汉匈之间军事实力的不对等，意识到当时还难以以武力来一劳永逸地解决与匈奴之间的问题，这也直接促成了汉匈之间的“和亲”，客观上确实实现了笼络匈奴的目的，为汉朝初期赢得了重要的和平时期，从而也为汉武帝时期反攻匈奴的军事作战奠定了坚实的物质基础。

越王勾践世家

吴越争霸是春秋末期一段比较重要的历史，发生于吴王阖庐、夫差父子与越王允常、勾践父子之间。先是允常与阖庐相互攻伐，允常死后，阖庐起兵，结果在阵前被越王勾践的敢死之士震慑，后被勾践射伤，不治身亡。而后阖庐子夫差在会稽山围困勾践，让勾践有了会稽之辱。勾践在被夫差赦免回国后，卧薪尝胆，奋发图强，在范蠡和大夫文种的辅助下，实现了灭吴大计，最终得以称霸于诸侯。而卧薪尝胆的精神内核，也作为中华民族的传统精髓流传下来。作为勾践的重要谋臣，范蠡看到了勾践能共患难但难齐享乐的本性，功成身退，离开越国，勤劳生产，三迁而三次富家，被后世尊为“商圣”。而大夫文种则没有看清勾践的本性，终被勾践赐死，于是后世又有了“飞鸟尽，良弓藏；狡兔死，走狗烹”的典故。

越王勾践，其先禹之苗裔，而夏后帝少康之庶子也。封于会稽，以奉守禹之祀。文身断发[1]，披草莱而邑焉。后二十余世，至于允常。允常之时，与吴王阖庐战而相怨伐。允常卒，子勾践立，是为越王。

元年，吴王阖庐闻允常死，乃兴师伐越。越王勾践使死士挑战[2]，三行，至吴陈，呼而自刭。吴师观之，越因袭击吴师，吴师败于槜李，射伤吴王阖庐。阖庐且死，告其子夫差曰：“必毋忘越。”

三年，勾践闻吴王夫差日夜勒兵[3]，且以报越，越欲先吴未发往伐之。范蠡谏曰：“不可。臣闻兵者凶器也，战者逆德也，争者事之末也。阴谋逆德，好用凶器，试身于所末，上帝禁之，行者不利。”越王曰：“吾已决之矣。”遂兴师。吴王闻之，悉发精兵击越，败之夫椒。越王乃以余兵五千人保栖于会稽。吴王追而围之。

越王乃令大夫种行成于吴[4]，膝行顿首曰：“君王亡臣勾践使陪臣种敢告下执事[5]：勾践请为臣，妻为妾。”吴王将许之。子胥言于

吴王曰："天以越赐吴，勿许也。"种还，以报勾践。勾践欲杀妻子，燔宝器，触战以死。种止勾践曰："夫吴太宰嚭贪，可诱以利，请间行言之[6]。"于是勾践乃以美女宝器令种间献吴太宰嚭[7]。嚭受，乃见大夫种于吴王。种顿首言曰："愿大王赦勾践之罪，尽入其宝器。不幸不赦，勾践将尽杀其妻子，燔其宝器，悉五千人触战，必有当也[8]。"嚭因说吴王曰："越以服为臣，若将赦之，此国之利也。"吴王将许之。子胥进谏曰："今不灭越，后必悔之。勾践贤君，种、蠡良臣，若反国，将为乱。"吴王弗听，卒赦越，罢兵而归。

【注释】

[1] 文身：在身体上刺描花纹。断发：剪短头发。

[2] 死士：勇武敢死的士卒。

[3] 勒：训练、操练。

[4] 行成：指战争中因战败而求和。

[5] 执事：供主人役使的人。

[6] 间行：偷偷地前行、暗中进行。

[7] 间献：暗地里进献。

[8] 有当：指付出与之相当的代价。

【译文】

越王勾践的祖先，是夏禹的一个远世子孙，是夏朝帝少康的一个庶出儿子的后代。帝少康的庶出儿子受封于会稽，负责供奉守护夏禹的祭祀。他们在身上刺上花纹，剪短自己的头发，开发草莽，建起大小的邑落。接续传承了二十多代后，就传到了允常的手里。允常在位时，与吴王阖庐之间相互攻伐，彼此结下了怨恨。允常死后，儿子勾践即位，这就是越王。

越王勾践元年（前 496 年），吴王阖庐听说允常死去的消息，就起兵讨伐越国。越王勾践派遣敢于赴死的勇士挑战吴军，排成三行，冲到吴军的阵地前，大声呼叫着自刎而死，看得吴军将士目瞪口呆，丧失了严整的队形，越军趁机袭击吴军，在槜李之战中大败吴军，还射伤了吴王阖庐。阖庐快要死的时候，告诫儿子夫差："一定不要忘记越国。"

越王勾践三年（前 494 年），勾践听说吴王夫差日夜不停地操练军队，妄图向越国报一箭之仇，于是就想先发制人，在吴国尚未出兵前讨伐吴国。范蠡劝阻道："这是不可以的。我听说兵器是凶器，战争是背德的行为，彼此间的争斗是处事中最下等的策略。暗中图谋去做背德的事情，喜好使用凶器，亲身实践下等的策略，上天就会反对他，这样做是非常不利的行为。"越王说："我已经做出决定了。"于是越王集合军队攻打吴国。吴王听说之后，征发国内全部的精锐部队迎击越军，在夫椒大败越军。越王率领五千残兵败将退守到会稽山上。吴王乘胜追击将会稽山团团包围。

越王派大夫文种去吴国求和，文种用膝盖行走到吴王夫差面前，叩头道："君王，您的亡国之臣勾践让他的陪臣文种，来大胆地向您的差役报告：勾践请您允许他以奴仆的身份侍奉您，允许他的妻子以侍妾的身份服侍您。"吴王想要答应文种，伍子胥对吴王说："上天这是想把越国赏赐给吴国，请君王不要答应他。"文种回去后，将吴国的意思向勾践汇报，急得勾践就想杀掉妻子儿女，烧掉宝器，亲赴疆场与吴国决一死战。文种阻止勾践说："吴国的太宰嚭非常贪心，我们可以用财利诱惑他，请您允许我私下里再去吴国游说他。"于是勾践便让文种暗中向太宰嚭奉献美女珠玉。嚭欣然接受了馈赠，便将大夫文种引见给吴王。文种叩头行礼道："希望大王能宽恕勾践，我们愿意将世传的宝器全部送给吴国。如果不能侥幸获得赦免，勾践将杀掉自己的妻子儿女，烧毁宝器，亲自率领五千士兵与您决一死战，您也将需要付出惨重的代价。"太宰嚭也趁机劝说吴王："越王已经愿意俯首做您的臣子，如果您能赦免了他，这将是对我国有利的事情。"于是，吴王便打算答应赦免越王。这时，伍子胥再次进谏说："现在不能灭亡越国，将来必定会后悔。勾践是个贤明的君主，文种、范蠡都是有才能的贤臣，如果让勾践从会稽回到越国，必将生出叛乱。"吴王不听从伍子胥的谏言，终于还是赦免了越王，撤军回国了。

吴既赦越，越王勾践反国，乃苦身焦思，置胆于坐[1]，坐卧即仰胆，饮食亦尝胆也。身自耕作，夫人自织，食不加肉，衣不重采，折节下贤人[2]，厚遇宾客，振贫吊死[3]，与百姓同其劳。欲使范蠡治国政，

蠡对曰：“兵甲之事，种不如蠡；填抚国家[4]，亲附百姓，蠡不如种。”于是举国政属大夫种[5]，而使范蠡与大夫柘稽行成，为质于吴。二岁而吴归蠡。

勾践自会稽归七年，拊循其士民，欲用以报吴。大夫逢同谏曰：“国新流亡，今乃复殷给，缮饰备利，吴必惧，惧则难必至。且鸷鸟之击也，必匿其形[6]。今夫吴兵加齐、晋，怨深于楚、越，名高天下，实害周室，德少而功多，必淫自矜。为越计，莫若结齐，亲楚，附晋，以厚吴。吴之志广，必轻战。是我连其权，三国伐之，越承其弊，可克也。”勾践曰：“善。”

居二年，吴王将伐齐。子胥谏曰：“未可。臣闻勾践食不重味，与百姓同苦乐。此人不死，必为国患。吴有越，腹心之疾，齐与吴，疥瘲也[7]。愿王释齐先越。”吴王弗听，遂伐齐，败之艾陵，虏齐高、国以归。让子胥。子胥曰：“王毋喜！”王怒，子胥欲自杀，王闻而止之。越大夫种曰：“臣观吴王政骄矣，请试尝之贷粟，以卜其事。”请贷，吴王欲与，子胥谏勿与，王遂与之，越乃私喜。子胥言曰：“王不听谏，后三年吴其墟乎！”太宰嚭闻之，乃数与子胥争越议，因谗子胥曰：“伍员貌忠而实忍人[8]，其父兄不顾，安能顾王？王前欲伐齐，员强谏，已而有功，用是反怨王。王不备伍员，员必为乱。”与逢同共谋，谗之王。王始不从，乃使子胥于齐，闻其托子于鲍氏，王乃大怒，曰：“伍员果欺寡人！”役反，使人赐子胥属镂剑以自杀。

【注释】

[1] 坐：通“座”，座位。

[2] 折节：指屈身卑躬地对待别人。

[3] 振：通“赈”，救济。

[4] 填（zhèn）抚：使之镇定并进行安抚。

[5] 属：通“嘱”，委托、托付。

[6] 必匿其形：指鸷鸟出击前必先收敛起它的形体。

[7] 疥瘲（jiè zòng）：喻指小毛病、小祸患。

[8] 忍人：性情残忍的人。

【译文】

吴王赦免了越王，勾践就回到了越国，于是困苦自身、深思熟虑，将一只动物的苦胆挂在坐具上边，坐卧之时便能尝到苦胆，进食之前也要尝一口苦胆。他亲自耕种，夫人亲手织布，所吃的食物中不添加肉类，穿的衣服并不华丽，降低身段对贤能之人礼遇有加，热情诚恳地招待宾客，赈济穷人并吊唁死者，与百姓共同劳作。越王想请范蠡来主持国家的政务，范蠡答道："用兵打仗上的事情，大夫文种不如我；镇抚国家让百姓亲近归附，我不如大夫文种。"于是勾践便将国家政务嘱托给大夫文种，派范蠡和大夫柘稽到吴国求和，并留在吴国作人质。两年后，吴国释放范蠡回到越国。

勾践从会稽归国后七年间，一直都对士兵百姓多加安抚，时刻想向吴国复仇。大夫逢同向勾践建议道："国家刚刚经历了失败，到今天才又变得殷实富裕起来，如果我们现在就整顿军备，吴国一定会感到惧怕，一害怕就会有灾难降临。再说，猛鸷将要袭击目标时，一定会首先隐藏自己的形体。如今吴军对齐、晋大兵压境，与楚、越也结下了很深的仇恨，虽然名声很显赫，实际上是危害于周王室的。吴王缺少德行而功劳颇丰，一定会变得骄横狂妄。为越国着想，那就不如结交齐国，亲近楚国，追随晋国，捧高吴国。吴国的志向一定会更高远，一定会轻易地投入战争，这样越国就可以联络三国，让三国讨伐吴国，越国便可以在吴国疲惫的时候攻克它。"勾践说："好。"

过了两年，吴王打算与齐国作战。伍子胥劝阻道："现在还不可以。我听说勾践吃饭从不多加美味，能够与百姓同甘共苦。这个人不死，早晚会成为吴国的祸患。越国对于吴国，是心腹一样的病患，齐国对于吴国来说，不过是一块疥癣小病。希望君王能放弃攻齐的计划，先讨伐越国。"吴王不肯听从，就前去攻打齐国，在艾陵之战中大败齐军，俘虏了齐国的高昭子和国惠子回到吴国。吴王以此责备伍子胥，伍子胥说："君王您不要太高兴了！"吴王听了很生气，伍子胥就想自杀，吴王听说了马上制止他。越国大夫文种对勾践说："我看吴王在政治上非常骄横，请允许我试着向吴国借粮，来试探一下吴王对我们的态度。"于是文种便向吴王提出借粮的请求。吴王想借粮给越国，伍子胥进谏说不能借，但吴王还

是把粮食借给了越国，让越国私下非常欢喜。伍子胥说："君王不肯听从我的劝谏，三年以后，吴国可能会变成一片废墟了！"太宰嚭听到伍子胥的这番话，便多次就如何对付越国与子胥争论，借机进谗言诽谤伍子胥："伍员看起来忠厚，其实却非常残忍，连自己父兄都不顾惜，怎么会顾惜君王呢？君王上次进攻齐国前，伍员就一而再再而三地进谏，后来您凯旋归来，他反而怨恨您。您若不防备伍员，他一定会作乱的。"嚭还与越大夫逢同一起谋划，在吴王面前一再诽谤子胥。吴王开始时也不相信，便派遣伍子胥出使齐国，听说伍子胥委托鲍氏照顾自己的儿子，于是大怒："伍员果然是在欺骗我！"等到伍子胥从齐国回来后，吴王就赐给伍子胥一把锋利的镂剑，让他自杀。

居三年，勾践召范蠡曰："吴已杀子胥，导谀者众[1]，可乎？"对曰："未可。"

至明年春，吴王北会诸侯于黄池，吴国精兵从王，惟独老弱与太子留守。勾践复问范蠡，蠡曰"可矣"。乃发习流二千人[2]，教士四万人[3]，君子六千人[4]，诸御千人[5]，伐吴。吴师败，遂杀吴太子。吴告急于王，王方会诸侯于黄池，惧天下闻之，乃秘之。吴王已盟黄池，乃使人厚礼以请成越。越自度亦未能灭吴，乃与吴平。

其后四年，越复伐吴。吴士民罢弊，轻锐尽死于齐、晋。而越大破吴，因而留围之三年，吴师败，越遂复栖吴王于姑苏之山。吴王使公孙雄肉袒膝行而前，请成越王曰："孤臣夫差敢布腹心，异日尝得罪于会稽，夫差不敢逆命，得与君王成以归。今君王举玉趾而诛孤臣，孤臣惟命是听，意者亦欲如会稽之赦孤臣之罪乎？"勾践不忍，欲许之。范蠡曰："会稽之事，天以越赐吴，吴不取。今天以吴赐越，越其可逆天乎？且夫君王蚤朝晏罢[6]，非为吴邪？谋之二十二年，一旦而弃之，可乎？且夫天与弗取，反受其咎。'伐柯者其则不远'，君忘会稽之厄乎？"勾践曰："吾欲听子言，吾不忍其使者。"范蠡乃鼓进兵，曰："王已属政于执事，使者去，不者且得罪。"吴使者泣而去。勾践怜之，乃使人谓吴王曰："吾置王甬东，君百家[7]。"吴王谢曰："吾老矣，不能事君王！"遂自杀。乃蔽其面，曰："吾无面以见子胥也！"

越王乃葬吴王而诛太宰嚭。

【注释】

[1] 导谀者：指阿谀奉承的人。

[2] 习流：指熟悉水性的人，也就是熟练的水兵。

[3] 教士：指训练有素的士卒。

[4] 君子：指由君王统率的禁卫军。

[5] 诸御：指军队中掌握职权的军官。

[6] 蚤朝晏罢：早早上朝很晚退朝，形容勾践操劳国事、奋发图强的样子。蚤，通“早”。晏，晚。

[7] 君：统治、治理。

【译文】

过了三年，勾践向范蠡询问：“吴王已杀掉了伍子胥，周围有很多阿谀奉承的人，现在可以进攻吴国了吗？”范蠡回答：“现在还不是时候。”

第二年春天，吴王前往黄池与诸侯会盟，将吴国的精锐部队全部带了去，只留下老弱残兵和太子在国都留守。勾践询问范蠡是否可以攻击吴国，范蠡说：“可以了。”于是，勾践派出两千名熟悉水性的士兵，四万名训练有素的士兵，六千名君王的近卫军，以及一千名掌管军中事务的军官，共同讨伐吴国。吴军大败，吴国太子被杀死，吴国使者迅速向吴王告急。此时吴王正与诸侯在黄池会盟，担心天下人会因为吴国的惨败出现变故，于是封锁消息。等到会盟结束订立完盟约，吴王派人以厚礼向越国求和。越王估量自己也还无法灭亡吴国，就与吴国讲和了。

四年以后，勾践再次发兵讨伐吴国。此时吴国军民都已经非常疲惫，精锐部队又都死在与齐、晋的交战中，所以被越国打得大败，都城也被越军包围了三年。吴军再次失败，吴王被越军围困在姑苏山上。吴王派公孙雄袒露着上身膝行至越王面前，请求与越王讲和：“孤立无援的臣子夫差大胆地说出自己的心里话：从前在会稽山我曾得罪过您，但是我不敢违背您的命令，与您讲和后让您回到越国。如今您亲自前来惩罚孤立无援的臣子夫差，我将绝对听从您的命令，但私下里还是希望能如在会稽山上我对您那样获得您的赦免。”勾践有些不忍心，想答应吴王的请求。

范蠡说："会稽山上的那件事，是上天要将越国赏赐给吴国，但是吴国没有要。今天是上天要将吴国赏赐给越国，难道越国就可以违逆上天的命令吗？再说君王您日夜勤于政事，不也是为了打败吴国吗？到现在都已经谋划了二十二年，马上就要实现了却要放弃，这样可以吗？而且对于上天的赐予不接受，也是会受到惩罚的。这就像'伐木做斧柄，斧柄的样式就在手中'，难道您忘记了在会稽山上受到的苦难了吗？"勾践说："我是想听从您的建议，但是我不忍心这样对待他的使者。"于是范蠡就下令击鼓进军，说："君王早已委托我处理政务了，吴国的使者赶快走吧，不然就要对不起你了。"吴国使者伤心地哭着离开了。勾践觉得他很可怜，就派人告诉吴王："我想安置您到甬东那里，去做一个统治百家的君王。"吴王辞谢道："我已经老了，没办法再服侍您了！"说完便自杀，自杀时用袖子把面孔遮住说："我是没有脸面去见伍子胥啦！"越王将吴王安葬了，然后把太宰嚭也给杀掉了。

勾践已平吴，乃以兵北渡淮，与齐、晋诸侯会于徐州，致贡于周。周元王使人赐勾践胙[1]，命为伯。勾践已去，渡淮南，以淮上地与楚，归吴所侵宋地于宋，与鲁泗东方百里。当是时，越兵横行于江、淮东，诸侯毕贺，号称霸王。

范蠡遂去，自齐遗大夫种书曰："蜚鸟尽[2]，良弓藏；狡兔死，走狗烹。越王为人长颈鸟喙，可与共患难，不可与共乐。子何不去？"种见书，称病不朝。人或谗种且作乱，越王乃赐种剑曰："子教寡人伐吴七术，寡人用其三而败吴，其四在子，子为我从先王试之。"种遂自杀。

【注释】

[1] 胙（zuò）：指用于祭祀的肉。

[2] 蜚：通"飞"。

【译文】

勾践平定吴国之后，就挥师北渡淮河，在徐州与齐、晋诸侯相会，并进献贡品给周王室，周元王派人将祭祀用的肉赏赐给勾践，并册封勾践为“伯”。勾践离开中原，南渡淮水之后，把淮水上游的土地送给了楚国，将吴国侵占的宋国土地归还给了宋国，将位于泗水以东方圆百里的土地给了鲁国。到这个时候，越国的军队畅行于长江、淮河以东的地区，得到其他诸侯的祝贺，尊称越王勾践为“霸王”。

于是，范蠡就在这个时候离开了勾践，到达齐国之后给大夫文种送来一封信。信中说：“飞鸟都没有了，良弓就会被收藏起来；狡兔全都死掉了，追逐狡兔的猎狗就会被烹杀。越王这个人的相貌，脖子很长，嘴巴很尖，是个只可以与人共患难，不可以与人齐享乐的人，您为什么还不肯离去呢？”文种看过信后，就开始称病不去上朝。于是就有人谗言中伤文种想要作乱，于是勾践就赐给文种一把剑，并告诉他：“您教给了我讨伐吴国的七条计策，我只用了其中三条就让吴国败亡了，还有四条在您那里，请您替我到先王面前，让他也去尝试一下您的妙计吧！”于是，文种只得自杀身亡。

【精彩语段】

吴既赦越，越王勾践反国，乃苦身焦思，置胆于坐，坐卧即仰胆，饮食亦尝胆也。身自耕作，夫人自织，食不加肉，衣不重采，折节下贤人，厚遇宾客，振贫吊死，与百姓同其劳。

评析 吴越之战是春秋末期比较重大的一个历史事件。战争初期，越国被吴国打败，越王勾践回到国内后卧薪尝胆，发誓报仇，终于灭亡了吴国。这便是成语“卧薪尝胆”的故事本原。而“卧薪尝胆”作为一个成语出现，则是在北宋文学家苏轼的《拟孙权答曹操书》中：“仆受遗以来，卧薪尝胆，悼日月之逾迈，而叹功名之不立，上负先臣未报之忠，下忝伯符知人之明。”后来“卧薪尝胆”多用来喻指在忍辱负重、发愤图强之后，终于苦尽甘来的状态。

知识链接　浣纱双姝

越王勾践被吴王夫差击败后，为了获得东山再起的资本，在范蠡的主持下，向吴王夫差进献美人、物品等，而在进献的

美人中，西施与郑旦是非常突出的两个，被合称为“浣纱双姝”。人们对于西施的名字非常熟悉，知其为古代“四大美女”之首，对于郑旦却知之甚少。其实，郑旦也是今浙江诸暨的出色美女，甚至比西施还要胜出几分，只是她性格刚烈，且喜好舞剑，也许是性格上的特点为古人不喜，所以才默默无闻，不为人知，而温婉许多的西施则成为美女的代名词。二人被送入吴国之前都曾做过浣纱女，所以被称为“浣纱双姝”，为越王勾践的称霸大业做出了巨大的牺牲。

孔子世家

作为后世研究孔子生平及思想的重要参考文献，这篇《孔子世家》记述了孔子的生平活动和儒学成就。作为一位著名的思想家，孔子一生都满怀高涨的政治热情，即便不断遭到打击、排斥、嘲讽甚至是围困。为了宣传自己的政治主张，孔子不辞辛劳地周游列国，奔走游说，四处碰壁却依然执着追求。孔子还首开了私人授徒讲学的先河，是我国教育史上的第一人，他促进了教育的平民化，打破了官府垄断知识的局面。他办私学，收门徒，对学生循循善诱、诲人不倦，据说他的门徒达3000多人，其中著名的有72人，成为记录和传播孔子思想的重要力量，为古代教育的发展做出了卓越的贡献。此外，孔子还编纂并整理了一批重要的古代文化典籍，如《诗》《书》《礼》《乐》《易》《春秋》等。所有这些，都在司马迁的笔下得以记录和展现，暗含着其对孔子的向往和景仰，让孔子的形象极富真实感。

孔子生鲁昌平乡陬邑。其先宋人也，曰孔防叔。防叔生伯夏，伯夏生叔梁纥。纥与颜氏女野合而生孔子[1]，祷于尼丘得孔子[2]。鲁襄公二十二年而孔子生。生而首上圩顶[3]，故因名曰丘云。字仲尼，姓孔氏。

丘生而叔梁纥死，葬于防山。防山在鲁东，由是孔子疑其父墓处，母讳之也[4]。孔子为儿嬉戏，常陈俎豆[5]，设礼容。孔子母死，乃殡五父之衢，盖其慎也。郰人挽父之母诲孔子父墓[6]，然后往合葬于防焉。

孔子年十七，鲁大夫孟釐子病且死[7]，诫其嗣懿子曰："孔丘，圣人之后，灭于宋[8]。其祖弗父何始有宋而嗣让厉公。及正考父佐戴、武、宣公，三命兹益恭[9]，故鼎铭云：'一命而偻[10]，再命而伛，三命而俯，循墙而走[11]，亦莫敢余侮。饘于是，粥于是[12]，以餬余口。'

其恭如是。吾闻圣人之后，虽不当世，必有达者。今孔丘年少好礼，其达者欤？吾即没[13]，若必师之。”及釐子卒，懿子与鲁人南宫敬叔往学礼焉。是岁，季武子卒，平子代立。

其后定公以孔子为中都宰，一年，四方皆则之[14]。由中都宰为司空，由司空为大司寇。

【注释】

[1] 野合：孔子的父亲成婚时已超过了六十四岁，而他的母亲还非常年轻，年龄相差悬殊，在当时是种不合礼法的婚姻，所以称“野合”。

[2] 祷：祈祷，向神祈福。

[3] 圩（wéi）顶：形容人的头顶四周高中间凹陷的样子。圩，低洼田地四周的田埂。

[4] 母讳之：依古代仪礼，孔子父亲去世时，他的母亲因年纪轻轻便守寡而不允许送葬，所以不知道孔子的父亲埋葬在哪里，无法告诉孔子墓地的具体位置。

[5] 俎(zǔ)豆:古代用来盛放肉类祭品的祭器。俎是方形的,豆是圆形的。

[6] 诲：告诉、告知。

[7] 病且死：指人病重将死的时候，即弥留时刻。且，将要、将近。

[8] 灭于宋：指孔子的六世祖孔父嘉在宋国内乱中被华督杀死。

[9] 三命：三次任命，指三次被授予官爵。兹益：更加。

[10] 偻：本意为曲背，这里指弯腰鞠躬。

[11] 循墙：沿着墙壁行走。循，沿着。

[12] 饘（zhān）于是,粥于是:在鼎里做稠粥,做稀粥,表示一种简朴生活、勉强维持生存的状态。饘，稠粥。

[13] 即没：就快要死掉了。

[14] 则：效仿，以……为榜样。

【译文】

孔子的出生地在鲁国昌平乡的陬邑。他的祖先来自宋国，叫孔防叔。防叔的儿子是伯夏，伯夏的儿子是叔梁纥。叔梁纥上了年纪后与颜姓少女生下了孔子，是在尼山上向神明祷告后才生下孔子的。这一年是鲁襄公二十二年（前 551 年）。因为他出生的时候头顶是凹陷的，所以就取名为丘。字仲尼，姓孔氏。

孔子出生不久叔梁纥就死了，葬在了防山上。防山位于鲁国的东部，孔子无法确切知道父亲葬在何处，他母亲也不知道埋在什么地方。孔子小时候做游戏，常常摆设各种祭器，学着做出各种祭祀的礼仪动作。孔子的母亲死后，棺椁暂时停放在五父之衢，大概是出于慎重吧。郰邑人輓父的母亲告诉孔子他父亲的埋葬地点，然后孔子把母亲与父亲葬在一起。

孔子十七岁那年，鲁国的大夫孟釐子病危将死，告诫继承人孟懿子说："孔丘是圣人的后代，他的祖先在宋国落败了。先祖弗父何本来是要继位做国君的，却让位给了弟弟厉公。到了正考父时，依次辅佐了宋戴公、宋武公、宋宣公三朝，地位越高就表现得越谦恭。所以他家的一只鼎上的铭文说：'初受命时躬身，再受命时鞠躬，第三次受命时俯首。顺着墙根快走，也没有人敢欺侮我；我每天用这只鼎做稀饭和粥，靠着这只鼎糊口。'他就是恭谨成这个样子。我听说凡是圣人的后代，即便没有主政治国的，也会有显达的人才。现在，孔子年少重礼，难道他不是显达的人吗？我就快要死了，你一定要拜他为师。"孟釐子死后，孟懿子和鲁国人南宫敬叔便向孔子学礼。也在这一年，季武子死了，季平子继承了卿位。

后来，鲁定公任命孔子做了中都宰，过了一年，各地都遵行他的治理办法。孔子便被提拔为司空，后来又由司空提拔为大司寇。

定公十年春，及齐平[1]。夏，齐大夫黎钼言于景公曰："鲁用孔丘，其势危齐。"乃使使告鲁为好会[2]，会于夹谷。鲁定公且以乘车好往[3]。孔子摄相事[4]，曰："臣闻有文事者必有武备，有武事者必有文备。古者诸侯出疆，必具官以从，请具左右司马。"定公曰："诺。"具左右司马。会齐侯夹谷，为坛位[5]，士阶三等，以会遇之礼相见[6]，揖让而登。献酬之礼毕，齐有司趋而进曰："请奏四方之乐[7]。"景公曰："诺。"于是旍旄羽袚矛戟剑拨鼓噪而至[8]。孔子趋而进，历阶而登[9]，不尽一等[10]，举袂而言曰："吾两君为好会，夷狄之乐何为于此！请命有司！"有司却之，不去，则左右视晏子与景公。景公心怍，麾而去之。有顷，齐有司趋而进曰："请奏宫中之乐。"景公曰：

"诺。"优倡侏儒为戏而前[11]。孔子趋而进,历阶而登,不尽一等,曰:"匹夫而营惑诸侯者罪当诛！请命有司！"有司加法焉，手足异处。景公惧而动，知义不若，归而大恐，告其群臣曰："鲁以君子之道辅其君，而子独以夷狄之道教寡人，使得罪于鲁君，为之奈何？"有司进对曰："君子有过则谢以质[12],小人有过则谢以文。君若悼之[13],则谢以质。"于是齐侯乃归所侵鲁之郓、汶阳、龟阴之田以谢过。

【注释】

[1] 平：和好、恢复友好。

[2] 好会：指重新约好的会盟，友好会晤。

[3] 好往：指丝毫不加防备地赴会。

[4] 摄：代理、兼理。

[5] 坛：古代用土堆积的用于祭祀、朝会及盟誓等的高台。位：指坛上的席位。

[6] 会遇之礼：指古代国君相见时常用的一种简单礼节。

[7] 四方之乐：泛指古代边远地区流行的舞乐。

[8] 旍（jīng）：通"旌"，古代用五色羽毛装饰的旗帜，常用作指挥或开路。袚（fú）：一种用粗糙布料制作的衣服。

[9] 历阶：指一步一阶，即一只脚登上第一级，另一只脚就直接登上第二级。依古代礼仪，登台阶时先登上一级，待双足并齐后再登上一级。这里形容孔子因情况紧急而不顾礼节的样子。

[10] 不尽一等：还有最后一级台阶没有登。

[11] 优倡侏儒：指表演乐舞的侏儒艺人。优倡：指表演乐舞的艺人。

[12] 质：指具体而实在的行动。

[13] 悼：痛心、悔愧。

【译文】

鲁定公十年（前 500 年）春，鲁国与齐国达成和解。夏，齐国大夫黎钼对齐景公说："鲁国任用孔丘，将来的形势会危及到齐国。"于是齐景公派使者告诉鲁国，约定与鲁定公友好会晤，地点在夹谷。鲁定公准备好车辆随从，没有什么戒备地前去赴约。担任大司寇的孔子兼办会晤的典礼事宜，于是对定公说："我听说有外交活动时必须有军事准备，

有军事行动时也必须有外交准备。古代的诸侯出了自己的封地，一定要有齐备的官员随从。我请求为您安排左、右司马陪同。”定公说：“好的。”于是，鲁定公就带了左、右司马同去。定公与齐侯在夹谷相会，那里已经修筑好了盟坛，有三级台阶，齐景公与鲁定公以应有的会面礼相见，相互礼让着登上盟坛。互相敬酒献礼过后，齐国管事的官员快步走过来进见说：“请允许演奏四方各地的舞乐。”齐景公说：“好。”于是齐国的武士举着旌旗、头戴羽毛，手持袚、矛、戟、剑楯、拨鼓之类的武器，喧闹着涌到盟坛上。孔子见状疾步登上盟坛，还差一阶时便一挥衣袖，说：“我们两国国君是为了友好而来的，为何要在这里表演夷狄的舞乐，管事的官员快点让他们下去！”齐国的官员命令乐队退下，他们却动也不动。于是孔子转头看齐景公和晏子，齐景公自己觉得也很惭愧，就挥手命令乐队退下。过了一会儿，齐国管事的官员又前来请示：“请允许演奏宫中的乐曲。”齐景公说：“好。”于是一群表演歌舞杂技的人和一些矮小的侏儒戏闹着来到坛前。孔子见了又快步跑过来，一步一阶地往上走，还差一个台阶未上时说：“普通人来迷惑诸侯视听的，论罪当杀！请管事的官员立即执行！”于是，齐国管事的官员只得将他们处以腰斩，让他们身首异处。齐景公看了非常恐惧，知道自己在道义上敌不过鲁国。回国后就变得很恐慌，跟群臣们说：“鲁国的孔子用君子的礼仪来辅佐他的国君，而你们却只用夷狄的办法辅佐我，让我得罪了鲁君，这该怎么办才好呢？”管事的官员答道：“君子发现自己犯错以后，就用实际行动来改过；小人发现自己犯错以后，就会用花言巧语来谢罪。您如果想悔过的话，就用实际行动来表示吧。”于是，齐景公就立即向鲁国退还了从前侵夺的郓、汶阳、龟阴的土地，以示谢罪。

定公十四年，孔子年五十六，由大司寇行摄相事[1]，有喜色。门人曰：“闻君子祸至不惧，福至不喜。”孔子曰：“有是言也。不曰‘乐其以贵下人’乎？”于是诛鲁大夫乱政者少正卯。与闻国政三月[2]，粥羔豚者弗饰贾[3]，男女行者别于涂[4]，涂不拾遗。四方之客至乎邑者不求有司，皆予之以归。

齐人闻而惧，曰:“孔子为政必霸，霸则吾地近焉，我之为先并矣。盍致地焉[5]？”黎钼曰：“请先尝沮之[6]，沮之而不可则致地，庸迟乎[7]！”于是选齐国中女子好者八十人，皆衣文衣而舞《康乐》[8]，文马三十驷，遗鲁君。陈女乐文马于鲁城南高门外。季桓子微服往观再三，将受，乃语鲁君为周道游[9]，往观终日，怠于政事。子路曰:“夫子可以行矣。”孔子曰：“鲁今且郊[10]，如致膰乎大夫[11]，则吾犹可以止。”桓子卒受齐女乐，三日不听政；郊，又不致膰俎于大夫。孔子遂行，宿乎屯。而师己送，曰：“夫子则非罪。”孔子曰：“吾歌可夫？”歌曰：“彼妇之口，可以出走；彼妇之谒，可以死败。盖优哉游哉，维以卒岁！”师己反，桓子曰：“孔子亦何言？”师己以实告。桓子喟然叹曰[12]：“夫子罪我以群婢故也夫！”

【注释】

[1] 行摄相事：指代行相国的职务。相，先秦时期主管政务的最高长官。

[2] 与闻：参预。

[3] 粥：通“鬻（yù）”，售卖。

[4] 涂：通“途”，道路。

[5] 盍：何不、为什么不。

[6] 沮：阻挠、阻止。

[7] 庸：难道。

[8] 文衣：指华美秀丽的衣服。

[9] 周道游：指到各地巡视。

[10] 郊：指到郊外举行祭祀仪式。

[11] 膰：指祭祀中用到的祭肉。按照当时的礼节，祭祀结束后，君王会将祭肉分送大臣，以表示对大臣的尊重。

[12] 喟然：形容长叹的样子。

【译文】

鲁定公十四年（前496年），孔子五十六岁，他由大司寇被提拔为代理相国，脸上露出很喜悦的神色。他的学生对他说：“人们说君子在大祸临头时没有惧色，在大福到来时也不会喜形于色。”孔子说：“确实有这样的说法,不是还有一句‘君子深居高位而以能礼贤下士为乐’的话吗？”

于是，掌权之后的孔子，就把扰乱鲁国政局的大夫少正卯杀掉了。仅在孔子参预国政三个月后，卖猪、羊的人就不敢漫天要价了；男女行人也会自动分开各走一边了；丢在路上的东西也没人拾走据为己有了；别国来到鲁国城邑的客人，再也不用向管事的官员求情送礼，都能得到快速满意的照顾了，就像回到自己家里一样。

齐国人听说了觉得很害怕，说："鲁国如果让孔子执政下去就一定会称霸，一旦鲁国称霸，离它最近的就是我们，我们必然会先被他们吞并。我们为什么不先送给他们一些土地呢？"大夫黎钼说："那我们先试着阻止他们吧，如果无法阻止再送土地给他们，这难道能算迟吗？"于是他就在齐国挑选了八十个美貌的女子，都身穿华丽的衣服，教她们学会跳《康乐》舞，然后又挑选了一百二十四毛色光泽的马，一起送给鲁国国君。到了鲁国国都之后，使者先把舞女和骏马陈列在都城南面的高门外。身穿便装的季桓子去那里观看了好几次，打算接受下来，就告诉鲁君打着外出巡视各地的名义，整天在南门外观看齐国的舞女和骏马，再也没有心思处理政务了。子路对孔子说："老师，我们可以离开这个国家了。"孔子说："很快国君就要去郊外祭祀了，如果还能把祭祀后的肉食分给大夫们，那我们还可以留下不走。"季桓子最终还是接受了齐国的舞女和骏马，一连三天都不愿过问政务；郊外祭祀结束后，又违背常礼没有分祭肉给大夫们。于是孔子离开了鲁国，当天晚上借宿在城南的屯地。鲁国一个名叫师己的乐师前来为孔子送行，对孔子说："先生您没有任何过错呀。"孔子说："我给您唱首歌听听吧。"于是唱道："妇人搬弄是非，会害得大臣和亲信到处奔走；妇人向君主告状，会让人即使不死也不得不逃亡。悠闲啊悠闲，我只有这样安稳地度过余生！"师己回朝后，桓子问他说："孔子临别时说了些什么？"师己如实相告。季桓子长叹道："先生是怪罪我接受了那一群齐国歌女了啊！"

将适陈，过匡，颜刻为仆，以其策指之曰："昔吾入此，由彼缺也。"匡人闻之，以为鲁之阳虎。阳虎尝暴匡人[1]，匡人于是遂止孔子。孔子状类阳虎，拘焉五日。颜渊后，子曰："吾以汝为死矣。"颜渊曰："子在，回何敢死！"匡人拘孔子益急，弟子惧。孔子曰："文

王既没，文不在兹乎[2]？天之将丧斯文也，后死者不得与于斯文也；天之未丧斯文也，匡人其如予何[3]！”孔子使从者为宁武子臣于卫，然后得去。

灵公夫人有南子者，使人谓孔子曰：“四方之君子不辱欲与寡君为兄弟者[4]，必见寡小君[5]。寡小君愿见。”孔子辞谢，不得已而见之。夫人在絺帷中[6]，孔子入门，北面稽首[7]。夫人自帷中再拜，环佩玉声璆然[8]。孔子曰：“吾乡为弗见，见之礼答焉。”子路不说。孔子矢之曰[9]：“予所不者[10]，天厌之！天厌之！”居卫月余，灵公与夫人同车，宦者雍渠参乘，出，使孔子为次乘，招摇市过之。孔子曰：“吾未见好德如好色者也。”于是丑之，去卫，过曹。是岁，鲁定公卒。

【注释】

[1] 暴：残害。

[2] 文：此处指周代的礼乐制度。

[3] 如予何：他们能把我怎么样呢。

[4] 不辱：不以为辱，不认为那是耻辱。

[5] 寡小君：谦辞，用于对他国自称国夫人的时候，这里指南子。

[6] 絺（chī）帷：指用细葛布制作的帐子。

[7] 稽首：古代一种叩头触地的礼节，表恭敬的态度。

[8] 璆（qiú）：一种美玉。这里指美玉相撞发出的声响。

[9] 矢：发誓。

[10] 所：如果。

【译文】

孔子准备到陈国去，路过一个叫匡的地方时，恰巧是弟子颜刻为他赶车，颜刻用马鞭子指着城墙说：“我以前曾进过这个城，就是从那个缺口进去的。”匡人听他这样说，以为又是鲁国的阳虎前来了，阳虎曾劫掠残害过匡人，匡人于是就将孔子等人围困起来。孔子的样子与阳虎很像。一连被围困了五天，直到颜渊赶到。孔子说：“我还以为你已经死掉了呢。”颜渊说：“老师还在，我怎么敢死呢！”匡人围攻孔子变得越来越急，弟子们都非常害怕。孔子说：“文王死后，周代的礼乐不是还存在吗？上天要是真的想毁灭这些礼乐，就不会让后人再学习它；上天要是不想毁灭这些礼乐，匡人又能把我怎么样呢？”孔子派了一个学生到宁武子的家中给他做家臣，才得以离开匡地。

卫灵公有个夫人叫做南子，她派人来对孔子说：“各国的君子，凡是要来与我们的国君建立兄弟般交情的，一定会先面见南子夫人的。南子夫人也愿意见见您。”孔子推辞不肯去见，后来不得已才去见她。南子夫人坐在细葛布做的帷帐后面。孔子进门后，向她行了叩头礼，南子夫人在帷帐后面回拜了两拜，身上佩戴的玉器首饰发出清脆的撞击声。孔子回来后说：“我本来是不愿去见她的，如今既然不得已见了，也只得以礼相待了。”子路很不高兴。孔子于是发誓道：“如果我做的有不对的地方，就让上天厌弃我！就让上天厌弃我！”过了一个多月，卫灵公与南子夫人同坐一辆车子外出，宦者雍渠同车陪侍，让孔子坐在后面的一辆车子上，大摇大摆地从集市上穿过。孔子说：“我没有见过喜好道德比得上喜欢美色的呢。”于是他感到非常羞耻，就离开了卫国，前往曹国去了。也就在这一年，鲁定公去世了。

孔子去曹适宋，与弟子习礼大树下。宋司马桓魋欲杀孔子，拔其树，孔子去。弟子曰：“可以速矣。”孔子曰：“天生德于予，桓魋其如予何！”

孔子适郑，与弟子相失，孔子独立郭东门[1]。郑人或谓子贡曰:“东门有人，其颡似尧[2]，其项类皋陶，其肩类子产，然自要以下不及禹三寸，累累若丧家之狗[3]。”子贡以实告孔子。孔子欣然笑曰:“形状，末也[4]。而谓似丧家之狗，然哉！然哉！”

秋，季桓子病，辇而见鲁城，喟然叹曰：“昔此国几兴矣，以吾获罪于孔子，故不兴也。”顾谓其嗣康子曰:“我即死，若必相鲁;相鲁，必召仲尼。”后数日，桓子卒，康子代立。已葬，欲召仲尼。公之鱼曰:“昔吾先君用之不终，终为诸侯笑。今又用之，不能终，是再为诸侯笑。”康子曰:“则谁召而可？”曰:“必召冉求。”于是使使召冉求。冉求将行，孔子曰：“鲁人召求，非小用之，将大用之也。”是日，孔子曰：“归乎归乎！吾党之小子狂简，斐然成章[5]，吾不知所以裁之[6]。”子赣

知孔子思归，送冉求，因诫曰“即用，以孔子为招”云。

【注释】

[1] 郭：指古代城镇的外城。

[2] 颡（sǎng）：额头、脑门儿。

[3] 累累：形容颓丧憔悴的样子。

[4] 末：末尾、不重要的部分。

[5] 斐然成章：形容文章富有文采的样子。

[6] 裁：剪裁，这里有“教育”之意。

【译文】

孔子离开曹国来到宋国，在大树下与弟子们讲习礼仪。宋国司马桓魋意图杀死孔子，于是就把那棵大树砍倒了。孔子只得又带着弟子们离开宋国。弟子们催促道：“我们可以走得更快点了。”孔子说：“既然上天将传布道德的使命赋予了我，桓魋又能把我如何呢？”

孔子到了郑国，与弟子们走散了，孔子独自一人站在外城的东门下。郑国人有看见的就告诉子贡：“东门外有一个人，他有着像唐尧一样的额头，像皋陶一样的脖子，像郑国子产一样的肩膀，但腰部以下比禹要短三寸，狼狈不堪、无精打采的样子就像一只没有了家的狗。”子贡见到孔子后把郑人的话原原本本地告诉了孔子。孔子非常愉悦地说道：“他对我相貌的形容，不重要。只是他说我像条没有了家的狗，说得真对！说得真对！”

（哀公三年）秋季，重病中的季桓子乘坐辇车望见鲁城，长叹一声，感慨道：“从前这个国家几乎就要兴旺起来了，只是因为我得罪了孔子，所以最终没有兴旺起来。”他回过头对他的嗣子季康子说：“我就要死了，你一定会接替我担任鲁国的相国；如果你当上了相国，一定要把孔子召回来。”过后没几天，季桓子死了，季康子代行他的职权。办完丧事之后，季康子想要把孔子召回来。大夫公之鱼说：“从前定公曾任用他但没能有始有终，最后受到诸侯的耻笑。现在您想再任用他，如果也不能有始有终，就会再次受到诸侯的耻笑。”季康子说：“那么我们应该召谁回来呢？”公之鱼说：“一定要把冉求召回来。”于是就派出使者将冉求召回来。冉求起身前往鲁国之前，孔子说："这次鲁国把冉求召回去，不会委以小职，一定会受到重用的。"就在这一天，孔子又说："回去吧，回去吧！我的这些弟子拥有高远的志向，但行事疏阔，行文非常有文采，我都不知道该怎么教育他们了。"子贡明白孔子是思念家乡想要回去了，就在送别冉求的时候，趁机叮嘱他"你要是受到重用了，一定要想办法把老师请回去"这样的话。

孔子迁于蔡三岁，吴伐陈。楚救陈，军于城父。闻孔子在陈、蔡之间，楚使人聘孔子。孔子将往拜礼，陈、蔡大夫谋曰："孔子贤者，所刺讥皆中诸侯之疾。今者久留陈、蔡之间，诸大夫所设行皆非仲尼之意[1]。今楚，大国也，来聘孔子。孔子用于楚，则陈、蔡用事大夫危矣。"于是乃相与发徒役围孔子于野[2]。不得行，绝粮。从者病，莫能兴[3]。孔子讲诵弦歌不衰。子路愠见曰："君子亦有穷乎[4]？"孔子曰："君子固穷，小人穷斯滥矣。"

子贡色作[5]。孔子曰："赐，尔以予为多学而识之者与？"曰："然。非与？"孔子曰："非也，予一以贯之。"

孔子知弟子有愠心，乃召子路而问曰："《诗》云'匪兕匪虎[6]，率彼旷野'。吾道非邪？吾何为于此？"子路曰："意者吾未仁邪[7]？人之不我信也。意者吾未知邪？人之不我行也。"孔子曰："有是乎！由，譬使仁者而必信，安有伯夷、叔齐？使知者而必行，安有王子比干？"

子路出，子贡入见。孔子曰："赐，《诗》云'匪兕匪虎，率彼旷野'。吾道非邪？吾何为于此？"子贡曰："夫子之道至大也[8]，故天下莫能容夫子。夫子盖少贬焉？"孔子曰："赐，良农能稼而不能为穑[9]，良工能巧而不能为顺。君子能修其道，纲而纪之，统而理之，而不能为容。今尔不修尔道而求为容。赐，而志不远矣！"

子贡出，颜回入见。孔子曰："回，《诗》云'匪兕匪虎，率彼旷野'。吾道非邪？吾何为于此？"颜回曰："夫子之道至大，故天下莫能容。虽然，夫子推而行之[10]。不容何病，不容然后见君子！夫道之不修也，是吾丑也。夫道既已大修而不用，是有国者之丑也[11]。不容何病，

不容然后见君子！”孔子欣然而笑曰：“有是哉颜氏之子！使尔多财，吾为尔宰。”

于是使子贡至楚。楚昭王兴师迎孔子[12]，然后得免。

【注释】

[1] 设行：施政、行政。
[2] 徒役：指服劳役的人。
[3] 兴：站立、站起来。
[4] 穷：指走投无路、困厄的境地。
[5] 色作：指变了脸色。
[6] 兕（sì）：犀牛之类的猛兽。
[7] 意者：大概是。
[8] 道：学说、主张。
[9] 稼：耕种。穑：收获。
[10] 推而行之：即推行，推广并实行孔子的学说主张。
[11] 有国者：享有国家的人，也就是国君。
[12] 兴师：指调集军队。

【译文】

孔子迁居蔡国第三年，吴国攻打陈国。楚国救援陈国，在城父驻下军队。听说孔子就来往于陈国和蔡国之间的边境上，楚国便派使者去延聘孔子。孔子正想前往拜见接受聘请，陈国和蔡国的大夫一起商议说：“孔子是位很具才德的贤人，他所讥讽的都能够切中诸侯的弊病。如今他在我们陈国和蔡国之间停留了这么长时间，两国大夫们的施政作为都不与仲尼的主张相合。如今的楚国是个强大的国家，来延聘孔子去楚国。如果孔子在楚国受到重用，那么我们陈、蔡两国管理朝政的大夫就危险了。”于是他们便约定派遣一些服劳役的人在野外围困住孔子。孔子和弟子们无法前行，连吃的东西都断绝了。跟从的弟子们都饿病了，全都躺在地上站不起来，孔子却还在给大家讲学讲个不停。子路牢骚满腹地来见孔子：“君子难道也有走投无路的时候吗？”孔子说：“君子即使面临困窘也能坚守节操毫不动摇，小人面临困窘的时候就什么都能干得出来了。”

子贡的脸色起了变化。孔子说："赐，你认为我是学了很多东西而且博闻强识的人吗？"子贡回答说："是的。难道您不是这样的吗？"孔子说："不是的。我是用一种基本的思想贯串起所学到的知识。"

孔子知道弟子们心中都蓄积着怨气，于是就把子路叫来问道："《诗经》里说'既非犀牛也非老虎，然而它却徘徊在旷野上'，难道是我们的学说有不对的地方吗？我们为何会在此受困呢？"子路说："大概是我们还没有达到圣人的'仁德'吧，所以人家对我们不信任；或许是我们还不具备足够的智谋吧，所以人家会这样为难我们。"孔子说："大概有这种情况吧！由，如果'仁德'足够的人就能获得别人的信任，那么伯夷、叔齐为何会饿死在首阳山呢？如果智谋足够的人就能畅行无阻，那么王子比干怎么还会被剖心呢？"

子路退出后，子贡前来拜见孔子。孔子对子贡说："赐，《诗经》里说'既非犀牛也非老虎，然而它却徘徊在旷野上'，难道是我们的学说有不对的地方吗？我们为何会在此受困呢？"子贡说："老师的学说太过于博大、高尚了，所以天下各国才难以理解接受您。老师难道不能把您的标准稍微降低一些吗？"孔子说："赐，虽然最好的农夫善于耕种，却不能保证有最好的收成；虽然最好的工匠能将东西做得美轮美奂，却不能保证买他东西的人会称心如意。君子能尽力完善自己的学识，让它变得富有条理，却不能保证世人会接受它。如今你不是去想如何研修自己的学说，反而是想取悦世人接纳，你的志向不是很远大呀。"

子贡出去后，颜回前来拜见孔子。孔子说："回，《诗经》里说'既非犀牛也非老虎，然而它却徘徊在旷野上'，难道是我们的学说有不对的地方吗？我们为何会在此受困呢？"颜回说："老师的学说太博大了，所以天下各国都无法容纳老师。尽管这样，老师您还是在不遗余力地推行它，不被天下人接受又有什么关系呢？不被接受才能显示出君子的本色！您的主张不去推广发扬，那是我们的耻辱。您的主张已经受到推广却不被世人接受，那就是当权者的耻辱了。不被天下人接受又有什么关系呢？不被接受才能显示出君子的英明！"孔子听了很欣慰，笑着说："这才对呀！姓颜的小子！如果你有很多钱，我情愿给你做管家。"

后来，孔子派遣子贡前往楚国报告情况。楚昭王派遣军队来迎接孔

子，才让孔子师徒得以摆脱困境。

其明年，冉有为季氏将师，与齐战于郎，克之。季康子曰："子之于军旅[1]，学之乎？性之乎？"冉有曰："学之于孔子。"季康子曰："孔子何如人哉？"对曰："用之有名；播之百姓[2]，质诸鬼神而无憾。求之至于此道，虽累千社[3]，夫子不利也。"康子曰："我欲召之，可乎？"对曰："欲召之，则毋以小人固之[4]，则可矣。"而卫孔文子将攻太叔，问策于仲尼。仲尼辞不知，退而命载而行，曰："鸟能择木，木岂能择鸟乎！"文子固止。会季康子逐公华、公宾、公林，以币迎孔子[5]，孔子归鲁。

孔子之去鲁凡十四岁而反乎鲁。

鲁哀公问政，对曰："政在选臣。"季康子问政，曰："举直错诸枉[6]，则枉者直[7]。"康子患盗，孔子曰："苟子之不欲，虽赏之不窃[8]。"然鲁终不能用孔子，孔子亦不求仕。

孔子之时，周室微而礼乐废[9]，《诗》《书》缺。追迹三代之礼，序《书传》，上纪唐虞之际，下至秦缪，编次其事。故《书传》《礼记》自孔氏。

孔子语鲁大师："乐其可知也。始作翕如[10]，纵之纯如[11]，皦如[12]，绎如也[13]，以成。""吾自卫反鲁，然后乐正[14]，《雅》《颂》各得其所。"

古者《诗》三千余篇，及至孔子，去其重，取可施于礼义，上采契、后稷，中述殷、周之盛，至幽、厉之缺，始于衽席[15]，故曰："《关雎》之乱以为《风》始[16]，《鹿鸣》为《小雅》始，《文王》为《大雅》始，《清庙》为《颂》始。"三百五篇孔子皆弦歌之，以求合《韶》《武》《雅》《颂》之音。礼乐自此可得而述，以备王道，成六艺。

孔子晚而喜《易》，序《彖》《系》《象》《说卦》《文言》。读《易》，韦编三绝。曰："假我数年，若是，我于《易》则彬彬矣[17]。"

孔子以《诗》《书》《礼》《乐》教，弟子盖三千焉，身通六艺者七十有二人[18]。如颜浊邹之徒，颇受业者甚众。

【注释】

[1] 军旅：指挥作战。

[2] 播：传布、传扬。

[3] 社：数量单位，一社为二十五户人家。

[4] 固：阻挠、阻碍。

[5] 币：指古代用作礼物赠送的纺织品。

[6] 举直错诸枉：指举用正直的人，废黜邪淫的人。枉，指邪淫、邪曲的人。

[7] 枉者直：指使邪淫的人变得正直。

[8] 赏之不窃：指鼓励人们去偷窃。

[9] 微：衰微、衰败。

[10] 翕（xī）如：形容彼此和谐、动作一致的样子。

[11] 纯如：形容和谐的样子。

[12] 皦（jiǎo）如：形容清晰的样子。

[13] 绎如：形容连续不断的样子。

[14] 乐正：整理订正乐曲。

[15] 衽（rèn）席：床褥与莞簟，指男女之间情色的故事，非贬义。

[16] 乱：指古代辞章末尾用以总结全篇要旨的部分。

[17] 彬彬：指对文辞和义理全都掌握。

[18] 六艺：指孔子的教学内容，包括礼、乐、书、数、射、御六方面。

【译文】

第二年（前 484 年），冉有统率季氏的军队，在鲁国郎邑战胜齐国军队。季康子问冉求："您指挥作战的才能是学来的，还是天生的？"冉有说："我是跟着孔子学到的。"季康子问："孔子是个什么样的人呢？"冉有说："孔子做任何事情都讲求名正言顺。不论将他的学说讲给百姓听还是陈列给宗庙鬼神看，都不会有任何欠缺。我要按照老师的原则去做，否则即使给他两千五百户人家的好处，他也不会认为是有利的。"季康子说："我想召请他，可以吗？"冉有说："您想请他回来，不让小人从中阻碍他，也许就可以了。"就在此时，卫国大夫孔文子准备进攻太叔，便向孔子询问计策。孔子推说自己不清楚这方面的事情，立即吩咐收拾行装离开卫国。

他说："鸟能选择栖息的树木，哪有树木选择栖息的鸟的道理！"孔文子听说后坚决请他留下来。正好季康子派遣公华、公宾、公林带着礼物前来迎接孔子，于是孔子就回鲁国去了。

孔子离开鲁国十四年后，终于又回到鲁国。

鲁哀公向孔子询问为政的道理，孔子说："最重要的是选择贤良的臣子。"季康子也向孔子询问为政的道理，孔子说："举用正直的人，抛弃邪曲的人，会让邪曲的人也变得正直。"季康子忧虑盗贼，孔子说："如果您没有贪心，即使鼓励下面的人去偷窃他们也不会去的。"鲁国最终也没有任用孔子，孔子也不再寻求做官了。

孔子生活的时代，周王室已经衰微，到了礼崩乐坏的程度，《诗》《书》也变得残缺不全。于是孔子就考证夏、商、周三代的礼乐制度，依次编定《书传》的篇章，将上起唐尧、虞舜，下至秦穆公的所有篇章，整理编排起来。所以，现存的《书传》《礼记》都是经过孔子编定流传下来的。

孔子曾对鲁国乐官太师说："音乐演奏的规律是可以被掌握的。开始演奏时音调平和，继续下去要和谐悦耳，悠扬回荡，节奏明快，再连续不断，这样就构成一部乐曲。"孔子又说："从卫国返回鲁国后，我开始重新订正乐曲，让《雅》《颂》都恢复到原本的样子。"

流传下来的古代《诗》有三千多篇，到了孔子编定时，他删掉了重复的，选取可以用来教育人们遵守礼义教化的，最早的可追溯到殷契、后稷时代，其次是称颂殷、周两代兴盛的，也有批评周幽王、周厉王政治缺失、道德衰微的，而开头的篇章则又是在讲述夫妻关系和感情的。所以说："《关睢》是《国风》的第一篇，《鹿鸣》是《小雅》的第一篇，《文王》是《大雅》的第一篇，《清庙》是《颂》的第一篇。"孔子为选出的三百零五篇诗都配以音乐演奏，使它们与《韶》《武》《雅》《颂》的音调一致。从此，先王的礼乐制度才得以被称述，让王道变得完备，从而完成"六艺"的编修。

孔子晚年对钻研《周易》兴趣很大，对《彖辞》《系辞》《象辞》《说卦》《文言》等作了序文。孔子很勤奋刻苦地读《周易》，甚至多次弄断了编穿书简的牛皮绳。他还说："再多给我几年，这样读下去，我就能充分掌握理解《周易》的文辞和义理了。”

孔子把《诗》《书》《礼》《乐》作为教育弟子的教材，曾跟随他学习的弟子约有三千人，其中精通礼、乐、书、数、射、御六艺的有七十二人。至于像颜浊邹那样受过教诲但没有位于七十二弟子之列的，实在是太多了。

鲁哀公十四年春，狩大野。叔孙氏车子钼商获兽[1]，以为不祥，仲尼视之，曰："麟也。"取之。曰："河不出图[2]，雒不出书[3]，吾已矣夫！"颜渊死，孔子曰："天丧予！"及西狩见麟，曰："吾道穷矣[4]！"

子曰："弗乎弗乎[5]，君子病没世而名不称焉[6]。吾道不行矣，吾何以自见于后世哉？"乃因史记作《春秋》[7]，上至隐公，下讫哀公十四年，十二公[8]。据鲁[9]，亲周，故殷，运之三代。约其文辞而指博[10]。故吴、楚之君自称王，而《春秋》贬之曰"子"；践土之会实召周天子[11]，而《春秋》讳之曰"天王狩于河阳[12]"：推此类以绳当世[13]，贬损之义，后有王者举而开之。《春秋》之义行，则天下乱臣贼子惧焉。

孔子在位听讼[14]，文辞有可与人共者[15]，弗独有也。至于为《春秋》，笔则笔[16]，削则削[17]，子夏之徒不能赞一辞[18]。弟子受《春秋》，孔子曰："后世知丘者以《春秋》，而罪丘者亦以《春秋》。"

明岁，子路死于卫。孔子病，子贡请见。孔子方负杖逍遥于门[19]，曰："赐，汝来何其晚也？"孔子因叹，歌曰："太山坏乎！梁柱摧乎！哲人萎乎[20]！"因以涕下。谓子贡曰："天下无道久矣，莫能宗予[21]。夏人殡于东阶，周人于西阶，殷人两柱间。昨暮予梦坐奠两柱之间[22]，予始殷人也。"后七日卒。

孔子年七十三，以鲁哀公十六年四月己丑卒。

太史公曰：《诗》有之："高山仰止[23]，景行行止。"虽不能至，然心向往之。余读孔氏书，想见其为人。适鲁，观仲尼庙堂车服礼器，诸生以时习礼其家，余祗回留之不能去云。天下君王至于贤人众矣，

当时则荣，没则已焉。孔子布衣，传十余世，学者宗之。自天子王侯，中国言六艺者折中于夫子[24]，可谓至圣矣！

【注释】

[1] 车子：这里指驾车人。

[2] 图：指传说中的“神龙负八卦图”。

[3] 雒不出书：指洛水中没有背负洛书的灵龟浮出。传说曾有灵龟背负洛书从洛水中浮出。

[4] 吾道穷矣：孔子见被看作祥瑞的麟死掉了，以为是自己将死的征兆，所以哀叹自己的政治主张无法得以实现了。

[5] 弗乎：犹言“不行”。

[6] 病：担忧、痛恨。没世：死亡、死后。称：称颂、赞许。

[7] 因：依据。史记：指当时的史籍。

[8] 十二公：指《春秋》所纪鲁国自隐公至哀公的十二位国君的历史。

[9] 据鲁：以鲁国为中心和主体进行记述。

[10] 指：通“旨”，义旨。

[11] 践土之会：指鲁僖公二十八年（前632年），在晋文公的组织下，周天子与众诸侯在践土会盟，确立了晋文公的霸主地位。

[12] 狩：巡狩，指古代帝王到诸侯或地方官辖区巡视。

[13] 绳：衡量、纠正。

[14] 听讼：审理案件、听取诉讼。

[15] 与人共：与别人商量斟酌决定。

[16] 笔则笔：指应该记述的一定写上去。

[17] 削则削：指应该删除的一定会删除。

[18] 赞一辞：指润改或增加一个词。

[19] 负杖：拄着拐杖。逍遥：散步，形容悠闲自在的神态。

[20] 哲人：这里是孔子自称。萎：枯萎、枯槁，指人的死亡。

[21] 宗予：尊奉我的思想主张。

[22] 坐奠：指坐着经受人们的拜祭。

[23] 仰止：形容态度敬仰的样子。

[24] 折中：以……为判断、以……为标准。

【译文】

鲁哀公十四年（前 481 年）春，哀公在大野狩猎。叔孙氏的御者钼商捕获了一头怪兽，以为这是不好的预兆。孔子看了之后说:“这是麒麟。”钼商于是把麒麟取走了。孔子说：“黄河里再也不见神龙背负的八卦图，洛水里再也不见神龟背负的文书，看来我没有多大希望了！”颜渊死了，孔子说:“这是老天在要我的命呀！”等到西去狩猎时见到麒麟，孔子说:“我的主张到了尽头了！”

孔子说：“不行啊不行啊！君子最担忧的是死后自己的名声不能流传于世。我的主张无法得到实行，那么我还能用什么来扬名于后世呢？”于是他就以鲁国的历史记载作依据编著了《春秋》，从鲁隐公元年（前 722 年）开始，到鲁哀公十四年（前 481 年），记载了鲁国的十二个国君在位期间发生的天下事。它以鲁国为记述的中心，宗主周王室，以殷商制度为古典，上推三代的法统。虽文辞简约但义旨广博。所以吴、楚两国自称为王的君主，在《春秋》中被孔子贬称为“子”爵；践土会盟，实际上是晋文公逼迫着周天子去的，而孔子却以“周天子巡狩来到河阳”来粉饰周天子。《春秋》用这种写法记述历史，是为了纠正当世不合礼乐制度的行为，这种贬斥责备的深义，在于使后世英明的君王能举用和推广。《春秋》的义法如果能通行天下，那么天下的那些乱臣奸贼就要担心害怕了。

孔子在担任司寇审理案件的时候，文辞上有应该与别人商榷的地方，他从不独自决断。到了编著《春秋》的时候，该写的就一定要写上去，当删的就一定要删掉，甚至是子夏这样以文字见长的弟子都不能增删一个字词。弟子们学习《春秋》的时候，孔子说：“后世了解我的人将是因为《春秋》这本书，怪罪我的人也将会是因为《春秋》这本书。”

第二年，子路在卫国死掉了。孔子病重，子贡请求看望他。孔子正拄着拐杖在门口散步，看到子贡说：“赐，你怎么来得这么晚啊？”然后孔子长叹一声，随即唱道：“泰山崩塌了！梁柱折断了，哲人枯萎了！”他边唱边流下了眼泪。他接着对子贡说：“天下不在正道的时候已经很久了，也没有人能信服我的主张了。夏人死后就把棺木停在东厢房的台阶上，周人死后就把棺木停在西厢房的台阶上，殷人死后就把棺木停在堂屋两

根房柱中间。昨晚我梦见自己坐在两根房柱中间受人祭奠，我原本就是殷商人啊。”过了七天，孔子就死了。

孔子享年七十三岁，死的那天是鲁哀公十六年（前 479 年）四月己丑日。

太史公说：《诗经》中说：“像高山一样让人仰望。像大道一样让人遵循。”我虽然无法亲临其境，但心里却充满了向往。每当我读起孔子的著作时，就可以想到他的为人。我也曾到过鲁地，参观过孔子庙堂中的车辆、礼服、礼器等，在那里读书的学生会按时到孔子旧宅中去演习礼仪。我怀着敬意，在那里徘徊留恋很长时间都不愿离去。自古以来，君王贤人中出色的也够多了，其中很多都是活着的时候显贵荣耀，可死后便什么都没有了。而只有孔子，活着的时候只是一个平民，他的学说和大德流传了十几代了，被后世的读书人尊崇为宗师。从天子王侯以下，凡是谈论“六艺”的人，都把孔子的学说作为标准，足可以说明孔子是位圣人了。

【精彩语段】

仲尼辞不知，退而命载而行，曰：“鸟能择木，木岂能择鸟乎！”文子固止。

评析 “鸟能择木，木岂能择鸟乎”是孔子终生坚持的一个观点，我们在孔子的很多事迹中都能看出它的影子。孔子终生都在坚持自己的思想和观点，一生都在为实现自己的理想而努力行走、游说。在“鸟”与“木”的关系中，一般认为孔子将自己比作“鸟”，而将国家比作“木”，鸟可以选择良木栖息，而木对栖息于其上的鸟则无法选择。从这个意义上说，这也是孔子一生仕途坎坷的重要原因了。

知识链接 孔子周游列国

在孔子一生所经历的重大事件中，“周游列国”是孔子后期非常重要的一个事件。55 岁那年，孔子从鲁国出发，沿途经过卫国、曹国、宋国、齐国、郑国、晋国、陈国、蔡国，最终到达楚国,路线大致为今曲阜—菏泽—长垣—商丘—夏邑—淮阳—周口—上蔡—罗山。当他68岁时再回到鲁国的时候，又沿着这条路线重走了一次。然而，孔子所周游和任职的国家都是当时的小国，影响力也较小，楚国算是当时的大国，但也只是到了楚国的边境。晋国也曾是孔子的目标之一，只是当时战争不断，加之黄河的阻挡，最终让孔子止步于黄河岸边，只留下了一句："美哉水！洋洋乎，丘之不济此，命也夫！"

陈涉世家

秦王朝建立后的一系列举措，推动中国历史进入了一个新纪元，然而统治者对于农民的沉重剥削，也让陈胜、吴广掀起的反抗运动，成为中国历史上的第一次农民起义，并引发了武装推翻暴秦统治的燎原之火。尽管陈胜、吴广所领导的农民起义很快就被镇压下去，甚至规模和功绩都比不上在他们之后出现的其他起义力量，却因其伟大的历史意义而为人们所铭记。这篇《陈涉世家》就是司马迁为陈胜、吴广写的传记。从《史记》的体例上看，“世家”专用来记述王侯，之所以将不属于王侯的陈涉列入“世家”，是源于司马迁独特的历史观：“秦失其政，而陈涉发迹，诸侯作难，风起云蒸，卒亡秦族。天下之端，自涉发难。”（《太史公自序》）在这篇《陈涉世家》中，司马迁将陈胜、吴广大无畏的斗争精神展现出来，尽管只施以简略的笔墨，但农民起义中所体现出的那种鲜明的革命精神，仍然给人留下非常深刻的印象。

陈胜者，阳城人也，字涉。吴广者，阳夏人也，字叔。陈涉少时，尝与人佣耕[1]，辍耕之垄上，怅恨久之[2]，曰：“苟富贵，无相忘。”庸者笑而应曰[3]：“若为庸耕，何富贵也？”陈涉太息曰[4]：“嗟乎，燕雀安知鸿鹄之志哉[5]！”

二世元年七月，发闾左適戍渔阳九百人[6]，屯大泽乡。陈胜、吴广皆次当行[7]，为屯长。会天大雨，道不通，度已失期[8]。失期，法皆斩。陈胜、吴广乃谋曰：“今亡亦死，举大计亦死，等死[9]，死国可乎[10]？”陈胜曰：“天下苦秦久矣。吾闻二世少子也，不当立，当立者乃公子扶苏。扶苏以数谏故，上使外将兵。今或闻无罪[11]，二世杀之。百姓多闻其贤，未知其死也。项燕为楚将，数有功，爱士卒，楚人怜之。或以为死，或以为亡。今诚以吾众诈自称公子扶苏、项燕，为天下唱[12]，宜多应者。”吴广以为然。乃行卜[13]。卜者知其指意[14]，曰：“足下事皆成，有功。然足下卜之鬼乎！”陈胜、吴广喜，念鬼，曰：

"此教我先威众耳[15]。"乃丹书帛曰"陈胜王"[16]，置人所罾鱼腹中[17]。卒买鱼烹食，得鱼腹中书，固以怪之矣。又间令吴广之次所旁丛祠中[18]，夜篝火，狐鸣呼曰"大楚兴，陈胜王"[19]。卒皆夜惊恐。旦日，卒中往往语，皆指目陈胜[20]。

【注释】

[1] 佣耕：指受雇用给别人耕田。

[2] 怅恨：指因失意而烦恼的样子。

[3] 庸：通"佣"。

[4] 太息：形容长叹不止的样子。

[5] 燕雀安知鸿鹄之志：燕雀一样的小鸟怎么能明白鸿鹄的志向呢。燕雀，泛指小鸟，喻指见识短浅的人。鸿鹄，喻指志向远大的人。

[6] 闾左：秦时右贵左贱，所以富有者居住在闾右，而贫贱者居住在闾左。闾，里巷大门。

[7] 皆次当行：指按征发的次序都在应征之列。

[8] 失期：指耽误期限，违期。

[9] 等死：同样是死。

[10] 死国：为国家大事而死。

[11] 或闻：有人听说。

[12] 唱：通"倡"，号召、倡导。

[13] 行卜：用占卦卜问吉凶。卜，即占卦，是古人一种预测吉凶的方法。

[14] 指意：意图、想法。指，通"旨"。

[15] 威众：指在众人之间树立威信。

[16] 丹书帛：即"以丹书于帛"，指用朱砂在布帛上写字。

[17] 罾（zēng）：渔网，这里指用渔网捕到。

[18] 次所：指古代行军作战途中临时驻扎的地方。丛祠：隐蔽在树丛中的祠庙。

[19] 狐鸣：模仿狐狸的叫声鸣叫。

[20] 指目：用眼神、目光指点着看。目，作动词，注视、指点。

【译文】

陈胜是阳城人，字涉。吴广是阳夏人，字叔。陈涉年轻时，曾经与人一起受雇耕田，一次他在耕作累了站在田埂上歇息的时候，感慨恼恨

了很长时间，说："如果将来谁富贵了，不要忘记彼此呀。"与他一起受雇的同伴都笑着答道："你被雇给别人耕田，怎么可能富贵呢？"陈涉长叹一声，说道："唉！燕雀这类鸟怎么会理解鸿鹄凌云的志向呢！"

秦二世元年（前 209 年）七月，朝廷征调贫民去渔阳戍守，同行的有九百人，中途驻扎在大泽乡。陈胜、吴广都在这次被征的行列之中，被任命为屯长。正好赶上天降大雨，道路无法通行，估计已经耽搁了到达渔阳的规定期限。过了规定期限的，按照当时的法律是全部都要被杀头的。陈胜、吴广就商量说："现在逃走被抓回来是死，造反失败了也是死，反正都是死，为国事而死怎么样呢？"陈胜说："老百姓经受秦王朝的暴政之苦已经很久了。我听说现在的皇帝是始皇帝的小儿子，本来不应该由他来继位，该继位的是长子扶苏。扶苏因为多次劝说始皇帝的缘故，被始皇帝派去外地戍边。我也听说他原本没有什么罪，却遭到二世皇帝的杀害。老百姓只是听说扶苏很贤明仁德，却不知道他被杀的消息。项燕本是楚国将军，曾多次立下战功，关心士卒，很受楚国人的爱戴。现在有人认为他已经死了，有人认为他逃亡了。现在我们如果打着公子扶苏和项燕的旗号，号召天下人反抗暴秦，响应我们的人应该会很多。"吴广认为言之有理。于是他们就去占卜，占卜的人明白他们的心思，说道："你们所问的事情都能成功，会建立一番功勋。但是你们为何不向鬼神再问一下吉凶呢？"陈胜、吴广听了很高兴，暗自琢磨占卜人说的"向鬼神问吉凶"的含义，恍然大悟说："这是在教我们先用鬼神在众人中树立威望啊。"于是就在白绸上写上"陈胜王"三个红色的字，偷偷塞进捕鱼人捕来的一条鱼的肚子里。戍卒买鱼回来准备煮食，发现了鱼肚中的字条，觉得这件事很奇怪。陈胜又让吴广在夜里偷偷到附近树丛中的破庙里，点起篝火，像狐狸那样地叫喊道："大楚兴，陈胜王。"戍卒们都惊恐得一夜没睡好。第二天早晨，戍卒们开始议论纷纷，都指指点点地斜着眼看陈胜。

吴广素爱人，士卒多为用者。将尉醉，广故数言欲亡，忿恚尉[1]，令辱之，以激怒其众。尉果笞广[2]。尉剑挺[3]，广起，夺而杀尉。陈胜佐之，并杀两尉。召令徒属曰："公等遇雨，皆已失期，失期当斩。

藉弟令毋斩[4]，而戍死者固十六七。且壮士不死即已，死即举大名耳，王侯将相宁有种乎[5]！”徒属皆曰：“敬受命。”乃诈称公子扶苏、项燕，从民欲也[6]。袒右，称大楚。为坛而盟[7]，祭以尉首。陈胜自立为将军，吴广为都尉。攻大泽乡，收而攻蕲。蕲下，乃令符离人葛婴将兵徇蕲以东[8]。攻铚、酂、苦、柘、谯，皆下之。行收兵。比至陈，车六七百乘，骑千余，卒数万人。攻陈，陈守令皆不在[9]，独守丞与战谯门中。弗胜，守丞死，乃入据陈。数日，号令召三老、豪杰与皆来会计事。三老、豪杰皆曰：“将军身被坚执锐[10]，伐无道[11]，诛暴秦，复立楚国之社稷，功宜为王。”陈涉乃立为王，号为张楚。

当此时，诸郡县苦秦吏者，皆刑其长吏，杀之以应陈涉。乃以吴叔为假王，监诸将以西击荥阳[12]。令陈人武臣、张耳、陈余徇赵地，令汝阴人邓宗徇九江郡。当此时，楚兵数千人为聚者[13]，不可胜数。

【注释】

[1] 忿恚（huì）尉：使军尉恼怒、惹恼军尉。

[2] 笞：鞭打。

[3] 剑挺：将剑拔出鞘，以示恐吓。

[4] 藉：即使、假使。

[5] 宁：难道。种：祖传。

[6] 从民欲：指顺从人民的愿望。

[7] 盟：指宣誓并确立盟约。

[8] 徇：巡行。指率军队到各地攻击，迫使敌人投降。

[9] 守令：指各地的郡守和县令。

[10] 披（pī）坚执锐：身穿坚固的铠甲，手执锐利的武器。被，通“披”。

[11] 无道：指不遵行道义的暴君。

[12] 监：监督、统率。

[13] 为聚：聚集起来合成一伙。

【译文】

吴广素来非常关心士卒，所以很多戍卒都愿意为他效力。一天，押送戍卒的两个尉官喝醉了酒，吴广故意在尉官面前多次扬言逃跑，激怒

尉官，让他当众责打自己，以激怒众人。尉官果然鞭打吴广，又拔出佩剑吓唬他，吴广奋力夺过宝剑杀死了尉官，又在陈胜帮助下，一起杀死了另外一个尉官。他们把戍卒召集到一起，说："大家在这里遇上了大雨，都耽误了到达的期限，误期按规定是要杀头的。即使不杀头，因戍边而死的十个人里也有六七个了。大丈夫不死也就算了，要死就要扬名于世。难道那些做王侯将相的都是祖传的吗？"戍卒们听了异口同声地说："我们甘愿听候差遣。"于是，他们就打着公子扶苏和楚将项燕的旗号举行起义，顺应天下民众的愿望。大家都露出右臂为标志，号称"大楚"。他们又堆砌起高台来宣誓，将尉官的头做祭品。陈胜自封为将军，封吴广为都尉。首先攻占了大泽乡，之后又向蕲县进攻。攻克蕲县后，陈胜派符离人葛婴率兵进攻蕲县以东的地方，连续向铚、酂、苦、柘、谯等几个地方发动进攻，全都攻克了。他们一面进攻，一面不断增强起义队伍的力量。等到进攻陈郡前，已经拥有六七百辆兵车，一千多骑兵，好几万步卒了。攻打陈郡时，当地的郡守、县令恰好都不在，只有负责留守的郡丞率领守军，在城门下与起义军作战。郡丞兵败身死，于是起义军就占领了陈郡郡城。过了几天，陈胜将掌管教化的"三老"和当地的豪杰都召集起来开会议事。前来参会的人都说："将军您穿着铠甲，手里拿着锋利的武器，起兵讨伐无道的昏君，进攻残暴的秦朝，重新恢复楚国政权，论功劳应该称王。"于是陈涉就自立为王，确立国号为"张楚"。

这个时候，天下各郡县痛恨秦朝官吏的百姓，都组织起来杀掉当地的官吏，来响应陈涉。于是陈胜就委任吴广代理王事，以自己的名义统率将领进攻荥阳；派遣陈郡人武臣、张耳、陈余等人到原来赵国的地方扩展势力；派遣汝阴人邓宗南下九江郡开辟势力范围。这个时候，楚地聚集几千人力量举行起义的军队，多得无法统计。

陈胜王凡六月，已为王，王陈[1]。其故人尝与庸耕者闻之，之陈，扣宫门曰："吾欲见涉。"宫门令欲缚之，自辩数[2]，乃置，不肯为通[3]。陈王出，遮道而呼涉。陈王闻之，乃召见，载与俱归。入宫，见殿屋帷帐，客曰："夥颐！涉之为王沈沈者[4]！"楚人谓多为夥，故天下传之"夥涉为王[5]"，由陈涉始。客出入愈益发舒[6]，言陈王故情。或说陈王曰：“客愚无知，颛妄言，轻威。”陈王斩之。诸陈王故人皆自引去，由是无亲陈王者。陈王以朱房为中正，胡武为司过，主司群臣。诸将徇地，至，令之不是者[7]，系而罪之，以苛察为忠。其所不善者，弗下吏，辄自治之，陈王信用之。诸将以其故不亲附，此其所以败也。

陈胜虽已死，其所置遣侯王将相竟亡秦，由涉首事也。高祖时为陈涉置守冢三十家砀，至今血食[8]。

【注释】

[1] 王陈：即“王于陈”，指在陈郡称王。

[2] 辩数：反复多次地解释。

[3] 为通：即“为之通”，指替人通报、传达。

[4] 沈沈：形容宫殿屋舍高大深阔、富丽堂皇的样子。

[5] 夥涉为王：当时流传的口头语，指一朝得志就变成阔气十足的样子。

[6] 发舒：形容放肆、随便的样子。

[7] 不是：指不以为然、不甘顺从的样子。

[8] 血食：指受到祭祀。因古代祭祀时需宰杀牲畜做祭品，所以称“血食”。

【译文】

陈胜称王前后总共六个月。刚刚称王并建都陈郡后，一个从前曾与他一起受雇给人家耕地的人听说了这件事，就来到了陈郡，敲打着宫门说：“我要见陈涉。”守卫宫门的长官要把他捆起来。这个人反复说自己是陈涉的朋友才放开他，但仍不肯为他通报。这时正好陈王要出门，那个人拦着车子呼喊陈涉的名字。陈王听到有人叫他，于是停下车召见他，让他上车一起回到宫里。一看见殿堂房屋、帷幕帐帘，那个人说：“夥颐！陈涉你这个王当得可真阔气啊！”楚地人把“多”叫做“夥”，所以后世流传“夥涉为王”的俗语，就是从陈涉开始的。这个人在宫里宫外越来越随便放肆，还经常讲陈涉一些从前的不体面事。有人就对陈王说：“您的客人愚昧无知，专门胡说八道，一味纵容会有损于您的威严。”于是陈王就下令把这个客人杀死了。从此之后，陈王其他的老朋友全都悄悄离

去，没有再来亲近陈王的了。陈王任用朱房做中正官，任用胡武做司过官，专门负责对群臣的过失进行督察。将领们外出作战回到陈郡后，对他们的命令稍不服从的，他们就立即把他抓起来问罪，他们就是用这种对别人吹毛求疵的方式来表现对陈王的忠心。凡是不被他们喜欢的人，一旦有错，根本就不需要司法官吏审理，就非常随意地定罪。陈王却偏偏就信任这种人。将领们也因为他们而与陈王越来越远。这就是陈王之所以失败的原因。

虽然陈胜已经死了，但是受他封立派遣的侯王将相，最终灭亡了秦王朝，因为陈涉是第一个起义反秦的人。汉高祖即位后，专门在砀县安置了为陈涉看坟的三十户人家，一直到今天仍按时宰杀牲畜祭祀陈胜。

【精彩语段】

陈涉少时，尝与人佣耕，辍耕之垄上，怅恨久之，曰："苟富贵，无相忘。"庸者笑而应曰："若为庸耕，何富贵也？"陈涉太息曰："嗟乎，燕雀安知鸿鹄之志哉！"

评析 陈胜少年时的这一句惊人之语，在表达一种无奈心境的同时也表达出他的宏大志向。正是从小就拥有这样宏大的志向，陈胜才在行至大泽乡因雨失期的情况下，敢于揭竿而起，率先举起了用暴动的方式反抗暴秦的大旗，引发了声势浩大的农民起义的浪潮，成为中国历史上第一次农民起义的发起者。

知识链接　阿房宫

阿房宫遗址位于今陕西西安以西15公里、咸阳东南15公里处，被联合国教科文组织确定为世界最大的宫殿遗址。阿房宫始建于秦始皇三十五年（前212年），据称是秦始皇感觉咸阳城内人口众多、原有的旧宫殿过于狭小，所以才修建阿房宫来作为新朝宫，享有"天下第一宫"的美誉，与万里长城、秦始皇陵、秦直道一起，被后世称为"秦始皇的四大工程"，也成为秦朝这个统一的多民族中央集权制国家的显著标志。然而，阿房宫的兴建任务过于庞杂，甚至到秦始皇三十七年（前210年）七月秦始皇驾崩时，阿房宫都没有正式完工。陈胜吴广起义之后，在是否继续营建阿房宫的问题上，秦二世与右丞相冯去疾、左丞相李斯、将军冯劫等人产生分歧，在将三人问罪处死后继续兴建。秦二世三年（前207年）八月，秦二世被赵高逼死，阿房宫正式停建，其附属的“阿城”建筑部分一直到大约宋代时，才被完全损毁。

孙子列传

这篇传记是著名军事家孙武和孙膑的合传，记述了孙武“吴宫教战”、孙膑“围魏救赵”“减灶诱敌”等历史故事，突出强调了孙氏的军事思想和军事才能，并以兵法贯穿全篇。司马迁并没有用大量笔墨描述孙武，仅以“吴宫教战”来展现他的兵法思想，如强调军规纪律、严明号令、坚持“将在军，君命有所不受”的原则。虽然再无其他描述，但后来吴王攻败强楚、威震齐晋、名显诸侯的巨大战果，充分显示了孙武兵法的实用价值。孙膑因庞涓嫉妒遭受膑刑，及至齐使使魏才逃离魏国，以兵法帮田忌赛马取胜，以“围魏救赵”“减灶诱敌”挫败魏军，并以逸待劳地安享胜果，都体现出了他的军事思想。在马陵道决战之前，孙膑精心谋划，巧妙设伏，以心理战麻痹庞涓，最终迫使庞涓兵败自刎，这些都让孙膑的形象跃然纸上，深入人心。

孙子武者，齐人也。以兵法见于吴王阖庐。阖庐曰：“子之十三篇[1]，吾尽观之矣，可以小试勒兵乎[2]？”对曰：“可。”阖庐曰：“可试以妇人乎？”曰：“可。”于是许之，出宫中美女，得百八十人。孙子分为二队，以王之宠姬二人各为队长，皆令持戟。令之曰：“汝知而心与左右手背乎？”妇人曰：“知之”。孙子曰：“前，则视心；左，视左手；右，视右手；后，即视背。”妇人曰：“诺。”约束既布，乃设铁钺[3]，即三令五申之[4]。于是鼓之右[5]，妇人大笑。孙子曰：“约束不明，申令不熟，将之罪也。”复三令五申而鼓之左，妇人复大笑。孙子曰：“约束不明，申令不熟，将之罪也；既已明而不如法者[6]，吏士之罪也。”乃欲斩左右队长。吴王从台上观，见且斩爱姬，大骇。趣使使下令曰[7]：“寡人已知将军能用兵矣。寡人非此二姬，食不甘味[8]，愿勿斩也。”孙子曰：“臣既已受命为将，将在军，君命有所不受。”遂斩队长二人以徇[9]。用其次为队长，于是复鼓之。妇人左右前后跪起皆中规矩绳墨[10]，无敢出声。于是孙子使使报王曰：“兵既整齐，王可试下观之，唯王所欲用之，虽赴水火犹可也。”吴王曰：“将军罢休就舍，寡人不愿下观。”孙子曰：“王徒好其言，不能用其实。”于是阖庐知孙子能用兵，卒以为将。西破强楚，入郢，北威齐晋，显名诸侯，孙子与有力焉。

【注释】

[1] 十三篇：指《孙子兵法》，包括《谋攻》《虚实》《九变》等十三篇内容。

[2] 小试：小规模地操演。勒兵：指用兵法统御军队。勒，约束、统率。

[3] 设𫓧钺：代表着执法正式开始。𫓧钺，泛指古代的刑戮用具。

[4] 三令五申：反复多次地交待清楚。

[5] 鼓：作动词用，指击鼓发令。

[6] 不如法：不遵照号令。

[7] 趣：通“趋”，催促。

[8] 甘味：指感到食物甜美的味道。

[9] 徇：示众。

[10] 规矩绳墨：指木工校正圆形、方形的器具和勘正曲直的墨线，这里均指军令、纪律。

【译文】

孙子名武，是齐国人，曾因精通兵法朝见吴王阖庐。阖庐说：“您所著的十三篇兵书我都已全部看过了，书中所谈论的内容非常佳妙，是否可以小试着操演一下军队呢？”孙子答道：“可以。”阖庐说：“可以用我宫中的宫女操演吗？”孙子答道：“可以。”于是阖庐传令从宫中找出宫女，共一百八十人。孙子将宫女们分为两队，由最受吴王阖庐宠爱的两位侍妾分别担任两队的队长，让所有的宫女全体持戟站立，准备操演。孙子命令她们：“你们知道自己的心、左右手和后背吗？”宫女们答道：“知道。”孙子说：“我命令向前，你们就朝着自己心口对着的方向行进；我命令向左，你们就朝着自己左手的方向行进；我命令向右，你们就朝着自己右手的方向行进；我命令向后，你们就朝着后背的方向行进。你们听明白了吗？”

宫女们答道："是。"号令宣布完毕，孙子便陈列好斧钺等刑具，然后又再三告诫她们要听从号令。然后孙子击鼓发令，命令她们向右，宫女们全都大笑起来。孙子见状，说道："军纪不清，号令不熟，过错在于将领。"于是又重复交待清楚，之后击鼓发令，让她们向左，宫女们又是笑作一团。孙子说："纪律不清，号令不熟，过错在于将领；如今已经讲得非常清楚，却仍然不肯遵照号令，过错在于军官和士兵。"于是孙子便要杀掉左右两名队长。正在台上观看的吴王，见孙子想要砍自己爱妾的头，非常惊恐，急忙派人告诉孙子："我已经晓得将军的用兵本领了，要是没有了这两个侍妾，我吃东西也不香甜，希望你别杀掉她们。"孙子答道："我已经被君王任命为将军，将军在军中，可以不接受国君的命令。"于是孙子下令将两个队长当场杀掉，然后按次序又从两队中各选一人担任队长，再击鼓发令，宫女们无论是向左向右、向前向后、跪下站起，全部遵从号令、纪律的要求，再没有人敢嬉笑出声了。于是孙子派人报告吴王："队伍已经操练整齐，大王可以亲自查验校阅了，如今的这支军队，已经可以任凭大王随意使用了，即使让她们赴汤蹈火，也是可以办到的。"吴王答道："请将军停止操演，自己回住所休息吧，我没有心思下去看了。"孙子失望地说："大王只是觉得我的军事理论好罢了，却没想让我把理论实践出来。"于是，吴王阖庐明白了孙子果然善于用兵，最终任命他为将军。后来，吴国打败西面强大的楚国，攻克郢都，威震北方的齐国和晋国，让吴国显扬于诸侯之间，孙子出了很大力啊！

孙武既死，后百余岁有孙膑。膑生阿鄄之间，膑亦孙武之后世子孙也。孙膑尝与庞涓俱学兵法。庞涓既事魏，得为惠王将军，而自以为能不及孙膑，乃阴使召孙膑。膑至，庞涓恐其贤于己，疾之，则以法刑断其两足而黥之[1]，欲隐勿见。

齐使者如梁，孙膑以刑徒阴见，说齐使。齐使以为奇，窃载与之齐。齐将田忌善而客待之[2]。忌数与齐诸公子驰逐重射[3]。孙子见其马足不甚相远，马有上、中、下辈。于是孙子谓田忌曰："君弟重射，臣能令君胜。"田忌信然之，与王及诸公子逐射千金。及临质[4]，孙子曰："今以君之下驷与彼上驷，取君上驷与彼中驷，取君中驷与彼下驷。”既驰三辈毕，而田忌一不胜而再胜，卒得王千金。于是忌进孙子于威王。威王问兵法，遂以为师。

其后魏伐赵，赵急，请救于齐。齐威王欲将孙膑，膑辞谢曰：“刑余之人不可[5]。”于是乃以田忌为将军，而孙子为师，居辎车中，坐为计谋。田忌欲引兵之赵，孙子曰：“夫解杂乱纷纠者不控卷[6]，救斗者不搏撠，批亢捣虚[7]，形格势禁[8]，则自为解耳。今梁赵相攻，轻兵锐卒必竭于外，老弱罢于内。君不若引兵疾走大梁，据其街路，冲其方虚[9]，彼必释赵而自救。是我一举解赵之围而收獘于魏也[10]。”田忌从之，魏果去邯郸，与齐战于桂陵，大破梁军。

【注释】

[1] 法刑：罗织、假借罪名来处以刑罚。

[2] 善：赏识、善待。

[3] 重射：指以重金作为输赢的酬金。

[4] 质：评断、评量，这里指对局。

[5] 刑余之人：受刑之后的人，这里是孙膑称自己身受肉刑身体不完整。

[6] 控卷（quán）：指无法紧握拳头。

[7] 批亢捣虚：指避开敌人的充实之处，冲击敌人的空虚之处，即“避实就虚”。批，排除、撇开。

[8] 形格势禁：指敌人会因为局势有受到阻遏的危险，从而对原来的攻击计划有所顾忌。格，受到阻遏。禁，顾忌。

[9] 方虚：指极为空虚的地方。

[10] 收獘（bì）于魏：指以逸待劳地收纳魏军自行挫败的结果。

【译文】

孙子去世一百多年之后，又出现了一个孙膑。孙膑出生在齐国阿、鄄一带，是孙武的子孙后代。他曾与庞涓一起学习兵法。庞涓后来到魏国做官，成为魏惠王的将军，很受魏惠王的信赖，但自知才能比不上孙膑，就暗中将孙膑骗到魏国。孙膑到了之后，庞涓害怕他比自己贤能，便更加忌恨他，设法陷害孙膑并砍掉了他的两只脚，还在他的脸上刺字，想以此将他隐藏起来，不让他抛头露面，与自己竞争。

后来，有位齐国使臣来到大梁，孙膑便以刑徒的身份秘密约见齐使，游说齐使营救自己。齐国使臣认为他是奇才，便偷偷地用车将孙膑载回齐国，将孙膑介绍给大将田忌。田忌非常敬佩孙膑的军事才能，便以宾礼招待孙膑，留在自己家里。田忌经常与齐国的宗室子弟赛马，并下重大的赌注，可是田忌赢的次数并不多。孙膑看过他们用的马匹，发现马的脚力相差不多，但有上、中、下三等。于是孙膑对田忌说："下次赛马，您尽管下大赌注，我能帮您取胜。"田忌相信了他的话，与齐王和宗室子弟定下千金的赌注。临比赛前，孙膑对田忌说："用您的下等马对他们的上等马，用您的上等马对他们的中等马，用您的中等马对他们的下等马。"三场比赛下来，田忌输一场赢两场，赢得了齐王的千金赌注。于是田忌向齐威王举荐孙膑。威王向孙膑请教兵法的事情，并拜孙膑为军师。

后来，魏国进攻赵国，赵国情势危急，于是向齐国求救。齐威王想任命孙膑为主将，孙膑推辞道："受过酷刑身体伤残的人，不适宜担任主将。"于是威王任命田忌为主将，以孙膑为军师，让他坐在带帷幔的辎重车里出谋划策。田忌打算率领军队直扑赵国，可是孙膑说："希望解开杂乱绳结的人，一定要先找出它的结头，然后慢慢去解，不能急迫地生拉硬扯；劝解斗殴的人，一定不要卷入其中，而是要避开双方，抓住争斗者的要害，改变了双方的情势，就能让争斗自行停止。如今魏国出兵攻打赵国，魏国军队中的精锐力量必然倾巢而出，只留下老弱病残留守国内。您不如率军袭击大梁，占据魏人的交通咽喉，袭击魏人势力空虚的地方，魏人肯定会舍弃赵国回兵自救的。这样一来，我们不就既解救了赵国的围困，又能让魏军遭受窘困的弊害吗？"田忌觉得孙膑说得很有道理，便听从了他的意见。魏国军队果然从邯郸回撤，在走到桂陵的时候与齐军交战，结果被打得大败。

后十三岁，魏与赵攻韩，韩告急于齐。齐使田忌将而往，直走大梁。魏将庞涓闻之，去韩而归，齐军既已过而西矣。孙子谓田忌曰："彼三晋之兵素悍勇而轻齐[1]，齐号为怯，善战者因其势而利导之[2]。兵法，百里而趣利者蹶上将[3]，五十里而趣利者军半至。使齐军入魏地为十万灶，明日为五万灶，又明日为三万灶。”庞涓行三日，大喜，曰：“我固知齐军怯，入吾地三日，士卒亡者过半矣。”乃弃其步军，与其轻锐倍日并行逐之[4]。孙子度其行，暮当至马陵。马陵道狭，而旁多阻隘，可伏兵，乃斫大树白而书之曰[5]“庞涓死于此树之下”。于是令齐军善射者万弩，夹道而伏，期曰“暮见火举而俱发”。庞涓果夜至斫木下，见白书，乃钻火烛之。读其书未毕，齐军万弩俱发，魏军大乱相失[6]。庞涓自知智穷兵败，乃自刭，曰：“遂成竖子之名！”齐因乘胜尽破其军，虏魏太子申以归。孙膑以此名显天下，世传其兵法。

【注释】

[1] 三晋：原指春秋末年“三家分晋”后的韩、赵、魏三国，这里指魏国。

[2] 因其势而利导之：指借助魏兵认为齐兵胆怯的思想认识，制造齐兵胆怯逃亡的假象，来诱使魏军深入。

[3] 蹶：指遭受到挫折、损失。

[4] 倍日并行：指将两天的路程一天走完。

[5] 白：指刮去树皮露出白木部分。

[6] 相失：指军队溃散，使彼此无法互相照应。

【译文】

十三年后，魏国联合赵国一起进攻韩国，韩国急忙向齐国求援。齐王仍然以田忌为将军，以孙膑为军师，一起去救援韩国。孙膑和田忌仍然用进攻魏国后方的办法，径直攻击大梁。魏将庞涓听到齐军要攻打大梁的消息，立即撤军回师，而齐军已经越过边界进袭魏国了。孙膑对田忌说：“魏军向来以凶悍勇猛著称，看不起齐国军队，认为齐军胆小怯懦。一个善于指挥作战的将领，就是要顺应这样的情势，并加以引导。兵法上说：‘以急行军行进百里与敌争利的，会折损上将军；以急行军行进五十里与敌争利的，只有一半的士兵到达。’如今敌人若是自恃勇猛而轻敌冒进，那么就对我们太有利了。让士兵进入魏境后第一天挖可以供应十万人吃饭的灶，第二天挖可以供应五万人吃饭的灶，第三天挖可以供应三万人吃饭的灶。”庞涓跟在齐军后面行进了三天，看到齐军营灶

日减，非常高兴地说："我就知道齐军胆小怯懦，进入魏国才三天，就有超过一半人逃跑了！"于是庞涓舍弃步兵，只率领精锐的骑兵部队日夜兼程，追击齐军。孙膑估算着庞涓的行程，推算当天晚上会赶到马陵。马陵道路狭窄，两旁多地势险峻，是个适合打埋伏的地方。孙膑便命人用树木阻塞道路，并在一棵大树上砍去一段树皮，露出洁白的木质，在上面写"庞涓死于此树之下"几个字。又在马陵道两边埋伏下一万名擅长射箭的齐兵，约定"晚上看见树下亮起火光就万箭齐发"。庞涓果然在当晚赶到了马陵道的大树下，看见树上写着字，就命人点火照看，还没等把上边的字读完，齐军就已万箭齐发，魏军秩序大乱，立刻溃散。庞涓自知败局已定无计可施，只得拔剑自刎，临死前说："今天反倒成就了孙膑那小子的名声！"于是齐军乘胜追击，彻底击溃魏军，并俘虏了魏太子申。孙膑从此名扬天下，后世也在流传他的兵法。

【成语解析】

三令五申：指多次命令和告诫，多用于上级对下级之间。"三令五申"出自本篇列传中，原是对古代军事纪律的简称。根据宋代曾公亮撰写的《武经总要》中的描述，所谓"三令"，也就是一要观敌人的谋兵布阵、视察道路是否便利、知悉己方的生死之地；二要士兵听金鼓、视旌旗，以达到齐耳目、知进退的目的；三要严明纪律，以宣示军中的赏罚措施。所谓"五申"，也就是申赏罚、申视分合、申昼战戒旌旗、申夜战听火鼓、申听令不恭。由此可见，这个成语原本的意思是在点阵或军事行动中明确作战守则的。除了本篇传记，"三令五申"这个成语还出现在东汉张衡所著的《东京赋》中："三令五申，示戮斩牲。"

知识链接　三家分晋

"三家分晋"是发生于春秋末年的一个重要历史事件，指的是晋国被韩、赵、魏三家联合瓜分的事情。到了春秋末期，晋国朝政掌握在韩氏、赵氏、魏氏、智氏、范氏、中行氏六家手中。他们之间争权夺势、相互攻伐。先是公元前490年，赵氏、智氏消灭了范氏和中行氏，至公元前458年，范氏和中行氏的土地被其他四家瓜分完毕，并基本确定下来。公元前457年，韩、赵、魏三家联合消灭智氏的势力，共同瓜分了智氏的土地，并在各自势力范围内建立了政权。公元前403年，周威烈王册封三家为诸侯，正式确认了他们的诸侯地位。因而，这一年也被一些史学家看作一条分界线，将东周历史分为春秋和战国两个阶段。

吴起列传

吴起是中国古代与孙子齐名的军事家，其兵学思想主要记录于《吴子兵法》中。在这部兵法著作中，吴起将军事与政治结合起来，主张用政治教化的方式治军、治民，选择精干的军事力量保持威慑，根据不同的敌对力量采取不同的战法，且战法应随具体情况的需要变化等，是一部非常专业的军事著作。同时，吴起还是一位著名的政治家、改革家，其在魏、楚两国的改革帮助两国富国强兵，因而是一位文武双全的将领。在统率军队时，吴起能与士兵同宿、同食、同眠，甚至肯亲自为士兵吮毒疮，体现出爱兵如子的良好风范。但司马迁并没有遮掩吴起的阴暗面，如他的杀妻求将、为子不孝和好色等，以及他在变法中执法过严、不近人情等，从而勾勒出吴起的立体形象，鲜明生动，栩栩如生。

吴起者，卫人也，好用兵。尝学于曾子，事鲁君。齐人攻鲁，鲁欲将吴起，吴起取齐女为妻，而鲁疑之。吴起于是欲就名[1]，遂杀其妻，以明不与齐也[2]。鲁卒以为将。将而攻齐，大破之。

鲁人或恶吴起曰[3]:“起之为人，猜忍人也[4]。其少时，家累千金，游仕不遂[5]，遂破其家。乡党笑之，吴起杀其谤己者三十余人，而东出卫郭门，与其母诀[6]，啮臂而盟曰[7]：‘起不为卿相，不复入卫。’遂事曾子。居顷之，其母死，起终不归。曾子薄之[8]，而与起绝。起乃之鲁，学兵法以事鲁君。鲁君疑之，起杀妻以求将。夫鲁小国，而有战胜之名，则诸侯图鲁矣。且鲁、卫，兄弟之国也，而君用起，则是弃卫。”鲁君疑之，谢吴起[9]。

吴起于是闻魏文侯贤，欲事之。文侯问李克曰:“吴起何如人哉？”李克曰：“起贪而好色[10]，然用兵司马穰苴不能过也。”于是魏文侯以为将，击秦，拔五城。

【注释】

[1] 就名：成就个人的名声。就，完成。

[2] 与：亲附。

[3] 恶：诋毁、诬陷、说人的坏话。

[4] 猜忍：猜疑且残忍。

[5] 游仕：指离开家乡到外地谋求官职。遂：实现心中的愿望。

[6] 诀：决绝、告别。

[7] 啮（niè）臂而盟：用牙咬破手臂发誓。

[8] 薄：轻视、瞧不起。

[9] 谢：指因不信任而疏远。

[10] 贪：贪恋、贪念。这里指贪图名声。

【译文】

吴起是卫国人，擅长用兵打仗。他曾经求学于曾子，事奉过鲁国国君。在鲁期间，齐军前来攻击鲁国，鲁君打算任用吴起做将军，但吴起的妻子是齐国人，所以鲁君怀疑他与齐人有关系，不敢委以重任。吴起此时想要成就功名，于是就杀掉了自己的妻子，以此表明自己不亲附齐国。鲁国国君终于任命吴起为将军，率军前去拒敌，大败齐军而回。

鲁国有人攻击吴起说："吴起是个猜忌残忍的人。年轻的时候，他家里积蓄非常丰厚，四处求官，结果求官不成反而荡尽家产。乡邻中有人笑话他，他就杀掉了三十多个取笑自己的人，然后经卫国东门逃跑了。在与母亲诀别时，他咬破自己的手臂发誓：'我吴起当不上卿相，就绝不会再回卫国。'于是他拜曾子为师。不久之后，他的母亲死了，他竟然因为信守誓言，没有回去奔丧。曾子重视孝道，很瞧不起吴起这种行为，后来与他断绝关系。于是吴起就来到鲁国，用学到的兵法事奉鲁君。鲁君因为疑虑没有任用他为将，他就杀掉妻子来求得将领之职。鲁国虽小却有战胜国的名声，势必会激起诸侯国的围攻。况且鲁国与卫国本就是兄弟国家，鲁君重用吴起这样的人，就等于是在抛弃与卫国的关系，太不值得了。"于是鲁君便有些疑虑，疏远了吴起。

吴起这时听说北方的魏国文侯贤明能用士，于是想去事奉他。文侯向李克询问道："吴起是个什么样的人呢？"李克答道："吴起贪恋名声且爱好美色，但如果论起他带兵打仗的本领，即便司马穰苴也无法超过他。"于是魏文侯任用吴起为主将，率军攻击秦国，夺取了五座城池。

起之为将，与士卒最下者同衣食。卧不设席，行不骑乘，亲裹赢粮[1]，与士卒分劳苦。卒有病疽者[2]，起为吮之。卒母闻而哭之。人曰："子卒也，而将军自吮其疽，何哭为？"母曰："非然也，往年吴公吮其父，其父战不旋踵[3]，遂死于敌。吴公今又吮其子，妾不知其死所矣，是以哭之。"

文侯以吴起善用兵，廉平，尽能得士心，乃以为西河守，以拒秦、韩。

魏文侯既卒，起事其子武侯。武侯浮西河而下，中流，顾而谓吴起曰："美哉乎山河之固，此魏国之宝也！"起对曰："在德不在险。昔三苗氏左洞庭，右彭蠡，德义不修，禹灭之。夏桀之居，左河、济，右泰、华，伊阙在其南，羊肠在其北，修政不仁，汤放之。殷纣之国，左孟门，右太行，常山在其北，大河经其南，修政不德，武王杀之。由此观之，在德不在险。若君不修德，舟中之人尽为敌国也。"武侯曰："善。"

【注释】

[1] 赢粮：指必要的军备军粮等。

[2] 病疽：身体上的毒疮。

[3] 旋踵：旋转脚后跟，指后退。

【译文】

吴起担任主将，穿的衣服，吃的伙食，全都跟最下级的士卒一样。他晚上睡觉的时候不铺垫褥，行军的时候不乘车骑马，自己背负所需的粮食，与士卒一起分担劳苦。有个士卒的皮肤上长了一个脓疮，吴起立即为他吸吮脓液。这个士卒的母亲听说后失声痛哭。有人劝慰她说："你的儿子只是个没有名气的小卒，吴起将军却亲自为你儿子吸吮脓液，你为什么反而哭起来了呢？"那个士卒的母亲说："你们不知道啊，从前吴将军也曾为我孩子的父亲吸吮脓疮，为报答吴将军，孩子的父亲作战从来都勇往直前，最后战死在战场上。如今吴将军又给我的儿子吸吮脓疮，我不知道他会在什么时候也死在战场上，所以我才为他哭啊。"

魏文侯认为吴起不仅善于将兵作战，廉洁不贪心，又能公平待人，能赢取士卒的欢心，便任命他为西河郡的郡守，来抵御秦国和韩国。

魏文侯死后，吴起继续事奉他的儿子魏武侯。魏武侯曾与朝臣一起乘船在黄河西段漂流，漂流到半途的时候，魏武侯回头对吴起说："这段山川这样险要、壮美，真是魏国的瑰宝啊！"吴起答道："国家是否稳固，并不在于山河地势是否险要，而是要看国君能否靠自己的德行让民众服从。从前三苗氏管辖着左临洞庭湖右濒彭蠡泽的广大区域，因为不懂得修德行、讲信义，结果被夏禹灭掉了。夏桀管辖的地方左临黄河、济水天险，右靠泰山、华山屏障，南面有伊阙之险，北面有羊肠坂之阨，可是夏桀不施仁政，最后被商汤放逐了。殷纣管辖的地方，左边有险要的孟门险隘，右边有牢固的太行山，北边有巍峨的常山，南边有浩荡的黄河，虽然国土险要但不施仁德，最终被武王杀掉了。这样看来，国家是否稳固主要在于君主能否以德服人,不在于山河的险峻。如果您不施恩德，那么同一条船上的人也会像敌国一样，都与您对立。"魏武侯答道："说得好。"

吴起为西河守，甚有声名。魏置相，相田文。吴起不悦，谓田文曰："请与子论功，可乎？"田文曰："可。"起曰："将三军，使士卒乐死，敌国不敢谋，子孰与起[1]？"文曰："不如子。"起曰："治百官，亲万民，实府库，子孰与起？"文曰：不如子。"起曰："守西河而秦兵不敢东乡，韩、赵宾从[2]，子孰与起？"文曰："不如子。"起曰："此三者，子皆出吾下，而位加吾上，何也？"文曰："主少国疑，大臣未附，百姓不信，方是之时，属之于子乎[3]？属之于我乎？"起默然良久，曰："属之子矣。"文曰："此乃吾所以居子之上也。"吴起乃自知弗如田文。

田文既死，公叔为相，尚魏公主[4]，而害吴起[5]。公叔之仆曰："起易去也。"公叔曰："奈何？"其仆曰："吴起为人节廉而自喜名也[6]。君因先与武侯言曰：'夫吴起贤人也，而侯之国小，又与强秦壤界[7]，臣窃恐起之无留心也。'武侯即曰：'奈何？'君因谓武侯曰：'试延以公主，起有留心则必受之，无留心则必辞矣。以此卜之。'君因召吴起而与归，即令公主怒而轻君。吴起见公主之贱君也，则必辞。"于是吴起见公主之贱魏相，果辞魏武侯。武侯疑之而弗信也。吴起惧

得罪，遂去，即之楚。

楚悼王素闻起贤，至则相楚。明法审令，捐不急之官[8]，废公族疏远者，以抚养战斗之士。要在强兵，破驰说之言从横者。于是南平百越，北并陈、蔡，却三晋，西伐秦。诸侯患楚之强，故楚之贵戚尽欲害吴起[9]。及悼王死，宗室大臣作乱而攻吴起，吴起走之王尸而伏之。击起之徒因射刺吴起，并中悼王。悼王既葬，太子立，乃使令尹尽诛射吴起而并中王尸者，坐射起而夷宗死者七十余家[10]。

【注释】

[1] 孰与：与……比，哪一个……。

[2] 宾从：本指服从、归顺，这里指“与……结盟”。

[3] 属：通“嘱”，委托、托付。

[4] 尚：匹配。古人称臣子娶君王的女儿为“尚”。

[5] 害：畏忌、忌惮。

[6] 节廉而自喜名：指生活节俭朴素且喜好虚名。

[7] 壤界：指国土接壤，相连不断。

[8] 捐不急之官：指裁汰无关紧要的官职和官员。捐，捐弃、淘汰。

[9] 故楚之贵戚：指被吴起停止供给的皇室远支贵族。

[10] 坐：因为。

【译文】

吴起在西河郡守任上做出了很好的成绩，拥有了很高的声望。魏国设置相国，国君任命田文为相国。吴起非常不痛快，就问田文：“请允许我与您比比功劳，可以吗？”田文说：“可以。”吴起说：“统率军队，让士卒乐于为国奋勇杀敌，让敌国不敢对魏国有所图谋，您与我比，谁做得更好呢？”田文说：“我比不上您。”吴起说：“治理文武百官，让百姓甘心亲附，让府库储备更加充实，您与我比，谁做得更好呢？”田文说：“我比不上您。”吴起说：“镇守西河，让秦军不敢侵犯魏国边境，也让韩国、赵国顺从归服，您与我比，谁做得更好呢？”田文说：“我比不上您。”吴起说：“这三方面您都比不上我，您的职位却高于我，这是为什么呢？”田文说：“国君还很年轻，国家不安定，大臣不肯归附他，百姓也对他很不信任，正当这个时候，国君应该选择您呢，还是应当选择我？”吴起听了沉默了很久，说:“这样的情况，自然选择您做相国更合适。”田文说:“这就是我的职位高于您的原因啊。”吴起终于明白自己在总理治国方面确实不如田文。

田文死后，公叔接任相国之职，又娶了魏君的女儿，却对吴起非常畏忌。公叔的车夫说：“要赶走吴起也不是件难事。”公叔问：“那要如何去做呢？”车夫说：“吴起做人非常廉直而且有操守，就是有点儿太注重名声了。您不妨找机会先跟武侯说：‘吴起是个有雄才大略的人，可是您的国土太小了，西面又跟强秦相邻，我私下非常担心吴起没有打算长期在魏国留下来。’武侯就会说：‘那怎么办呢？’您可以建议武侯：‘您可以用把公主许配给他的办法试探他。如果吴起打算长期留在魏国，就一定会答应这门亲事，如果没有打算长期留下来，就必然会推辞，我们就可以以此推断他的心志了。’到时候，您再找个机会请吴起到家里来，请公主故意在您面前发怒而当面侮辱您，吴起看到后就会认为迎娶公主后也会像您一样受凌辱，就肯定不会答应迎娶公主了。”后来，吴起见公主对相国这样蔑视，果然谢绝了魏武侯的提亲。于是魏武侯渐渐对吴起起了疑心，不再信任他了。吴起担心继续下去会给自己招致灾祸，于是离开魏国，前往楚国去了。

楚悼王向来听说吴起贤能，所以吴起刚到楚国就拜他为相。吴起大力革新楚国政治，明确法律，依法办事，严格律令，裁汰冗余的官僚，废除远支王族的供给，将结余下来的财物抚养士卒，以增强楚国军事，斥逐往来奔走的游说之士。于是，楚国平定了南方的百越，吞并了北方的陈、蔡，击退了韩、赵、魏的军队，又讨伐了西面的强秦，让各诸侯国都非常忌惮楚国的强盛。但是，那些被吴起停掉朝廷供养的远支王族，都想起来谋害吴起。等到楚悼王一死，王室大臣就起来作乱，联合攻击吴起，逼得吴起走投无路，便逃到停放楚悼王尸体的寝宫，把身体紧贴在楚悼王的尸身上。愤怒的贵族于是用箭射杀吴起，同时也射中了楚悼王的尸身。等到将楚悼王安葬妥当之后，太子即位，下令令尹将射杀吴起时射中悼王尸身的人全部处死。在这次事件中，因为射杀吴起而被灭族的贵族，总共有七十多家。

【精彩语段】

在德不在险。昔三苗氏左洞庭，右彭蠡，德义不修，禹灭之。夏桀之居，左河、济，右泰、华，伊阙在其南，羊肠在其北，修政不仁，汤放之。殷纣之国，左孟门，右太行，常山在其北，大河经其南，修政不德，武王杀之。由此观之，在德不在险。若君不修德，舟中之人尽为敌国也。

评析 在这句论述中，吴起谈到了"施行德政"的重要性。正是从古代不修德政的"三苗氏""夏桀""殷纣"的败亡中得出经验，吴起才提出了这样劝诫的话，足以称得上是值得统治者注意的金玉良言，对当今社会也有着一定的借鉴意义。

知识链接　吴起变法

"吴起变法"发生于吴起事楚之后。变法之前的楚国，虽然地广人众，拥有百万大军，称得上是"战国七雄"之中举足轻重的一支力量。然而腐败的政治环境、落后的经济状况，都让楚国连续遭受别国的侵犯而难以抵御。楚悼王即位后，虽然很希望在政治上有一番作为，却因为缺少真正变法图强的人才，也缺少支持变法的贵族力量，空有一腔抱负无法实现。这都给吴起的变法创造了条件。吴起针对楚国面临的状况，具体措施包括：(一）均爵平禄；(二）废除无用无能的官职，削减官吏俸禄以养兵；(三）纠正楚国风俗，肃清谄媚风气；(四）制定并公布法律，法律面前官民平等；(五）捐弃冗官，废除远支的王室，节省财政，增强军队的战斗力。通过这些措施，楚国实现了强盛的目的，推动了楚国政治从贵族化向官僚化的转变进程，并对同时代别国的变法运动产生了深远的影响，甚至可以说，著名的"商鞅变法"便是对吴起变法精神的延续。楚悼王死后，吴起因遭削爵贵族的攻击而死，变法措施也基本废止。

商君列传

商鞅变法是战国时期一次较为彻底的革新运动，推动了秦国封建经济的发展，使秦国逐渐从战国七雄中脱颖而出，为秦王朝的统一过程打下了坚实基础。这篇《商君列传》便是记述商鞅事迹的传记，包括商鞅变法革新的内容，以及司马迁对于商鞅功过是非的评价。司马迁并没有囿于史书的条框，而是使用了对偶、排比、夸张等多种文学表现手法，对人物的精神世界进行了细致的刻画，以达到丰满人物形象的目的，从而增强了本篇传记的文学气息。

商君者，卫之诸庶孽公子也[1]，名鞅，姓公孙氏，其祖本姬姓也。鞅少好刑名之学[2]，事魏相公叔痤为中庶子。公叔痤知其贤，未及进。会痤病，魏惠王亲往问病，曰："公叔病，有如不可讳[3]，将奈社稷何？"公叔曰："痤之中庶子公孙鞅，年虽少，有奇才，愿王举国而听之。"王嘿然[4]。王且去，痤屏人言曰："王即不听用鞅，必杀之，无令出境。"王许诺而去。公叔痤召鞅谢曰："今者王问可以为相者，我言若，王色不许我。我方先君后臣，因谓王'即弗用鞅，当杀之'。王许我。汝可疾去矣，且见禽[5]。"鞅曰："彼王不能用君之言任臣，又安能用君之言杀臣乎？"卒不去。惠王既去，而谓左右曰："公叔病甚，悲乎，欲令寡人以国听公孙鞅也，岂不悖哉！"

公叔既死，公孙鞅闻秦孝公下令国中求贤者，将修缪公之业，东复侵地，乃遂西入秦，因孝公宠臣景监以求见孝公。孝公既见卫鞅，语事良久，孝公时时睡，弗听。罢而孝公怒景监曰："子之客妄人耳，安足用邪！"景监以让卫鞅。卫鞅曰："吾说公以帝道[6]，其志不开悟矣。"后五日，复求见鞅。鞅复见孝公，益愈，然而未中旨[7]。罢而孝公复让景监，景监亦让鞅。鞅曰："吾说公以王道而未入也[8]，请复见鞅。"鞅复见孝公，孝公善之而未用也。罢而去，孝公谓景监曰：

“汝客善，可与语矣。”鞅曰：“吾说公以霸道[9]，其意欲用之矣。诚复见我，我知之矣。”卫鞅复见孝公。公与语，不自知膝之前于席也。语数日不厌。景监曰：“子何以中吾君？吾君之欢甚也。”鞅曰：“吾说君以帝王之道比三代，而君曰：‘久远，吾不能待。且贤君者，各及其身显名天下，安能邑邑待数十百年以成帝王乎[10]？’故吾以强国之术说君，君大说之耳；然亦难以比德于殷周矣。”

【注释】

[1] 庶孽：指旁支侧出或侍妾等所生的孩子。

[2] 刑名之学：指以李悝、申不害为代表的法家一支，主张以法治强化上下关系。

[3] 有如不可讳：一种对于死亡的委婉说法，指万一有不测。讳，忌讳。

[4] 嘿然：形容默然不语的样子。嘿，通“默”，默然。

[5] 禽：通“擒”，拘捕、捉拿。

[6] 帝道：指传说中的尧舜等五帝治国的方法。

[7] 未中旨：指没有切中秦孝公的心意。

[8] 王道：即夏禹、商汤、周武王治国的道理。

[9] 霸道：即春秋五霸的治国之道，即以“尊王攘夷”为口号，以武力威势治理国家。

[10] 邑邑：通“悒悒”，形容郁闷不乐的样子。

【译文】

商君是卫国国君的小妾生的公子，名鞅，姓公孙氏，祖先本姓姬。公孙鞅年轻的时候对刑名法术之学非常喜好，以中庶子的职位事奉魏国国相公叔痤。公叔痤知道公孙鞅有才华，但是没有来得及推荐给魏王就病倒了。公叔痤生病后，魏惠王亲自看望他，说：“假若您有什么不测，国家社稷怎么办呢？”公叔痤答道：“我的中庶子公孙鞅，年轻但有奇才，大王可以将国家大事托付给他，让他去治理。”魏惠王听后没有说话。魏惠王要离开时，公叔痤打发走侍从，对魏惠王说：“如果大王不愿任用公孙鞅，那就一定要杀掉他，不要让他到别的国家去。”魏惠王应允了。魏惠王走后，公叔痤派人找来公孙鞅，向他说：“刚才大王向我征询以后可以出任国相的人选，我举荐了你。但是从大王的神情看，他不会听从我的建议的。我做事应当先对君王尽忠然后再忠于朋友，所以劝大王如果不能任用你的话，就应该杀掉你。大王已经答应了我的请求。你快点离开魏国吧，要不然就会被捉住杀掉了。”公孙鞅说：“大王既然不肯听从您的话重用我，又怎么会听从您的话来杀我呢？”于是，公孙鞅仍然留在魏国。魏惠王走出公叔痤家后，对身边的人说：“公叔痤真是病得太严重了，可悲啊，竟然让我将国家大事交给公孙鞅处理，这不是太荒唐了吗？”

公叔痤死后，公孙鞅听说秦孝公正在招纳有才能的人，准备重振秦穆公时的霸业，收复东方被侵占的土地，于是他就向西进入秦国，通过孝公宠臣景监，求见孝公。孝公召见公孙鞅后，听他说了很长时间，但一边听一边打瞌睡，一点儿都不感兴趣。公孙鞅走后，孝公生气地训斥景监：“你介绍给我的客人是个用大话骗人的家伙，这种人怎么能被任用呢！”景监出来后就用孝公的话责备公孙鞅。公孙鞅说：“我是用帝道治国的方法劝导他，看来他不能领会。”五天后，景监请求孝公再次召见公孙鞅。公孙鞅再次见到孝公时，交谈情况比上次稍好，但还是不合孝公的心意。孝公再次责备景监，景监出来后再用孝公的话责备公孙鞅。公孙鞅说：“我是用王道的治国方法劝说他却仍然听不进去。请您再为我举荐一次。”公孙鞅第三次见到了孝公，交谈后孝公认为他说得很好，但仍然没有任用他。公孙鞅退出后，孝公对景监说：“你举荐的客人不错，我与他还可以谈得来。”景监将孝公的话告诉公孙鞅，公孙鞅说：“我是用霸道治国的方法劝说大王，看他的意思是准备采纳了。如果他能够再次召见我，我就能知道该说什么了。”于是公孙鞅第四次见到了孝公。孝公与公孙鞅谈得非常投机，不知不觉地将膝盖向公孙鞅靠近，一连几天都不觉得厌倦。景监问公孙鞅：“您用什么说中了我们国君的心意？国君高兴极了。”公孙鞅答道：“我前两次是用五帝三王的治国之道劝说他，希望他能把秦国治理得可以媲美于夏商周三代，可是大王说：‘效果太慢了，我等不及，再说作为贤君，都是希望在位时就天下扬名，我怎么能等上几十年、几百年才成就帝王的功业呢？’所以，我后来用富国强兵的方法劝说他，结果让他特别高兴。只是这样做的话，秦国的仁德水平就不可能媲美于殷朝、周朝了。”

孝公既用卫鞅，鞅欲变法，恐天下议己。卫鞅曰："疑行无名[1]，疑事无功。且夫有高人之行者，固见非于世；有独知之虑者，必见敖于民[2]。愚者暗于成事[3]，知者见于未萌。民不可与虑始，而可与乐成。论至德者不和于俗，成大功者不谋于众。是以圣人苟可以强国，不法其故；苟可以利民，不循其礼。"孝公曰："善。"甘龙曰："不然。圣人不易民而教，知者不变法而治。因民而教，不劳而成功；缘法而治者[4]，吏习而民安之。"卫鞅曰："龙之所言，世俗之言也。常人安于故俗，学者溺于所闻。以此两者居官守法可也，非所与论于法之外也。三代不同礼而王，五伯不同法而霸。智者作法，愚者制焉[5]；贤者更礼，不肖者[6]拘焉。"杜挚曰："利不百，不变法；功不十，不易器[7]。法古无过，循礼无邪。"卫鞅曰："治世不一道，便国不法古。故汤武不循古而王，夏殷不易礼而亡。反古者不可非，而循礼者不足多[8]。"孝公曰："善。"以卫鞅为左庶长，卒定变法之令。

令民为什伍[9]，而相牧司连坐[10]。不告奸者腰斩，告奸者与斩敌首同赏，匿奸者与降敌同罚。民有二男以上不分异者[11]，倍其赋。有军功者，各以率受上爵；为私斗者，各以轻重被刑大小。僇力本业[12]，耕织致粟帛多者复其身[13]。事末利及怠而贫者，举以为收孥[14]。宗室非有军功论，不得为属籍。明尊卑爵秩等级，各以差次名田宅[15]，臣妾衣服以家次。有功者显荣，无功者虽富无所芬华[16]。

【注释】

[1] 疑：形容犹豫不定的样子。

[2] 敖：通"謷"，嘲笑、诋毁。

[3] 暗：不清楚、不明白。

[4] 缘：沿袭、依照。

[5] 制：受到制约。

[6] 不肖：不成材、没出息，这里指平常人、庸人。

[7] 器：特指古代用来标示名位、爵号的器物。

[8] 多：推重、赞扬。

[9] 什伍：古代的一种户籍编制，以十家为"什"，以五家为"伍"。

[10] 牧司：检举、监督。

[11] 分异：分为不同家庭，分家另过，目的为繁殖人口、发展生产。

[12] 僇力：即“戮力”，为……尽力、致力于……。

[13] 复其身：免除他本身的劳役或赋税。复，免除。

[14] 收孥：拘执本人充入官府中做奴婢。孥，奴婢。

[15] 差次：指等级次序等。

[16] 芬华：喻指显荣，即显赫荣耀的意思。

【译文】

孝公任用公孙鞅后，公孙鞅打算变更秦国的法度，但孝公担心天下人会议论自己。公孙鞅说：“行为上犹豫不决就搞不出名堂，事业上犹豫不决就建不出功绩。况且行为上超过常人的人，肯定会受到世人的非议；有独到见解的人，一定会受到常人的诋毁。愚蠢的人在事实既成之后，仍会迷惑不解；聪明的人不用等到事情发生，就能预见未来。做大事的时候，不能与百姓一起谋划而只可以与他们共享成果。追求最高道德的人不会迎合一般的世俗之人，做大事的人不能与平凡人一起谋划。因此，圣贤的人只要能让国家变得强盛，就不必效法古代的典章制度；只要能让百姓获利，就不必奉行陈旧的礼制。”孝公说：“讲得好。”甘龙说：“不是这样的。圣人教化人时从不改变人们的民俗习惯，聪明人治理国家时从不改变旧有的法制。遵照人们的风俗施行教化，可以不费力地取得成功；遵照旧有的法制治理国家，可以让官吏熟悉百姓安定。”公孙鞅说：“甘龙所说的是世俗的说法。平常人总是安于旧俗，学者会拘泥于所听到的内容。这两种人可以奉行旧有的法令，但不能谈论改革的事情。夏商周三代奉行不同的礼制，却各自成就王业，五霸执行不同的法制，却能各霸一方。制定法度的是聪明人，愚蠢的人只能受法度制约；改立礼教的人是贤能的人，无能的人只能受礼制约束。”杜挚说：“看不到百倍的好处，就不能变更旧法；看不准十倍的功效，就不能更换旧有的器物。仿效旧有的典章不会出错，遵循旧有的礼制不会有偏差。”公孙鞅说：“国家治理没有一成不变的方式，对国家有利，不必仿效古人的法度。商汤和周武王都没有沿袭旧有的法度，从而统一了天下，夏桀和殷纣没有变更旧的礼制，最终都失去了天下。所以不能非难改变旧法的人，也不能赞扬

沿袭旧礼的人。”孝公说：“说得好。”于是公孙鞅受命为左庶长，很快制定出变法的条令。

新法规定居民十家为一“什”，五家为一“伍”，彼此之间相互监视检举，一家犯法，其他各家都受牵连治罪。明知奸恶却不告发的处以腰斩，告发奸恶的人与在战场上斩杀敌人一样受赏，藏匿奸恶的人与在战场上投降敌人一样受罚。一家之中有两个以上的成年男子而不分居的，要征收双倍的赋税。建立军功的人，可以根据标准升爵受赏；因为私事打架斗殴的，根据不同的情节判处不同的惩罚。新法鼓励农民发展农业生产，凡是能让粮食丰收、布帛增产的，可以免除他们的劳役。因为从事工商业或因懒惰而变贫穷的，一律贬为官奴。没有军功的王亲宗族，一律从家族名册中除名。严格按照爵位尊卑划分等级，并作为占有土地、房产的标准；私家的臣子奴婢等人的衣饰等，都要根据主人地位的等级来决定。建立军功的会享受显赫的荣耀，没有军功的人即使很富有，也不能获得显赫的地位。

令既具[1]，未布[2]，恐民之不信，已乃立三丈之木于国都市南门，募民有能徙置北门者予十金。民怪之，莫敢徙。复曰：“能徙者予五十金。”有一人徙之，辄予五十金，以明不欺。卒下令。

令行于民期年，秦民之国都言初令之不便者以千数。于是太子犯法。卫鞅曰：“法之不行，自上犯之。”将法太子[3]。太子，君嗣也，不可施刑，刑其傅公子虔，黥其师公孙贾。明日，秦人皆趋令[4]。行之十年，秦民大说，道不拾遗，山无盗贼，家给人足。民勇于公战，怯于私斗，乡邑大治。秦民初言令不便者有来言令便者，卫鞅曰“此皆乱化之民也[5]”，尽迁之于边城。其后民莫敢议令。

于是以鞅为大良造，将兵围魏安邑，降之。居三年，作为筑冀阙宫庭于咸阳[6]，秦自雍徙都之。而令民父子兄弟同室内息者为禁。而集小乡邑聚为县，置令、丞，凡三十一县。为田开阡陌封疆[7]，而赋税平。平斗桶权衡丈尺。行之四年，公子虔复犯约，劓之。居五年，秦人富强，天子致胙于孝公[8]，诸侯毕贺。

【注释】

[1] 具：准备就绪。

[2] 布：颁布、公布施行。

[3] 法：处罚、治罪。

[4] 趋令：遵行法律规定执行。

[5] 乱化：扰乱教化。

[6] 冀阙：指古代宫廷外用于公布法令的门阙。

[7] 阡陌：指纵横交错的田垄。封疆：聚土成丘作为划定界限的标志。封，作为标志的土堆。疆，疆界、界限。

[8] 致胙：古代天子将祭祀用的烤肉赏赐给诸侯，以示对诸侯的特殊礼遇。

【译文】

新法制定好之后，还没有公布，公孙鞅担心百姓会怀疑朝廷的信用，就在国都市场的南门前立了一根三丈长的木杆，从百姓中招募能把木杆搬到北门的人，就赏给十金。百姓觉得奇怪，没有人敢动。于是公孙鞅又宣布："能把木杆搬到北门的人赏给五十金。"有个人出来把木杆搬走了，公孙鞅马上就给了他五十金，以表明令出必行。然后，才颁布了新法。

新法推行的头一年，秦国到国都反映新法不好的百姓有数千人。这时候，恰巧太子犯了法。公孙鞅说："新法之所以不能顺利推行，就是因为上层有人先触犯它。"于是他准备依法处罚太子。太子是继承国君之位的人，不能对他施以刑罚，于是公孙鞅就处罚了太子的老师公子虔，将太师公孙贾施以墨刑。第二天，秦国百姓就都遵照新法办事了。新法推行到第十年，秦国百姓都非常喜欢新法了，这时候有人在路上丢了东西也没人捡了，山林里没有了出没的盗贼，家家户户都变得非常富裕充足。人们都乐于为国家作战效力，而不再因私利斗殴，乡村城镇的秩序非常安定。过去那些曾说新法不好的人，又转而说法令的好处了。公孙鞅说："这些人都是扰乱国家秩序的人。"于是把他们全都迁往边疆。从此，秦国百姓再也不敢随意评议新法了。

于是孝公任命公孙鞅为大良造，率军围攻魏国安邑，迫使安邑向秦国投降。过了三年，秦国在咸阳建造宫廷城阙，然后把国都从雍

地迁到咸阳。又下令禁止父子兄弟住在同一所房子里。将分散的乡、镇、村庄合并成县，设置县令、县丞处理本县事务，全国总共划分为三十一个县。废除原有的井田制，让人们重新领用土地，鼓励开垦无主的荒地，公平缴纳赋税给国家。统一全国的度量衡制度。这些新的制度施行四年后，公子虔又触犯了法令，被削掉了鼻子。过了五年，秦国已经变得非常富强了，于是周天子就派人赐祭肉给秦孝公，各诸侯都前来向秦孝公祝贺。

其明年，齐败魏兵于马陵，虏其太子申，杀将军庞涓。其明年，卫鞅说孝公曰："秦之与魏，譬若人之有腹心疾，非魏并秦，秦即并魏。何者？魏居领阨之西[1]，都安邑[2]，与秦界河而独擅山东之利。利则西侵秦，病则东收地。今以君之贤圣，国赖以盛；而魏往年大破于齐，诸侯畔之[3]，可因此时伐魏。魏不支秦，必东徙。东徙，秦据河山之固，东乡以制诸侯，此帝王之业也。"孝公以为然，使卫鞅将而伐魏。魏使公子卬将而击之。军既相距[4]，卫鞅遗魏将公子卬书曰[5]："吾始与公子欢，今俱为两国将，不忍相攻。可与公子面相见，盟，乐饮而罢兵，以安秦、魏。"魏公子卬以为然。会盟已，饮，而卫鞅伏甲士而袭虏魏公子卬，因攻其军，尽破之以归秦。魏惠王兵数破于齐、秦[6]，国内空，日以削，恐，乃使使割河西之地献于秦以和。而魏遂去安邑，徙都大梁。梁惠王曰："寡人恨不用公叔痤之言也。"卫鞅既破魏还，秦封之於、商十五邑，号为商君。

【注释】

[1] 领阨：指山岭地势险要的地方。领，通"岭"，山岭。阨，通"隘"，险要的地方。

[2] 都安邑：在安邑建都，将安邑作为都城。

[3] 畔：通"叛"，背叛。

[4] 相距：指敌对双方接近而尚未交战的状态。距，通"拒"，抵御。

[5] 遗：送给、给。

[6] 数：多次、屡次。

【译文】

次年，齐军在马陵道大败魏军，俘虏了魏太子申，杀死将军庞涓。过了一年，公孙鞅对孝公说道："秦和魏，就像是一个人得了心腹疾病一样，不是魏国兼并秦国，就是秦国吞并魏国。为什么这样说呢？魏国处在地势险要的西部，以安邑为都城，与秦国的土地只隔着一条黄河，独自占据着崤山以东的地利优势。形势有利的时候就向西进犯秦国，形势不利的时候就向东扩张。如今因为大王圣明贤能，秦国变得强盛繁荣起来。去年魏国被齐国打败，遭到诸侯们的背叛，大王您正可以趁这个机会攻打魏国。魏国无法抵抗，就会向东迁移。一旦魏国向东撤退，秦国就能独占黄河、崤山的险要地形了。那时我们就能向东控制各国诸侯，这是帝王大业啊！"孝公认为此话说得很有道理，就派公孙鞅率军攻打魏国。魏国派公子卬率军迎击。两军相对尚未开战的时候，公孙鞅给魏公子卬送去一封信："当初我在魏国时与公子快乐相处，如今却成了敌对双方的将领，不忍心与公子相互攻伐，我希望与公子当面订立盟约，欢宴之后各自撤兵，这样就可以让秦魏两国都安宁无事。"公子卬相信了公孙鞅的话，与公孙鞅会面立盟之后，正在欢宴时，被公孙鞅预先埋伏的士兵俘虏了，然后公孙鞅趁机攻打魏军，彻底击垮魏军后班师回国。魏惠王见国家接连被齐、秦击溃，国内空虚，国势日渐衰弱，心里非常害怕，于是派使者向秦国求和，并割让河西的土地给秦国。之后魏惠王将国都从安邑迁到大梁。魏惠王说："我真后悔当初没有听从公叔痤的话啊。"公孙鞅打败魏军回到秦国后，孝公将於、商一带的十五个邑封赏给公孙鞅，号称为商君。

商君相秦十年，宗室贵戚多怨望者[1]。

秦孝公卒，太子立。公子虔之徒告商君欲反，发吏捕商君。商君亡至关下，欲舍客舍。客人不知其是商君也[2]，曰："商君之法，舍人无验者坐之[3]。"商君喟然叹曰："嗟乎，为法之敝一至此哉[4]！"去之魏。魏人怨其欺公子卬而破魏师，弗受。商君欲之他国。魏人曰："商君，秦之贼。秦强而贼入魏，弗归，不可。"遂内秦[5]。商君既复入秦，走商邑，与其徒属发邑兵北出击郑[6]。秦发兵攻商君，杀之于

郑黾池。秦惠王车裂商君以徇[7]，曰："莫如商鞅反者！"遂灭商君之家。

太史公曰：商君，其天资刻薄人也。迹其欲干孝公以帝王术[8]，挟持浮说，非其质矣。且所因由嬖臣；及得用，刑公子虔，欺魏将卬，不师赵良之言，亦足发明商君之少恩矣[9]。余尝读商君《开塞》《耕战》书，与其人行事相类。卒受恶名于秦，有以也夫[10]！

【注释】

[1] 怨望：怨恨。望，埋怨、责备。

[2] 客人：指旅店的主人。

[3] 舍人：指投宿住店的人。验：这里指凭证，显示身份的官方证明等。

[4] 敝：通"弊"，弊病、害处。

[5] 内：进入。

[6] 徒属：指商君封邑中的臣属等。

[7] 车裂：古代的一种酷刑，即用车撕裂人体，又称"五马分尸"。

[8] 迹：考察、追究。

[9] 发明：证明、说明。

[10] 有以：是有缘故的。

【译文】

商君在秦国做了十年相国，招致秦国很多宗族贵戚的怨恨。

秦孝公去世后，太子即位。这时候，公子虔等人告发商君意图造反，于是派兵去捉拿商君。商君逃到秦国的边境，想找一个客店住宿。客店的主人不知道他就是商君，说："商君的法令规定，凡是没有证件的人住店，店主是要因为连带责任治罪的。"商君于是长长地叹了一口气，说："唉！新法的危害竟然到了这么严重的地步！"于是他离开秦国来到魏国。魏国人恼恨他当初欺骗公子卬并击败魏军，不肯收留他。于是商君又打算逃到别的国家去。魏国人说："商君是秦国的逃犯，秦国太强大了，如果知道有犯人跑到魏国来了，魏国不把犯人送回去是不行的。"于是魏国人就把商君送回到秦国境内。商君于是迅速回到自己的封邑，与自己的部属召集邑中士兵，向北攻击郑县。此时，秦国派出的军队已经开始攻击商君，并在郑县附近的黾池杀死了商君。商君尸体被运到咸阳后，秦惠王将商君的尸体处以车裂酷刑并示众，说："谁也不许像商鞅那样反叛国家！"接着又诛灭了商君全家。

太史公说：商君天性就是个残忍刻薄的人。当初他希望孝公以帝王之道治理国家的说法，就是在说空话而已，根本不是出自他的真心。况且他是国君的宠臣举荐的，等到受重用之后又处罚了公子虔，欺骗了魏公子卬，后来又不肯接受赵良的劝说，足以表明商君残忍刻薄的本性了。我曾经品读商君的《开塞》《耕战》等篇章，其内容思想与他的所作所为非常类似。最后，商君在秦国以谋反的罪名被杀，原来是有原因的呀！

【精彩语段】

令既具，未布，恐民之不信，已乃立三丈之木于国都市南门，募民有能徙置北门者予十金。民怪之，莫敢徙。复曰："能徙者予五十金。"有一人徙之，辄予五十金，以明不欺。卒下令。

评析 古语说："重赏之下，必有勇夫。"这一点在商鞅变法之前的"立木为信"中便得到充分的体现，也使"立木为信"成为商鞅变法的突破口。正是通过"立木为信"，商鞅确定了中央的公信力和威信，从而确保了新法的顺利实施。同时，"立木为信"也说明了"诚信"的重要性，只有能坚守诚信的人和团体，才能获得他人的支持。

知识链接 秦晋之好

成语"秦晋之好"，指的是春秋时期，秦晋两国之间不止一代的婚嫁关系，后来泛指两户人家之间建立起来的联姻关系。春秋时期，晋武公晚年娶了齐桓公的女儿齐姜，但齐姜与当时晋武公的太子诡诸有染，诡诸继位后，就将齐姜立为夫人，生下了女儿伯姬。秦晋联姻时，伯姬嫁给了秦穆公。后来，晋献公诡诸杀掉了与齐姜所生的太子申生，转而立小儿子奚齐为继承人，迫使另外的两个儿子夷吾和重耳逃往别国避难。数年之后，夷吾在秦穆公的帮助下回到晋国夺回君位，但很快就与秦

国交恶，发兵攻打秦国却失败，夷吾不得不让自己的儿子公子圉到秦国做人质，秦穆公将女儿怀嬴嫁给了公子圉。夷吾病危时，公子圉偷偷跑回晋国，登上君位后与秦国断绝来往，秦穆公改而支持重耳登上晋国国君之位，并将自己的女儿怀嬴改嫁给他。重耳便是著名的“春秋五霸”之一的晋文公。晋文公死后，秦穆公又借机打败晋国，成为新的霸主。所以，后世一般将政治联姻称为“秦晋之好”，但有时也指男女之间的婚姻关系，并不含有明显的褒贬色彩。

张仪列传

战国时期，七雄之间攻伐不断的历史现实，也让雄辩家成为历史的主角，在军事斗争之外开辟了“第二战场”，既表现出他们的雄才大略，也无处不在地体现出他们的力量和价值，更使他们为追求功利而置生死于度外。在诸多雄辩家中，张仪是非常具有代表性的一位，他以实力强大的秦国为依仗，通过暴露“合纵”的短处来瓦解六国对抗秦国的同盟关系，并对六国君主威胁利诱、欺诈行骗，达到为秦国和自己赚取更大利益的目的。在这篇列传中，司马迁以简洁而富有个性的语言塑造人物形象，以夸张怪诞的语言描摹杀机四伏的场面，展现勾心斗角的利益争夺，将一个个故事描写得曲折生动又不乏冲突，并在矛盾纠葛中将人物形象和性格特点，淋漓尽致地表现出来。司马迁在叙事中采用的开端、发展、高潮、结局的表现手法，也为后世小说的创作提供了范本。

张仪者，魏人也。始尝与苏秦俱事鬼谷先生[1]，学术，苏秦自以不及张仪。

张仪已学而游说诸侯。尝从楚相饮，已而楚相亡璧，门下意张仪[2]，曰：“仪贫无行[3]，必此盗相君之璧。”共执张仪[4]，掠笞数百[5]，不服，醳之[6]。其妻曰：“嘻！子毋读书游说，安得此辱乎？”张仪谓其妻曰：“视吾舌尚在不？”其妻笑曰：“舌在也。”仪曰：“足矣。”

苏秦已说赵王而得相约从亲，然恐秦之攻诸侯，败约后负，念莫可使用于秦者[7]，乃使人微感张仪曰[8]：“子始与苏秦善，今秦已当路，子何不往游，以求通子之愿？”张仪于是之赵，上谒求见苏秦[9]。苏秦乃诫门下人不为通，又使不得去者数日。已而见之，坐之堂下，赐仆妾之食。因而数让之曰：“以子之材能，乃自令困辱至此。吾宁不能言而富贵子[10]，子不足收也。”谢去之。张仪之来也，自以为故人，求益，反见辱，怒，念诸侯莫可事，独秦能苦赵，乃

遂入秦。

【注释】

[1] 事：事奉、师事于。

[2] 意：怀疑。

[3] 无行：指品行不端的样子。

[4] 执：捉拿、逮捕。

[5] 掠笞：用竹板或荆条拷打。

[6] 醳（shì）：通"释"，释放。

[7] 念：考虑、思虑。

[8] 微感：暗中劝说。

[9] 谒：古人拜见主人时递送的名帖，一般包括姓名、籍贯、官爵和拜见事项等。

[10] 宁：岂是、难道。

【译文】

张仪是魏国人。曾经与苏秦一起向鬼谷子学习游说之术，苏秦自认为自己的才学比不上张仪。

张仪完成学业后，就去游说诸侯。他曾与楚相一起喝酒，吃饭过程中，楚相有一块玉璧找不见了，相府的人便怀疑张仪，说："张仪生活贫穷，品行低下，肯定是他偷了相国的玉璧。"于是，大家一起抓住了张仪，打了几百下。张仪从头到尾都没有承认，他们只好放了他。他的妻子说："唉！您要是不读书游说，又怎么能受如此的屈辱呢？"张仪对妻子说："你看我的舌头还在吗？"他的妻子笑着说："舌头还在。"张仪说："这就够了。"

那时，苏秦已经成功说服了赵王与各国缔结合纵联盟，可是他担心秦国会趁机攻击诸侯，让盟约还没结成之前就遭到破坏。又考虑到派不出合适的人去秦国，于是苏秦便派人暗地里劝说张仪："您原先与苏秦就有很好的感情，如今苏秦当权，您为何不去与他结交，来实现自己功成名就的愿望呢？"于是张仪前往赵国，递送名帖请求拜见苏秦。苏秦就告诉门客不给张仪通报，又让他连续几天都无法离去。这时候苏秦才接见了他，让他坐在堂下，用给奴仆侍妾吃的饭菜招待他，还多次用言语嘲讽他："凭着您的才能，为何会穷困潦倒到如此地步，难道我不能举荐您让您获得富贵吗？只是觉得您不值得录用罢了。”说完，他就将张仪撵走了。张仪投奔苏秦，觉得彼此都是老朋友了，能够得到好处，没想到反而遭到羞辱，非常生气，考虑到诸侯中没有值得事奉的，只有秦国能侵扰赵国，便前往秦国去了。

苏秦已而告其舍人曰[1]：“张仪，天下贤士，吾殆弗如也[2]。今吾幸先用，而能用秦柄者[3]，独张仪可耳。然贫，无因以进。吾恐其乐小利而不遂，故召辱之，以激其意。子为我阴奉之[4]。”乃言赵王，发金币车马，使人微随张仪，与同宿舍，稍稍近就之，奉以车马金钱，所欲用，为取给，而弗告。张仪遂得以见秦惠王。惠王以为客卿[5]，与谋伐诸侯。

苏秦之舍人乃辞去。张仪曰：“赖子得显，方且报德，何故去也？”舍人曰：“臣非知君，知君乃苏君。苏君忧秦伐赵败从约，以为非君莫能得秦柄，故感怒君[6]，使臣阴奉给君资，尽苏君之计谋。今君已用，请归报。”张仪曰：“嗟乎，此在吾术中而不悟，吾不及苏君明矣！吾又新用，安能谋赵乎？为吾谢苏君，苏君之时，仪何敢言。且苏君在，仪宁渠能乎[7]！”

秦惠王十年，使公子华与张仪围蒲阳，降之。仪因言秦复与魏，而使公子繇质于魏。仪因说魏王曰：“秦王之遇魏甚厚，魏不可以无礼。”魏因入上郡、少梁[8]，谢秦惠王。惠王乃以张仪为相，更名少梁曰夏阳。

【注释】

[1] 舍人：指侍从古代王公贵族的宾客或其所亲近的人，也指门客。

[2] 殆：大概、恐怕。

[3] 柄：权柄、权力。

[4] 阴奉之：指暗中跟随、偷偷地保护张仪。

[5] 客卿：指别国人在本国做高官，并待之以客礼。

[6] 感怒：激怒、惹怒。

[7] 宁渠：哪里、如何。

[8] 入：进献、呈献。

【译文】

苏秦稍后对他的门客说："张仪是天下少有的贤士，我大概也无法与他相比。如今，好在我比他先受重用，但是能掌握秦国权力的，也只有张仪了。但是他很贫穷，没有进身的途径。我担心他会满足小的利益而无法成就大的功业，所以召他来却又羞辱他，只是要激发他的意志，您代我暗中帮助他。"苏秦禀明赵王，发给门客金钱、财物和车马，让他暗中跟随张仪，与他同宿一家客栈，悄悄接近他，并且奉送他车马金钱，凡是张仪需要的都送给他，却始终不告诉他实情。于是张仪才有机会拜见了秦惠王。惠王用张仪为客卿，与他商议攻击诸侯的计划。

这个时候，苏秦委派的门客也要告辞离去了。张仪说："多亏了您的鼎力相助，我才得到今天的显贵地位，我正想报答您的恩德，您为何要走呢？"门客说："我对您并不了解，真正了解您的是苏先生。苏先生担心秦国会攻打赵国，破坏合纵的联盟关系，觉得除了您没有合适的人能掌握秦国大权，所以激怒先生，并让我暗中供您钱财，这都是苏先生制定的策略。现在先生已获重用，就请让我回去复命吧！"张仪说："哎呀，这些谋略本来我都研习过却没有察觉到，是我不如苏先生高明啊！况且我刚刚受到聘用，如何会图谋攻击赵国呢？请替我感谢苏先生，在苏先生掌权的时期内，我张仪怎么敢说什么呢？"

秦惠王十年，秦王派公子华与张仪一起围攻魏国的蒲阳，并降服了它。张仪趁机劝说秦王将蒲阳归还魏国，并派公子繇前往魏国作人质。然后，张仪又趁机劝说魏王："秦国如此宽厚地对待魏国，魏国不可不以礼相报。"于是魏国就把上郡、少梁的土地献给秦国，来答谢秦惠王。此后，惠王任用张仪为相国，改少梁为夏阳。

仪相秦四岁，立惠王为王[1]。居一岁，为秦将，取陕。筑上郡塞。

其后二年，使与齐、楚之相会啮桑。东还而免相，相魏以为秦，欲令魏先事秦而诸侯效之。魏王不肯听仪。秦王怒，伐取魏之曲沃、平周，复阴厚张仪益甚。张仪惭，无以归报。留魏四岁而魏襄王卒，哀王立。张仪复说哀王，哀王不听。于是张仪阴令秦伐魏。魏与秦战，败。

明年，齐又来败魏于观津。秦复欲攻魏，先败韩申差军，斩首八万，诸侯震恐。而张仪复说魏王曰："魏地方不至千里，卒不过三十万。地四平，诸侯四通辐凑[2]，无名山大川之限[3]。从郑至梁二百余里，车驰人走，不待力而至。梁南与楚境，西与韩境，北与赵境，东与齐境，卒戍四方，守亭鄣者不下十万[4]。梁之地势，固战场也。梁南与楚而不与齐[5]，则齐攻其东；东与齐而不与赵，则赵攻其北；不合于韩，则韩攻其西；不亲于楚，则楚攻其南：此所谓四分五裂之道也。

"大王不事秦，秦下兵攻河外，据卷、衍、燕、酸枣，劫卫取阳晋[6]，则赵不南，赵不南而梁不北，梁不北则从道绝，从道绝则大王之国欲毋危不可得也。秦折韩而攻梁，韩怯于秦，秦韩为一，梁之亡可立而须也[7]。此臣之所为大王患也。

"且夫秦之所欲弱者莫如楚，而能弱楚者莫如梁。楚虽有富大之名而实空虚；其卒虽多，然而轻走易北[8]，不能坚战。悉梁之兵南面而伐楚，胜之必矣。割楚而益梁，亏楚而适秦，嫁祸安国[9]，此善事也。大王不听臣，秦下甲士而东伐，虽欲事秦，不可得矣。"

哀王于是乃倍从约而因仪请成于秦。张仪归，复相秦。

【注释】

[1] 立惠王为王：秦国国君在惠王以前均称"公"，自惠王开始称"王"。

[2] 辐凑：即"辐辏"，指车辐集中于轴心，这里指地势平坦、四通八达的样子。

[3] 限：阻挡、隔绝。

[4] 亭鄣：指古代边塞地区的军事堡垒。鄣，也作"障"。

[5] 与：同……结交、亲附。

[6] 劫：以武力进行胁迫、威逼。

[7] 立而须：喻指时间非常短暂。

[8] 轻走易北：指非常轻易地逃跑、溃散。北，打败仗。

[9] 嫁祸：将灾难、祸患转移给别人。

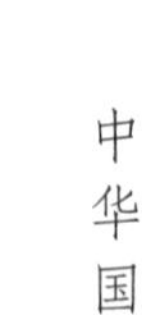

【译文】

张仪担任秦国国相四年后，秦惠文君被立为王。过了一年，张仪被任命为秦国将军，率军夺取了陕邑，并修筑了上郡要塞。

又过了两年，秦王派张仪与齐、楚两国国相在啮桑会谈。回到秦国后就被免去了相国的职务，为了秦国利益，他去魏国担任相国，计划让魏国率先臣服秦国，让其他诸侯效仿。魏王不肯接受。秦王大发雷霆，立刻出动军队攻占了魏国的曲沃、平周，并偷偷地给了张仪更加丰厚的待遇。张仪非常惭愧，觉得自己没有什么可以回敬报答秦王。他在魏国做了四年相国后，魏襄王去世了，魏哀王即位。于是张仪又劝说哀王，哀王也不肯听。于是，张仪便暗中唆使秦国攻击魏国。魏国与秦国交战，结果再次战败。

次年，齐国在观津大败魏军。秦国随后就想进攻魏国，便先打败了韩国的申差，杀死八万韩军，让诸侯为此非常震惊慌恐。张仪再次向魏王游说："魏国土地纵横不到一千里，拥有的士兵超不过三十万。境内地势平坦，通往其他诸侯国的道路像车轮的辐条紧凑集中在车毂，四方畅通没有名山大川的阻隔。从新郑到大梁只有两百多里，军队快速前进，用不了多少力气就到了。魏国南边与楚国接境，西边与韩国接境，北边与赵国接境，东边与齐国接境，士兵在四面边疆驻守，仅仅是防守边塞的就不少于十万人。魏国地势本来就是战场，如果魏国与南面的楚国结交而不与东面的齐国结交，齐国就会进攻魏国的东边；如果魏国与东面的齐国结交而不与北面的赵国结交，赵国就会进攻魏国的北边；如果魏国与西面的韩国不和，韩国便会前来攻击魏国的西边；如果不亲附于南面的楚国，楚国就会进攻魏国的南边；这就是一个四分五裂的道路啊。

"如果大王不愿意事奉秦国，秦国就会出兵进攻河外，占领卷、衍、燕、酸枣等城邑，劫持卫国夺占阳晋，这样赵军就无法南下支援魏国，赵军无法南下而魏军难以北上，这样合纵联盟的通道就会被切断。合纵联盟的道路被切断，大王不想遭到危险也难以办到了。秦国让韩国臣服，然后攻打魏国，韩国畏惧秦国，如果秦、韩成为一体，那么魏国就只能坐等灭亡了，快得用不着坐下来等待。这就是我为大王所担心的啊。

"况且，秦国最想削弱的首先是楚国，而最能削弱楚国的首先是魏国。

楚国虽有国大富强的名声，实际上却很空虚；它的士兵虽然很多，但总是轻易地溃散逃跑，在战场上无法艰苦奋战。如果魏国发动全国军队攻打南面的楚国，肯定会获得胜利。使楚国土地割裂而让魏国扩大领土，让楚国空虚而使秦国高兴，转嫁了灾祸，让自己的国家得以安宁，这是多么大的好事啊。如果大王不愿意听从，等到秦国出动精锐进攻魏国，那时候再想臣服于秦国，恐怕就来不及了。”

于是，魏哀王背弃了合纵的盟约，通过张仪向秦国请求和解。张仪回到秦国，重新被任命为相国。

秦欲伐齐，齐楚从亲，于是张仪往相楚。楚怀王闻张仪来，虚上舍而自馆之[1]。曰："此僻陋之国，子何以教之？"仪说楚王曰："大王诚能听臣，闭关绝约于齐[2]，臣请献商、於之地六百里，使秦女得为大王箕帚之妾[3]，秦楚娶妇嫁女，长为兄弟之国。此北弱齐而西益秦也，计无便此者。"楚王大说而许之。乃以相印授张仪，厚赂之[4]。于是遂闭关绝约于齐，使一将军随张仪。

张仪至秦，佯失绥堕车[5]，不朝三月。楚王闻之，曰："仪以寡人绝齐未甚邪？"乃使勇士至宋，借宋之符，北骂齐王。齐王大怒，折节而下秦[6]。秦齐之交合，张仪乃朝，谓楚使者曰："臣有奉邑六里，愿以献大王左右。"楚使者曰："臣受令于王。以商、於之地六百里，不闻六里。"还报楚王，楚王大怒，发兵而攻秦。使将军屈匄击秦。秦齐共攻楚，斩首八万，杀屈匄，遂取丹阳、汉中之地。楚又复益发兵而袭秦，至蓝田，大战，楚大败，于是楚割两城以与秦平[7]。

【注释】

[1] 虚上舍：空出上等宾馆招待。馆：用作动词，安排住宿。

[2] 闭关：闭塞边关，即断绝往来。

[3] 箕帚之妾：谦辞，指嫁女。箕帚，簸箕扫帚，引申为从事洒扫清除之类的事情。

[4] 赂：馈赠财物等。

[5] 绥：古代车舆上供人登车时拉拽的绳子。

[6] 折节：指放弃尊严、卑躬曲节。下：投靠。

[7] 平：媾和、讲和。

【译文】

秦国想进攻齐国，但是齐、楚之间缔结了合纵盟约，于是派张仪前往楚国任相国。楚怀王听说张仪前来，腾出了上等的宾馆，亲自为张仪安排食宿。楚王说："我们这么偏僻鄙陋的国家，您要用什么教导我呢？"张仪对楚王说："大王要是真的听我的建议，就与齐国断绝往来，解除盟约，我会向秦王请求将商、於六百里土地献给大王，让秦国女子服侍大王，秦楚之间相互通婚，永远做兄弟国家，这样削弱齐国的同时也能让秦国得到好处，没有比这更好的办法了。"楚王非常高兴，迅速应允了他，将相国的印授予了张仪，还赠给他大量财物。楚国于是与齐国断绝了关系，废除了盟约，并派一将军与张仪一起到秦国接收土地。

张仪回到秦国后，假装没拉住车上的绳索，跌下来受了伤，一连三个月都没有上朝。楚王听说了这件事，说："张仪是觉得我与齐国没有彻底断交吗？"他就派勇士前往宋国，借了宋国的符节，到齐国辱骂齐王。齐王非常愤怒，放弃尊严投靠了秦国。等秦、齐建立了邦交后，张仪才上朝。他对楚国使者说："我有秦王赏赐的六里封地，愿意将它奉献给楚王。"楚国使者说："我奉了楚王的命令，前来接收商、於一带的六百里土地，从来没有听说过是六里。"使者回国后禀报楚王，楚王异常愤怒，派将军屈匄率军进攻秦国。于是秦、齐两国共同与楚国作战，杀掉楚兵八万，杀掉了将领屈匄，夺占了丹阳、汉中郡的大片土地。楚国于是又派出更多军队去袭击秦国，到蓝田与秦军大战，结果楚军大败，楚国不得不割让两座城池与秦国媾和。

秦要楚欲得黔中地[1]，欲以武关外易之。楚王曰："不愿易地，愿得张仪而献黔中地。"秦王欲遣之，口弗忍言。张仪乃请行。惠王曰："彼楚王怒子之负以商、於之地，是且甘心于子。"张仪曰："秦强楚弱，臣善靳尚，尚得事楚夫人郑袖，袖所言皆从。且臣奉王之节使楚，楚何敢加诛。假令诛臣而为秦得黔中之地，臣之上愿[2]。"遂使楚。楚怀王至则囚张仪，将杀之。靳尚谓郑袖曰："子亦知子之贱于王乎[3]？"

郑袖曰："何也？"靳尚曰："秦王甚爱张仪而不欲出之，今将以上庸之地六县赂楚，以美人聘楚，以宫中善歌讴者为媵[4]。楚王重地尊秦，秦女必贵而夫人斥矣[5]。不若为言而出之。"于是郑袖日夜言怀王曰："人臣各为其主用。今地未入秦，秦使张仪来，至重王。王未有礼而杀张仪，秦必大怒攻楚。妾请子母俱迁江南，毋为秦所鱼肉也[6]。"怀王后悔，赦张仪，厚礼之如故。

【注释】

[1] 要（yāo）：要挟、威胁、强迫。

[2] 上愿：指心中的最高愿望。

[3] 贱：指受到轻视、遭到鄙弃。

[4] 媵（yìng）：指古代与出嫁女子一同嫁出去的侍女。

[5] 斥：遭到排斥、被废除。

[6] 鱼肉：喻指随意受人欺凌、屠戮。

【译文】

秦国要挟楚国想得到黔中一带的土地，希望用武关外的土地来交换。楚王说："我不愿意换得土地，如果能得到张仪，愿意献出黔中的土地。"秦王想让张仪前去，但又不忍心开口说出来，张仪请求前往。惠王说："楚王对先生背弃奉送商、於一带土地的承诺非常痛恨，这是要杀了你才甘心啊。"张仪说："秦国势力强大，楚国势力弱小，我与楚国的大夫靳尚关系很好，靳尚又能奉承楚王的夫人郑袖，而楚王对郑袖言听计从。况且我是尊奉着大王的命令出使楚国的，楚王怎么敢杀我呢？如果真的杀死我而为秦国换来黔中的土地，这也是我最高的愿望啊。"于是，他出使到楚国。张仪一到，楚怀王就把他关进监牢，想要杀掉他。靳尚对郑袖说："您知道您将要遭到大王的鄙弃吗？"郑袖说："为什么？"靳尚说："秦王对张仪极为钟爱而打算把他从监牢中救出来，现在想用上庸一带的六个县土地贿赂楚国，将秦国的美女嫁给楚王，让宫中擅长歌唱的女人当陪嫁。楚王看重土地，就会对秦国更加敬重，秦国的美女也一定会因为受到宠爱而更加尊贵，这样夫人也就要遭到鄙弃了。夫人不如为张仪讲情，让他从监牢中解脱出来。"于是郑袖便日夜地向怀王讲情："作臣子的，都

是要为自己的君主效力的。如今土地还没有给秦国，秦王就让张仪前来了，对大王也是非常地尊重。大王没有回礼却要杀掉张仪，秦王肯定会因为愤怒而出兵进攻楚国。我请求您让我们母子全都搬到江南去，免得秦国到时候鱼肉欺凌我们。”楚怀王听了非常后悔，于是就赦免了张仪，还像过去一样优待他。

张仪既出，未去，闻苏秦死，乃说楚王曰：“秦地半天下，兵敌四国，被险带河[1]，四塞以为固。虎贲之士百余万[2]，车千乘，骑万匹，积粟如丘山。法令既明，士卒安难乐死[3]，主明以严，将智以武，虽无出甲，席卷常山之险[4]，必折天下之脊[5]，天下有后服者先亡。且夫为从者，无以异于驱群羊而攻猛虎，虎之与羊不格明矣[6]。今王不与猛虎而与群羊，臣窃以为大王之计过也。

“凡天下强国，非秦而楚，非楚而秦，两国交争，其势不两立。大王不与秦，秦下甲据宜阳，韩之上地不通。下河东，取成皋，韩必入臣[7]，梁则从风而动。秦攻楚之西，韩、梁攻其北，社稷安得毋危？

“且夫从者聚群弱而攻至强，不料敌而轻战，国贫而数举兵，危亡之术也。臣闻之，兵不如者勿与挑战，粟不如者勿与持久。夫从人饰辩虚辞[8]，高主之节，言其利不言其害，卒有秦祸，无及为已，是故愿大王之孰计之。

“且夫秦之所以不出兵函谷十五年以攻齐、赵者，阴谋有合天下之心。楚尝与秦构难[9]，战于汉中，楚人不胜，列侯执珪死者七十余人，遂亡汉中。楚王大怒，兴兵袭秦，战于蓝田。此所谓两虎相搏者也。夫秦楚相敝而韩魏以全制其后，计无危于此者矣。愿大王孰计之。

“今秦与楚接境壤界，固形亲之国也。大王诚能听臣，臣请使秦太子入质于楚，楚太子入质于秦，请以秦女为大王箕帚之妾，效万室之都以为汤沐之邑，长为昆弟之国，终身无相攻伐。臣以为计无便于此者。”

故卒许张仪，与秦亲。

【注释】

[1] 被险带河：形容秦国四周地势险要的样子。带，带子，指流经、穿过。

[2] 虎贲之士：如同猛虎一样勇武的战士。

[3] 安难乐死：形容不避艰苦危难、乐于牺牲的样子。

[4] 席卷：如卷席般地全部占有。

[5] 折天下之脊：指如同折断天下的脊背。

[6] 格：抵挡、抵御。

[7] 入臣：指前往秦国称臣。

[8] 饰辩虚辞：粉饰巧辩。

[9] 构难：造成祸端。

【译文】

张仪被从监牢里放出后，还没等离开楚国，就听到苏秦死掉的消息，于是对楚怀王说："秦国占据了天下一半的土地，雄厚的军力能抵挡四方，四方边境凭险据守，黄河穿境而过，四周都有坚固的关塞可供坚守。拥有一百多万勇武的战士，拥有一千辆战车，上万骑兵，贮存着堆积如山的粮食。法令严明，士兵们都不避艰险的境地，都乐于为国事献身，国君贤能而威严，将帅有勇有谋，即便是不出动军队，都能靠声威席卷险要的恒山，摧垮天下的脊骨，天下不肯臣服的国家首先会遭到灭亡。而且，那些一起约定联合的国家对抗秦国，相当于让羊群进攻凶猛的老虎，猛虎和羊群显然是不能成为敌手的。现在，大王不与老虎亲近而去与羊群亲近，我心里觉得大王的计划有误啊。

"如今，天下最强大的国家，不是秦国便是楚国，不是楚国便是秦国，两国之间征战不断，长远来看，是不可能同时存在下去的。假如大王不肯与秦国亲近，秦国就会派军攻占宜阳，那么韩国与上地的交通就会被切断。攻下河东，夺取成皋，韩国肯定会臣服于秦国，魏国也会闻风而动。如果秦国攻击楚国西部，韩国、魏国攻击楚国北部，那您的国家怎能不陷入危险呢？

"而且，那些主张合纵抗秦的人集合一群弱小的国家对抗最强大的国家，是在不权衡双方的力量而轻易地发动战争，国家穷困不堪却又频繁兴兵，这是导致危亡的办法啊。我听说自己的军事力量不如别国强大，

那就不要向对方挑战；自己的粮食不如别国多，就不要持久作战。那些主张联合的人，用粉饰后的言辞，空洞地发表议论，来抬高他们国君的德行，只彰显对国君的好处，不说明对国君的危害，如果突然招来秦国的报复，就来不及应对了。所以希望大王能认真地考虑这个问题。

“秦国之所以连续十五年都不出兵函谷关攻击齐、赵两国，是因为秦国正在暗地里策划一举吞并天下的计划。楚国曾经与秦国发生冲突，汉中一战，楚国战败，损失了七十多位重要的封君列侯，于是丢掉了汉中。楚王非常愤怒,率兵袭击秦国,在蓝田打了一仗。这就是两虎相斗啊。秦、楚两国相互厮杀，都陷入疲惫困顿的境地，韩国和魏国则是用全部的国力坐收渔利，再没有比这更危险的策略了。希望大王能认真地考虑这个问题。

“如今，秦、楚两国接壤，从地形上看也应该彼此亲近。如果大王真的能听取我的建议，那我就请秦王派太子到楚国作为人质，楚国派太子到秦国作为人质，让秦国的女子作为姬妾侍奉大王，向大王进献有万户居民的都邑，给大王作为汤沐之邑，永结兄弟邻邦，终生不再彼此攻伐。我认为没有哪个策略比这个更合适了。”

怀王最终应允了张仪，与秦结好。

张仪去楚，因遂之韩，说韩王曰：“韩地险恶山居，五谷所生，非菽而麦，民之食大抵菽饭藿羹[1]。一岁不收，民不餍糟糠[2]。地不过九百里，无二岁之食。料大王之卒，悉之不过三十万，而厮徒负养在其中矣[3]。除守徼亭鄣塞[4]，见卒不过二十万而已矣。秦带甲百余万，车千乘，骑万匹，虎贲之士跿跔科头贯颐奋戟者[5]，至不可胜计。秦马之良，戎兵之众，探前趹后蹄间三寻腾者[6]，不可胜数。山东之士被甲蒙胄以会战，秦人捐甲徒裼以趋敌[7]，左挈人头，右挟生虏。夫秦卒与山东之卒，犹孟贲之与怯夫；以重力相压，犹乌获之与婴儿。夫战孟贲、乌获之士以攻不服之弱国，无异垂千钧之重于鸟卵之上，必无幸矣。

“大王不事秦，秦下甲据宜阳，断韩之上地，东取成皋、荥阳，则鸿台之宫、桑林之苑非王之有也[8]。夫塞成皋，绝上地，则王之国

分矣。先事秦则安，不事秦则危。夫造祸而求其福报，计浅而怨深，逆秦而顺楚，虽欲毋亡，不可得也。

“故为大王计，莫如为秦。秦之所欲莫如弱楚，而能弱楚者莫如韩。非以韩能强于楚也，其地势然也。今王西面而事秦以攻楚，秦王必喜。夫攻楚以利其地，转祸而说秦，计无便于此者[9]。”

【注释】

[1] 藿羹：指豆叶煮的菜汤。

[2] 糟糠：指酒渣、麸皮等，喻指粗劣的食物。

[3] 厮徒负养：泛指各种勤杂人员。负养，指负责为公家补充给养的人。

[4] 徼（jiào）亭：边境哨所。

[5] 跿跔（tú jū）：跳跃着前进。科头：指战场上脱掉头盔冲锋。贯颐：指用双手遮挡着面颊冲锋。奋戟：挥舞着武器冲锋。以上几个词都表现士卒作战勇敢的样子。

[6] 探前趹（jué）后：形容奔腾的骏马前蹄扬起后蹄腾空的姿态。寻：八尺之长。

[7] 捐甲：指在战场上脱掉防护用的铠甲，以彰显勇敢。徒裼（xī）：指光着脚袒露着身体。裼，指敞开或脱掉外衣，露出内衣或身体。

[8] 苑：古代专门用来畜养禽兽、种植林木的园林。

[9] 便：有利于、便利。

【译文】

张仪离开楚国后，顺路前往韩国，游说韩王道：“韩国有险恶的地势，但人们大都住在山区，所生产的粮食不是麦就是豆，人们的食物大都是豆饭、豆叶菜汤。如果一年没有收成，人们就连糟糠这样的食物都吃不上。韩国土地方圆不足九百里，储存不足两年用的粮食。估计大王的士兵，全部加起来也不过三十万人，连勤杂兵、后勤人员也包含在内。除了边境哨所、边防要塞的士兵，可用的军队不超过二十万人。秦国披甲的部队有一百多万，战车有一千辆，骑兵有一万匹，勇武的战士飞奔跳跃着勇往直前，敢于不戴头盔、双手掩面、持戟冲击敌阵的，多到没法统计。秦国的战马精良，骏马奔驰的时候，前蹄扬起，后蹄腾空，一跃就是两丈四尺远，这样的马多得不计其数。崤山以东的六国士兵，全都戴着头盔，

穿着厚厚的铠甲作战，秦国军队却敢于脱掉战袍，赤足露身地扑向敌阵，左手提着敌人的头，右手裹挟着俘虏。秦兵与六国的兵相比，就像是勇猛的大力士孟贲碰上了软弱的胆小鬼；彼此间的威力对比，就像是勇猛的大力士乌获面对着一个婴儿。用拥有孟贲、乌获这样勇士的军队去与不服从的弱小国家作战，无异于用千钧的重量压在鸟卵上，鸟卵一定不会幸免的。

"如果大王不愿臣服于秦国，秦国就会派兵攻占宜阳，切断了韩国与上地的联系，向东夺占成皋、荥阳，那么鸿台宫和桑林苑，就不再属于大王了。再说，秦国占领了成皋，切断了上地与都城的联系，也就分割了大王的国土。率先臣服于秦国的就会安全,不愿臣服于秦国的就会危险。制造了祸端却希望得到吉祥的回报，计谋浅鄙却结下深重的仇恨，违逆秦国却服从楚国，即便不想灭亡，也是不可能的事情了。

"所以我为大王考虑，不如为秦国效力，秦国现在所希望的，最重要的便是要削弱楚国了，而最能削弱楚国的，没有能超过韩国的了。不是因为韩国强于楚国，而是因为韩国的地理形势更加重要。现在，如果大王能臣服于秦国向楚国进攻，秦王一定会非常高兴。进攻楚国能够取得土地上的利益，也能转移自己的祸患并取悦秦国，没有比这更适宜的计策了。"

韩王听仪计。张仪归报，秦惠王封仪五邑，号曰武信君。使张仪东说齐湣王曰："天下强国无过齐者，大臣父兄殷众富乐[1]。然而为大王计者，皆为一时之说，不顾百世之利。夫从人朋党比周[2]，莫不以从为可。臣闻之，齐与鲁三战而鲁三胜，国以危亡随其后，虽有战胜之名，而有亡国之实。是何也？齐大而鲁小也。今秦之与齐也，犹齐之与鲁也。秦赵战于河漳之上，再战而赵再胜秦；战于番吾之下，再战又胜秦。四战之后，赵之亡卒数十万，邯郸仅存，虽有战胜之名而国已破矣。是何也？秦强而赵弱。

"今秦楚嫁女娶妇，为昆弟之国。韩献宜阳；梁效河外；赵入朝渑池，割河间以事秦。大王不事秦，秦驱韩梁攻齐之南地，悉赵兵渡清河，指博关，临菑、即墨非王之有也。国一日见攻，虽欲事秦，不可得也。

是故愿大王孰计之也。”

齐王曰：“齐僻陋，隐居东海之上，未尝闻社稷之长利也。”乃许张仪。

【注释】

[1] 殷：指非常富足、富裕的样子。

[2] 朋党：指以私利为目的和纽带相互勾结而聚集起来的同类人。

【译文】

韩王采纳了张仪的建议。张仪回秦国报告，秦惠王将五个城邑赏赐给了张仪，封号为武信君，然后又派张仪向东去游说齐湣王：“天下没有哪个国家能够比齐国更强大，大臣和百姓都富足安乐。但是，为大王出谋划策的人，都是为了获得暂时的欢乐，没有考虑到长远的利益。主张合纵的人，往往是结党营私、排斥异己的人，没人会认为合纵是不可行的。我听说，齐国曾与鲁国三次作战，鲁国三次取胜，但随后国家就危亡了，可见即便是有以弱胜强的名声，也会有国家灭亡的现实。原因是什么呢？就是因为齐国强大而鲁国弱小啊。如今，秦国与齐国比较，就像是齐国与鲁国。秦国与赵国曾在漳河上游交战，两次作战中都是赵国击败了秦国；在番吾城下的战斗，又是两次都打败了秦国。四次战役之后，赵国士兵死伤了几十万，才仅仅能保得住邯郸。即便是赵国拥有战胜秦军的名声，国家却变得残破不堪。其中的原因是什么呢？是因为秦国强大而赵国弱小啊。

“如今秦、楚两国相互嫁女娶妇，结成兄弟一样的盟国。韩国献出宜阳，魏国献出黄河以西，赵国在渑池朝拜秦王，将河间割让给秦国。如果大王不肯臣服于秦国，秦国就会驱使着韩国、魏国的军队攻击齐国南部，驱使着全部赵国军队渡过清河，直指博关，到那时临菑、即墨也就不再是大王拥有的地方了。一旦受到进攻，再想臣服于秦国，也是不可能的了，所以希望大王能够认真地考虑。”

齐王说：“齐国是个偏僻落后的地方，处在东海的边上，没有听说过事关国家长远利益的道理。”于是，齐湣王就采纳了张仪的建议。

张仪去，西说赵王曰："敝邑秦王使使臣效愚计于大王[1]。大王收率天下以宾秦[2]，秦兵不敢出函谷关十五年。大王之威行于山东，敝邑恐惧慑伏[3]，缮甲厉兵，饰车骑[4]，习驰射，力田积粟，守四封之内，愁居慑处，不敢动摇，唯大王有意督过之也[5]。

"今以大王之力，举巴蜀，并汉中，包两周，迁九鼎，守白马之津。秦虽僻远，然而心忿含怒之日久矣。今秦有敝甲凋兵[6]，军于渑池，愿渡河逾漳，据番吾，会邯郸之下，愿以甲子合战[7]，以正殷纣之事，敬使使臣先闻左右。

"夫天下之不可一亦明矣。今楚与秦为昆弟之国，而韩梁称为东藩之臣[8]，齐献鱼盐之地，此断赵之右臂也。夫断右臂而与人斗，失其党而孤居，求欲毋危，岂可得乎？

"今秦发三将军：其一军塞午道，告齐使兴师渡清河，军于邯郸之东；一军军成皋，驱韩梁军于河外；一军军于渑池。约四国为一以攻赵，赵破，必四分其地。是故不敢匿意隐情，先以闻于左右。臣窃为大王计，莫如与秦王遇于渑池，面相见而口相结，请案兵无攻[9]，愿大王之定计。"

赵王许张仪，张仪乃去。

【注释】

[1] 敝邑：谦辞，指自己的国家。

[2] 宾（bìn）：抵御、抗拒。

[3] 慑伏：又作"慑服"，指因对威势感到畏惧而屈服。

[4] 饰：加强、整顿。

[5] 督过：有意责怪。

[6] 凋：损伤、残破。

[7] 甲子：古代常用的一种以天干、地支进行组合的纪年纪日方式。相传武王伐纣决胜日就是甲子日。

[8] 东藩之臣：即东方的属国。藩，指受分封或臣服的属国。

[9] 案兵：指约束士兵不使其前进。案，压抑、约束。

【译文】

张仪离开齐国后，西去游说赵王："秦王让我作为使臣向大王呈献不成熟的意见。大王率领天下的诸侯来抵御秦国，让秦国军队连续十五年都不敢出函谷关东进。大王的声威传遍东方六国，我们的大王非常担惊受怕，只能表示屈服而不敢妄动，现在正在整治军备，砥砺武器，整顿战车和战马，练习驾车射箭的本领，努力地种地，储存粮食，守护着四方境内的安全，忧愁畏惧地生活，不敢有轻率的举动，时刻担心大王有意深责我们曾经的过失。

“如今，因为有大王的力量，秦国已经攻占了巴、蜀，吞并了汉中，包围了东周、西周，迁走了九鼎等宝器，据守着白马渡口。尽管秦国地处偏僻辽远的地方，但是内心却压抑了太长时间的愤懑。现在，秦国的一支残败的军队，正驻扎在渑池，打算渡过黄河，跨过漳水，进占番吾，与贵国的军队在邯郸城下会合，希望在甲子日交战，来效法武王伐纣的旧事，所以秦王才郑重地派出使臣前来敬告大王。

“天下的诸侯是明显无法统一起来的。现在，楚国与秦国已经成为兄弟盟国，韩、魏两国也已臣服于秦国，成为秦在东方的属国，齐国献出鱼盐盛产之地，等于是斩断了赵国右臂。斩断了右臂去和别人争斗，失去了同伙而孤立无援，想让国家不陷入危险，怎么可能做到呢？

“现在，秦国已经派出了三支军队：一支阻断了午道，会同齐国军队渡过清河，驻扎在邯郸以东；一支驻扎在成皋，驱使着韩、魏两国军队驻扎在河外；一支驻扎在渑池，并且与四国军队约定一起进攻赵国，攻破赵国后必然会由四国瓜分赵国土地。因此我不敢隐瞒这个真实的情况，想先告诉大王。我暗地里为大王考虑，大王不如与秦王到渑池会晤，面对面地订立约定，请求秦王按兵不动，不要进攻赵国。希望大王仔细考虑这件事。”

赵王采纳了张仪的建议，张仪于是离去。

北之燕，说燕昭王曰：“大王之所亲莫如赵。昔赵襄子尝以其姊为代王妻，欲并代，约与代王遇于句注之塞。乃令工人作为金斗[1]，长其尾，令可以击人。与代王饮，阴告厨人曰：‘即酒酣乐，进热啜，反斗以击之。’于是酒酣乐，进热啜，厨人进斟[2]，因反斗以击代王，杀之，王脑涂地。其姊闻之，因摩笄以自刺[3]，故至今有摩笄之山。

代王之亡，天下莫不闻。

“夫赵王之很戾无亲[4]，大王之所明见，且以赵王为可亲乎？赵兴兵攻燕，再围燕都而劫大王，大王割十城以谢。今赵王已入朝渑池，效河间以事秦。今大王不事秦，秦下甲云中、九原，驱赵而攻燕，则易水、长城非大王之有也。

“且今时赵之于秦犹郡县也，不敢妄举师以攻伐。今王事秦，秦王必喜，赵不敢妄动，是西有强秦之援，而南无齐赵之患，是故愿大王孰计之。”

燕王听仪。仪归报，未至咸阳而秦惠王卒，武王立。武王自为太子时不说张仪，及即位，群臣多谗张仪。诸侯闻张仪有郤武王，皆畔衡，复合从。

【注释】

[1] 金斗：古代一种金属质地的勺子，可以斟羹也可以酌酒。

[2] 斟：这里指汤匙，也就是“金斗”。

[3] 摩：通“磨”。笄（jī）：用来盘住头发或别住帽子的簪子。

[4] 很戾无亲：指性情乖张残暴、六亲不认。很，通“狠”，凶暴。戾，乖张、不讲理。

【译文】

张仪向北到了燕国，游说燕昭王：“大王最亲近的国家，没有超得过赵国的了。过去，赵襄子曾经让自己的姐姐嫁给代王，想趁机吞并代国。他与代王约定在句注要塞会晤，命令工匠做了一个金勺，拉长了勺柄，让它能用来杀人。赵王与代王喝酒的时候，偷偷地告诉厨子：‘趁喝到酒酣的时候，你呈送进热羹，趁机调转勺柄击杀他。’于是在喝酒至酣的时候，厨子送上热腾腾的羹汁，趁送上金勺的机会，调转勺柄击中代王，并当场杀死了他，代王的脑浆淌满一地。赵王的姐姐听说了这件事，用磨尖的簪子自杀了，所以至今赵国还有一个叫摩笄山的地名。代王的死，天下没有谁不知道的。

“赵王性情凶暴乖张，六亲不认，大王是明确见识过的，那还认为赵王能够亲近吗？赵国进攻燕国，两次围困了燕国的都城，逼着大王割让十座城邑向他致歉。现在，赵王已经前往渑池朝拜秦王，愿意献出河间一带的土地臣服于秦国。如果大王不愿臣服于秦国，秦国将派军直接进攻云中、九原，驱使着赵军进攻燕国，那么易水、长城也就不再属于大王了。

“况且，如今的赵国对秦国来说，就相当于秦国的郡县，不敢随便兴兵打仗。如果大王愿意臣服于秦国，秦王肯定会非常高兴，赵国也不再敢轻易有所动作，也就等于是有了秦国的强大支援，也解除了南面的齐、赵的威胁，所以希望大王能仔细地考虑。”

燕王采纳了张仪的建议。张仪回秦国禀报秦王，还没走到咸阳就听到了秦惠王去世的消息，秦武王即位。武王作太子的时候就不喜欢张仪，等到继承了王位，就有很多大臣说张仪的坏话。诸侯听说张仪与武王关系有裂痕，都纷纷背叛连横，又恢复了合纵关系。

张仪惧诛，乃因谓秦武王曰：“仪有愚计，愿效之[1]。”王曰：“奈何？”对曰：“为秦社稷计者，东方有大变，然后王可以多割得地也。今闻齐王甚憎仪，仪之所在，必兴师伐之。故仪愿乞其不肖之身之梁[2]，齐必兴师而伐梁。梁齐之兵连于城下而不能相去，王以其间伐韩，入三川，出兵函谷而毋伐，以临周[3]，祭器必出[4]。挟天子，按图籍，此王业也。”秦王以为然，乃具革车三十乘，入仪之梁。齐果兴师伐之。梁哀王恐。张仪乃使其舍人冯喜之楚，借使之齐，谓齐王曰：“王甚憎张仪；虽然，亦厚矣王之托仪于秦也。”齐王曰：“寡人憎仪，仪之所在，必兴师伐之，何以托仪？”对曰：“是乃王之托仪也。夫仪之出也，固与秦王约曰：‘为王计者，东方有大变，然后王可以多割得地。今齐王甚憎仪，仪之所在，必兴师伐之。故仪愿乞其不肖之身之梁，齐必兴师伐之。齐梁之兵连于城下而不能相去，王以其间伐韩，入三川，出兵函谷而无伐，以临周，祭器必出。挟天子，案图籍，此王业也。’秦王以为然，故具革车三十乘而入之梁也。今仪入梁，王果伐之，是王内罢国而外伐与国，广邻敌以内自临，而信仪于秦王也。此臣之所谓‘托仪’也。”齐王曰：“善。”乃使解兵[5]。

张仪相魏一岁，卒于魏也。

太史公曰：三晋多权变之士[6]，夫言从衡强秦者大抵皆三晋之人也。夫张仪之行事甚于苏秦，然世恶苏秦者，以其先死，而仪振暴其短以扶其说[7]，成其衡道[8]。要之[9]，此两人真倾危之士哉[10]！

【注释】

[1] 效：进献、呈献。

[2] 不肖：谦辞，指没有出息、没有长进。

[3] 临：威胁、逼近。

[4] 祭器：指古代祭祀中所用到的各种礼器。

[5] 解：解除、撤走。

[6] 权变：指权宜机变、随机应变。

[7] 振暴：张扬并予以暴露。扶：支持、附和。

[8] 衡道：指秦国施行的"连横"政策。

[9] 要之：总之。

[10] 倾危之士：指内心险诈的人。

【译文】

张仪担心会被杀死，就趁机进谏武王说："我有个不成熟的计策，希望献给大王。"武王说："是什么计策呢？"张仪说："为了秦国着想，必须让东方各国发生大变故，大王才能尽可能多地割占土地。现在，听说齐王非常痛恨我，只要我在哪个国家，他就一定会发兵讨伐那个国家。所以，我希望大王能允许我这个才能卑下的人前往魏国，齐国必然会出动军队进攻魏国。魏、齐两国军队在城下混战且都无法抽身战场的时候，大王就利用这个机会进攻韩国，攻占三川，兵出函谷关后不要攻打其他国家，要直接逼近周都，周天子一定会向您献出宗庙祭器。大王到时候就能挟持天子，将全天下的地图户籍都掌握在手里，成就帝王的功业。"秦王觉得他说得很对，就准备了三十辆兵车，护送着张仪来到了魏国。齐王果然派军进攻魏国，魏哀王非常害怕。张仪就派遣他的门客冯喜前往楚国，借用楚国的使臣符节前往齐国，对齐王说："大王特别痛恨张仪。尽管这样，大王让张仪在秦国有所依托，也做得非常周到了啊！"齐王说："我痛恨张仪，张仪在什么地方，我就一定会出兵攻打什么地方，我怎么会让张仪变得有所依托了呢？"冯喜答道："这就是大王让张仪变得有所依托了呀。张仪离开秦国的时候，与秦王约定说：‘为了秦国着想，必须让东方各国发生大变故，大王才能尽可能多地割占土地。现在，听说齐王非常痛恨我，只要我在哪个国家，他就一定会发兵讨伐。所以，我希望大王能允许我这个才能卑下的人前往魏国，齐国必然会出动军队进攻魏国。等魏、齐两国军队在城下对峙而无法抽身战场的时候，大王就利用这个机会进攻韩国，攻占三川，兵出函谷关后不要攻打其他国家，要直接逼近周都，周天子一定会向您献出宗庙祭器。大王到时候就能挟持天子，将全天下的地图户籍都掌握在手里，成就帝王的功业。’秦王觉得他说得很对，所以才准备了三十辆兵车，护送张仪前往魏国。现在，张仪已进入大梁，大王果然攻打魏国，这是大王在让自己的国家疲惫困乏去攻打自己的同盟国呀，这样广泛地树立敌人，必然会惹来殃及自身的祸患，却让张仪得到了秦王的信任。这就是我所说的‘让张仪变得有所依托了’呀。”齐王说：“好。”于是齐王撤回了攻打魏国的军队。

张仪在魏国担任了一年相国后，就死在了魏国。

太史公说：三晋大地上出现了很多擅长权宜机变的人物，那些主张合纵、连横来抵御强大秦国的大多是三晋人。张仪在行为上比苏秦更厉害，但是很多人厌恶苏秦的原因，是因为他先死了而张仪暴露了合纵政策的不足，从而来支持自己的主张，促成连横政策。总而言之，这两个人都是能够倾邦覆国的人啊。

【精彩语段】

张仪已学而游说诸侯。尝从楚相饮，已而楚相亡璧，门下意张仪，曰：“仪贫无行，必此盗相君之璧。”共执张仪，掠笞数百，不服，醳之。其妻曰：“嘻！子毋读书游说，安得此辱乎？”张仪谓其妻曰：“视吾舌尚在不？”其妻笑曰：“舌在也。”仪曰：“足矣。”

评析 张仪是战国时期非常有名的纵横家，是那个时代纵横家的杰出代表。他以自己的口舌之利游走于诸侯之间，无论是挑起或平息争端，都可以看到他的身影。无疑，口舌之利是他赖以生存的资本。这段对话便表现出张仪的狡黠之处。无怪乎古人会称张仪“岂不诚大丈夫哉？一怒而诸侯惧，安居而天下熄”，可谓是切中要害。

知识链接 合纵连横

“合纵连横”简称“纵横”，实质上是战国时期的各大国相互之间建立同盟或各个击破的一种军事、外交活动，目的是进行土地兼并和势力扩张。“战国七雄”中，秦国在西方，东方六国的土地南北相连，联合起来共同抗秦，所以称为“合纵”。而为了对抗“合纵”政策，秦国就派出游说者拉拢弱小国家，共同进攻别国。实际上，除秦国外，齐国也曾是诸侯“合纵”进攻的对象，只是在战国后期由于秦国一枝独大，使得东方六国的“合纵”政策大多是针对秦国。然而纷繁的形势变化，又让合纵连横经常会变化无常，所以造成了实力弱小的国家在强国之间来回依附，也就具有了“朝秦暮楚”的显著特点。当时最为著名的纵横家，主要有张仪、公孙衍、苏秦等人。

白起列传

白起是战国后期秦国著名的军事将领，在秦国灭亡东方六国的过程中起到了非常重要的作用。作为白起的成名之战，“长平之战”称得上是战国时期所有战争中，规模最大、结果也最惨烈的一次战争。所以，对于这次战争过程的展现，以及对这场战争的设计和指挥，最能够展现白起作为一名军事将领的不凡才能，同时也体现出其性格中残忍的一面。故而，司马迁在这篇传记中不吝笔墨，详尽描写了白起如何制造了“坑杀俘虏四十余万人”、令诸侯震惊的“长平之战”的。及至遭秦相范雎妒忌称病不起，后又被贬为士卒直至被迫自杀，则揭示出白起的悲剧性命运的必然性。司马迁之所以为白起立传，就是要借肯定白起来彰显对秦国统一进程的赞同，以及对虐民、暴政行为的批判。

白起者，郿人也。善用兵，事秦昭王。昭王十三年，而白起为左庶长，将而击韩之新城[1]。是岁，穰侯相秦[2]，举任鄙以为汉中守。其明年，白起为左更，攻韩、魏于伊阙，斩首二十四万，又虏其将公孙喜，拔五城。起迁为国尉。涉河取韩安邑以东，到乾河。明年，白起为大良造。攻魏，拔之，取城小大六十一。明年，起与客卿错攻垣城，拔之。后五年，白起攻赵，拔光狼城。后七年，白起攻楚，拔鄢、邓五城。其明年，攻楚，拔郢，烧夷陵[3]，遂东至竟陵。楚王亡去郢，东走徙陈。秦以郢为南郡。白起迁为武安君。武安君因取楚，定巫、黔中郡。昭王三十四年，白起攻魏，拔华阳，走芒卯[4]，而虏三晋将[5]，斩首十三万。与赵将贾偃战，沈其卒二万人于河[6]中。昭王四十三年，白起攻韩陉城，拔五城，斩首五万。四十四年，白起攻南阳太行道，绝之[7]。

四十五年，伐韩之野王。野王降秦，上党道绝。其守冯亭与民谋曰：“郑道已绝，韩必不可得为民。秦兵日进，韩不能应，不如以上党归赵。

赵若受我，秦怒，必攻赵。赵被兵，必亲韩。韩、赵为一，则可以当秦。”因使人报赵。赵孝成王与平阳君、平原君计之。平阳君曰：“不如勿受。受之，祸大于所得。”平原君曰:“无故得一郡，受之便。”赵受之，因封冯亭为华阳君。

【注释】

[1] 将：率兵作战。

[2] 穰侯：指秦国相国魏冉。

[3] 夷陵：楚国先王的墓地。

[4] 走：使……败逃。

[5] 三晋将：指分晋而立的赵、魏、韩三国的将领，这里实际是指赵、魏两国的将领。

[6] 沈：通“沉”，使沉没。

[7] 绝：使隔绝、使断绝。

【译文】

白起是郿地人。他擅长用兵，事奉秦昭王。昭王十三年（前 294 年），白起被提拔为左庶长，率军进攻韩国的新城。这一年，穰侯魏冉正担任秦国的相国，举用任鄙做了汉中郡的郡守。第二年，白起被提拔为左更，率军攻击韩、魏联军，在伊阙之战中杀敌二十四万人。俘获联军统帅公孙喜，攻占了五座城邑。白起因功被提拔为国尉。他率领秦军渡过黄河掠夺了韩国安邑以东至乾河的大片土地。次年，白起再被提拔为大良造。攻打魏国，夺取了魏国城邑大小共六十一座。次年，白起与客卿错共同进攻垣城，并最终将其拿了下来。五年后，白起率军攻击赵国，夺得光狼城。七年后，白起进攻楚国，攻占了鄢、邓等五座楚国城邑。次年，白起再次攻击楚国，攻占了楚国的都城郢，烧毁了楚国先王的陵墓，一直向东进攻到竟陵才停止进攻。楚王逃出郢都，将都城向东迁往陈。于是秦国便在郢都设置了南郡。白起因功受封为武安君，并趁势进攻楚地，夺占了巫、黔中两郡。昭王三十四年（前 273 年），白起攻击魏国，夺取华阳，打跑了魏将芒卯，俘获了对方三位将领，杀敌十三万人。白起又在与赵国将领贾偃作战时，将两万赵国士兵赶进了黄河里。昭王四十三年（前 264 年），白起攻击韩国的陉城，连续夺占了五个城邑，杀敌五万人。昭王四十四年（前 263 年），白起率军进攻韩国的南阳太行道，最终将这条通道彻底断绝。

昭王四十五年（前 262 年），白起率军攻击韩国的城邑野王。野王城投降秦国，让韩国上党郡与国都断了联系。上党郡郡守冯亭便与百姓商议："通往都城的道路断绝了，韩国肯定是无法管辖我们了。秦国军队日渐逼进，韩国军队无法救应，我们上党不如归附赵国。如果赵国肯接受我们，秦国必定恼怒而去攻打赵国。赵国受到武力威胁，必定会与韩国亲近。到时候韩、赵两国联合，就可以抵御秦国了。"于是就派出使者通报赵国。赵孝成王与平阳君、平原君研究对策，平阳君说："不如拒绝它。如果接受，可能带来远比好处大得多的祸害。"平原君说："凭空得到一郡，接受它就是了。"于是赵王接受了上党，封冯亭为华阳君。

四十七年，秦使左庶长王龁攻韩，取上党。上党民走赵。赵军长平，以按据上党民[1]。四月，龁因攻赵。赵使廉颇将。赵军士卒犯秦斥兵，秦斥兵斩赵裨将茄。六月，陷赵军，取二鄣四尉。七月，赵军筑垒壁而守之。秦又攻其垒，取二尉，败其阵，夺西垒壁。廉颇坚壁以待秦，秦数挑战，赵兵不出。赵王数以为让。而秦相应侯又使人行千金于赵为反间，曰："秦之所恶，独畏马服子赵括将耳[2]，廉颇易与，且降矣。"赵王既怒廉颇军多失亡，军数败，又反坚壁不敢战，而又闻秦反间之言，因使赵括代廉颇将以击秦。秦闻马服子将，乃阴使武安君白起为上将军[3]；而王龁为尉裨将，令军中有敢泄武安君将者斩。赵括至，则出兵击秦军。秦军详败而走[4]，张二奇兵以劫之。赵军逐胜[5]，追造秦壁。壁坚拒不得入，而秦奇兵二万五千人绝赵军后，又一军五千骑绝赵壁间，赵军分而为二，粮道绝。而秦出轻兵击之。赵战不利，因筑壁坚守，以待救至。秦王闻赵食道绝，王自之河内，赐民爵各一级，发年十五以上悉诣长平[6]，遮绝赵救及粮食。

至九月，赵卒不得食四十六日，皆内阴相杀食。其将军赵括出锐卒自搏战，秦军射杀赵括。括军败，卒四十万人降武安君。武安君乃

挟诈而尽坑杀之[7]，遗其小者二百四十人归赵。前后斩首虏四十五万人。赵人大震。

【注释】

[1] 按据：按兵据援，驻扎军队随时准备支援。

[2] 马服：指赵国马服君赵奢。

[3] 阴：暗地里。

[4] 详：通“佯”，佯装、假装。

[5] 逐胜：乘胜追击。

[6] 发：征召。诣：到达。

[7] 挟诈：暗中用诡计欺骗。

【译文】

昭王四十七年（前260年），秦国派左庶长王龁率军进攻韩国，夺取了上党。上党百姓纷纷逃往赵国。赵国将军队驻扎在长平，来接应上党百姓。四月，王龁以此为借口攻击赵国。赵国派廉颇去统率赵军。赵军侵犯了秦军的侦察兵，秦军的侦察兵杀死了赵军一个副将茄。到了六月，秦军打破了赵军的防线，夺占了两座边邑，俘获了四个尉官。七月，赵军开始筑起高高的围墙，坚守不出。秦军派军队攻打，又俘获了两个尉官，攻破赵军的防线，夺占了西边的营垒。于是廉颇在营垒中固守，以防御的态势与秦军展开对峙。尽管秦军多次挑战，赵兵都坚守不出。赵王数次责备廉颇不肯与秦军作战。于是，秦国相国应侯范雎花费千金，派人到赵国离间，说：“秦国最不愿看到的，就是任命马服君的儿子赵括为将领，廉颇非常好对付，他马上就要投降了。”赵王早就对廉颇伤亡过多且多次战败，如今又固守营垒不敢出战非常不满，听到秦人反间的言论后，就以为是真的，于是便派赵括替代廉颇率领赵军主动攻击秦军。秦国得知赵军改由马服君的儿子赵括担任将领，于是暗中派武安君白起为上将军，王龁改任尉官副将，并严令军中不得泄露白起为将的消息，对泄密者格杀勿论。赵括一上任，就派遣军队进攻秦军。秦军佯装不敌而败逃，同时设置两翼奇兵进逼赵军。赵军乘胜追击，一直追到秦军的营垒之下，但是秦军的营垒十分坚固，无法攻破，而秦军一支两万五千人的军队，已经彻底截断了赵军的退路，另一支五千人的骑兵则在赵军的营垒间穿插，将赵军分成彼此孤立的两部分，连运粮通道也被封堵住了。此时，秦军以轻装精兵攻击赵军，交战失利的赵军便构筑壁垒固守，等待援兵前来。得知秦军截断了赵军的运粮通道，秦王亲自到河内封赏当地百姓每人一级爵位，又征集当地十五岁以上的青壮年全部投入长平战场，以阻碍赵国救兵，断绝他们的粮食供应。

到了这年九月，赵军士卒已经断粮达四十六天，士卒只好暗地里互相杀人吃肉充饥。赵军将领赵括派出精锐的士卒并亲自上阵搏杀突围，结果被秦军射杀。于是赵军大败，四十万士卒投降了白起。白起担心赵军士兵生变，就用欺骗的手段将赵军降兵全部活埋，只留下了年纪尚小的二百四十个赵国士兵回到赵国。至此，秦军前后共消灭了四十五万赵兵。赵国上下顿时一片震惊。

四十八年十月，秦复定上党郡。秦分军为二：王龁攻皮牢，拔之；司马梗定太原。韩、赵恐，使苏代厚币说秦相应侯曰："武安君禽马服子乎？"曰："然。"又曰："即围邯郸乎？"曰："然。""赵亡则秦王王矣，武安君为三公。武安君所为秦战胜攻取者七十余城，南定鄢、郢、汉中，北禽赵括之军，虽周、召、吕望之功不益于此矣。今赵亡，秦王王，则武安君必为三公[1]，君能为之下乎？虽无欲为之下，固不得已矣。秦尝攻韩，围邢丘，困上党，上党之民皆反为赵，天下不乐为秦民之日久矣。今亡赵[2]，北地入燕，东地入齐，南地入韩、魏，则君之所得民亡几何人。故不如因而割之[3]，无以为武安君功也。"于是应侯言于秦王曰："秦兵劳，请许韩、赵之割地以和，且休士卒。"王听之，割韩垣雍、赵六城以和。正月，皆罢兵。武安君闻之，由是与应侯有隙[4]。

其九月，秦复发兵，使五大夫王陵攻赵邯郸。是时武安君病，不任行[5]。四十九年正月，陵攻邯郸，少利，秦益发兵佐陵。陵兵亡五校[6]。武安君病愈，秦王欲使武安君代陵将。武安君言曰："邯郸实未易攻也。且诸侯救日至，彼诸侯怨秦之日久矣。今秦虽破长平军，而秦卒死者过半，国内空。远绝河山而争人国都[7]，赵应其内，诸侯

攻其外，破秦军必矣。不可。”秦王自命，不行；乃使应侯请之，武安君终辞不肯行，遂称病。

秦王使王龁代陵将，八、九月围邯郸，不能拔。楚使春申君及魏公子将兵数十万攻秦军，秦军多失亡。武安君言曰：“秦不听臣计，今如何矣！”秦王闻之，怒，强起武安君[8]，武安君遂称病笃。应侯请之，不起。于是免武安君为士伍，迁之阴密。武安君病，未能行。居三月，诸侯攻秦军急，秦军数却，使者日至。秦王乃使人遣白起，不得留咸阳中。武安君既行，出咸阳西门十里，至杜邮。秦王乃使使者赐之剑，自裁。武安君遂自杀。死而非其罪，秦人怜之，乡邑皆祭祀焉。

【注释】

[1] 三公：指朝廷中辅佐国君主管军政的最高长官，如周代的太师、太傅、太保等。

[2] 今：如果。

[3] 因而割之：趁机迫使他们割让土地。

[4] 隙：嫌隙、怨恨。

[5] 任：能够、当得起。

[6] 校：军队编制，一校为八百人。

[7] 绝：渡过、跨过。

[8] 强起：强逼着去赴任。

【译文】

昭王四十八年（前259年）十月，秦国再次平定了上党郡。随后，秦军分为两路：王龁进攻皮牢并占领，司马梗平定了太原。韩、赵两国都非常害怕，于是就派苏代带着丰厚的献礼前往秦国游说相国应侯范雎：“武安君已经擒杀了赵括，是吗？”应侯答道：“是的。”苏代又问：“秦军这就要围攻邯郸了，是吗？”应侯答道：“是的。”苏代又说：“灭亡了赵国，秦王就可以君临天下了，武安君按功劳应当位列三公。武安君帮助秦国攻占夺取的城邑达七十多座，在南边平定了楚国的鄢、郢和汉中地区，在北边则擒杀了赵括的四十万赵军，即便是历史上的周公、召公和吕望等人的功劳，也无法超过他了。如果赵国灭亡了，秦王就能君临

天下，武安君绝对是要位居三公的了，难道您能屈居于他之下吗？即便心里不愿意屈居下位，可是成为事实了就不得不屈从了。秦国曾攻击韩国，围困邢丘、上党，上党的百姓反而都归附赵国，天下百姓不愿成为秦国臣民的时间已经很久了。如果现在灭掉赵国，那么它的北方边郡将落入燕国，东方边郡将并入齐国，南方边郡将归入韩国、魏国，这样您能得到的百姓也就剩不下多少了。所以不如趁着韩国、赵国非常惊恐的时候，迫使他们割让土地给秦国，不要让武安君建立更多功劳了。”听了苏代的话，应侯于是向秦王进谏：“秦国在外的士兵太疲倦了，请您允许韩国、赵国与秦国割地讲和，也让士兵借机休整一下吧。”于是秦王采纳了应侯的建议，割占了韩国的垣雍和赵国的六座城邑。正月，秦国与两国停战。武安君得知了停战的消息，由此与应侯之间出现了嫌隙。

这一年九月，秦国再次出兵，命令五大夫王陵进攻赵国都城邯郸。此时武安君恰巧生病，无法出征。昭王四十九年（前258年）正月，王陵攻击邯郸，但取得的战果很少，进展不顺，秦昭王便增派军队援助王陵。王陵的军队损失了四千人。这时武安君的病痊愈了，昭王就打算让武安君替代王陵统军作战。武安君谏言道：“邯郸确实不容易攻取。况且诸侯的救兵一天就可到达，他们对秦国有着很深的积怨。如今我们虽然在长平消灭了赵军主力，可是秦军战死的士卒也超过一半了，如今我们国内空虚。如果我们要跨越千里河山去夺取别国的都城，赵军在城里接应，诸侯军在外围进攻，秦军受到内外夹击必定会战败。不能这样作战。”秦王亲自下令，武安君不肯赴任；于是让应侯请他出来，武安君仍然推辞不肯赴任，于是又称病不出了。

秦王于是派王龁替代王陵统率军队，八、九月间围攻邯郸，没能攻打下来。楚国派春申君会同魏公子信陵君一起统率数十万军队进攻秦军，秦军很多都死伤逃亡了。武安君说：“大王不听从我的计谋，现在又如何了呢！”秦王听说之后，非常恼怒，强迫武安君赴任，于是武安君就谎称病情更严重了。应侯再去请他，仍然是不肯赴任。于是秦王就免去武安君的官爵，把他降为士兵，强迫他前往阴密。武安君身体有病，不能前行。三个月后，诸侯军队进攻秦军变得日趋紧迫，秦军数次退却，报告战况的使者每天都有。秦王于是派人驱逐白起，不再让他继续留在咸

阳城中。武安君只得上路，离开咸阳西门走了十里路，来到了杜邮。秦昭王派人赐给武安君一把剑，逼他自杀。武安君于是自杀了。武安君死了却不是因罪而死，秦国人都很同情他，城乡百姓从此都开始祭祀他。

【精彩语段】

武安君言曰："邯郸实未易攻也。且诸侯救日至，彼诸侯怨秦之日久矣。今秦虽破长平军，而秦卒死者过半，国内空。远绝河山而争人国都，赵应其内，诸侯攻其外，破秦军必矣。不可。"

评析 白起在"长平之战"中坑杀赵国军卒四十余万人，然而并不因此就认为赵国已成强弩之末，尤其是在对秦国围攻赵都邯郸这件事情上，始终能从现实情势出发，并不因秦国自身实力的强大而穷兵黩武。显然，战事的发展证明了白起的判断，而他对秦王任命的消极抗拒，也成为秦王对他愈加不满的导火索，直接导致了他最终的被迫自杀。

知识链接 权相范雎

作为一代名将的白起，其在军事上的作为可圈可点，然而最大的缺点，却是欠缺必要的政治头脑，不懂得在政治活动中保护自己，最终被时任秦国相国的范雎谗言诬陷，被迫自杀。范雎提出了著名的"远交近攻"的策略，瓦解了六国之间的合纵关系，并将韩、魏两国作为首要的攻击目标。在范雎的建议下，秦国的王权得到了很大的巩固和增强。在"长平之战"中，是范雎的离间计让赵王任用只会"纸上谈兵"的赵括代替良将廉颇，致使赵国在长平损失45万士卒。但是，范雎又是一个恩怨分明、睚眦必报、嫉贤妒能的人，曾在掌握秦国朝权后羞辱魏使须贾，又逼死几乎把自己鞭笞至死的魏相魏齐，"长平之战"后因妒忌白起军功而在白起受逐后谏言秦王让白起自杀。范雎的出现，让秦国的统一战争富有策略和条理，逼死白起则又迟滞了秦最终完成统一的进程，因而成为一位极富特色的秦国"权相"。

王翦列传

王翦是秦王嬴政统一六国时的一位著名将领。作为嬴政的宿将，王翦率领秦军先后参与或主导了灭亡赵、魏、楚、燕、齐五国的战争，立下了赫赫功勋，所以颇受嬴政的器重。尤其是在灭亡楚国的筹划中，嬴政因李信声称只需二十万秦军但王翦声称非六十万不能，而改用李信破楚，结果大败，于是他不得不再次起用王翦并终致成功，表现出王翦卓越的军事才能，以及王翦作为老将的以万全为本、老谋深算的性格特点。同时，司马迁还通过叙写嬴政先否定王翦的作战计划后又赞同的态度变化，来揭示王翦受到推重的原因。与司马迁为白起立传一样，本篇同样是作者从个人的倾向出发，表达个人对秦始皇统一战争的赞同，而对于他的虐民、暴政的批判。

王翦者，频阳东乡人也。少而好兵，事秦始皇。始皇十一年，翦将攻赵阏与，破之，拔九城。十八年，翦将攻赵。岁余，遂拔赵，赵王降，尽定赵地为郡。明年，燕使荆轲为贼于秦[1]，秦王使王翦攻燕。燕王喜走辽东，翦遂定燕蓟而还[2]。秦使翦子王贲击荆[3]，荆兵败。还击魏，魏王降，遂定魏地。

秦始皇既灭三晋，走燕王，而数破荆师。秦将李信者，年少壮勇，尝以兵数千逐燕太子丹至于衍水中，卒破得丹，始皇以为贤勇。于是始皇问李信："吾欲攻取荆，于将军度用几何人而足？"李信曰："不过用二十万人。"始皇问王翦，王翦曰："非六十万人不可。"始皇曰："王将军老矣，何怯也！李将军果势壮勇[4]，其言是也。"遂使李信及蒙恬将二十万南伐荆。王翦言不用，因谢病[5]，归老于频阳。李信攻平舆，蒙恬攻寝，大破荆军。信又攻鄢郢，破之，于是引兵而西，与蒙恬会城父。荆人因随之，三日三夜不顿舍[6]，大破李信军，入两壁，杀七都尉，秦军走。

【注释】

[1] 贼：刺客。

[2] 还：回师、返回。

[3] 荆：楚国的别称。秦庄襄王名子楚，秦始皇统一六国后避父讳，改楚国为“荆”。

[4] 果势：果断、果敢。

[5] 谢病：借口有病请辞。

[6] 顿舍：军队停息、驻扎。

【译文】

王翦是频阳东乡人，年轻的时候就喜欢研究兵法，后来事奉秦始皇。始皇十一年（前 236 年），王翦率军攻击赵国的阏与，攻陷了它，并接连夺占了九座城邑。始皇十八年（前 229 年），王翦率军进攻赵国，只用了一年多时间就灭亡了赵国，赵王投降，将赵国各地全部平定并设置为秦郡。第二年，燕国派遣荆轲做刺客谋杀秦王，于是秦王派王翦攻击燕国。燕王喜逃到辽东，王翦攻占燕国都城蓟后回师秦国。始皇派王翦的儿子王贲进攻楚国，大败楚军。回师途中攻击魏国，迫使魏王投降，并平定了魏国各地。

秦始皇已经灭掉了韩、赵、魏三国，赶走了燕王喜，又多次击败楚军。秦国将领李信，年轻气盛而英武有力，曾率领数千士卒追逐燕太子丹到衍水，打败燕军捉到了太子丹。秦始皇认为李信非常贤能勇敢。于是秦始皇问李信：“我打算攻取楚国，将军认为需要调用多少军队？”李信答道：“二十万人就可以了。”秦始皇又问王翦，王翦答道：“不能少于六十万人。”秦始皇说：“王将军真是老了，竟然这样胆怯！李将军果断勇敢，就按他说的办吧！”于是派李信与蒙恬率领二十万秦军攻击楚国。王翦的谏言不被采纳，于是他就借口有病，前往家乡频阳养老。李信进攻平舆，蒙恬进攻寝邑，大破楚军。李信又进攻鄢郢，并最终攻克，于是挥军向西，要与蒙恬在城父会师。楚军尾随追击李信的军队，连续三天三夜都不停息，大败李信的部队，攻入了两座营垒，杀死了七个都尉，秦军败逃。

始皇闻之，大怒，自驰如频阳，见谢王翦曰："寡人以不用将军计，李信果辱秦军。今闻荆兵日进而西，将军虽病，独忍弃寡人乎！"王翦谢曰："老臣罢病悖乱，唯大王更择贤将。"始皇谢曰："已矣，将军勿复言！"王翦曰："大王必不得已用臣，非六十万人不可。"始皇曰："为听将军计耳。"于是王翦将兵六十万人，始皇自送至灞上。王翦行，请美田宅园池甚众。始皇曰："将军行矣，何忧贫乎？"王翦曰："为大王将，有功终不得封侯，故及大王之向臣[1]，臣亦及时以请园池为子孙业耳[2]。"始皇大笑。王翦既至关，使使还请善田者五辈。或曰："将军之乞贷[3]，亦已甚矣。"王翦曰："不然。夫秦王怚而不信人[4]。今空秦国甲士而专委于我，我不多请田宅为子孙业以自坚[5]，顾令秦王坐而疑我邪？"

王翦果代李信击荆。荆闻王翦益军而来，乃悉国中兵以拒秦。王翦至，坚壁而守之，不肯战。荆兵数出挑战，终不出。王翦日休士洗沐[6]，而善饮食抚循之[7]，亲与士卒同食。久之，王翦使人问军中戏乎？对曰："方投石超距。"于是王翦曰："士卒可用矣。"荆数挑战而秦不出，乃引而东。翦因举兵追之，令壮士击，大破荆军。至蕲南，杀其将军项燕，荆兵遂败走。秦因乘胜略定荆地城邑。岁余，虏荆王负刍，竟平荆地为郡县。因南征百越之君。而王翦子王贲，与李信破定燕、齐地。

秦始皇二十六年，尽并天下，王氏、蒙氏功为多，名施于后世[8]。

【注释】

[1] 向：器重、倚重。

[2] 业：动词，置办家业。

[3] 乞贷：请求赐予家产。

[4] 怚（cū）：粗暴、粗鲁。

[5] 自坚：向人表示自己坚定不移的意志。

[6] 休士洗沐：让士卒休整洗浴，作战备休整。

[7] 抚循：安顿抚慰、安抚军心。

[8] 施（yí）：延续、传续。

【译文】

秦始皇听说后，非常愤怒，亲自驾车飞奔到频阳，向王翦道歉道："我因为没采纳您的谏言，李信果然让秦军蒙羞了。如今听说楚军日趋向西逼近，即便将军现在身体染病，难道忍心抛弃我吗？"王翦推辞说："我现在病弱疲乏，年老无能，希望大王另选贤良的将领。"秦始皇再次道歉道："好啦，将军请不要再推辞了！"王翦说："大王一定到了不得已的地步才肯用我，那我还是需要六十万人才行。"秦始皇说："全都听从将军的谋划。"于是王翦率领六十万秦军出发了，秦始皇亲自来到灞上送行。王翦临出发前，向秦始皇请求赐予大量的良田、美宅、园林池苑等。秦始皇说："将军只管上路就可以了，何必为家里的日子好不好过担心呢？"王翦说："为大王率军作战，即便立下战功也终究难被封侯，趁着现在大王还非常倚重我，我也需及时请求大王赐予园林池苑留给后世的子孙啊。"秦始皇听了哈哈大笑。王翦已经到达函谷关，又五次派出使者前去向秦始皇请求赐予良田。有人说："将军这样向大王请求赏赐，是不是有点过分了。"王翦说："不是这样的。秦王性情粗暴又不相信人。如今大王调集全国的兵力给我，我不多多为子孙请求赏赐田宅以表示自己的坚定意志，不是要让秦王平白无故地怀疑我吗？"

王翦果然替代李信攻击楚国。楚王听到王翦增兵前来，于是竭尽全国军队抗拒秦军。王翦到达前线后，指挥士卒坚固营垒固守，始终不肯出兵与楚军交战。楚军多次挑战，王翦都坚守不出。王翦天天让士卒休息洗浴，用上等的饭食慰劳他们，亲自与士卒同饮同食。有一天，王翦问军中在玩什么游戏，有人回答："正在比赛投石，还有跳远。"于是王翦说："士兵可以作战了。"楚军见多次挑战秦军都不应战，于是就向东撤去了。王翦趁机出兵追击，派出健壮的战士出击，大败楚军。追击到蕲南，杀掉了楚将项燕，楚军于是溃逃。秦军乘胜追击，攻占并平定了楚地城邑。一年多后，活捉了楚王负刍，终于平定了楚国各地，设置为秦国郡县。王翦又乘势征伐南方的百越各部。秦王派王翦的儿子王贲与李信一起，平定了燕国、齐国各地。

秦始皇二十六年（前 221 年），秦国终于灭亡了所有诸侯国，统一了天下，其中王氏与蒙氏的功劳最多，声名流传于后世。

【精彩语段】

王翦行，请美田宅园池甚众。始皇曰："将军行矣，何忧贫乎？"王翦曰："为大王将，有功终不得封侯，故及大王之向臣，臣亦及时以请园池为子孙业耳。"始皇大笑。王翦既至关，使使还请善田者五辈。

评析 在秦国灭亡楚国的战争中，王翦不仅表现出优秀的军事能力，面对着疑心极重的秦王，王翦也以"请美田宅园池"的方式，给统领重兵的自己赢得了必要的政治安全，消除了秦王对自己的疑虑，也奠定了自己在秦王心中"忠臣良将"的地位。因而，"王翦请田"也成为一个著名典故，多用来表达个人对君主、对上级的忠诚。王翦以一次次向秦王请求赐予田宅的方式，在既得到物质利益的同时，又赢得秦王的巨大信任，从而也让王翦及王家后人成为秦朝倚重的肱股之臣。

知识链接 灞上

王翦出征，秦王亲自送到灞上。"灞上"又作"霸上"，因处于灞水之滨而得名，因地形结构及地理位置上的特点，成为拱卫长安的一处要地，在汉唐时期的文学作品中也较为常见。唐代诗人曾写下过不少与"灞上"有关的佳作，如杜甫《怀灞上游》、王昌龄《灞上闲居》、李商隐《及第东归次灞上却寄同年》，以及马戴《灞上秋居》等。从形成原因上来看，"灞上"与灞河河水的冲蚀和"下切"作用紧密相关，从广义上来讲则仍属渭河平原，与著名的"白鹿原"实际上同属一片区域。

孟尝君列传

孟尝君田文是齐国相国田婴的庶子，在幼年时就展现出不平凡的能力和野心，言谈中透出机警和锋利。在继承田婴的地位之后，为了出人头地而广泛招揽天下宾客，并且“客无所择，皆善遇之”，最终聚集起3000人的庞大幕僚集团，因“养士”而与赵国的平原君、魏国的信陵君、楚国的春申君并称为“战国四公子”，为维护岌岌可危的诸侯国统治服务。及至入秦为相而遭扣押后，孟尝君凭借门客中的“狗盗”“鸡鸣”之士逃出秦国，归齐后出任相国，在遭齐湣王猜忌后出奔魏国，并联合秦、赵报复齐国，最终中立于诸国之间。从这一点上来看，孟尝君的人品确实不足取，呈现出一个不择手段地维护个人尊严和权势的小人形象。对于这样一个历史人物，司马迁评价其“好客自喜”，但细究之下便可知孟尝君的“好客”，其实是为了“营私”服务的，彰显出他的处世哲学。这也就解释了王安石为何称孟尝君是“鸡鸣狗盗之雄”了。

孟尝君名文，姓田氏。文之父曰靖郭君田婴。田婴者，齐威王少子而齐宣王庶弟也[1]。宣王二年，田忌与孙膑、田婴俱伐魏，败之马陵，虏魏太子申而杀魏将庞涓。宣王七年，田婴使于韩、魏，韩、魏服于齐[2]。婴与韩昭侯、魏惠王会齐宣王东阿南，盟而去。宣王九年，田婴相齐。相齐十一年，宣王卒，湣王即位。即位三年，而封田婴于薛。

初，田婴有子四十余人，其贱妾有子名文，文以五月五日生。婴曰：“五月子者，长与户齐，将不利其父母[3]。”文曰：“人生受命于天乎[4]？将受命于户邪？”婴默然。文曰：“必受命于天，君何忧焉。必受命于户，则可高其户耳，谁能至者！”

文曰：“文闻将门必有将，相门必有相。今君后宫蹈绮縠而士不得裋褐[5]，仆妾余粱肉而士不厌糟糠[6]。今君又尚厚积余藏[7]，欲以遗所不知何人，而忘公家之事日损[8]，文窃怪之。”于是婴乃礼文，使主家待宾客[9]。宾客日进，名声闻于诸侯。诸侯皆使人请薛公田婴以文为太子，婴许之。婴卒，谥为靖郭君[10]。而文果代立于薛，是为孟尝君。

【注释】

[1] 庶弟：庶出的弟弟，即庶母所生的儿子。

[2] 服：归服、降服。

[3] 不利其父母：古代的一种迷信说法，认为五月五日出生的孩子，男孩会危害父亲，女孩会危害母亲。

[4] 受命于天：一种古代说教，也就是上天安排了人的命运。

[5] 后宫：宫中妃嫔所居住的地方，这里是指后宫中的姬妾、妃嫔等。绮：古代一种有花纹的素色丝织物。縠（hú）：一种有皱褶的平纹丝织物。裋褐：指短而窄的粗布衣服，一般为穷苦人的装束。

[6] 仆妾：指男性的仆人和女性的奴婢。粱：指各类精良的饭食。厌：满足，这里指吃饱。

[7] 厚积余藏：指过多地积存和储藏起来。

[8] 日损：一天天地受到削弱。

[9] 主家：主持家中的日常事务。

[10] 谥：古人对死去的帝王、贵族等评定称号，所依据的是他们生前所做的事情以及品德修养等，通常带有比较明显的评判性质。

【译文】

孟尝君姓田名文。田文的父亲叫田婴。田婴是齐威王的小儿子、齐宣王庶母所生的弟弟。宣王二年，田忌与孙膑、田婴一起进攻魏国，在马陵打败了魏军，俘虏了魏太子申，杀死了魏将庞涓。宣王七年，田婴奉命出使韩、魏两国，使韩、魏两国臣服于齐国。田婴会同韩昭侯、魏惠王在东阿南与齐宣王会见，在三国结盟后离开。宣王九年，田婴出任齐国相国。田婴在齐国做了十一年相国，宣王去世后，湣王即位为国君。湣王即位后三年，封赏田婴于薛邑。

当初，田婴共有四十多个儿子，他的小妾生了个儿子取名为文，田文是在五月五日这天出生的。田婴说：“五月出生的孩子，长大之后身高

与门户一样高了，会伤害父母的。”田文说：“人的命运到底是上天授予的，还是门户授予的呢？”田婴不知如何回答，便沉默不再说话。田文接着说道：“如果是上天授予的，您还忧虑什么呢？如果是门户授予的，只需要增高门户就可以了，谁还能长得那么高呢！”

田文说：“我听说，将军的门第必定会出将军，相国的门第必定会出相国。现在您的姬妾可以肆意践踏绫罗绸缎，而贤士却还穿不上粗布的短衣；您的奴仆们可以享用剩余的精良饭食肉羹，而贤士却连糟糠都吃不饱。如今您还在一个劲儿地增加积贮，想留给那些连名字都叫不上来的人，却忘记国家正在一天天地被削弱。我内心里觉得这件事情很奇怪。”从此以后，田婴才以父子之礼对待田文，非常器重他，让他主持家中的大小事情，接待宾客。宾客络绎不绝，日益增多，田文也随之享誉各诸侯国。各诸侯国都派遣使者请求田婴将田文立为继承人，田婴答应了。田婴去世后，被追谥为靖郭君。田文果然继承了田婴在薛邑的爵位。这便是孟尝君。

孟尝君在薛，招致诸侯宾客及亡人有罪者，皆归孟尝君。孟尝君舍业厚遇之[1]，以故倾天下之士[2]。食客数千人，无贵贱一与文等[3]。孟尝君待客坐语，而屏风后常有侍史[4]，主记君所与客语[5]，问亲戚居处。客去，孟尝君已使使存问，献遗其亲戚[6]。孟尝君曾待客夜食，有一人蔽火光。客怒，以饭不等，辍食辞去。孟尝君起，自持其饭比之。客惭，自刭。士以此多归孟尝君。孟尝君客无所择[7]，皆善遇之。人人各自以为孟尝君亲己。

秦昭王闻其贤，乃先使泾阳君为质于齐，以求见孟尝君。孟尝君将入秦，宾客莫欲其行，谏，不听。苏代谓曰：“今旦代从外来，见木禺人与土禺人相与语。木禺人曰：‘天雨，子将败矣[8]。’土禺人曰：‘我生于土，败则归土。今天雨，流子而行[9]，未知所止息也。’今秦，虎狼之国也，而君欲往，如有不得还，君得无为土禺人所笑乎？”孟尝君乃止。

【注释】

[1] 舍业：舍弃家业。厚遇：提供丰厚的待遇。

[2] 倾：倾慕、仰慕，使……倾心归附。

[3] 等：等同、相同。

[4] 侍史：指古代担任官员、贵族侍从的文书人员等。

[5] 主记：指主管记录的人。

[6] 献遗：指态度恭敬地赠送。

[7] 客无所择：指对待食客不挑拣、选择，即凡是投奔的全部收纳。

[8] 败：遭到破坏、毁坏。

[9] 流子而行：被水流冲着走，喻指身不由己的状态。

【译文】

在薛邑，孟尝君招揽各国的宾客以及因罪逃亡的人，很多人都前来归附孟尝君。孟尝君宁可舍弃自己的家业也会给他们丰厚的待遇，所以天下的贤士无不对孟尝君倾心向往。他的食客有几千人，受到的待遇不因贵贱而有区别，都一律与田文相同。孟尝君每当接待宾客，在与宾客交谈时，总会在屏风后安排文书记录，负责记录孟尝君与宾客的谈话内容，将所问宾客的亲戚的住处记录下来。宾客刚刚离开，孟尝君就安排使者前往宾客的亲戚家里安抚问候，并送上礼物。有一次，孟尝君招待一个宾客吃晚饭时，有个人遮住了灯光，那个宾客非常恼火，觉得自己的饭食与孟尝君的饭食等级肯定不一样，放下食具就要告辞。孟尝君马上站起来，亲自端起自己的饭食比对，那个宾客非常惭愧，无地自容，刎颈自杀来谢罪。因此有很多贤士都愿意归附孟尝君。孟尝君对前来的宾客全都热情接纳，从不挑拣，也没有亲疏远近，一律给予优厚的待遇。所以每个宾客都觉得孟尝君跟自己非常亲近。

秦昭王听说了孟尝君的贤能，于是先派泾阳君前往齐国作人质，并求见孟尝君。孟尝君准备赴约前往秦国，但很多宾客都不赞成他前往，规劝他但他不听，仍然执意前往。这时有个叫苏代的宾客说："今天早上，我在外面见到一个木偶人与一个土偶人交谈。木偶人对土偶人说：'天一下雨，你就要坍毁了。'土偶人说：'我由泥土生成，即使坍毁也会回归到泥土里。如果真的下起雨来，水流会冲着你跑，不知道会把你冲到哪

里去。'如今，秦国就是个如虎似狼的国家，您执意前去，一旦无法回来了，您能不受到土偶人的嘲笑吗？"孟尝君悟出了其中的道理，于是便打消了前往秦国的念头。

齐湣王二十五年，复卒使孟尝君入秦，昭王即以孟尝君为秦相。人或说秦昭王曰："孟尝君贤，而又齐族也[1]，今相秦，必先齐而后秦，秦其危矣。"于是秦昭王乃止。囚孟尝君，谋欲杀之。孟尝君使人抵昭王幸姬求解[2]。幸姬曰："妾愿得君狐白裘[3]。"此时孟尝君有一狐白裘，直千金，天下无双，入秦献之昭王，更无他裘。孟尝君患之，遍问客，莫能对。最下坐有能为狗盗者[4]，曰："臣能得狐白裘。"乃夜为狗，以入秦宫臧中[5]，取所献狐白裘至，以献秦王幸姬。幸姬为言昭王，昭王释孟尝君。孟尝君得出，即驰去，更封传[6]，变名姓以出关。夜半至函谷关。秦昭王后悔出孟尝君，求之已去，即使人驰传逐之[7]。孟尝君至关，关法鸡鸣而出客[8]，孟尝君恐追至，客之居下坐者有能为鸡鸣[9]，而鸡齐鸣，遂发传出。出如食顷[10]，秦追果至关，已后孟尝君出，乃还。始孟尝君列此二人于宾客，宾客尽羞之，及孟尝君有秦难，卒此二人拔之[11]。自是之后，客皆服。

【注释】

[1] 齐族：指田氏国君的宗族亲属。
[2] 抵：非常冒昧地求见。
[3] 狐白裘：用狐狸的腋下白色皮毛制成的衣物。
[4] 狗盗：指披裹着狗皮扮成狗的样子去偷盗。
[5] 臧：通"藏"，指用于储藏财物的仓库。
[6] 封传：古代官方办理的用于出境或投宿驿站的凭证。
[7] 驰传：驱赶着驿站的车马快速飞奔。
[8] 关法：指古代关塞遵行的制度法令。
[9] 下坐：末座、末席，喻指低微的位置。
[10] 食顷：吃一顿饭的时间、不一会儿。
[11] 拔：拔除、解救。

【译文】

齐湣王二十五年（前299年），孟尝君终于再次被派往秦国。秦昭王就让孟尝君为秦国相国。有人劝秦王道："孟尝君的确非常贤能，但他与齐王同宗，如今担任秦国相国，谋划事情的时候必定会先为齐国打算，之后才是秦国，这样秦国可是要危险了。"于是秦昭王才作罢。他又把孟尝君软禁起来，谋划着要杀掉孟尝君。孟尝君得知情势危急后，就派人冒昧地请求昭王的宠妾予以解救。那个宠妾说："我希望得到孟尝君的白色狐皮裘。"孟尝君来时，带来了一件白色狐皮裘，价值千金，全天下再也没有第二件，在他到秦国后献给了昭王，再也没有别的狐皮裘了。孟尝君很发愁，问遍了宾客，可谁也没有好办法。最后的座位上有个会披着狗皮盗东西的人说："我能拿回那件白色狐皮裘。"于是当夜便化装，钻入秦宫中的仓库，将之前献给昭王的那件狐白裘带了回来，献给了昭王的宠妾。宠妾便为孟尝君向昭王求情，昭王便释放了孟尝君。孟尝君获释后，马上乘坐快车逃离秦都，更换了出境的证件，改换了姓名逃出城关，夜半时分就到了函谷关。后来，昭王后悔自己放走了孟尝君，再寻找他的时候发现他已经逃走了，就立即派人驾驿车飞速地去追捕他。孟尝君等人到了函谷关，按当时的规定必须鸡叫了才能放客人出关，孟尝君担心秦王的追兵赶到，恰巧宾客中有个人会学鸡叫。他一叫，附近的鸡也随着一齐叫了起来，于是他们很快就出了函谷关。在他们出关后大约一顿饭的工夫，秦王的追兵果然到了函谷关，但已经落在了孟尝君的后面，只好回去了。起初，孟尝君招纳这两个人为宾客的时候，其他宾客无不感到羞耻，觉得脸上没有光彩，等到孟尝君在秦国遭到劫难时，却是靠着这两个人获得解救。从这以后，宾客们都非常佩服他们的本领了。

孟尝君相齐，其舍人魏子为孟尝君收邑入[1]，三反而不致一入。孟尝君问之，对曰："有贤者，窃假与之[2]，以故不致入。"孟尝君怒而退魏子[3]。居数年，人或毁孟尝君于齐湣王曰[4]："孟尝君将为乱。"及田甲劫湣王，湣王意疑孟尝君，孟尝君乃奔。魏子所与粟贤者闻之，乃上书言孟尝君不作乱，请以身为盟[5]，遂自到宫门以明孟尝君。湣

王乃惊，而踪迹验问[6]，孟尝君果无反谋，乃复召孟尝君。孟尝君因谢病[7]，归老于薛。湣王许之。

其后，秦亡将吕礼相齐，欲困苏代[8]。代乃谓孟尝君曰："周最于齐，至厚也[9]，而齐王逐之，而听亲弗相吕礼者[10]，欲取秦也[11]。齐、秦合，则亲弗与吕礼重矣。有用[12]，齐、秦必轻君。君不如急北兵，趋赵以和秦、魏，收周最以厚行[13]，且反齐王之信[14]，又禁天下之变[15]。齐无秦[16]，则天下集齐，亲弗必走，则齐王孰与为其国也！"于是孟尝君从其计，而吕礼嫉害于孟尝君。

【注释】

[1] 邑入：指食邑的租税等收入。

[2] 窃假：私下借别人的名义。

[3] 退：辞退、撤职。

[4] 毁：毁谤、诋毁。

[5] 以身为盟：指用个人的生命作保证。

[6] 踪迹：指根据行踪迹象进行追查。

[7] 谢病：即"以病谢"，借口患病推脱。

[8] 困：使陷入窘迫的境地。

[9] 至厚：形容极为忠实的样子。

[10] 听：听从、听信。相：担任相国。

[11] 取：取信，有"联合、结盟"之意。

[12] 有用：有所任用。

[13] 收：招回。厚行：显示宽厚的德行。

[14] 反：通"返"，挽回。

[15] 天下之变：指齐、秦联合后各国关系上可能发生的变化。

[16] 齐无秦：指齐国丧失秦国作依傍。

【译文】

孟尝君担任齐国相国的时候，有一次派侍从魏子代他去封邑收租税，往返去了三次，结果也没有把租税收回来。孟尝君问这是什么缘故，魏子答道："我遇到一位贤德的人，就私自用您的名义把租税全都赠给了他，所以没有收回来。”孟尝君听后非常恼火，一气之下就把魏子辞退了。几年之后，有人向齐湣王毁谤孟尝君说：“孟尝君将发动叛乱。”等到田甲劫持了齐湣王，湣王便怀疑这件事是孟尝君策划的，为了避免受牵连，孟尝君便逃回了封邑。曾经得到魏子馈赠的那位贤人听说后，马上上书给湣王申明孟尝君不会作乱，并且请求能用自己的生命作担保，然后就在宫门前刎颈自杀了，以此来证明孟尝君的清白。湣王很震惊，便派人追踪调查询问，发现孟尝君果然没有阴谋叛乱，便派人召回孟尝君。孟尝君推托身体有病，要求辞官回封邑养老。齐湣王答应了他。

从这之后，从秦国逃亡的将领吕礼被任命为齐国相国，阴谋让苏代陷入困境。苏代便对孟尝君说：“周最是对齐王最忠诚的人了，但是却遭到齐王的驱逐，而听从亲弗的意见任命吕礼为相国，是因为打算与秦国亲近。如果齐、秦两国联合，那么亲弗与吕礼就会受到重用。如果他们受到重用，齐、秦两国就必定会轻视您。您不如马上向北，促使赵国与秦、魏媾和，将周最召请回来以显示您的仁厚，这样既能挽回齐王的信用，又能防止齐、楚之间的联合造成诸侯国关系的变化。齐国不与秦国亲近，各诸侯便都会向齐国靠拢，亲弗肯定会逃走。这样一来，除了您，还有谁能够与齐王一起治理国家呢？”孟尝君采纳了苏代的建议，所以吕礼对孟尝君非常嫉恨并想杀死孟尝君。

孟尝君惧，乃遗秦相穰侯魏冉书曰：“吾闻秦欲以吕礼收齐[1]，齐，天下之强国也，子必轻矣。齐秦相取以临三晋，吕礼必并相矣[2]，是子通齐以重吕礼也[3]。若齐免于天下之兵，其雠子必深矣。子不如劝秦王伐齐。齐破，吾请以所得封子。齐破，秦畏晋之强，秦必重子以取晋。晋国敝于齐而畏秦，晋必重子以取秦。是子破齐以为功，挟晋以为重[4]；是子破齐定封，秦、晋交重子。若齐不破，吕礼复用，子必大穷。”于是穰侯言于秦昭王伐齐，而吕礼亡。

后齐湣王灭宋，益骄，欲去孟尝君。孟尝君恐，乃如魏。魏昭王以为相，西合于秦、赵，与燕共伐破齐。齐湣王亡在莒，遂死焉。齐襄王立，而孟尝君中立于诸侯，无所属。齐襄王新立，畏孟尝君，与连和[5]，复亲薛公。文卒，谥为孟尝君。诸子争立，而齐魏共灭薛。

孟尝绝嗣无后也。

太史公曰：吾尝过薛，其俗闾里率多暴桀子弟[6]，与邹、鲁殊。问其故，曰:“孟尝君招致天下任侠[7]，奸人入薛中盖六万余家矣[8]。”世之传孟尝君好客自喜，名不虚矣。

【注释】

[1] 收：拉拢、收服。

[2] 并相：同时兼任两个国家的相国。

[3] 通：结交、交往。

[4] 挟：要挟、挟制。

[5] 连和：联合和好。

[6] 暴桀：凶狠残暴的样子。

[7] 任侠：指爱好打抱不平、负气仗义的人。

[8] 奸人：指行为奸邪、违法犯禁的人。

【译文】

孟尝君心里非常害怕，于是就给秦国的相国穰侯魏冉送去一封书信：“我听说秦国计划让吕礼收服齐国，齐国是天下非常强大的国家，齐、秦如果联合成功，吕礼就势必会得势，您势必会受秦王轻视了。如果秦、齐结成同盟来对付韩、赵、魏三国，那么吕礼也必定会兼任秦、齐两国的相国了，这是您在结交齐国却让吕礼得到显要的地位啊。再说，如果齐国从诸侯国群攻的威慑中幸免，他一定会深深地仇恨您。您不如劝说秦王派兵攻打齐国。如果齐国被攻破，我会设法请求秦王把战争掠得的齐国土地全都分封给您。如果齐国被攻破，秦国就会担心魏国变得强大起来，那时候秦王必定会倚重您去与魏国结交。魏国被齐国打败过又敬畏秦国，它就会依赖您以与秦国结交。这样一来，您既攻破了齐国，确立了自己的功劳，挟持魏国提高自己的地位；又从齐国得到更多的封邑，让秦、魏两国同时敬重您。如果齐国没有被攻破，吕礼再次受到任用，您势必将陷于极端困难的境地。”于是穰侯建议秦昭王攻打齐国，吕礼听说后便逃离了齐国。

后来，齐湣王灭掉宋国，变得更加骄横起来，图谋除掉孟尝君。孟尝君非常恐惧，就逃亡到了魏国。魏昭王任命他做了相国，与秦、赵两国联合，帮助燕国进攻并打败了齐国。齐湣王逃到了莒，后来死在了那里。齐襄王即位后，孟尝君便在诸侯国之间确立了中立的地位，不再从属于哪个诸侯。齐襄王因为是刚刚即位，对孟尝君非常畏惧，便与孟尝君缓和了关系，与他逐渐亲近起来。田文去世后，被封谥号为孟尝君。田文的几个儿子后来争夺继承孟尝君的爵位，齐、魏两国一起灭掉了薛邑。孟尝君从此绝嗣，没有了后代。

太史公说：我曾经路过薛地，那里的民间有很多凶暴的子弟，与邹地、鲁地的风俗迥异。我向那里的人询问是什么原因，人们说："孟尝君曾经招纳了天下很多负气仗义的人，仅仅是因为乱法犯禁而逃亡到薛邑的人就有大约六万多家。"世间传说孟尝君因为有乐于养客的名声而沾沾自喜，看来的确是名不虚传的。

【精彩语段】

文曰："文闻将门必有将，相门必有相。今君后宫蹈绮縠而士不得裋褐，仆妾余粱肉而士不厌糟糠。今君又尚厚积余藏，欲以遗所不知何人，而忘公家之事日损，文窃怪之。"于是婴乃礼文，使主家待宾客。宾客日进，名声闻于诸侯。

评析 孟尝君是"战国四公子"之一，自小便因家人迷信而遭厌恶，然而几乎是与生俱来的强大野心和才能，让他成功地从父亲的四十多个儿子中脱颖而出，成为父亲爵位和家财的继承人，并最终得以聚集力量，在国家体制之外另建一个权力的中心，成为实际的"在野"力量。

知识链接 孟尝君"能得士"

在历史上，"战国四公子"均以"能得士"而享有好名声，但历史上对孟尝君得士的评价并不一致。如北宋政治家王安石就认为，孟尝君田文其实是徒有"能得士"的名声，并创作《读〈孟尝君传〉》来阐述自己的观点："世皆称孟尝君能得士，士以故归之，而卒赖其力，以脱于虎豹之秦。嗟乎！孟尝君特鸡鸣狗盗之雄耳，岂足以言得士？不然，擅齐之强，得一士焉，宜可以南面而制秦，尚何取鸡鸣狗盗之力哉？夫鸡鸣狗盗之出其门，此士之所以不至也。”从这篇九十字短文中，我们足以看出王安石的用人观、识才观，在驳斥了“孟尝君能得士”的传统观点的同时，也将孟尝君的地位贬低到“鸡鸣狗盗之雄”的位置上，也不失为一种独到的见解了。

平原君列传

平原君赵胜是赵国的宗室，是赵惠文王的弟弟，曾在赵惠文王与赵孝成王期间出任相国，以“养士”而闻名。但在司马迁看来，曾经三次为相的平原君，实际上只是个“翩翩浊世之佳公子也，然未睹大体”的人。尽管他在秦国围困赵国都城邯郸时，与楚国订立盟约并搬得救兵，解了邯郸之困，然而真正起关键作用的却是门客毛遂，平原君所扮演的角色，确如司马迁所言，是个“翩翩浊世之佳公子”。因贪图冯亭献城的小利而招致赵军在长平遭受灭顶重灾的大损失，则更加确证了平原君不过是个目光短浅、通过豢养数千宾客来显富摆阔的“翩翩公子”，所以他看重的更多是“平原君”的美名。舍中宾客数千却无辩辞之才，关键时刻却只有毛遂、李同挺身而出，帮助他维护赵国的利益。显然，对于大智大勇的毛遂、甘愿赴死的李同，司马迁更愿意多着墨，也更为动情，也成为这篇传记之所以脍炙人口的一个重要原因。

平原君赵胜者，赵之诸公子也[1]。诸子中胜最贤，喜宾客，宾客盖至者数千人[2]。平原君相赵惠文王及孝成王，三去相，三复位，封于东武城。

平原君家楼临民家[3]。民家有躄者[4]，槃散行汲[5]。平原君美人居楼上，临见，大笑之。明日，躄者至平原君门，请曰：“臣闻君之喜士，士不远千里而至者，以君能贵士而贱妾也。臣不幸有罢癃之病[6]，而君之后宫临而笑臣，臣愿得笑臣者头。”平原君笑应曰：“诺。”躄者去，平原君笑曰：“观此竖子，乃欲以一笑之故杀吾美人，不亦甚乎！”终不杀。居岁余，宾客门下舍人稍稍引去者过半[7]。平原君怪之，曰：“胜所以待诸君者未尝敢失礼[8]，而去者何多也？”门下一人前对曰：“以君之不杀笑躄者，以君为爱色而贱士，士即去耳。”于是平原君乃斩笑躄者美人头，自造门进躄者，因谢焉。其后

门下乃复稍稍来。是时齐有孟尝，魏有信陵，楚有春申，故争相倾以待士。

【注释】

[1] 诸公子：指位于众公子之列。公子，先秦时期对诸侯国君的儿子或兄弟的一种称谓。

[2] 盖：大概、大约。

[3] 临：指从高处靠近。

[4] 躄（bì）者：腿瘸的人，即跛子。

[5] 槃散：又作“蹒跚”，形容行走时一瘸一拐的样子。汲：取水。

[6] 罢癃（lóng）：指身体上的病痛、残疾等。癃，体弱多病的样子。

[7] 稍稍：逐渐地、渐渐地。引去：离去。

[8] 待：招待、礼遇。

【译文】

平原君赵胜，是赵国宗室中的一位公子。在诸多公子中，赵胜是最贤德有才的人，他好客养士，门下的宾客大约有几千人。平原君曾做过赵惠文王和孝成王时候的相国，曾经三次被罢免，又三次被任命，封地在东武城。

平原君的家中有座高楼面对着旁边的民宅。他的邻居中有个跛子，总是一瘸一拐地到外面打水。平原君的一位漂亮的小妾就住在楼上，有一天在楼上看到跛子打水，就哈哈大笑起来。第二天，跛子找上平原君的家门，向他请求道：“我听说您喜爱招贤纳士，士人之所以愿意千里迢迢地归附您，就是因为您看重士人而看轻姬妾啊。我不幸身体上有了残疾，可是您的姬妾在高楼上看到了却耻笑我，我希望您能给我笑话我的那个人的头颅。”平原君笑着应答道：“好吧。”待跛子离开后，平原君笑着说：“看这个小子，竟然因为一笑就要我杀掉我的爱妾，这难道不有点儿太过分了吗？”平原君终究没有杀那个小妾。过了一年多，平原君的宾客以及负有差役的食客，陆陆续续地离开了一多半。平原君觉得很奇怪，就问：“我赵胜对待各位先生，方方面面都没有敢失礼的地方，可是为什么会有这么多人离开我呢？”一个门客回答道：“因为您不愿意杀掉那个笑话跛子的小妾，让大家觉得您喜好美色甚于士人，所以就纷纷离去了。”于是，平原君斩下了笑话跛子的那个爱妾的头，亲自登门献给跛子，并向他道歉。自此以后，从平原君那里离开的门客又陆陆续续地回来了。当时，齐国有孟尝君，魏国有信陵君，楚国有春申君，他们都以好客养士闻名，都争相以超过别人的规格礼遇士人，以便让自己能招徕更多的人才。

秦之围邯郸，赵使平原君求救，合从于楚[1]，约与食客门下有勇力文武备具者二十人偕。平原君曰："使文能取胜[2]，则善矣。文不能取胜，则歃血于华屋之下[3]，必得定从而还[4]。士不外索[5]，取于食客门下足矣。"得十九人，余无可取者，无以满二十人。门下有毛遂者，前[6]，自赞于平原君曰："遂闻君将合从于楚，约与食客门下二十人偕，不外索。今少一人，愿君即以遂备员而行矣。"平原君曰："先生处胜之门下几年于此矣？"毛遂曰："三年于此矣。"平原君曰："夫贤士之处世也，譬若锥之处囊中，其末立见[7]。今先生处胜之门下三年于此矣，左右未有所称诵[8]，胜未有所闻，是先生无所有也。先生不能，先生留。"毛遂曰："臣乃今日请处囊中耳。使遂蚤得处囊中，乃颖脱而出[9]，非特其末见而已。"平原君竟与毛遂偕。十九人相与目笑之而未废也[10]。

【注释】

[1] 合从于楚：指打算推举楚国作为“合纵”诸国的盟主，联合抗秦。

[2] 文：指态度恭敬、客气地谈判。

[3] 歃血：古代盟誓时常一起用手指蘸牲畜的血抹在唇边，来表现自己的诚意。华屋：指装饰豪华的厅堂，这里指举行盟会、议事的地方。

[4] 定从：敲定合纵的盟约。

[5] 索：求索、求取、寻找。

[6] 前：向前，指径自走到前面。

[7] 末：末端，这里指锥子尖。

[8] 称诵：指受到称赞并被荐举。诵，宣传、宣扬。

[9] 颖脱而出：指将全部锥锋都呈现出来。颖，原指禾穗的芒，这里指锥锋。

[10] 目笑之：用眼睛传递笑意，指诸宾客暗笑毛遂。废：应为“发”，表现出来。

【译文】

秦国围困邯郸的时候，赵王委托平原君求援，当时拟定的是推举楚国为盟主，订立合纵的盟约联合起来抗击秦国，平原君约定挑选有勇有谋、文武兼备的门客二十人一起前往。平原君说：“如果能用客气的方式谈判成功，那就再好不过了。如果谈判无法取得成功，也要要挟楚王在大庭广众之下确定下盟约来，一定要让合纵盟约成功签订了才能回国。同去的文武之士没有必要再到外面寻找了，从我的门下选取就足够了。”结果平原君只选出了十九人，剩下的人就再也无法挑选出来了，竟然没有办法凑齐二十人。这时门下一个叫毛遂的门客径自走到前面，自我推荐道：“我听说您要前往楚国，推举楚国为盟主订立合纵盟约，约定从门客中选出二十人一起去，而且人员还不在外面找。如今还少一个人，希望您就让我充个数吧。”平原君问：“先生在我门下有几年了？”毛遂答道：“已经有三年了。”平原君说：“贤能之士生活在世上，就像把锥子放在口袋里，它的锋芒立即就会显露出来。如今先生在我门下已经有三年时间，但我的左右近臣从来没有人称赞推荐过您，我也从来没有听说过您，这是因为先生确实没有什么专长啊。先生没有这样的才能，还是留下来吧。”毛遂说：“那就请求您今天把我放在口袋里吧。如果我早就被放进口袋里，整个锥锋都会脱露出来了，而不只是露出一点锥尖就算了的。”最终，平原君同意让毛遂一起去。那十九个人相互之间使眼色示意，都在暗地里嘲笑毛遂，只是没有笑出声来。

毛遂比至楚，与十九人论议，十九人皆服。平原君与楚合从，言其利害，日出而言之，日中不决。十九人谓毛遂曰：“先生上。”毛遂按剑历阶而上[1]，谓平原君曰：“从之利害，两言而决耳。今日出而言从，日中不决，何也？”楚王谓平原君曰：“客何为者也？”平原君曰：“是胜之舍人也[2]。”楚王叱曰：“胡不下！吾乃与而君言，汝何为者也！”毛遂按剑而前曰：“王之所以叱遂者，以楚国之众也。

今十步之内，王不得恃楚国之众也，王之命县于遂手[3]。吾君在前，叱者何也？且遂闻汤以七十里之地王天下[4]，文王以百里之壤而臣诸侯[5]，岂其士卒众多哉，诚能据其势而奋其威[6]。今楚地方五千里，持戟百万[7]，此霸王之资也[8]。以楚之强，天下弗能当。白起，小竖子耳，率数万之众，兴师以与楚战，一战而举鄢郢，再战而烧夷陵，三战而辱王之先人[9]。此百世之怨而赵之所羞，而王弗知恶焉[10]。合从者为楚，非为赵也。吾君在前，叱者何也？”楚王曰：“唯唯，诚若先生之言，谨奉社稷而以从[11]。”毛遂曰：“从定乎？”楚王曰：“定矣。”毛遂谓楚王之左右曰：“取鸡狗马之血来[12]。”毛遂奉铜槃而跪进之楚王曰：“王当歃血而定从，次者吾君，次者遂。”遂定从于殿上。毛遂左手持槃血而右手招十九人曰：“公相与歃此血于堂下。公等录录[13]，所谓因人成事者也[14]。”

平原君已定从而归，归至于赵，曰：“胜不敢复相士。胜相士多者千人，寡者百数，自以为不失天下之士，今乃于毛先生而失之也。毛先生一至楚，而使赵重于九鼎大吕[15]。毛先生以三寸之舌，强于百万之师。胜不敢复相士。”遂以为上客。

【注释】

[1] 按剑：握紧剑柄表现出刺杀之状。历阶：指一阶一阶地连续登阶，形容急促的样子。

[2] 舍人：家臣，古时王公贵胄的亲近侍从。

[3] 县：通“悬”，控制、关系。

[4] 王天下：称王于天下，即统治天下。

[5] 臣诸侯：使诸侯为臣。

[6] 奋：振作、发扬。

[7] 持戟：指手持兵器的人，即军队。

[8] 霸王之资：指争当霸王所依仗的资本。

[9] 辱王之先人：指楚国屡次被秦国击败，不仅祖先陵庙遭到毁坏，还被迫迁都。

[10] 恶：羞愧、羞耻。

[11] 谨奉：一定倾尽全部的力量，形容非常庄重的样子。

[12] 鸡狗马之血：泛指古代盟誓歃血时所用的各种牲畜的血。

[13] 录录：通“碌碌”，形容平庸而无特殊才能的样子。

[14] 因人成事：指依赖于别人的力量来做成事情。

[15] 九鼎大吕：形容极为贵重的宝物。九鼎、大吕，皆为国家重器。

【译文】

等来到楚国后，毛遂与那十九个人谈论、争议天下的局势变化，十九个人都非常佩服他。平原君与楚王谈判订立盟约的事情，一再陈述其中的利害关系，从早晨一直到中午还没有确定下来。那十九个人就鼓动毛遂道：“请先生登堂。”于是毛遂就紧握着剑柄，一步一阶地快速走到殿堂上，对平原君说：“合纵联盟除了‘利’就是‘害’，只需要两句话就能说明白。如今从早晨到中午，还没有确定联盟的事情，是因为什么呢？”楚王见毛遂闯入朝堂，就对平原君说：“这个人是做什么的？”平原君答道：“他是我的门客。”楚王厉声呵斥道：“怎么还不下去！我现在在与你的主人谈判，你来做什么？”毛遂紧握剑柄走向楚王，说道：“大王敢对我呵斥，不过是凭仗着楚国人多势力强大。如今我与您之间只有十步，十步之内大王是无法凭仗楚国人多势力强大的，因为大王的性命完全控制在我的手中。我的主人就在您的面前，您为何这样呵斥我？况且我听说商汤仅凭方圆七十里的地方便称王于天下，周文王是凭着方圆百里的土地使天下诸侯臣服的，难道都是因为他们有众多的士兵吗？实际上是因为他们善于根据形势奋力发扬自己的威力啊。如今楚国占据方圆五千里的地方，拥有百万士兵，这正是称王称霸所能凭借的资本啊。面对如此强大的楚国，天下还有谁能阻挡它的威势。秦国的白起，不过是个毛头小子罢了，他率领着几万人的军队，发兵与楚国交战，第一战就攻占了鄢城、郢都，再战就烧毁了夷陵，第三战让大王的先祖遭受凌辱。这是楚国与秦国百世不解的仇恨，连赵王都为此感到羞耻，可是大王却不为此感到羞愧。合纵盟约有利于楚国，不是有利于赵国。我的主人就在您的面前，您为何这样呵斥我？”听了毛遂的这番话，楚王立即改变了自己的态度，说：“的确如先生所说的，我一定竭尽全国之力来履行合纵盟约。”毛遂继续逼问道：“订立合纵盟约的事情算是确定了吗？”楚王答道：“确定了。”于是毛遂向楚王的左右近臣命令道：“把鸡、狗、马的血取来。”毛遂用双手捧着铜盘跪下，将它献到楚王面前，说：“请大王先歃血来表现确定合纵盟约的诚意，随后是我的主人，最后一个是我。”就这样，他们在楚国的大殿上确立了合纵盟约。这个时候，毛遂用左手托着血盘，伸出右手招呼同来的十九个人：“堂下的各位也一起来歃血吧，虽然各位才能平庸，但也算是完成了任务，这就是所说的‘依赖别人的力量来完成任务’吧。”

平原君在楚国确立了合纵盟约后返回赵国，回到赵国后说：“我再也不敢识别人才了。我识别过的人才多则上千，少则数百，自以为不会漏掉天下贤士，如今竟然将毛先生漏掉了。毛先生一到楚国，就让赵国的地位变得比传国的九鼎大吕还要尊贵。毛先生能言善辩的嘴，竟然能比百万大军的威力还要强大。我不敢再观察人才了。”于是他将毛遂奉为上等宾客。

平原君既返赵，楚使春申君将兵赴救赵[1]，魏信陵君亦矫夺晋鄙军往救赵，皆未至。秦急围邯郸，邯郸急，且降，平原君甚患之。邯郸传舍吏子李同说平原君曰[2]：“君不忧赵亡邪？”平原君曰：“赵亡则胜为虏，何为不忧乎？”李同曰：“邯郸之民，炊骨易子而食[3]，可谓急矣，而君之后宫以百数，婢妾被绮縠，余粱肉，而民褐衣不完[4]，糟糠不厌。民困兵尽，或剡木为矛矢[5]，而君器物钟磬自若[6]。使秦破赵[7]，君安得有此？使赵得全，君何患无有？今君诚能令夫人以下编于士卒之间，分功而作[8]，家之所有尽散以飨士，士方其危苦之时，易德耳[9]。”于是平原君从之，得敢死之士三千人。李同遂与三千人赴秦军，秦军为之却三十里。亦会楚、魏救至，秦兵遂罢，邯郸复存。李同战死，封其父为李侯。

【注释】

[1] 将：率领、统率。

[2] 传舍：古代为来往的行人提供的旅舍，这里指宾客的住所。

[3] 炊骨：指把死人的枯骨当柴火烧饭。易子而食：指人们相互交换自己的孩子烹煮充饥。

[4] 不完：不能完全遮蔽身体。

[5] 剡（yǎn）：切削、削尖。

[6] 钟：古代用青铜制成的敲击乐器。磬：古代用石或玉石制作成的敲击乐器。自若：照旧、一切如常的样子。

[7] 使：假如、如果。

[8] 功：这里指工作、事情。

[9] 德：感激、感谢。

【译文】

平原君回到赵国后，楚国派春申君率军救援赵国，魏国的信陵君也假传君命从晋鄙手中夺取军权率军救援赵国，但是都还在路上，没有赶到邯郸。这个时候，秦国异常急速地进攻邯郸，邯郸形势危急，眼看着就要投降了，平原君为此非常焦虑。一个在邯郸宾馆中任职的官员的儿子李同对平原君说道："您不为赵国即将灭亡担忧吗？"平原君说："如果赵国灭亡我就要被俘虏，怎么不为此担忧呢？"李同说："现在邯郸百姓用人的骨头当柴烧，交换自己的孩子烹煮来充饥，可以说已经到了极其危急的时候了，可是您的家里姬妾侍女数以百计，侍女全都穿着丝绸的绣衣，精美的饭菜吃都吃不了，但百姓却是穿着难以遮体的粗布短衣，饿得连酒渣谷皮都吃掉也吃不饱。百姓异常困乏，兵器几乎用尽，有的人就削尖了木头做长矛箭矢，而您家中的珍宝玩器铜钟玉磬仍然跟以前一样。如果秦军攻破了赵国，您还能拥有这些东西吗？如果赵国得以保全，您又何愁不能拥有这些东西呢？如今您真的可以将夫人以下的全体成员全都编入士卒之中，分担守卫城池的劳役，将家里的所有东西都分发给士兵享用，现在士兵正处在危急困苦之中，是非常容易感恩戴德的。"于是平原君按照李同的建议，挑选出了三千敢于赴死的士兵。李同也加入这三千人的队伍奔赴战场，与秦军决一死战，迫使秦军后退了三十里。此时，楚、魏两国的救兵也恰巧赶到，于是秦军便撤走了，邯郸得以留存下来。李同在与秦军作战时阵亡，于是就赐封他的父亲为李侯。

虞卿欲以信陵君之存邯郸为平原君请封。公孙龙闻之，夜驾见平原君曰[1]："龙闻虞卿欲以信陵君之存邯郸为君请封，有之乎？"平原君曰："然。"龙曰："此甚不可。且王举君而相赵者，非以君之智能为赵国无有也。割东武城而封君者，非以君为有功也，而以国人无勋[2]，乃以君为亲戚故也。君受相印不辞无能，割地不言无功者[3]，亦自以为亲戚故也。今信陵君存邯郸而请封，是亲戚受城而国人计功也。此甚不可。且虞卿操其两权[4]，事成，操右券以责[5]；事不成，以虚名德君。君必勿听也。"平原君遂不听虞卿。

平原君以赵孝成王十五年卒。

太史公曰：平原君，翩翩浊世之佳公子也[6]，然未睹大体[7]。鄙语曰"利令智昏"[8]，平原君贪冯亭邪说，使赵陷长平兵四十余万众，邯郸几亡。

【注释】

[1] 夜驾：指连夜驾车前往。

[2] 勋：指建立战功。

[3] 割地：指划出封邑给平原君作食邑。

[4] 操其两权：指控制着事情发展的两方面的主动权。

[5] 右券：古代借债的契券分左右两半，借贷双方各执一半，其中右券由债权人掌握。责，通"债"。

[6] 翩翩：形容举止洒脱、风采美好的样子。

[7] 大体：指事关大局的道理。

[8] 鄙语：见识短浅的人的言语，即俗语。利令智昏：因贪图私利而让头脑发昏以至于丧失理智，辨不清是非。

【译文】

虞卿想以信陵君出兵救赵让邯郸保存下来为理由，为平原君请求更多的封邑。公孙龙知道了这个消息后，连夜驾着车面见平原君："我听说虞卿想借信陵君出兵救赵让邯郸保存下来的机会，为您请求更多的封邑，有这回事吗？"平原君答道："有这回事。"公孙龙说："这是很不合适的。国君任命您为赵国的相国，并不是因为您拥有赵国独一无二的智慧和才能。国君将东武城赐给您作食邑，也不是因为您有过什么功劳，而是认为国人没有功劳，而您是国君的近亲宗族啊。您接受任命并没有因自己

无能而推辞，取得封邑并没有因自己没有功劳而不接受，也是因为您认为自己是国君的近亲宗族啊。现在信陵君让邯郸得以保存而您要求更多封邑，这是没有功劳时因近亲接受封邑，而有功劳时又按普通人的身份来论功行赏啊。显然这是非常不合适的。况且虞卿掌握着事情两方面的主动权。如果事情成功了，他就会像攥着索债契券一样向您索取利益；如果事情没成功，他就能用为您争功求封的名声来要求您感激他。所以您一定不要采纳他的建议。”于是，平原君拒绝了虞卿的建议。

平原君是在赵孝成王十五年（前 251 年）去世的。

太史公说：平原君只是一个身处乱世、有些才气的翩翩公子，但是却不能识大局。俗话说“贪图一时的私利便让人丧失理智”，平原君相信冯亭的偏邪说法，贪图他献出的上党郡，让赵军在长平战败，让四十多万赵军遭到坑杀，让赵国差点儿因此走向灭亡。

【精彩语段】

毛遂曰：“从定乎？”楚王曰：“定矣。”毛遂谓楚王之左右曰：“取鸡狗马之血来。”毛遂奉铜槃而跪进之楚王曰：“王当歃血而定从，次者吾君，次者遂。”遂定从于殿上。毛遂左手持槃血而右手招十九人曰：“公相与歃此血于堂下。公等录录，所谓因人成事者也。”

评析 司马迁认为，平原君赵胜实际上就是一位翩翩公子，不能识得国家大局势，因而才接受上党郡，给赵国引来大祸。之所以会得出这样的结论，司马迁着重描写了“平原君赵胜挑选宾客前往楚国结盟”这件事情。平原君门下宾客数千，却只能从中挑选出十九个文武兼备的人，并且这十九个人在赵胜与楚王阐述“合纵”之理的过程中始终无所作为，反而是最初以“自荐”“充数”的毛遂，以简单明了的话语打动楚王，帮助赵胜完成了这次结盟的使命。这不能不说是一个莫大的讽刺，从中也足以看出司马迁对于徒有“公子”之名的平原君赵胜所持的立场和态度了。

知识链接　白马非马

“白马非马”是我国古代伟大的逻辑学家公孙龙提出的一个著名论题，见于《公孙龙子·白马论》。公孙龙是战国时期赵国人，曾在平原君门下做过门客，是名家学派的代表人物，代表思想便是著名的“白马非马论”与“坚白论”。对于“白马非马”这个论题，我们需要明白，“白马”就是指白色的马，“马”就是被限定在“种群”范围的生物类群的总称，而关键点则在于对“非”字的理解。一般来说，“非”字应理解为“不是”，再细化理解则是“不等同”“不等价于”的含义。于是，这便涉及概念的内涵和外延问题，以及事物共性与个性之间的内在矛盾。只是，公孙龙在论述的时候将这种矛盾进行了夸大，从而让最终的论述变得违背常理，因而具有了诡辩主义的色彩和特点。

魏公子列传

信陵君魏无忌是“战国四公子”中最具才德的一个，也是最受司马迁景仰的一个。信陵君养士三千，但从保存魏国的目的出发，能够屈尊求贤、礼贤下士，不顾个人安危地坚持大义，窃符救赵，救人于危难之中。尽管不受当时魏国国君魏安釐王的信任，但他仍然能够摒弃嫌隙，却秦存魏，被魏安釐王所妒而遭废黜后，最终“病酒”而死。信陵君虚心求士，敢于突破世俗的地位界限，不以地位高低衡量贤者才能的高低，又能在危难时刻挺身而出，因而受到了司马迁的推崇和热情歌颂。太史公对于信陵君的称颂，从《太史公自序》中也可以看得出——“能以富贵下贫贱，贤能诎于不肖，唯信陵君为能行之”。尽管信陵君最终的结局令人唏嘘，但却是那个时代的某种规律性的现象，是无法避免的，也是信陵君个人性格中的软弱本性所导致的。此外，在这篇传记中，细节也是非常重要的一种描写方式，在表现和刻画人物上起到了非常重要的作用。

魏公子无忌者，魏昭王少子而魏安釐王异母弟也。昭王薨，安釐王即位，封公子为信陵君。是时范睢亡魏相秦[1]，以怨魏齐故[2]，秦兵围大梁，破魏华阳下军，走芒卯。魏王及公子患之。

公子为人仁而下士[3]，士无贤不肖皆谦而礼交之[4]，不敢以其富贵骄士。士以此方数千里争往归之，致食客三千人。当是时，诸侯以公子贤，多客，不敢加兵谋魏十余年。

公子与魏王博[5]，而北境传举烽[6]，言“赵寇至，且入界[7]”。魏王释博，欲召大臣谋。公子止王曰：“赵王田猎耳，非为寇也。”复博如故。王恐，心不在博。居顷，复从北方来传言曰：“赵王猎耳，非为寇也。”魏王大惊，曰：“公子何以知之？”公子曰：“臣之客有能深得赵王阴事者[8]，赵王所为，客辄以报臣，臣以此知之。”是后魏王畏公子之贤能，不敢任公子以国政。

【注释】

[1] 亡魏：离开魏国去逃亡。

[2] 以怨魏齐故：指魏国的相国魏齐几乎将范雎屈打致死，范雎因此怨恨魏国。

[3] 仁而下士：以仁爱而谦恭的态度礼遇贤士。下，降低身份与地位不如自己的人交往。

[4] 不肖：没有才能。

[5] 博：古代一种棋类游戏，这里指下棋。

[6] 烽：烽火，是古代一种传递紧急军情的报警方式。

[7] 且：将要、就要。

[8] 阴事：秘密的不为人所知的事情。

【译文】

魏公子无忌，是魏昭王的小儿子，是魏安釐王同父异母的弟弟。魏昭王死后，安釐王即位，封公子无忌做了信陵君。当时从魏国逃走的范雎正在秦国做相国，因为对魏国相国魏齐心怀怨恨，便派军围攻魏都大梁，击败了驻扎在华阳的魏军，打跑了魏将芒卯。魏王和公子非常焦虑这种形势。

公子为人仁厚且礼贤下士，无论士人有无才能或才能大小，他都表现得谦恭有礼，从来不因自己地位高贵而慢待士人。所以吸引着各国士人争相归附，门下的食客有三千多人。当时，各诸侯因公子贤名且门下宾客众多，很多年都不敢侵犯魏国。

有一次，公子与魏王下棋，北部边境突然传来烽火警报，说是“赵兵进犯，很快就要进入边境了”。魏王立刻推开棋局，打算召集大臣商议对策。公子劝阻魏王道：“那是赵王在打猎，不是派兵进犯我国。”表现得就像什么事都没发生一样。魏王心中惊恐，注意力完全不在棋局上。过了一会儿，北方又传来消息：“是赵王在打猎，不是侵犯我国。”魏王非常惊讶，问道：“您是怎么知道的？”公子答道：“我的宾客中有人能刺探到赵王的秘密，赵王有什么动向，他都能及时报告我，所以我知道得很清楚。”从此以后，魏王开始对公子的才能非常恐惧，不再敢将国家大事交给公子处理了。

魏有隐士曰侯嬴，年七十，家贫，为大梁夷门监者[1]。公子闻之，往请，欲厚遗之。不肯受，曰："臣修身洁行数十年，终不以监门困故而受公子财。"公子于是乃置酒大会宾客。坐定，公子从车骑，虚左[2]，自迎夷门侯生。侯生摄敝衣冠，直上载公子上坐，不让，欲以观公子。公子执辔愈恭[3]。侯生又谓公子曰："臣有客在市屠中[4]，愿枉车骑过之[5]。"公子引车入市，侯生下见其客朱亥，俾倪[6]，故久立与其客语，微察公子，公子颜色愈和。当是时，魏将相宗室宾客满堂，待公子举酒。市人皆观公子执辔。从骑皆窃骂侯生。侯生视公子色终不变，乃谢客就车。至家，公子引侯生坐上坐，遍赞宾客[7]，宾客皆惊。酒酣，公子起，为寿侯生前。侯生因谓公子曰："今日嬴之为公子亦足矣[8]。嬴乃夷门抱关者也，而公子亲枉车骑，自迎嬴于众人广坐之中，不宜有所过[9]，今公子故过之。然嬴欲就公子之名，故久立公子车骑市中。过客以观公子，公子愈恭。市人皆以嬴为小人，而以公子为长者能下士也。"于是罢酒，侯生遂为上客。

侯生谓公子曰："臣所过屠者朱亥，此子贤者，世莫能知，故隐屠间耳。"公子往数请之，朱亥故不复谢，公子怪之。

【注释】

[1] 夷门：魏国都城大梁的东城门。监者：指看守城门的人。

[2] 虚左：空出车子左方的尊位来。

[3] 执辔：手握驾车的马的缰绳，这里指信陵君为侯嬴驾车。

[4] 屠：指宰杀牲畜的地方，即集市中的肉市。

[5] 过：探望、拜访。

[6] 俾倪：通"睥睨"，斜着眼睛看，形容态度高傲的样子。

[7] 遍赞宾客：向在座的宾客称赞并介绍侯嬴。

[8] 为：难为，让人为难。

[9] 有所过：有些过分。

【译文】

当时魏国有个叫侯嬴的隐士，七十岁了，家境非常贫寒，在大梁城

的东门做看门人。公子听人说起他，就亲自去拜见，想送他一份厚礼。侯嬴不肯接受，说："我保持高洁的品德几十年了，绝不能因做看门人生活贫困而接受您的礼物。"于是公子就举行了一个盛大的宴会。待大家坐定后，公子就带着车马随从，空出车子左边的上座，亲自到东城门迎接侯嬴。侯嬴整理了一下破旧的衣帽，径直坐在了公子空出的尊位上，丝毫没有谦让，想借此观察公子的态度，但手握着缰绳的公子态度更加恭敬。侯嬴又对公子说："我有个在集市肉店里的朋友，希望您能驾车绕个弯，载我去看看他。"公子于是赶车进入街市。侯嬴下车后去找朋友朱亥，故意说个不停，还斜着眼观察公子的神态，公子却显得比刚才更平静。当时，魏国的将军、相国、宗室大臣及贵宾都坐满在公子的堂上，等着公子开宴。集市上的人们也很惊讶公子在亲自给侯嬴驾车。公子的随从都暗地里责骂着侯嬴。侯嬴见公子的态度始终不变，才辞别朱亥上了车。到了公子府上后，公子请侯嬴坐在上位，并将全体宾客介绍给侯嬴，这让宾客们都很吃惊。宴饮到达高潮的时候，公子站起来走到侯嬴面前，亲自向他敬酒。这时侯嬴趁机说道："今天我太为难公子了。我只是个守卫城东门的人，公子竟然屈尊亲自为我驾车，大庭广众之下迎接我，我本不该去拜访朋友，但公子竟也屈尊前往了。我当时也想为公子成就好名声，故意让公子牵着马站在集市里那么久，当时来往的人都在看公子，但公子态度却越发谦恭，所以集市上的人都认为我是小人，而认为公子做人厚道，能礼贤下士啊。"于是，在这次欢宴之后，侯嬴就成为公子家中的贵宾。

侯嬴告诉公子："那天我去拜访的屠夫朱亥，是个有才能的人，只是不被了解，所以才在肉市中默默无闻。"于是公子多次前往拜见，但朱亥却故意不回拜答谢，让公子觉得很奇怪。

魏安釐王二十年，秦昭王已破赵长平军，又进兵围邯郸。公子姊为赵惠文王弟平原君夫人，数遗魏王及公子书，请救于魏。魏王使将军晋鄙将十万众救赵。秦王使使者告魏王曰："吾攻赵旦暮且下，而诸侯敢救者，已拔赵，必移兵先击之。"魏王恐，使人止晋鄙，留军壁邺，名为救赵，实持两端以观望[1]。平原君使者冠盖相属于魏[2]，

让魏公子曰："胜所以自附为婚姻者，以公子之高义，为能急人之困。今邯郸旦暮降秦而魏救不至，安在公子能急人之困也！且公子纵轻胜，弃之降秦，独不怜公子姊邪！"公子患之，数请魏王，及宾客辩士说王万端。魏王畏秦，终不听公子。公子自度终不能得之于王，计不独生而令赵亡，乃请宾客，约车骑百余乘[3]，欲以客往赴秦军，与赵俱死。

行过夷门，见侯生，具告所以欲死秦军状。辞决而行[4]，侯生曰："公子勉之矣，老臣不能从。"公子行数里，心不快，曰："吾所以待侯生者备矣，天下莫不闻，今吾且死，而侯生曾无一言半辞送我，我岂有所失哉！"复引车还，问侯生。侯生笑曰："臣固知公子之还也。"曰："公子喜士，名闻天下。今有难，无他端而欲赴秦军[5]，譬若以肉投馁虎[6]，何功之有哉？尚安事客[7]？然公子遇臣厚，公子往而臣不送，以是知公子恨之复返也。"公子再拜，因问。侯生乃屏人间语[8]，曰："嬴闻晋鄙之兵符常在王卧内[9]，而如姬最幸，出入王卧内，力能窃之。嬴闻如姬父为人所杀，如姬资之三年，自王以下欲求报其父仇，莫能得。如姬为公子泣，公子使客斩其仇头，敬进如姬。如姬之欲为公子死，无所辞[10]，顾未有路耳。公子诚一开口请如姬，如姬必许诺，则得虎符夺晋鄙军，北救赵而西却秦，此五霸之伐也。"公子从其计，请如姬，如姬果盗晋鄙兵符与公子。

【注释】

[1] 持两端：形容动摇不定的样子，也就是采取两边倒的策略。

[2] 冠盖相属：形容求救的使臣络绎不绝的样子。冠盖，指古代官员所戴的礼帽和所乘车子的篷盖。属，连续不断的样子。

[3] 约：约集、邀请。

[4] 决：通"诀"，多指不易再见的离别。

[5] 他端：其他办法。

[6] 馁虎：饥饿的老虎。

[7] 尚安事客：那还要宾客做什么呢？

[8] 屏：屏退、使退避。间语：秘密低声地谈话。

[9] 兵符：指古代调兵的信用凭证，一般为虎形，剖作两半，使用时需

两半虎符完全咬合才能生效。

[10] 无所辞：没有什么可推辞的，表示确信不会推辞。

【译文】

魏安釐王二十年（前 257 年），秦昭王在长平之战中大败赵国，后又进兵围攻赵都邯郸。赵国平原君的夫人是公子的姐姐，多次派人送信给魏王和公子，请求魏国出兵救援。魏王开始派出将军晋鄙率领着十万军队去救援赵国。秦昭王听到消息后，就派出使者威胁魏王："邯郸很快就要被攻下来了，如果谁胆敢前去救援，等我们攻占邯郸后就首先调兵攻打它。"魏王很害怕，便派人让晋鄙停下来，驻扎在邺城，名义上是要去救援赵国，实际上是观望形势的发展。平原君派出的求救使臣络绎不绝地来到魏国，他责备魏公子说："当初我之所以自愿与魏国建立姻亲关系，就是看在公子的高尚道义上，能在关键时候帮人摆脱危难。如今邯郸的形势很危急，快要投降秦国了，可魏国的救兵却迟迟不来，公子能够帮人摆脱危难的表现又在哪里呢？再说，公子即使瞧不上我赵胜，不惜抛弃我任由我投降秦国，难道就不可怜你的姐姐吗？"公子听后也非常焦急，多次请求魏王快速出兵，又让门下宾客辩士力劝魏王。但因为害怕秦国，魏王始终不肯答应公子的请求。公子估计自己是无法说服魏王出兵了，又不能眼睁睁任由赵国灭亡，便约请门下宾客，集合了一百多辆车，打算率领他们去和秦军到前线拼命，与赵人共存亡。

临行前，公子特意去见侯嬴，将自己的想法和计划全都告诉了侯嬴。说完就准备诀别侯嬴，带着宾客们上路，侯嬴说："公子努力去做吧，老臣我就不与您同去了。"公子走出去几里路，心里非常不痛快，心里想："我平日里对待侯嬴算是不错了，天下没有人不知道，如今我要去和秦军拼命了，可侯嬴却没有一言半语送我，难道是我做错了什么事情吗？"于是他又率领着车马回来了。再问侯嬴时，侯嬴笑着说道："我就知道公子一定会回来的。"然后他又说："公子喜欢招贤纳士，闻名于天下。如今遇到了危难的情况，您不想个好办法却只想着去战场上与秦军拼命，这是要将肥肉扔给饥饿的老虎啊，又有什么用处呢？如果这样可以的话，您还供养宾客做什么呢？公子对我情深意厚，刚才辞行我却不说送您，

您一定会疑心我而回来的。”于是公子向侯嬴拜了两拜，向侯嬴请教有什么办法。侯嬴就让旁人走远，与公子悄悄地说：“我听说晋鄙的兵符就藏在魏王的卧室里，如今最受宠爱的如姬，出入都非常随便，可以帮公子把兵符偷出来。我还听说如姬的父亲当初是被人杀死的，如姬希望为父报仇的心愿积蓄了三年，魏王及群臣都想帮如姬报仇但都做不到。最终，如姬对公子哭诉，是公子派门客去斩了那个仇人的头，交给了如姬。如姬希望报答公子的恩情，甚至死不足惜，只是没有机会罢了。现在公子若是开口，如姬肯定会答应，这样我们就能拿到虎符，夺得晋鄙的兵权，然后就能率军北上救赵，也能西御秦国了。这不就像春秋五霸所取得的功业吗？”公子于是按照侯嬴的计策,请求如姬帮忙。如姬果然盗出兵符，交给了公子。

公子行，侯生曰：“将在外，主令有所不受，以便国家。公子即合符，而晋鄙不授公子兵而复请之[1]，事必危矣。臣客屠者朱亥可与俱，此人力士。晋鄙听，大善；不听，可使击之。”于是公子泣。侯生曰：“公子畏死邪？何泣也？”公子曰：“晋鄙嚄唶宿将[2]，往恐不听，必当杀之，是以泣耳，岂畏死哉？”于是公子请朱亥。朱亥笑曰：“臣乃市井鼓刀屠者[3]，而公子亲数存之，所以不报谢者，以为小礼无所用。今公子有急,此乃臣效命之秋也[4]。”遂与公子俱。公子过谢侯生。侯生曰：“臣宜从，老不能。请数公子行日，以至晋鄙军之日，北乡自刭[5]，以送公子。”公子遂行。

至邺，矫魏王令代晋鄙[6]。晋鄙合符，疑之，举手视公子曰：“今吾拥十万之众，屯于境上，国之重任，今单车来代之[7]，何如哉？”欲无听。朱亥袖四十斤铁椎，椎杀晋鄙，公子遂将晋鄙军。勒兵，下令军中曰：“父子俱在军中，父归；兄弟俱在军中，兄归；独子无兄弟，归养[8]。”得选兵八万人，进兵击秦军。秦军解去，遂救邯郸，存赵。赵王及平原君自迎公子于界，平原君负韊矢为公子先引[9]。赵王再拜曰：“自古贤人未有及公子者也。”当此之时，平原君不敢自比于人。公子与侯生决，至军，侯生果北乡自刭。

【注释】

[1] 复请之：指再次向魏王请示命令。

[2] 嚄唶（huò zè）：形容气概豪迈而无所顾忌的样子。

[3] 鼓刀：操刀。

[4] 效命之秋：正值效命的时候。

[5] 北乡自刭：面向着北方刎颈自杀。

[6] 矫魏王令：假传魏王的命令。

[7] 单车：单独乘一辆车，没有士卒保护。

[8] 归养：让士卒回家奉养父母。

[9] 韊（lán）矢：指装满箭的囊袋。韊，用皮革制作的装箭的袋子。

【译文】

公子拿到兵符就准备上路了，侯嬴说："大将军带兵在外时，有时候是不必听从君王命令的，只要有利于国家。公子前往晋鄙军营，即使两符相合，晋鄙也可以不交出兵权，如果他再向魏王请示，那事情就不好办了。屠夫朱亥可以与您一起去，他是个大力士。到时候若是晋鄙肯听从公子，那是再好不过了；若是不肯听从，可以让朱亥当场杀掉他。"公子听后便哭了。侯嬴见状问道："公子是怕死吗？为什么要哭呢？"公子答道："晋鄙是魏国的一位叱咤疆场、勇猛强悍的名将，我是担心他不听从命令，我就不得不杀死他，因此我才感到难过，哪里是因为怕死啊？"于是，公子就去邀请朱亥，朱亥欣然应允，说道："我只是个在集市上操刀杀生的屠夫，可公子多次前来问候，我以前不肯回拜答谢您，是因为我觉得讲这些小礼节没用。如今公子面临急难，正是我为公子效命的机会。"于是就跟着公子一起上路。公子去向侯嬴辞行，侯嬴说道："我本来应该与公子同去的，可是心有余而力不足，不能成行了。我私下计算着您的行程，在您到达晋鄙军中的那天，我将面北刎颈而死，算作是报答公子了。"于是公子上路出发了。

公子到达邺城后，假传魏王的命令，宣称要替代晋鄙接管军队。晋鄙与公子验证了兵符，但心中还是很怀疑，就举起手疑惑地看着公子说："我统率十万大军驻守边境，是事关国家安全的重任，如今您就乘一辆车来替代我接管军队，这究竟是怎么回事呢？"他正想拒绝接受命令，朱

亥用藏在衣袖里的四十斤铁椎，一下子就把晋鄙砸死了，于是公子便夺得了晋鄙军队的兵权，然后集合军队，下令道："父子同在军队里的，父亲可以回家了；兄弟两个同在军队里的，兄长可以回去了；家中独生的士兵，可以回家去奉养双亲了。"经过整顿选拔，公子得到了八万精兵。于是前进攻击秦军，迫使秦军撤围而去，这样便解了邯郸之围，保全了赵国。赵王和平原君亲自到边界迎接公子。平原君接过公子的箭袋背在身上，并在前面引路。赵王对公子拜了两拜，说："自古以来的贤人，没有一个能比得上公子的。"此时，平原君也不再敢与公子相比了。自从公子走后，侯嬴估算着公子已经到达军营，果然面对北方刎颈自杀了。

魏王怒公子之盗其兵符，矫杀晋鄙，公子亦自知也。已却秦存赵，使将将其军归魏，而公子独与客留赵。赵孝成王德公子之矫夺晋鄙兵而存赵[1]，乃与平原君计，以五城封公子。公子闻之，意骄矜而有自功之色[2]。客有说公子曰："物有不可忘，或有不可不忘。夫人有德于公子，公子不可忘也；公子有德于人，愿公子忘之也。且矫魏王令，夺晋鄙兵以救赵，于赵则有功矣，于魏则未为忠臣也。公子乃自骄而功之，窃为公子不取也。"于是公子立自责，似若无所容者。赵王埽除自迎，执主人之礼，引公子就西阶[3]。公子侧行辞让[4]，从东阶上。自言罪过，以负于魏，无功于赵。赵王侍酒至暮，口不忍献五城，以公子退让也。公子竟留赵。赵王以鄗为公子汤沐邑[5]，魏亦复以信陵奉公子。公子留赵。

公子闻赵有处士毛公藏于博徒[6]，薛公藏于卖浆家[7]，公子欲见两人，两人自匿，不肯见公子。公子闻所在，乃间步往从此两人游，甚欢。平原君闻之，谓其夫人曰："始吾闻夫人弟公子天下无双，今吾闻之，乃妄从博徒卖浆者游，公子妄人耳。"夫人以告公子。公子乃谢夫人去，曰："始吾闻平原君贤，故负魏王而救赵，以称平原君[8]。平原君之游，徒豪举耳，不求士也。无忌自在大梁时，常闻此两人贤，至赵，恐不得见。以无忌从之游，尚恐其不我欲也，今平原君乃以为羞，其不足从游。"乃装为去[9]。夫人具以语平原君。平原君乃免冠谢[10]，固留公子。平原君门下闻之，半去平原君归公子，天下士复往归公子，公子倾平原君客。

【注释】

[1] 德：感激。

[2] 骄矜：形容骄傲自大的样子。自功：认为自己有功。

[3] 引公子就西阶：依古代礼仪，宾客升堂时，主人从东阶上，宾客从西阶上，以显示主人对客人的尊重。就，靠近。

[4] 侧行：侧着身子前行，表示谦让的态度。

[5] 汤沐邑：原指天子赏赐给朝拜的诸侯的封邑，用邑内的收入供诸侯斋戒沐浴之用。这里指供应生活用度的封邑。

[6] 处士：指古代有才德但不肯入仕的人。博徒：聚在一起赌博的人。

[7] 卖浆家：贩卖酒浆的地方，也就是酒馆。

[8] 称：符合、满足。

[9] 乃装为去：于是打点行装准备离去。

[10] 免冠谢：指脱掉自己的帽子表示谢罪。

【译文】

魏王对公子盗窃兵符并假传命令击杀晋鄙一事非常生气，公子对此也是很清楚的。击退秦军保全赵国之后，公子就立刻让部将将军队带回魏国，自己与门客留在了赵国。赵王对公子假传君命夺军权保住赵国的义举非常感激，就与平原君商量后，打算封赏公子五座赵国城邑。公子听说后，心里便有了骄傲自大的情绪，觉得这是理所应当的事情。这时有一个门客劝说公子："有些事情是不可以忘记的，也有些事情是需要忘记的。别人对公子的恩德，公子不应该忘记；公子对别人的恩德，公子应该忘掉它。再说公子假传魏王的命令，夺取了晋鄙的兵权救援赵国，对赵国来说当然是有功的，但对魏国来说就称不上是忠臣了。可是公子现在却自以为有功，我认为这是不可取的。"公子听后立刻醒悟，觉得自己无地自容。赵王打扫了殿堂台阶，亲自到门口迎接公子，并以主人之礼让公子从西阶进入殿堂，公子则谦虚地侧着身子一再推辞，从东阶走上殿堂。宴会过程中，公子非常惶恐地称自己有罪，背叛了魏国，对赵国没有什么功劳。赵王与公子饮酒一直喝到傍晚，都没有忍心开口提给公子五座城邑的事情，因为公子很谦让自责。从那以后，公子便在赵国

留下来。赵王将鄗邑送给公子作为食邑，魏王也又把信陵邑给了公子。公子继续留在赵国。

后来公子听说有两个才德高尚的赵国处士没有从政，一个是藏身在赌徒中的毛公，一个是藏身于酒店里的薛公，于是很希望见到这两个人，可是他们却故意躲了起来，不肯见公子。于是公子打听到他们藏身的地方，就偷偷前去，与他们交游，很开心。平原君听说了这件事，就对他的夫人说："从前我听说魏公子的贤才举世无双，如今却听说他竟然与赌徒和卖酒的交往，原来他竟然这么无知妄为。"平原君的夫人便把这些话说给公子听。公子听后就向姐姐告辞准备离开赵国："从前我听说平原君贤能有德，所以才敢背叛了魏王前来救援赵国，就是为了让平原君满意。现在才知道，平原君喜欢与人交往，只是因为看重表面的虚名罢了，并不是为了得到真正的人才。我早年在大梁生活时，就常常听人说起毛公、薛公的名声，后来到了赵国，一直担心无法见到他们。我去主动与人家结交，还担心他们会不愿意，可是平原君现在竟然认为与他们交往是种羞辱，足见平原君是个不值得结交的人。"于是公子就整理行李准备离开。夫人将公子的话说给平原君听，平原君立刻脱掉帽子向公子谢罪，坚决挽留公子。平原君的宾客听说了这件事后，有一半人抛弃了平原君而来投奔公子，天下的士人也前去投奔公子，公子门下的宾客数量大大超过了平原君。

公子留赵十年不归。秦闻公子在赵，日夜出兵东伐魏。魏王患之，使使往请公子。公子恐其怒之，乃诫门下："有敢为魏王使通者，死。"宾客皆背魏之赵，莫敢劝公子归。毛公、薛公两人往见公子曰："公子所以重于赵，名闻诸侯者，徒以有魏也。今秦攻魏，魏急而公子不恤[1]，使秦破大梁而夷先王之宗庙，公子当何面目立天下乎？"语未及卒，公子立变色，告车趣驾归救魏。

魏王见公子，相与泣，而以上将军印授公子，公子遂将[2]。魏安釐三十年，公子使使遍告诸侯。诸侯闻公子将，各遣将将兵救魏。公子率五国之兵破秦军于河外，走蒙骜。遂乘胜逐秦军至函谷关，抑秦兵，秦兵不敢出。当是时，公子威振天下[3]，诸侯之客进兵法，公子皆名之，故世俗称《魏公子兵法》。

秦王患之，乃行金万斤于魏[4]，求晋鄙客，令毁公子于魏王曰："公子亡在外十年矣，今为魏将，诸侯将皆属，诸侯徒闻魏公子，不闻魏王。公子亦欲因此时定南面而王，诸侯畏公子之威，方欲共立之。"秦数使反间，伪贺公子得立为魏王未也。魏王日闻其毁，不能不信，后果使人代公子将。公子自知再以毁废，乃谢病不朝[5]，与宾客为长夜饮，饮醇酒，多近妇女。日夜为乐饮者四岁，竟病酒而卒[6]。其岁，魏安釐王亦薨。

秦闻公子死，使蒙骜攻魏，拔二十城，初置东郡。其后秦稍蚕食魏，十八岁而虏魏王，屠大梁。

高祖始微少时[7]，数闻公子贤。及即天子位，每过大梁，常祠公子。高祖十二年，从击黥布还，为公子置守冢五家，世世岁以四时奉祠公子。

太史公曰：吾过大梁之墟，求问其所谓夷门。夷门者，城之东门也。天下诸公子亦有喜士者矣，然信陵君之接岩穴隐者[8]，不耻下交，有以也[9]。名冠诸侯，不虚耳。高祖每过之而令民奉祠不绝也。

【注释】

[1] 恤：体恤、顾念。

[2] 将：指被任命为上将军。

[3] 振：通"震"，震慑。

[4] 行：行贿。

[5] 谢病：借口有病辞谢。

[6] 病酒：指因饮酒过量导致患病。

[7] 微少：微贱。这里指刘邦还没有发迹的时候。

[8] 岩穴隐者：住在深山野谷中的隐士。

[9] 有以：有道理。以，道理、原因。

【译文】

公子住在赵国前后达十年。秦国听说公子住在赵国，就不断地发兵攻击魏国。魏王非常焦虑，就派出使臣请公子回到魏国。公子仍然担心魏王记恨自己，不愿回到魏国，就对门下的宾客说："要是谁敢帮魏王使

臣通报传达消息的，我就处死他。”因为公子的宾客也都是背弃了魏国才到赵国的，所以谁也不敢劝说公子回国。这时，毛公和薛公一起去见公子说：“公子之所以在赵国受到尊重，能够显名于诸侯之间，是因为有魏国的存在啊。如今秦国攻击魏国，魏国局势危急但公子却不关心挂念，如果秦国攻占了大梁，夷平了您的先祖宗庙，公子还有什么脸面继续留在这世上呢？”两人的话还没说完，公子就立即变了脸色，连忙吩咐车夫启程，回去解救魏国。

魏王见到了公子，禁不住相对落泪。魏王将上将军的印绶给了公子，公子便成为魏军的统帅。魏安釐王三十年（前247年），公子派出使臣通告诸侯。诸侯得知公子担任魏国的上将军，都派出军队前来救援魏国。于是，公子率领着东方五国的军队在黄河以南大败秦军，赶跑了秦将蒙骜，乘胜追击，一直追击到函谷关，让秦军再也不敢出击函谷关以东地区。当时，公子的声势震动了全天下，各诸侯国的门客都来向公子进献兵法，公子把它们进行整理，并为它题了名，这就是人们通常所说的《魏公子兵法》。

秦王对公子非常担心，就用了万斤金钱到魏国行贿，找到晋鄙以前的门客，让他们在魏王面前诋毁公子：“公子在魏国之外流亡了十年，如今担任了魏国的大将军，统率诸侯国的全部军队，诸侯如今只知道有个魏公子，却不知道还有魏王。公子也正想着趁机自立为王呢，诸侯畏惧公子的威势，也正打算共同拥立他呢。”然后秦国又多次到魏国实施反间，假装不知情地到魏国向公子祝贺，问公子是否已被立为魏王。魏王每天都听到这些对公子的毁谤，渐渐地觉得不能不信了，最后终于派人接管了公子的上将军职权。公子知道自己再遭毁弃，便推托身体有病不再上朝了，经常与宾客饮酒作乐通宵达旦，在醉酒中打发愁闷，还沉沦于女子声色之中。就这样过了四年时间，终于因饮酒患病死了。也在这一年，魏安釐王也死掉了。

秦王听说公子死去的消息，便派将军蒙骜率军攻击魏国，攻占了二十座城邑，并设立东郡进行管辖。然后又蚕食侵占了其余的魏国领土，直到公子死后的第十八年，秦军俘虏了魏王假，血洗了魏国的国都大梁。

汉高祖年轻的时候，就经常听人称颂魏公子的贤能。等到即位做了皇帝之后,每当经过大梁时,都会去祭祀公子。汉高祖十二年(前 195 年),他从击败英布的前线回京路过大梁时，下令安置五户人家专门为魏公子看守坟墓，让他们世代相传地按时祭祀公子。

太史公说：我曾经到过大梁旧城，曾经专门询问当地人所说的夷门，原来夷门就是大梁的东城门。六国时候，贵公子中喜好供养士人的有很多，但只有信陵君愿意真心实意地去探求隐居山中的贤士，不将与下层贱民结交看作耻辱，所以才会有很多人愿意向他尽忠，这是很有原因的。他的名声远在诸侯之上，绝非没有根据的。所以，汉高祖每次途经大梁，都会派人专门祭祀而不至于断绝供奉。

【精彩语段】

公子于是乃置酒大会宾客。坐定，公子从车骑，虚左，自迎夷门侯生。侯生摄敝衣冠，直上载公子上坐，不让，欲以观公子。公子执辔愈恭。侯生又谓公子曰:“臣有客在市屠中,愿枉车骑过之。”公子引车入市,侯生下见其客朱亥，俾倪，故久立与其客语，微察公子，公子颜色愈和。当是时，魏将相宗室宾客满堂，待公子举酒。市人皆观公子执辔。从骑皆窃骂侯生。侯生视公子色终不变，乃谢客就车。至家，公子引侯生坐上坐，遍赞宾客，宾客皆惊。

评析 “战国四公子”中，司马迁唯独对魏公子信陵君持积极肯定的态度，大概是因其能真正礼贤下士，而非图慕虚名。信陵君魏无忌身处魏国走向衰落之时，为了挽救国家危亡而招贤纳士、急人之困。如魏无忌在邀请都城看门人侯嬴的时候，能亲自为侯嬴驾车、恭敬地牵马缰绳、和颜悦色地等候侯嬴等，都能够表现出信陵君对贤人的真诚态度。及至国家出现危亡之时，又能不顾个人利益舍身赴难，足以表现出信陵君“真君子”的本质特点。也正是因为有他的存在，其他国家十数年间都不敢打魏国的主意，至于危难之际“窃符救赵”的举动，更让信陵君的美名得以流传。因而，司马迁才在本篇传记的末尾部分，以“太史公曰”的方式，表达出对信陵君的崇敬之情。

知识链接　虎符文化

“虎符”是最早出现在战国时期的一种常用军事凭证，用于朝廷传达命令、调动军队时使用。一般来说，虎符常以金属制成，分为两半，使用时须双方各执一半，只有能够吻合在一起的，才能认定为具有实际效用。这种金属虎符的外侧，有的还会写有文字来显示持符人的级别、身份及区域等，而彼此验证虎符的过程，就叫做“符合”，这也是这个词汇的最初来源。秦汉时期，虎形兵符仍然是常用的军事信用凭证，秦虎符与汉虎符的区别只在于秦符上的文字多为错金，而汉符上的文字多为错银。

春申君列传

春申君黄歇也是一个悲剧性的人物，其在“养士”的问题上，与平原君赵胜如出一辙，具有极大的相似性，也是将“养士”作为显贤摆阔的一种方式和途径，是为个人服务的，而非着眼于维护国家的安危存亡。作为楚国的贵族，春申君黄歇曾以辩才闻名，在出使秦国时说服秦国与楚结交，在楚顷襄王病危时设法使公子完回到楚国继承王位，曾率兵救赵、合六国军戮力攻秦，都是他个人才能的表现。及至攻秦失败之后，春申君开始贪图富贵，将养士作为一种豪奢的摆设，甚至不再辨才识才、任才用才，最终落在小人李园的圈套里而不自知，身死于楚幽王即位之前。司马迁抓住了春申君前后变化的根源，对于他的前后期各选一事，首尾呼应又对比明显，突出了人物的性格变化历程。

春申君者，楚人也，名歇，姓黄氏。游学博闻[1]，事楚顷襄王。顷襄王以歇为辩[2]，使于秦。秦昭王使白起攻韩、魏，败之于华阳，禽魏将芒卯，韩、魏服而事秦。秦昭王方令白起与韩、魏共伐楚，未行，而楚使黄歇适至于秦，闻秦之计。当是之时，秦已前使白起攻楚，取巫、黔中之郡，拔鄢郢，东至竟陵，楚顷襄王东徙治于陈县[3]。黄歇见楚怀王之为秦所诱而入朝[4]，遂见欺，留死于秦。顷襄王，其子也，秦轻之，恐壹举兵而灭楚[5]。歇乃上书说秦昭王，昭王于是乃止白起而谢韩、魏[6]。发使赂楚，约为与国[7]。

【注释】

[1] 游学：指周游于各地拜师求学。

[2] 辩：指非常有口才。

[3] 治：治所，指王都或行政机关所在地。

[4] 入朝：到对方国家拜访。

[5] 壹：一旦、万一。

[6] 谢：辞却。

[7] 与国：指保持友好关系的国家。

【译文】

春申君是楚国人，名歇，姓黄。曾到各地周游拜师学习，有渊博的知识，后来事奉楚顷襄王。顷襄王觉得黄歇口才很好，就让他出使秦国。当时秦昭王委任白起为将与韩、魏两国联军作战，在华阳战役中打败了它们，俘虏了魏国将领芒卯，迫使韩、魏两国臣服并事奉秦国。此后，秦昭王刚刚下达命令，让白起率领韩、魏两国的军队进攻楚国，只是行动还未开始，黄歇就在这个时候来到了秦国，听说了秦国的这个进攻计划。在这以前，秦王曾经派白起率军攻占了楚国的巫郡、黔中郡，攻取了鄢城、郢都，接着又向东攻占了竟陵，逼得楚顷襄王只好将都城东迁到陈县。黄歇亲眼见到楚怀王受到秦国引诱访问秦国，结果受骗遭到扣留并且死在了秦国。顷襄王是楚怀王的儿子，根本就没有被秦国看在眼里，他担心一旦秦国发兵，楚国就会迅速灭亡。于是黄歇就上了一道书劝说秦王，结果阻止了昭王进攻楚国的计划，并辞谢了韩、魏两国的参与。同时，秦昭王还派出使臣送厚礼给楚国，与楚国约定确立友好的关系。

黄歇受约归楚，楚使歇与太子完入质于秦，秦留之数年。楚顷襄王病，太子不得归。而楚太子与秦相应侯善，于是黄歇乃说应侯曰："相国诚善楚太子乎？"应侯曰："然。"歇曰："今楚王恐不起疾，秦不如归其太子。太子得立，其事秦必重而德相国无穷，是亲与国而得储万乘也[1]。若不归，则咸阳一布衣耳；楚更立太子，必不事秦。夫失与国而绝万乘之和，非计也。愿相国孰虑之[2]。"应侯以闻秦王[3]。秦王曰："令楚太子之傅先往问楚王之疾[4]，返而后图之。"黄歇为楚太子计，楚太子因变衣服为楚使者御以出关[5]，而黄歇守舍，常为谢病。度太子已远，秦不能追，歇乃自言秦昭王曰："楚太子已归，出远矣。歇当死，愿赐死。"昭王大怒，欲听其自杀也。应侯曰："歇为人臣，出身以徇其主[6]，太子立，必用歇，故不如无罪而归之，以亲楚。"秦因遣黄歇。

【注释】

[1] 储：保留。

[2] 孰：通“熟”，仔细、周密。

[3] 闻：传达、报告。

[4] 傅：古代专职教导、辅佐太子的人。

[5] 御：驾车人。

[6] 出身：献出身体。徇：通“殉”，指为了某种目的牺牲自己的生命。

【译文】

黄歇接受盟约后返回楚国，楚王委派黄歇陪同太子完去秦国作人质，留在秦国数年之久。后来，楚顷襄王病倒了，但太子完还是无法回去。太子平常与秦国相国应侯的私人关系很好，于是黄歇就问应侯道：“相国是真的与楚太子相好吗？”应侯说：“是啊。”黄歇说：“楚王如今怕是一病不起了，不如请秦王让太子回去。如果太子能够继位为王，他肯定会非常恭敬地事奉秦国并会永远感激相国对他的恩德，这不仅是亲善了一个友好的国家，也是为秦国未来保留了一个强大的盟友。如果不能允许他回去，那他顶多也就是个咸阳城里的百姓罢了；楚国将改立别的人为太子，也肯定不会再事奉秦国。那样就不仅会失去一个友好国家的信任，同时也会断绝一个强大的盟友，这不是一个好计策。希望相国认真地考虑这件事情。”应侯将黄歇的意思报告给秦王，秦王说：“让楚国太子的师傅先回国去探问一下楚王的病情，等他回来了再作商议。”黄歇为楚国太子谋划了一番，让楚太子换上普通的衣服扮成楚国使臣车夫的模样出关，黄歇则留守在客馆里，总是以太子有病为借口谢绝见客。估计太子已经走得足够远，秦国无法追上了，黄歇才向秦昭王说：“楚国太子已经回楚国去了，且已经离开很远了。我知道自己应当判处死罪，希望您赐我一死。”昭王为此事非常恼火，准备批准黄歇自杀。应侯进谏道：“黄歇以臣子的身份，甘愿为了他的主人献出生命，如果太子真的被立为楚王，肯定会对黄歇委以重用，不如免除了他的死罪让他回国，来表示大王对楚国的亲善。”于是秦王采纳了应侯的建议，将黄歇遣送回国。

歇至楚三月，楚顷襄王卒，太子完立，是为考烈王。考烈王元年，以黄歇为相，封为春申君，赐淮北地十二县。后十五岁，黄歇言之楚王曰："淮北地边齐[1]，其事急，请以为郡便。"因并献淮北十二县，请封于江东。考烈王许之。春申君因城故吴墟[2]，以自为都邑。

春申君既相楚，是时齐有孟尝君，赵有平原君，魏有信陵君，方争下士，招致宾客，以相倾夺[3]，辅国持权。

春申君为楚相四年，秦破赵之长平军四十余万。五年，围邯郸。邯郸告急于楚，楚使春申君将兵往救之，秦兵亦去，春申君归。春申君相楚八年，为楚北伐灭鲁，以荀卿为兰陵令。当是时，楚复强。

赵平原君使人于春申君，春申君舍之于上舍[4]。赵使欲夸楚[5]，为玳瑁簪，刀剑室以珠玉饰之[6]，请命春申君客[7]。春申君客三千余人，其上客皆蹑珠履以见赵使，赵使大惭。

春申君相二十二年，诸侯患秦攻伐无已时，乃相与合从，西伐秦，而楚王为从长，春申君用事[8]。至函谷关，秦出兵攻，诸侯兵皆败走。楚考烈王以咎春申君[9]，春申君以此益疏。

【注释】

[1] 边齐：邻近、靠近齐国。

[2] 城：活用为动词，修筑城墙。吴墟：这里指吴国的旧都。

[3] 倾夺：争夺、争抢。

[4] 舍：指安排住宿。上舍：指上等的客房。

[5] 夸：自夸、夸耀。

[6] 室：这里指刀剑的鞘。

[7] 命：招来会见。

[8] 用事：指当权主事。

[9] 咎：动词，归咎于。

【译文】

黄歇回到楚国三个月后，楚顷襄王去世了，太子完被确立为楚王，这就是考烈王。考烈王元年（前262年），黄歇被任命为相国，封为春申君，将淮北的十二个县赏赐给他做食邑。十五年后，黄歇向楚王进谏："淮北与齐国相邻，那里的情势很紧急，我认为将这里划为郡治理起来更为方便。"同时，他献出作为食邑的淮北十二个县，请求将自己封到江东去。考烈王采纳了他的建议。于是春申君在吴国的故都修建城邑，将这里作为自己的都邑。

春申君已经当上了楚国的相国，这时候齐国有孟尝君，赵国有平原君，魏国有信陵君，大家都竞相表现得礼贤下士，招徕宾客，争夺天下的贤士，来辅佐君王处理朝政。

春申君在当上相国的第四年，秦国在长平击败并坑杀了四十多万赵军。第五年，秦军包围了赵国都城邯郸。邯郸向楚国告急，楚国派春申君率军前去救援，在秦军撤退解围后，春申君也返回了楚国。春申君在当上相国的第八年，率领楚军征伐并灭掉了北方的鲁国，任命荀子做了兰陵的县令。到这个时候，楚国又变得兴盛强大起来。

有一次，赵国的平原君派出使臣拜访春申君，春申君将他们安排在一处上等的客馆住下。赵国使臣想向春申君炫耀赵国的富有，就特意用玳瑁做的簪子别住冠髻，显出用珠玉装饰点缀的剑鞘，请求与春申君的宾客会面。于是，春申君的宾客们都穿着用宝珠点缀的鞋子前来会见赵国使臣，让赵国使臣自惭形秽。

春申君担任相国的第二十二年，各国诸侯都对秦国无休止的攻战征伐感到非常忧虑，就彼此联合起来讨伐秦国，推举楚国国君为六国的纵约长，授权春申君当权主持重大事宜。六国联军前进到函谷关后，秦军出关应战，六国联军战败后溃逃。楚考烈王将作战失利的结果归罪给了春申君，因此日益疏远春申君。

楚考烈王无子，春申君患之，求妇人宜子者进之[1]，甚众，卒无子。赵人李园持其女弟[2]，欲进之楚王，闻其不宜子，恐久毋宠。李园求事春申君为舍人，进其女弟，即幸于春申君。知其有身，李园乃与其女弟谋，出李园女弟谨舍[3]，而言之楚王。楚王召入幸之，遂生子男，立为太子，以李园女弟为王后。楚王贵李园，园用事。

李园既入其女弟，立为王后，子为太子，恐春申君语泄而益骄，

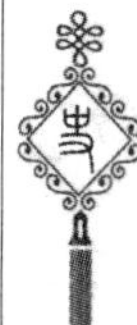

阴养死士[4]，欲杀春申君以灭口，而国人颇有知之者[5]。

春申君相二十五年，楚考烈王病。朱英谓春申君曰："世有毋望之福[6]，又有毋望之祸。今君处毋望之世，事毋望之主，安可以无毋望之人乎？"春申君曰："何谓毋望之福？"曰："君相楚二十余年矣，虽名相国，实楚王也。今楚王病，旦暮且卒，而君相少主，因而代立当国[7]，如伊尹、周公，王长而反政，不即遂南面称孤而有楚国？此所谓毋望之福也。"春申君曰："何谓毋望之祸？"曰："李园不治国而君之仇也，不为兵而养死士之日久矣，楚王卒，李园必先入据权而杀君以灭口。此所谓毋望之祸也。"春申君曰："何谓毋望之人？"对曰："君置臣郎中，楚王卒，李园必先入，臣为君杀李园。此所谓毋望之人也。"春申君曰："足下置之[8]。李园，弱人也，仆又善之[9]，且又何至此！"朱英知言不用，恐祸及身，乃亡去。

后十七日，楚考烈王卒，李园果先入，伏死士于棘门之内。春申君入棘门，园死士侠刺春申君，斩其头，投之棘门外。于是遂使吏尽灭春申君之家。而李园女弟初幸春申君有身而入之王所生子者遂立，是为楚幽王。

太史公曰：吾适楚，观春申君故城，宫室盛矣哉！初，春申君之说秦昭王，及出身遣楚太子归，何其智之明也！后制于李园，旄矣[10]。语曰："当断不断，反受其乱。"春申君失朱英之谓邪？

【注释】

[1] 宜子：宜于生子。

[2] 持：带着。女弟：妹妹。

[3] 谨舍：指秘密地安排住所。

[4] 死士：指敢于冒死行刺的刺客。

[5] 国人：指居住在国都的人。

[6] 毋望：不期而至的。

[7] 代立当国：指辅佐少主代理国家政务。

[8] 置：放弃、舍弃。

[9] 仆：谦称，指代自己。

[10] 旄（mào）：通"耄"，形容因年老而糊涂不清的样子。

【译文】

楚考烈王很多年都没有儿子，春申君非常担忧这件事情，就到处寻找适宜生育儿子的妇女进献给楚王，尽管进献了不少女子，但始终没有为楚王生下儿子。赵国人李园带着他的妹妹来到楚国，计划将他的妹妹进献给楚王，但又听说楚王不生育儿子，担心妹妹不能得到长时间的宠幸。于是，李园请求做春申君的侍从，将他的妹妹进献给春申君，立即得到了春申君的宠幸。后来李园知道妹妹有了身孕，就与他妹妹商量后面的打算。他们让春申君将李园的妹妹送出家门，秘密地安排在一个地方，然后向楚王称要进献李园的妹妹给楚王。楚王于是将李园的妹妹召进宫并宠幸了她，后来生了个儿子，立为太子，把李园的妹妹册封为王后。楚王对李园很器重，让李园参与朝政。

李园将妹妹送进了宫里，并且被封为王后，生下的儿子也被立为太子，便担心春申君会泄露其中的秘密变得日益骄横，便在暗地里豢养了死士，打算刺杀春申君灭口。国都内有不少人知道这件事情。

春申君担任相国的第二十五年，楚考烈王得了重病。门客朱英对春申君说："世上有不期而至的福，也有不期而至的祸。如今您正处在生死无常的世上，事奉着喜怒无常的君主，怎么能没有个不期而至的人呢？"春申君问："什么叫不期而至的福？"朱英答道："您在楚国担任相国二十多年了，名义上是相国，但实际上就相当于楚王。如今楚王病重，生命就在旦夕之间，而您辅佐年幼的国君，代他执掌政权，如伊尹、周公那样，在君王长大后再将大权还给君王，这不就遂了面南称王、据有楚国的心愿了？这就是不期而至的福。"春申君又问："那什么叫不期而至的祸呢？"朱英答道："李园虽然没有治理国家，但却是您的仇敌，他不掌管军队事务，却长期暗中豢养着一些死士。楚王一去世，李园必定会抢先入宫夺权并杀掉您灭口。这就是不期而至的祸。"春申君接着问道："什么叫不期而至的人？"朱英答道："您安排我做郎中，等到楚王一去世，李园必定会抢先入宫，到时候我为您杀掉李园以除后患。这就是不期而至的人。"春申君听了后说："这些事情您就不要过问了。李园是个软弱的人，并且我很善待他，怎么会发生这样的事情呢！"朱英

知道自己的建议不会被采纳了，又担心惹祸上身，就早早地逃离了。

十七天后，楚考烈王去世了，李园果然抢先入宫夺权，并将豢养的死士埋伏在棘门内。在春申君进入棘门后，刺客就从两侧夹击并杀死了春申君，然后斩下他的头扔到棘门外。然后，李园又派出官吏将春申君全家都杀死了。最初受春申君宠幸怀孕之后又入宫得宠的李园的妹妹所生的那个儿子，就被确立为楚王，这就是楚幽王。

太史公说：我曾到过楚地，游览过春申君的旧城邑，宫室建筑得真是宏伟啊！当初，春申君进谏秦昭王，以及冒着生命危险将楚太子打发回楚国，是多么聪慧的高明举动啊！可是后来，春申君受到李园的控制，真是昏聩糊涂啊。俗话说：“应当做出决断的时候不做决断，反过来就会受到它的祸害。”说的就是春申君没有听从朱英的话吧?

【精彩语段】

黄歇为楚太子计，楚太子因变衣服为楚使者御以出关，而黄歇守舍，常为谢病。度太子已远，秦不能追，歇乃自言秦昭王曰：“楚太子已归，出远矣。歇当死，愿赐死。”昭王大怒，欲听其自杀也。应侯曰：“歇为人臣，出身以徇其主，太子立，必用歇，故不如无罪而归之，以亲楚。”秦因遣黄歇。

评析　春申君黄歇是“战国四公子”中唯一不是出身王室的人，他以辩才闻名于诸侯之间，曾陪同楚太子完前往秦国为人质，后来设计掩护太子完回到楚国登上王位。在太子完继承君位后，黄歇得以以非皇室成员的身份，辅国持政达 25 年之久。相对于在危境中掩护太子完回楚，春申君后期却变得昏聩而优柔，并因此殒命，全族受诛。其前后事迹的对比，深刻阐释了“当断不断，反受其乱”的深刻内涵。

知识链接　黄歇与上海

作为我国最大、最繁华的城市之一，上海在我国有着举足轻重的地位。它的行政简称为“沪”，然而还有一个简称为“申”，所以上海又常被称为“申城”，其他的一些著名的品牌，如申花、申通等，也都以“申”冠名。说起“申”这个简称，历史上却是与春申君黄歇有着密切的联系的，因为上海所在的地方曾是春申君黄歇的封邑，境内有申江流过。因为江水中多泥沙，经常泛滥成灾，所以黄歇带领百姓疏浚水道，筑起堤坝，造福于人民。后世人民为了纪念春申君，就将这条河流改称为“春申江”，简称“申江”。

廉颇蔺相如列传

廉颇与蔺相如是战国时期赵国的两位著名人物，因为有了他们之间的和睦与一致对外，在很长一个时期内，秦国都不敢侵犯赵国边境，是秦赵长平之战前赵国最为重要的力量屏障。对于蔺相如，太史公司马迁表现出景仰的态度，在这篇传记中着墨较多，并通过还原“完璧归赵”“渑池之会”两个历史故事，来展现蔺相如的大无畏精神，赞颂他即使面对恃强凌弱的秦国也不畏惧，也能机智果敢地维护赵国的利益。蔺相如甚至还能以极大的克制和隐忍来面对廉颇的蓄意羞辱，最终换来了与廉颇关系的改善。廉颇是这篇传记的另一主要人物，对他着墨较多的是“负荆请罪”，这彰显出战功赫赫的廉颇所具有的可贵品质，也是最令司马迁敬佩和欣赏的地方。虽然对于廉颇用兵的部分用墨不多，却丝毫不影响对廉颇个人形象的塑造和展现。再从全篇的结构看，司马迁以廉颇为贯穿全篇的人物线索，贯穿起相关的其他人物，则又给后世章回体小说的发展提供了非常有益的借鉴。

廉颇者，赵之良将也。赵惠文王十六年，廉颇为赵将伐齐，大破之，取阳晋，拜为上卿[1]，以勇气闻于诸侯。蔺相如者，赵人也，为赵宦者令缪贤舍人。

赵惠文王时，得楚和氏璧。秦昭王闻之，使人遗赵王书，愿以十五城请易璧。赵王与大将军廉颇诸大臣谋：欲予秦，秦城恐不可得，徒见欺；欲勿予，即患秦兵之来[2]。计未定，求人可使报秦者，未得。宦者令缪贤曰：“臣舍人蔺相如可使。”于是王召见，问蔺相如曰：“秦王以十五城请易寡人之璧，可予不？”相如曰：“秦强而赵弱，不可不许。”王曰：“取吾璧，不予我城，奈何？”相如曰：“秦以城求璧而赵不许，曲在赵。赵予璧而秦不予赵城，曲在秦。均之二策[3]，宁许以负秦曲[4]。”王曰：“谁可使者？”相如曰：“王必无人，臣愿奉

璧往使[5]。城入赵而璧留秦；城不入，臣请完璧归赵[6]。”赵王于是遂遣相如奉璧西入秦。

【注释】

[1] 拜：授予官职。

[2] 患：担心、害怕。

[3] 均：衡量、比较。

[4] 负秦曲：指让秦国担负理亏的责任。

[5] 奉：指态度恭敬地捧着。

[6] 完：指完整无缺的样子。

【译文】

廉颇是赵国的优秀将领。赵惠文王十六年（前 283 年），廉颇率领赵军讨伐齐国，大败齐军，夺占阳晋，受封为上卿，他以勇气享誉于诸侯各国。蔺相如是赵国人，曾做过赵国宦者令缪贤的门客。

赵惠文王曾得到了楚国的和氏璧。秦昭王听说后，就派人给赵王送去书信，表示愿意用十五座城与赵王交换宝玉。赵王与大将军廉颇和众大臣商量：如果将宝玉给了秦国，怕是也得不到秦国的城邑，只能白白地受骗；若是不给秦国，又担心秦军马上就前来攻打。最后也没有找到解决的办法，于是想先找一个愿意到秦国去回复的使者，但是没能找到。宦者令缪贤说：“我的门客中有个叫蔺相如的可以前往。”于是赵王就召见蔺相如，问道：“秦王说用十五座城与我交换和氏璧，我们能不能给他呢？”蔺相如说:“秦国势力强，赵国实力弱，不能不答应。”赵王说:“秦王得到我的玉璧，却不给我城邑，那又该怎么办呢？”蔺相如说：“秦国请求用城邑交换玉璧，如果赵国不答应，理亏的是赵国；赵国给了玉璧但秦国不给城邑，理亏的是秦国。衡量一下两个方面，宁可是我们答应秦国，让秦国来担负理亏的责任。”赵王说：“谁可以作为使臣前往呢？”蔺相如说：“如果大王确实没有可以派遣的人，我愿意捧着玉璧出使。如果城邑归属了赵国，我就把玉璧留给秦国；如果城邑不能归属赵国，我一定会把玉璧完好地带回赵国。”于是赵王就派蔺相如带着和氏璧，向西前往秦国。

秦王坐章台见相如[1]，相如奉璧奏秦王[2]。秦王大喜，传以示美人及左右，左右皆呼万岁。相如视秦王无意偿赵城，乃前曰："璧有瑕，请指示王。"王授璧，相如因持璧却立，倚柱，怒发上冲冠，谓秦王曰："大王欲得璧，使人发书至赵王，赵王悉召群臣议，皆曰'秦贪，负其强[3]，以空言求璧，偿城恐不可得'。议不欲予秦璧。臣以为布衣之交尚不相欺，况大国乎！且以一璧之故逆强秦之欢[4]，不可。于是赵王乃斋戒五日，使臣奉璧，拜送书于庭。何者？严大国之威以修敬也[5]。今臣至，大王见臣列观，礼节甚倨[6]；得璧，传之美人，以戏弄臣。臣观大王无意偿赵王城邑，故臣复取璧。大王必欲急臣，臣头今与璧俱碎于柱矣！"相如持其璧睨柱，欲以击柱。秦王恐其破璧，乃辞谢固请，召有司案图，指从此以往十五都予赵。相如度秦王特以诈详为予赵城，实不可得，乃谓秦王曰："和氏璧，天下所共传宝也[7]，赵王恐，不敢不献。赵王送璧时，斋戒五日，今大王亦宜斋戒五日，设九宾于廷，臣乃敢上璧。"秦王度之，终不可强夺，遂许斋五日，舍相如广成传。相如度秦王虽斋，决负约不偿城，乃使其从者衣褐，怀其璧，从径道亡，归璧于赵。

秦王斋五日后，乃设九宾礼于廷，引赵使者蔺相如。相如至，谓秦王曰："秦自缪公以来二十余君，未尝有坚明约束者也[8]。臣诚恐见欺于王而负赵，故令人持璧归，间至赵矣。且秦强而赵弱，大王遣一介之使至赵，赵立奉璧来。今以秦之强而先割十五都予赵，赵岂敢留璧而得罪大王乎？臣知欺大王之罪当诛，臣请就汤镬[9]，唯大王与群臣孰计议之。"秦王与群臣相视而嘻[10]。左右或欲引相如去，秦王因曰："今杀相如，终不能得璧也，而绝秦赵之欢，不如因而厚遇之，使归赵，赵王岂以一璧之故欺秦邪！"卒廷见相如，毕礼而归之。

【注释】

[1] 章台：战国时秦国王室的一座台榭宫观，位于渭南的离宫内。

[2] 奏：进献。

[3] 负：倚仗、凭借。

[4] 逆：违逆、触犯。

[5] 严：尊重、敬重。修敬：形容致敬的态度。

[6] 倨：形容态度傲慢的样子。

[7] 共传：公认的、共同传扬的。

[8] 坚明：指坚决而明确地遵守。约束：盟约、约定。

[9] 就汤镬（huò）：靠近热水沸腾的铜鼎，指甘愿遭受烹刑。

[10] 嘻：指发出惊怪或苦笑的声音。

【译文】

秦王在章台接见了蔺相如，蔺相如双手捧着璧献给秦王。秦王非常高兴，把玉璧交给周围的妃嫔和左右的人传看，左右全都高呼万岁。蔺相如看出秦王没有割让城邑交换玉璧的意思，就上前跟秦王说："玉璧上有个瑕疵，让我指给大王看。"于是秦王就把玉璧交给他，蔺相如手持玉璧向后退了几步站定，身体倚在柱子上，非常愤怒，对秦王说："大王希望得到玉璧，就派人传信给赵王，赵王于是召集全体大臣商议，大家都说'秦国很贪婪，凭仗着自己的强大，想用空话获得宝璧，恐怕是不会给我们城邑的'。最后的商议结果是不把玉璧给秦国。我认为平民百姓之间的交往尚且不欺骗彼此，更何况是大国呢！况且就因为一块玉璧就让强大的秦国不高兴，也是不应该的。于是赵王就斋戒了五天，让我手捧着玉璧，非常恭敬地在殿堂上拜送国书。这是为什么呢？是因为尊重秦国的威望而表示敬意呀。现在我来到贵国，大王却是在一般的台观接见我，礼节上表现得非常傲慢；得到玉璧后，传给姬妾们看，以此来戏耍我。我观察大王实在没有划割十五城给赵王的诚意，所以我收回玉璧。如果大王一定要逼我，那么今天我的头将与这玉璧一起撞碎在庭柱上！"蔺相如手里拿着玉璧，斜视着庭柱，就要撞向庭柱。秦王怕他真的把玉璧撞碎了，连忙向他道歉，坚决请求他不要这样，召来有关官员奉上地图，标注出给赵国的十五座城邑。蔺相如估计秦王不过是假装要给赵国城邑，实际上赵国是得不到的，于是就对秦王说："和氏璧是天下公认的宝器，价值连城，赵王害怕贵国，不敢不献出玉璧来。派遣我来之前，赵王斋戒了五天，现在大王也应该斋戒五天，在殿堂上安排九宾的大典，我才敢将玉璧献给大王。"秦王想着玉璧毕竟是不能用强力夺取的，于是就答

应斋戒五天，把蔺相如安排在广成公馆中居住。蔺相如估计秦王尽管答应了斋戒，但肯定也会背约不给城邑，便让随从换上粗麻布的衣服，怀中藏好宝璧，抄小路逃出秦国，把玉璧送回了赵国。

秦王斋戒五天后，在殿堂上安排了九宾的大典，然后去请赵国使者蔺相如。蔺相如到后，对秦王说："秦国从穆公以来的二十几位君主，从来没有一个是遵守盟约的。我实在是担心受大王的欺骗而无法向赵王交代，所以就让人带着玉璧回去，从小路走已经回到了赵国。况且秦强赵弱，大王只是派了一位使臣到赵国，赵王就立即派我把玉璧送来。如今凭秦国的强大，先将十五座城邑割给赵国，赵国怎么会胆敢留下玉璧而得罪大王呢？我知道欺骗大王是要被诛杀的，我情愿受到被烹杀的刑罚，只是希望大王与群臣们仔细考虑一下。"秦王与群臣面面相觑，发出惊怪之声。左右的人要把蔺相如拉下去，秦王于是说："现在杀掉他，终归还是无法得到玉璧，反而会破坏秦赵两国的友好关系，不如因此厚待他吧，让他回到赵国，赵王难道会为了一块玉璧欺骗秦国吗？"最终，秦王又在大殿上接见蔺相如，一番礼遇后让他回到赵国。

相如既归，赵王以为贤大夫使不辱于诸侯，拜相如为上大夫。秦亦不以城予赵，赵亦终不予秦璧。其后秦伐赵，拔石城。明年，复攻赵，杀二万人。

秦王使使者告赵王，欲与王为好会于西河外渑池[1]。赵王畏秦，欲毋行，廉颇、蔺相如计曰："王不行，示赵弱且怯也。"赵王遂行，相如从。廉颇送至境，与王诀曰[2]："王行，度道里会遇之礼毕，还，不过三十日。三十日不还，则请立太子为王，以绝秦望。"王许之，遂与秦王会渑池。秦王饮酒酣，曰："寡人窃闻赵王好音，请奏瑟。"赵王鼓瑟。秦御史前书曰"某年月日，秦王与赵王会饮，令赵王鼓瑟"。蔺相如前曰："赵王窃闻秦王善为秦声，请奏盆缻秦王[3]，以相娱乐。"秦王怒，不许。于是相如前进缻，因跪请秦王。秦王不肯击缻。相如曰："五步之内，相如请得以颈血溅大王矣！"左右欲刃相如，相如张目叱之，左右皆靡[4]。于是秦王不怿[5]，为一击缻。相如顾召赵御史书曰"某年月日，秦王为赵王击缻"。秦之群臣曰："请以赵十五城为秦王寿。”蔺相如亦曰：“请以秦之咸阳为赵王寿。”秦王竟酒，终不能加胜于赵。赵亦盛设兵以待秦，秦不敢动。

既罢归国，以相如功大，拜为上卿，位在廉颇之右。廉颇曰：“我为赵将，有攻城野战之大功，而蔺相如徒以口舌为劳，而位居我上，且相如素贱人[6]，吾羞，不忍为之下。”宣言曰[7]：“我见相如，必辱之。”相如闻，不肯与会。相如每朝时，常称病，不欲与廉颇争列[8]。已而相如出，望见廉颇，相如引车避匿[9]。于是舍人相与谏曰：“臣所以去亲戚而事君者，徒慕君之高义也。今君与廉颇同列，廉君宣恶言而君畏匿之，恐惧殊甚，且庸人尚羞之，况于将相乎！臣等不肖，请辞去。”蔺相如固止之，曰：“公之视廉将军孰与秦王？”曰：“不若也。”相如曰：“夫以秦王之威，而相如廷叱之，辱其群臣，相如虽驽[10]，独畏廉将军哉？顾吾念之，强秦之所以不敢加兵于赵者，徒以吾两人在也。今两虎共斗，其势不俱生。吾所以为此者，以先国家之急而后私仇也。”廉颇闻之，肉袒负荆[11]，因宾客至蔺相如门谢罪。曰：“鄙贱之人，不知将军宽之至此也。”卒相与欢，为刎颈之交[12]。

【注释】

[1] 西河：指黄河以西地区，约在今陕西东南黄河以西一带地区。

[2] 诀：诀别。因为远离而相互告别，是廉颇担心赵王可能遇险无法返赵。

[3] 缻（fǒu）：一种盛放酒浆的瓦器。

[4] 靡：倒着走，指倒退、溃退。

[5] 怿（yì）：形容快乐、高兴的样子。

[6] 贱：指出身低微。

[7] 宣言：宣称、扬言。

[8] 争列：争抢位次上的先后。

[9] 引车：牵引着车子。

[10] 驽：劣马，常用来喻指蠢笨的人，这里是蔺相如自谦。

[11] 负荆：身上背负着荆条，表示愿受责罚。

[12] 刎颈之交：指可以生死交命的朋友。

【译文】

蔺相如回国后，赵王认为他是贤能的大夫，能够担任使臣不受别国的欺辱，于是任命蔺相如为上大夫。秦国最终也没有将城邑给赵国，赵国也始终没有把玉璧送给秦国。此后秦国发兵攻打赵国，夺占了石城。第二年，秦国再次攻赵，杀死了两万人。

秦王派使者通告赵王，想在西河外的渑池与赵王会见言和。赵王害怕秦国，不想去。廉颇、蔺相如商议道："如果大王不去，就会显得赵国软弱而且胆小。"于是赵王便前往赴会，由蔺相如随行陪同。廉颇送到边境，与赵王诀别道："大王这次前往，估计前去的路程与会礼结束，再加上回来的时间，不会超过三十天。如果过了三十天还没有回来，就请您允许我们立太子为赵王，以断绝秦国的企图。"赵王同意了，便前往渑池与秦王会见。秦王饮酒到兴致浓的时候，说："我私下里听说赵王爱好音乐，请您弹一曲瑟助兴吧！"赵王鼓了一曲瑟。秦国史官上前写道："某年某月某日，秦王与赵王一起饮酒，令赵王为他鼓瑟。"蔺相如上前说道："赵王私下里听说秦王擅长秦地的民乐，请允许我奉上瓦缶给秦王演奏，互相娱乐。"秦王非常愤怒，不肯答应。蔺相如于是上前递上瓦缶，并跪请秦王演奏。秦王还是不肯击缶，蔺相如于是说："在五步之内，我要把我脖子上的血溅在大王身上了！"左右的人想要砍杀蔺相如，蔺相如圆睁双眼呵斥他们，吓得左右的人纷纷倒退。秦王心里不高兴，但也只好敲了一下缶。蔺相如回头招呼赵国的史官写道："某年某月某日，秦王为赵王击缶。"这时秦国的大臣说："请赵国用十五座城邑向秦王献礼。"蔺相如也说："请秦国用都城咸阳向赵王献礼。"直到会见结束，秦国也始终没能压倒赵国。赵国也部署了大批军队来防御秦国，秦国也就不敢有什么动作了。

渑池相会后，蔺相如因功劳甚大，被封为上卿，位置在廉颇的上面。廉颇说："我是赵国的将军，立有攻城野战的战功，而蔺相如只不过是因为能说会道有了点功劳，可是地位却在我的上面，况且相如本来就是个地位卑贱的人，我为此感到羞耻，在他下面我无法忍受。"他扬言说："如果我遇见蔺相如，一定要当面羞辱他。"蔺相如听说后，不肯与他相会。蔺相如每次上朝时，都经常推说有病，不愿与廉颇去争夺位次的上下。

没过多久，蔺相如乘车外出，远远地看到了廉颇，蔺相如连忙让车夫掉转车子回避。于是蔺相如的门客就一起进谏道："我们之所以愿意离开亲人来侍奉您，就是仰慕您高尚的节义呀。现在您与廉颇官位相同，廉颇说要羞辱您，您就害怕地躲避他，您怕得太过分了，平常的人尚且会感到羞耻，何况是身居相位的您呢？我们这些人没什么才能，请让我们告辞吧！"蔺相如坚决挽留他们，说："诸位认为廉将军和秦王相比，谁厉害？"众人答道："廉将军比不上秦王。"蔺相如说："以秦王的威势，我敢在朝廷上斥责他，羞辱他的臣子们，我蔺相如虽然没什么才能，难道会怕廉将军吗？但是我想，强秦之所以不敢派兵进犯赵国，是因为有我们两人在，现在两只老虎相斗，势必是不能共存的呀。我之所以会这样忍让，是因为把国家的危难摆在了前面，而把个人之间的私怨放在了后面呀。"廉颇听说了这些话，便脱掉上衣，裸露着上身，背负着荆条，在宾客的带领下，到蔺相如的门前请罪。他说："我是个粗野卑贱的人，没有想到将军您是这样宽厚啊！"最终二人和好，成为生死之交。

是岁，廉颇东攻齐，破其一军。居二年，廉颇复伐齐幾[1]，拔之。后三年，廉颇攻魏之防陵、安阳，拔之。后四年，蔺相如将而攻齐，至平邑而罢。其明年，赵奢破秦军阏与下。

后四年，赵惠文王卒，子孝成王立。七年，秦与赵兵相距长平，时赵奢已死，而蔺相如病笃，赵使廉颇将攻秦，秦数败赵军，赵军固壁不战。秦数挑战，廉颇不肯。赵王信秦之间。秦之间言曰："秦之所恶，独畏马服君赵奢之子赵括为将耳。"赵王因以括为将，代廉颇。蔺相如曰："王以名使括，若胶柱而鼓瑟耳[2]。括徒能读其父书传，不知合变也。"赵王不听，遂将之。

赵括既代廉颇，悉更约束[3]，易置军史[4]。秦将白起闻之，纵奇兵，详败走，而绝其粮道，分断其军为二，士卒离心。四十余日，军饿，赵括出锐卒自搏战，秦军射杀赵括。括军败，数十万之众遂降秦，秦悉坑之。赵前后所亡凡四十五万。明年，秦兵遂围邯郸，岁余，几不得脱。赖楚、魏诸侯来救，乃得解邯郸之围。

自邯郸围解五年，而燕用栗腹之谋，曰"赵壮者尽于长平，其孤

未壮[5]”，举兵击赵。赵使廉颇将，击，大破燕军于鄗，杀栗腹，遂围燕。燕割五城请和，乃听之。赵以尉文封廉颇为信平君，为假相国[6]。居六年，赵使廉颇伐魏之繁阳，拔之。

【注释】

[1] 齐幾：指齐国的幾邑。后世认为幾邑不属于齐国，应归属魏国。

[2] 胶柱而鼓瑟：喻指死守成法不知变通。柱，指琴瑟类乐器上用来调节弦松紧度的木柱。

[3] 约束：指军队中的各种规定。

[4] 易置：撤换。

[5] 孤：指在长平之战中被坑杀的赵军士卒的遗孤。

[6] 假：代理。

【译文】

这一年，廉颇进攻东方的齐国，打败了一支齐国军队。过了两年，廉颇再次攻打齐国的幾邑，并攻占下来。此后三年，廉颇向魏国的防陵、安阳发动进攻，且全部攻克。又过了四年，蔺相如率兵攻齐，进攻到平邑就收兵了。第二年，赵奢在阏与城下击败了秦军。

四年后，赵惠文王去世，太子孝成王即位。孝成王七年（前 259 年），秦、赵两军在长平对阵，那个时候赵奢已经死了，蔺相如也已病危，赵王任命廉颇率兵抵御秦军，秦军数次击败赵军，于是廉颇坚守营垒不再应战。秦军屡次挑战，廉颇都置之不理。赵王听信了秦国间谍散布的谣言。秦国间谍说：“秦军所担心的，是由马服君赵奢的儿子赵括来担任赵军的统帅。”于是，赵王就任命赵括为赵军统帅，来取代廉颇。蔺相如说：“大王只是看名声来任用赵括，就像是用胶粘住调音弦柱后再弹瑟那样不知变通。赵括只会阅读他父亲留下的兵书，不懂得灵活应变。”赵王不肯听，仍然任命赵括为赵军的统帅。

赵括代替廉颇后，改变了所有原有的军规，将原来的军吏也全部撤换了。秦将白起听说了这件事，便安排奇兵，假装阵前败逃，又派兵截断了赵军的运粮通道，将赵军分割成两半，让赵军士卒失去统一指挥。四十多天后，赵军饥饿到了极点，赵括亲自率领军队与秦军搏杀，结果被秦军射死了。赵军战败，几十万大军投降秦军，被秦军全部活埋了。赵国前后一共损失了四十五万人。第二年，秦军包围了赵国都城邯郸，这样过了一年多时间，赵国几乎无法继续保全，全靠楚、魏军队的援救下，才得以解除了邯郸之围。

解除邯郸之围五年后，燕国利用栗腹的计策，说是“赵国的壮年人全都死在了长平，他们的遗孤都还没有长大成人”，于是发兵攻赵。赵王命廉颇率军反击，在鄗邑大败燕军，杀死燕将栗腹，乘胜包围了燕国都城。于是燕国割让五座城邑请求讲和，赵王答应停战。赵王将尉文封赏给了廉颇，封号为信平君，并让他代行相国的职责。又过了六年，赵国派廉颇率军攻打魏国的繁阳，并把它攻克。

赵孝成王卒，子悼襄王立，使乐乘代廉颇。廉颇怒，攻乐乘，乐乘走。廉颇遂奔魏之大梁。廉颇居梁久之，魏不能信用。赵以数困于秦兵，赵王思复得廉颇，廉颇亦思复用于赵。赵王使使者视廉颇尚可用否。廉颇之仇郭开多与使者金，令毁之[1]。赵使者既见廉颇，廉颇为之一饭斗米，肉十斤，被甲上马，以示尚可用。赵使还报王曰：“廉将军虽老，尚善饭，然与臣坐，顷之三遗矢矣[2]。”赵王以为老，遂不召。

楚闻廉颇在魏，阴使人迎之。廉颇一为楚将，无功，曰：“我思用赵人。”廉颇卒死于寿春。

太史公曰：知死必勇，非死者难也，处死者难[3]。方蔺相如引璧睨柱，及叱秦王左右，势不过诛，然士或怯懦而不敢发[4]。相如一奋其气，威信敌国[5]，退而让颇，名重太山[6]，其处智勇，可谓兼之矣！

【注释】

[1] 毁：诋毁、背后说人的坏话。

[2] 矢：通“屎”。

[3] 处死：指对待死的态度。处，处理、对待。

[4] 发：发作、表现。

[5] 信：伸张、传扬。

[6] 太山：即泰山。

【译文】

赵孝成王死后，太子悼襄王即位，派乐乘前去接替廉颇。廉颇非常愤怒，率军攻打乐乘，乐乘逃跑了。廉颇逃到魏国大梁。廉颇住在大梁很长时间，魏国无法完全信任重用他。赵国多次受到秦兵的围困，赵王便想重新任用廉颇做将军，廉颇也想再次受到赵国的任用。赵王派出使臣前去探望廉颇,看他是否还能任用。廉颇的仇人郭开用重金贿赂了使者，让他回来后说廉颇的坏话。赵国使臣见到廉颇后，廉颇当面一顿饭就吃下了一斗米、十斤肉，然后又披上盔甲上马，表示自己还可以受到任用。但赵国使者回去后向赵王报告："廉将军虽然已经老了，饭量还是很不错的，只是我坐陪的时候，不一会儿就拉了三次屎。"赵王觉得廉颇已经老而无法再用了，就不再想召他回来了。

楚王听说廉颇正在魏国，暗地里派人迎接他到楚国。廉颇虽然做了楚国将军，但始终没有战功，他说:"我还是想指挥赵国的士兵啊。"最终，廉颇死在了寿春。

太史公说：明知将死就一定要非常有勇气的，死并不是件难事，但怎样对待死却非常困难。当蔺相如手举着和氏璧斜视庭柱，以及呵斥秦王左右的时候，就当时的情势来说，最多不过是被杀，但一般士人却因为胆小懦弱而不敢这样做。蔺相如一旦显示出他的勇气，威名也能在敌国中传扬。后来他对廉颇的谦逊退让，又让他的声誉变得比泰山还要重，而他在处事中表现出的智慧和勇气，可以说是兼而有之啊！

【精彩语段】

蔺相如曰："王以名使括，若胶柱而鼓瑟耳。括徒能读其父书传，不知合变也。"

评析 这是蔺相如对赵王任命赵括为将的劝阻之辞，但没有打动赵王，阻止对赵括的任命，于是便有了后来的"长平之战"中赵军被坑杀四十余万人的悲惨结果。"胶柱鼓瑟"也自此成为一个成语，喻指那些固执拘泥而不知灵活变通的人。《太平广记》中也有对"胶柱鼓瑟"故事的记载："齐人就赵人学瑟，因之先调胶柱而归，三年不成一曲。齐人怪之，有从赵来者，问其意，乃知向人之愚。"

知识链接　秦朝章台宫

历史上的章台宫，是一座比较重要的秦代宫殿，从秦惠文王至秦庄襄王时期成为咸阳城的政治中心，一度是秦始皇处理日常政务及起居的重要场所。著名的历史事件，如“蔺相如完璧归赵”“荆轲刺秦王”，都发生在章台宫之中。秦国建都咸阳之后，就在当时的渭水南岸，大致位于今西安市未央区的部分地区建筑宫殿，命名为章台宫。当时的很多街市都因章台宫而得名，如连通章台宫与坊市的大街称为“章台街”，章台街分向居住区的里巷称为“章台路”。这些街巷之中，商贾云集，从早到晚，人声鼎沸，热闹非凡，成为当时一个重要的商业中心。公元前 212 年，比章台宫规模更为庞大的阿房宫，也在渭水南岸开始营建，与章台宫一起成为咸阳城最重要的宫殿建筑群。汉高祖刘邦营建都城长安时，也是以秦宫庞大的建筑群，尤其是以章台宫为基础，建筑起了著名的未央宫。

田单列传

这篇传记称得上是《史记》中的一篇奇文，记述的是在燕将乐毅率领五国军队大败齐湣王，致使齐国只剩下即墨和莒两座城池后，齐将田单在即墨长官阵亡之后临危受命，用“火牛阵”大败燕军的一段史实。这是一个著名的以奇制胜的战例，表现的是田单的用兵之谋，所以本篇的全部内容都是在描写田单的奇事奇谋，以此来表现他的军事天才。即墨对战期间，与燕军主将乐毅有隙的燕惠王在燕国即位，给田单创造了转败为胜的机会。他先是用离间计令燕惠王撤换燕军主将，接着又施计策让燕军割掉了投降齐军士卒的鼻子、挖掘即墨人在城外的祖坟，以此来激发即墨军民一致抗敌的斗志和决心。这些都为齐人最终的胜利奠定了坚实的基础。在对“火牛阵”的描写上，司马迁表现出了深厚的艺术感染力，让人如临其境、如听其声，渲染出一幅辉煌而壮丽异常的战斗画面。

田单者，齐诸田疏属也[1]。湣王时，单为临菑市掾，不见知[2]。及燕使乐毅伐破齐，齐湣王出奔，已而保莒城。燕师长驱平齐，而田单走安平，令其宗人尽断其车轴末而傅铁笼[3]。已而燕军攻安平，城坏，齐人走，争涂[4]，以轊折车败[5]，为燕所虏，唯田单宗人以铁笼故得脱，东保即墨。燕既尽降齐城，唯独莒、即墨不下。燕军闻齐王在莒，并兵攻之。淖齿既杀湣王于莒，因坚守，距燕军，数年不下。燕引兵东围即墨，即墨大夫出与战，败死。城中相与推田单，曰：“安平之战，田单宗人以铁笼得全，习兵。”立以为将军，以即墨距燕[6]。

顷之，燕昭王卒，惠王立，与乐毅有隙[7]。田单闻之，乃纵反间于燕，宣言曰：“齐王已死，城之不拔者二耳。乐毅畏诛而不敢归，以伐齐为名，实欲连兵南面而王齐[8]。齐人未附，故且缓攻即墨以待其事。齐人所惧，唯恐他将之来，即墨残矣。”燕王以为然，使骑劫代乐毅。

【注释】

[1] 疏属：指血缘关系上比较远的宗族支脉。

[2] 见知：被人了解，受到重用。

[3] 傅铁笼：在车轴末端绑缚铁箍套。

[4] 争涂：指人们争路逃走的样子。涂，通“途”，道路。

[5] 轊（wèi）：指套在车轴末端保护车毂的金属筒状物。

[6] 距：通“拒”，抗拒、抵抗。

[7] 有隙：指感情关系上不和睦的状态。

[8] 南面：面向南。泛指帝王或大臣的政治统治。王齐：指在齐地称王。

【译文】

田单是齐国田氏王族的旁支。齐湣王时，田单是辅助管理临淄集市的小官，并不被人熟知。等到燕国派乐毅攻破齐国时，齐湣王从都城逃走，退守莒城。燕国大军长驱直入平定齐国，田单离开都城，逃到安平，让同族人将车轴两端的突出部分锯掉，并安装铁箍。不久，燕军便开始攻打安平，城池被攻破的时候，很多齐国人都争相逃亡，因为车轴被撞断而不能行车，被燕军俘虏，只有田单与同族人因事先用铁箍包裹了车轴，最终得以逃脱，退守到东方的即墨。此时，齐国大小城邑几乎全都投降了燕国，只有莒和即墨还没有被攻占。燕军听说齐湣王逃到了莒城，就调集各路军队合力攻打。援助齐国的楚将淖齿于是杀掉了齐湣王，坚守城池，抗击燕军，让燕军几年都无法攻占。燕将带兵东进，围攻即墨，守卫即墨的大夫出城与燕军作战，战败被杀。于是即墨城中军民一致推举田单，说：“安平一战，田单同族因用铁箍包裹了车轴得以脱险，可见他很会用兵。”于是，全都拥立田单做将军，在即墨抗击燕军。

不久之后，燕昭王去世，燕惠王即位，他和乐毅有些嫌隙。田单听说后，就派人到燕国施行反间计，四处传言说：“齐湣王已被杀死，没有投降的齐国城池也只有两座。乐毅是担心被杀所以不敢回国，借着讨伐齐国的名义，实际上是想联合军队在齐国称王。齐国人尚未归附，因此才慢慢地围攻即墨来等待称王的时机。齐国人所担心的，只是别的将领前来替代，即墨城就会遭殃了。”燕惠王觉得这些话说得对，就派大将骑劫去替代乐毅。

乐毅因归赵，燕人士卒忿。而田单乃令城中人食必祭其先祖于庭，飞鸟悉翔舞城中下食。燕人怪之。田单因宣言曰：“神来下教我。”乃令城中人曰:“当有神人为我师。”有一卒曰:“臣可以为师乎？”因反走。田单乃起，引还，东乡坐，师事之。卒曰：“臣欺君，诚无能也。”田单曰:“子勿言也！”因师之。每出约束[1]，必称神师。乃宣言曰:“吾唯惧燕军之劓所得齐卒[2]，置之前行，与我战，即墨败矣。”燕人闻之，如其言。城中人见齐诸降者尽劓，皆怒，坚守，唯恐见得。单又纵反间曰：“吾惧燕人掘吾城外冢墓，僇先人[3]，可为寒心。”燕军尽掘垄墓[4]，烧死人。即墨人从城上望见，皆涕泣，俱欲出战，怒自十倍。

田单知士卒之可用，乃身操版插[5]，与士卒分功，妻妾编于行伍之间[6]，尽散饮食飨士[7]。令甲卒皆伏，使老弱女子乘城，遣使约降于燕，燕军皆呼万岁。田单又收民金，得千溢[8]，令即墨富豪遗燕将，曰:“即墨即降，愿无虏掠吾族家妻妾，令安堵。”燕将大喜，许之。燕军由此益懈。

【注释】

[1] 约束：发布号令。

[2] 劓：古代五刑之一，割去罪人的鼻子。

[3] 僇（lù）：通“戮”，羞辱、侮辱。

[4] 垄墓：坟墓。

[5] 版插：古代用于夯筑土墙用的木板和挖掘土方的工具。

[6] 行伍：代指军队。古代军队以二十五人为一行，以五人为一伍，故称。

[7] 飨：用酒食等招待客人。

[8] 溢：通“镒”，古代重量单位，约合二十两。

【译文】

乐毅于是就归附赵国去了，燕军士卒因此忿忿不平。田单又下令让城中的军民吃饭前都在庭院里祭祀祖先，许多飞鸟都盘旋在城上争食祭祀食品。燕军看了都很奇怪。田单就势四处传言："这是要有神明下界教我们克敌致胜。"他又对城里的人说："一定会有神人来做我的老师。"有一个士卒说:"我可以当您的老师吗？"说完就打算离开。田单连忙站起来，引导他过来，请他坐在上座上，然后以对待老师的礼节来待他。那个士卒说："我是骗您的，我没有什么本事。"田单说："您不要说了。"然后就奉他为师。每当发号施令的时候，都会说是神师的主意。他又宣扬道："我只是担心燕军会削掉被俘齐军士卒的鼻子，放在队列的前面，与我们交战，即墨肯定就会被攻克。"燕军听了这话，就按照他说的做了。城里人见齐国降兵都被割掉了鼻子，都非常愤怒，坚守城池，都担心会被敌人俘虏。田单又派人施行反间计："我很担心燕人会挖掘我们城外的祖坟，侮辱我们的祖先，那就太让人寒心了。"燕军听说后，又将齐人在城外的祖坟全部挖出，并焚烧墓中的尸体。即墨人站在城上看到这种情景，全都痛哭流涕，纷纷请求出城杀敌，积累了十倍的愤怒。

田单知道军队已经可以用了，于是亲自拿起工具，与士卒一起修筑工事，将自己的妻妾全都编入队伍，还拿出全部食物犒劳士卒。他命令精锐的齐军都埋伏起来，让老弱妇女到城上防守，并派出使者与燕军约定投降的事情，燕军士卒都高呼万岁。田单又聚集起百姓的金子，达千镒，由即墨城中的富商送给燕军，请求道："即墨马上就要投降了，希望你们不要掳掠我们的妻子姬妾，让他们平安地生活。"燕军将领非常欣喜，就答应了。燕军的防守变得更加松懈。

田单乃收城中得千余牛，为绛缯衣[1]，画以五彩龙文，束兵刃于其角，而灌脂束苇于尾，烧其端。凿城数十穴，夜纵牛，壮士五千人随其后。牛尾热，怒而奔燕军，燕军夜大惊。牛尾炬火光明炫耀[2]，燕军视之皆龙文，所触尽死伤。五千人因衔枚击之[3]，而城中鼓噪从之，老弱皆击铜器为声，声动天地。燕军大骇，败走。齐人遂夷杀其将骑劫。燕军扰乱奔走，齐人追亡逐北[4]，所过城邑皆畔燕而归田单，兵日益多，

乘胜，燕日败亡，卒至河上，而齐七十余城皆复为齐。乃迎襄王于莒，入临菑而听政。

襄王封田单，号曰安平君。

太史公曰：兵以正合，以奇胜。善之者，出奇无穷。奇正还相生，如环之无端。夫始如处女，適人开户[5]；后如脱兔，適不及距：其田单之谓邪！

【注释】

[1] 绛缯衣：指用大红色的丝帛制成的服饰。

[2] 炬火：即“火炬”，火把。

[3] 衔枚：古代军中常用物品，偷袭敌人时衔在口中可以防止敌人警觉。

[4] 追亡逐北：指追击溃败而逃的敌人。

[5] 適：通“敌”，敌人。

【译文】

于是田单在城中收集到一千多头牛，给它们披裹上红色的丝绸衣服，描绘出五颜六色的蛟龙纹样，在角上绑缚锋利的兵器，尾巴上绑上渍满油脂的芦苇，从末端点燃。在城墙上凿开几十个洞，趁着黑夜将牛赶出墙洞，挑选精壮的士卒五千人尾随火牛。牛尾被烧得发热，火牛狂怒地奔向燕军，让燕军顿时惊慌失措。牛尾上的火把将夜间照得光亮无比，燕军看到了牛身上的龙纹，触上它的人不是死掉就是伤残，五千齐军壮士尾随火牛悄然无声地杀来，城里的人用擂鼓呐喊响应，老弱妇孺都手里拿着铜器敲击，声响震动天地。燕军非常惊骇，大败而逃。齐军于是在乱军中杀死了燕将骑劫。燕军杂乱地四散溃逃，齐军一路追击，所经过的城镇都背叛燕军投降田单。田单的兵力日益增多，乘胜追击。燕军的军力日渐衰弱，一再溃逃，最后一直退守到黄河边上。被燕军夺占的齐国七十多座城池全部被收复。于是田单亲自到莒城迎接齐襄王，回到都城临淄听命于王。

齐襄王因功封赏田单，封他为安平君。

太史公说：用兵打仗一定要一面与敌人正面交锋，一面出奇兵制胜。善于用兵的人，总是能不断地出奇兵创造胜果。正面交锋和出奇兵袭击的作用要能够相互转化，就像圆环上没有起端和终点一样。开始用兵的时候要像女子那样沉静、柔弱，诱使敌人毫无戒备地敞开门户，然后在有利的时机，要像逃脱的兔子一样快速、敏捷，让敌人来不及拒敌：这说的就是田单吧！

【精彩语段】

乃宣言曰："吾唯惧燕军之劓所得齐卒，置之前行，与我战，即墨败矣。"燕人闻之，如其言。城中人见齐诸降者尽劓，皆怒，坚守，唯恐见得。单又纵反间曰："吾惧燕人掘吾城外冢墓，僇先人，可为寒心。"燕军尽掘垄墓，烧死人。即墨人从城上望见，皆涕泣，俱欲出战，怒自十倍。

评析 即墨之战是中国历史上一次著名的以弱胜强的战例，"火牛阵"更成为这场战役的标志。然而，对峙初期军事力量上的敌强我弱，成为威胁即墨人生死存亡的客观现实。于是田单巧施反间计使燕惠王阵前换将，使燕将乐毅被迫出逃，然后诱使燕军将战俘割鼻，来激发即墨人的忿恨和恐惧，又引诱燕军挖掘城中百姓在城外的祖坟，来激发即墨人坚持到底的抗战决心，同时也在一定程度上麻痹了燕军，为最终的"火牛"突袭创造了条件。

知识链接 千金市骨

在燕昭王发动这场战争之前，齐国曾趁着燕国爆发夺位内乱的机会攻陷燕国。赶走齐军后，新即位的燕昭王发誓向齐国复仇。但当时燕国国力弱小，根本无力攻击强大的齐国，于是老臣郭隗以"千金市骨"的典故启发燕昭王。"千金市骨"说的是，从前有位国君希望买一匹千里马，并愿意为千里马支付一千金，可是连续三年都没有买到。一个没有多大名气的人这时候站出来，说愿意为国君寻觅千里马。三个月后，这个人终于打听到千里马的下落，但赶到时却只看到了死掉的千里马。于是，这个人便支付了五百金，买下了千里马的骨头向国君交差。国君

心里很不高兴，责备了这个人，但这个人却说是为了让天下人明白国君买千里马的诚心。果然，在此后差不多一年的时间里，国君就得到了三匹千里马。燕昭王听完后，就为郭隗修建豪华的黄金台，拜郭隗为老师，让天下士人看到自己求贤的真心，最终招纳到了一批有用的人才，帮助燕昭王实现了复仇齐国的梦想。

屈原列传

这篇传记的写作方式与其他篇章有着明显的不同，表现为边叙事边议论抒情，表现出强烈的感情色彩，倾注个人对屈原生命际遇的悲愤不平之情。司马迁将个人的感情倾注于笔端，将忧抑哀婉的心绪挥洒在字里行间，这种抒情方式与屈原的《离骚》非常相似，可以看出司马迁对《离骚》的尊崇。对于屈原，司马迁这样评价："余读《离骚》《天问》《招魂》《哀郢》悲其志。适长沙，观屈原所自沈渊，未尝不垂涕。"在更深层次上，司马迁写屈原，实际上也是在写自己，借屈原抒发个人情感。司马迁先写屈原才高受妒，在遭贬后又极力表现忠君爱国的情怀和赤诚之心，"虽放流，眷顾楚国，系心怀王"，但终究也没能让君王觉悟，反而得罪权贵，惨遭放逐。这样的遭遇，与司马迁在"李陵事件"中的遭遇如出一辙，才高忠君却遭腐刑，所以他才在《报任安书》中说："屈原放逐，乃赋《离骚》……《诗》三百篇，大抵圣贤发愤之所为作也。"可谓是对《屈原列传》的最佳注脚。

屈原者，名平，楚之同姓也。为楚怀王左徒。博闻强志[1]，明于治乱，娴于辞令[2]。入则与王图议国事，以出号令；出则接遇宾客，应对诸侯。王甚任之[3]。

上官大夫与之同列[4]，争宠而心害其能[5]。怀王使屈原造为宪令，屈平属草稿未定[6]。上官大夫见而欲夺之，屈平不与，因谗之曰："王使屈平为令，众莫不知，每一令出，平伐其功[7]，以为'非我莫能为'也。"王怒而疏屈平[8]。

【注释】

[1] 博闻强志：形容人知识丰富，见识广博，记忆力强。

[2] 娴：熟习、熟练。

[3] 任：信任。

[4] 同列：同在朝廷中任职，即同僚。

[5] 害：艳美、妒忌。

[6] 属：创作、写作。

[7] 伐：自夸、矜夸。

[8] 疏：疏远。

【译文】

屈原名平，与楚王为同姓宗族，曾担任楚怀王的左徒。他学识渊博，记忆力很强，了解国家治理的道理，熟悉国家外交的各种辞令，对内常与楚王谋划国家大事，制定颁布法令；对外则接待各国的宾客，应对各国诸侯。楚怀王对他非常信任。

上官大夫与屈原官阶相同，因为想争得楚怀王的宠信而妒忌屈原的才能。楚怀王曾下令让屈原制定国家的法令，屈原刚起草完成，还没做最后的修定。上官大夫见到后就想据为己有，屈原不肯给他，于是他就对楚怀王进谗言说："大王您让屈原制定法令，全国没有不知道的，每当法令颁布，屈原就自夸有功，认为'除了我没有人能制定出法令'。"楚怀王听了非常生气，就开始疏远屈原。

屈平疾王听之不聪也，谗谄之蔽明也，邪曲之害公也，方正之不容也，故忧愁幽思而作《离骚》[1]。离骚者，犹离忧也[2]。夫天者，人之始也；父母者，人之本也。人穷则反本[3]，故劳苦倦极，未尝不呼天也；疾痛惨怛[4]，未尝不呼父母也。屈平正道直行，竭忠尽智以事其君，谗人间之，可谓穷矣。信而见疑，忠而被谤，能无怨乎？屈平之作《离骚》，盖自怨生也。《国风》好色而不淫，《小雅》怨诽而不乱。若《离骚》者，可谓兼之矣。上称帝喾，下道齐桓，中述汤武，以刺世事。明道德之广崇，治乱之条贯，靡不毕见。其文约，其辞微[5]，其志絜，其行廉，其称文小而其指极大，举类迩而见义远。其志絜，故其称物芳。其行廉，故死而不容。自疏濯淖污泥之中[6]，蝉蜕于浊秽[7]，以浮游尘埃之外，不获世之滋垢[8]，皭然泥而不滓者也[9]。推此志也，虽与日月争光可也。

屈平既绌[10]，其后秦欲伐齐，齐与楚从亲[11]，惠王患之，乃令张仪详去秦，厚币委质事楚[12]，曰："秦甚憎齐，齐与楚从亲，楚诚能绝齐，秦愿献商、於之地六百里。"楚怀王贪而信张仪，遂绝齐，使使如秦受地。张仪诈之曰："仪与王约六里，不闻六百里。"楚使怒去，归告怀王。怀王怒，大兴师伐秦。秦发兵击之，大破楚师于丹、淅，斩首八万，虏楚将屈匄，遂取楚之汉中地。怀王乃悉发国中兵以深入击秦，战于蓝田，魏闻之，袭楚至邓。楚兵惧，自秦归。而齐竟怒不救楚，楚大困。

【注释】

[1] 幽思：形容苦闷深思的样子。

[2] 离忧：遭受忧愁的境地。离，通"罹"，遭受。

[3] 反本：追念根本。

[4] 惨怛（dá）：形容非常忧伤悲痛的样子。

[5] 微：形容非常精深、幽微的样子。

[6] 自疏：自我疏远，指不放松对自我的要求。濯淖（zhuó nào）：洗涤污垢，喻指超脱世俗的状态。

[7] 蝉蜕：蝉蜕的外壳，喻指获得解脱的样子。

[8] 滋：形容混浊、污黑的样子。

[9] 皭（jiào）然：形容洁白无瑕的样子。

[10] 绌：通"黜"，贬斥、逐退。

[11] 从亲：指东方六国相互结盟，共同对抗秦国。

[12] 厚币：指非常丰厚的礼物。币，指用作礼物的丝织物。委质：指向对方归顺、臣服的意思。

【译文】

屈原痛恨怀王不能兼听明辨，被谗妄谄媚人的话蒙蔽双眼，致使邪恶伤害了公道，正直不被容纳，于是在忧愁冥思中写成了《离骚》。所谓"离骚"，也就是遭受愁苦的意思。上天，是人的本始；父母，是人的本源。人处在逆境之中便思念根本，所以当极度劳累困苦的时候，没有不呼叫天的；经受病痛折磨的时候，没有不呼叫父母的。屈原坚持正确的道路，率直而行，竭尽自己的才智忠心侍奉君王，却受到小人的挑拨，处境称得上极端窘迫了。诚信却遭怀疑，忠心却被诽谤，能没有悲愤吗？

屈原写作《离骚》，大概就是为了抒发悲愤之情吧。《国风》虽写男女之恋却不过分，《小雅》虽然怨恨牢骚，却不暴乱。就像《离骚》，称得上是兼有这两者的优点。屈原称道上古帝喾的事迹，论述近世齐桓公的伟业，陈述中古商汤、周武王的德政，以此来批评世事。彰显道德的博大深远，治世乱世的因果必然，全都有详尽的展现。它的文字简约，它的内容微言大义，它的志向高洁宏大，他的品行正直廉洁，它写的都是小事情意旨却非常博大，它列举的都是眼前的事情，寄托意义却非常深远。志向高洁宏大，所以能够称赞香草的芬芳。品行正直廉洁，所以他至死都不降低对自己的要求。身处泽淖却能自我清洁，就像蝉能解脱于浊秽，又浮游于尘埃之外一样，不被世俗中的污秽所玷污，能够洁净地脱于污泥却不受沾染。推论这样高尚的志向，即便是说与日月争辉也是可以的。

屈原遭到了贬斥，后来秦国想攻打齐国，齐国与楚国是同盟关系，秦惠王对此非常担心，于是派张仪离开秦国，带着丰厚的礼品假装到楚国臣服，说："秦国非常憎恶齐国，但齐国和楚国是盟国，如果楚国能与齐国断绝关系，秦国愿意将商、於一带的六百里土地献给楚国。"楚怀王贪图土地，便相信了张仪的话，就与齐国解除了同盟，并派使者跟随张仪到秦国接受土地。张仪欺骗说："我与楚王约定六里，没听说过六百里。"楚国使者于是生气地离开秦国，向楚怀王报告了这件事。楚怀王非常愤怒，于是调集大批军队进攻秦国。秦国派兵迎击，在丹水、淅水一带大败楚军，斩杀八万人，俘虏了楚将屈匄，然后乘势夺取了楚国的汉中地区。于是，楚怀王动员全国军力，深入秦国境内，在蓝田与秦军交战，魏国听说了这件事，派军队偷袭楚国，一直进攻到邓地。楚兵十分害怕，不得不自动从秦国撤军。而齐国始终痛恨楚怀王背弃盟约，不愿派兵救援楚国，楚国陷入艰难的境地。

明年，秦割汉中地与楚以和。楚王曰："不愿得地，愿得张仪而甘心焉[1]。"张仪闻，乃曰："以一仪而当汉中地，臣请往如楚。"如楚，又因厚币用事者臣靳尚[2]，而设诡辩于怀王之宠姬郑袖。怀王竟听郑袖，复释去张仪。是时屈平既疏，不复在位，使于齐，顾反，谏怀王曰："何不杀张仪？"怀王悔，追张仪不及。

其后诸侯共击楚，大破之，杀其将唐眛。

时秦昭王与楚婚，欲与怀王会。怀王欲行，屈平曰:“秦虎狼之国，不可信，不如毋行。”怀王稚子子兰劝王行:“奈何绝秦欢！”怀王卒行。入武关，秦伏兵绝其后，因留怀王，以求割地。怀王怒，不听。亡走赵，赵不内[3]。复之秦，竟死于秦而归葬。

长子顷襄王立，以其弟子兰为令尹。楚人既咎子兰以劝怀王入秦而不反也[4]。

屈平既嫉之，虽放流，眷顾楚国[5]，系心怀王，不忘欲反，冀幸君之一悟[6]，俗之一改也。其存君兴国而欲反覆之，一篇之中三致志焉。然终无可奈何，故不可以反，卒以此见怀王之终不悟也。人君无愚智贤不肖，莫不欲求忠以自为，举贤以自佐，然亡国破家相随属，而圣君治国累世而不见者，其所谓忠者不忠，而所谓贤者不贤也。怀王以不知忠臣之分，故内惑于郑袖，外欺于张仪，疏屈平而信上官大夫、令尹子兰。兵挫地削，亡其六郡，身客死于秦，为天下笑。此不知人之祸也。《易》曰 :“井泄不食[7]，为我心恻[8]，可以汲。王明，并受其福。”王之不明，岂足福哉！

令尹子兰闻之大怒，卒使上官大夫短屈原于顷襄王[9]，顷襄王怒而迁之[10]。

【注释】

[1] 甘心 : 乐意、心甘情愿。

[2] 用事者 : 指朝廷中当权的人。

[3] 内 : 通“纳”，接纳、接受。

[4] 咎 : 归罪于。

[5] 眷顾 : 眷念、思念。

[6] 冀幸 : 指心存侥幸地希望、期盼。

[7] 泄 : 通“抴”，指淘去井中的污泥。

[8] 恻 : 指心中悲伤的样子。

[9] 短 : 指背后说人的坏话。

[10] 迁 : 贬谪、放逐。

【译文】

第二年，秦国提出归还汉中土地与楚国讲和。楚怀王说：“我不愿意得到汉中土地，只愿意得到张仪就甘心了。”张仪听说后，就去对秦王说：“我愿用我张仪一个人来换取汉中之地，请大王允许我前往楚国。”张仪来到楚国后，暗地里给楚国当权的大臣靳尚送去厚礼，让他巧言笼络怀王的宠姬郑袖。楚怀王竟然听从了郑袖的话，又释放了张仪。这个时候屈原已遭到疏远，不在朝中担任官职，正在出使齐国。回来后，他向楚怀王进谏：“大王为何不杀掉张仪呢？”怀王也觉得非常后悔，派人追赶张仪却已经来不及了。

此后，各诸侯国联合进攻楚国，重创楚军，并斩杀了楚国大将唐眛。

当时秦昭王与楚国建立姻亲，希望与楚怀王相见。楚怀王想去，屈原劝道：“秦国如虎狼般贪暴，不能被信任，不如不去。”可是楚怀王的小儿子子兰劝说楚怀王赴会，说：“怎么能断绝秦王的好意呢？”最终，楚怀王还是去了。楚怀王刚进武关，秦朝的伏兵就堵住了他的退路，将他扣留，想要让他割地。楚怀王非常愤怒，始终不肯答应。于是就逃往赵国，但赵国拒绝让他入境。楚怀王只得回到秦国，并死在了秦国，死后被运回楚国安葬。

于是楚怀王的长子顷襄王即位，任命弟弟子兰为令尹。因为是子兰劝说楚怀王赴秦并死在了秦国，所以楚国人都责怪子兰。

屈原非常痛恨这件事，即使遭到了放逐也依然关心楚国国政，心里记挂着楚怀王，时刻不忘重返朝廷效力，期望着国王能突然醒悟，改变楚国的习俗。他希望保全君王，振兴国家，从而扭转局势，所以在一篇作品中就多次流露出这种志向。然而终究是无可奈何，所以不能再返回朝廷，足见楚怀王终究是没有醒悟。国君不管是聪明的还是愚蠢的，有才的还是无才的，都希望找到忠良和贤能的人士辅佐自己治理国家，然而亡国破家这样的事情不断发生，圣明之君、太平盛世连续很多个世代都没能见到一个，所以标榜忠臣的人并不忠诚，标榜贤士的并不贤能。楚怀王不知晓忠臣的本分，所以在宫内受郑袖迷惑，在宫外受到张仪欺骗，疏远屈原却对上官大夫和子兰无比信任。结果攻秦受挫，国土被割，失去了六个郡，自己也流落客死秦国，受到天下人的耻笑。这就是因为不识人引来的灾祸啊。《易经》说：“水井得到疏浚却没人喝水，让我心中难过，因为井水是可以饮用的。君主如果圣明，大家都能获得幸福。”楚怀王如此不明智，哪里能获得幸福啊！

令尹子兰听说后非常恼怒，于是派上官大夫在顷襄王面前说屈原的坏话，顷襄王一气之下就放逐了屈原。

屈原至于江滨，被发行吟泽畔[1]。颜色憔悴，形容枯槁。渔父见而问之曰：“子非三闾大夫欤[2]？何故而至此？”屈原曰：“举世混浊而我独清，众人皆醉而我独醒，是以见放[3]。”渔父曰：“夫圣人者，不凝滞于物而能与世推移。举世混浊，何不随其流而扬其波？众人皆醉，何不餔其糟而啜其醨[4]？何故怀瑾握瑜而自令见放为[5]？”屈原曰：“吾闻之，新沐者必弹冠，新浴者必振衣，人又谁能以身之察察[6]，受物之汶汶者乎[7]！宁赴常流而葬乎江鱼腹中耳，又安能以晧晧之白而蒙世俗之温蠖乎[8]！”

于是怀石遂自沈汨罗以死。

屈原既死之后，楚有宋玉、唐勒、景差之徒者，皆好辞而以赋见称；然皆祖屈原之从容辞令[9]，终莫敢直谏，其后楚日以削，数十年竟为秦所灭。

【注释】

[1] 被发：披散着头发。被，通“披”。

[2] 三闾大夫：官职名，代指屈原。

[3] 见放：遭到放逐。

[4] 餔：吃、食用。糟：指没有过滤带有渣滓的酒。醨：滋味比较淡的酒。

[5] 瑾、瑜：美玉名，喻指高尚的品德。

[6] 察察：形容清白、高洁的样子。

[7] 汶（mén）汶：污辱、玷污。

[8] 晧晧：通“皓皓”，形容非常洁白光明的样子。温蠖（qú）：形容尘泥重积的样子。

[9] 祖：效法、仿效。

【译文】

屈原行走在汨罗江边，披头散发地在荒野中边走边悲愤地长吟。脸色憔悴，形体干瘦。渔翁看到他问道："您不就是三闾大夫吗？因为什么要到这里来呢？"屈原说："全天下的人都混沌不堪而只有我一个人干净，大家都昏昏沉醉而只有我是清醒的，所以才受到了放逐。"渔翁说："所谓的圣人，从不固执地保持对事物的一贯看法而是随世俗风气的变化而转移。全天下的人都污浊不堪，为何您不能身在其中随波逐流？大家都是昏昏沉醉的样子，为何您不能身在其中吃些残食剩酒呢？为何偏要保持美玉般的高尚品格，让自己落得个遭流放的下场呢？"屈原答道："我听说，刚刚洗过头发的人一定要弹掉衣冠上的灰尘，刚刚洗过身体的人一定要把衣服上的灰尘抖净，又有哪个人愿意让洁净的身体遭受外界污秽的沾染呢？我宁愿跳入江水洪流中，葬身于鱼腹中，也不愿意让自己清白高尚的品德受到世俗的沾污！"

于是，屈原就抱起一块石头，跳入了汨罗江而死。

屈原死后，楚国的宋玉、唐勒、景差等人，都喜好文学而以辞赋出名，然而他们都只是效法屈原辞令中委婉含蓄的一面，终究没有人再敢像屈原那样直言劝谏，此后楚国日渐削弱，过了几十年最终被秦国灭亡了。

【精彩语段】

屈平疾王听之不聪也，谗谄之蔽明也，邪曲之害公也，方正之不容也，故忧愁幽思而作《离骚》。离骚者，犹离忧也。

评析 《离骚》是屈原的代表作品。所谓"离骚"，东汉王逸在《楚辞章句》中，将其表述为"离，别也；骚，愁也"。《离骚》是屈原的美好理想与残酷现实激烈碰撞的产物，是屈原对于楚国政治的美好期盼与日渐昏暗的现实政治之间矛盾的产物。正是有了这样的认识，司马迁才有了上面的概述，可以看作是司马迁与屈原在精神上的共鸣，饱含着司马迁对屈原高洁品德的热情褒扬。

知识链接　骚体诗

“骚体诗”是楚国诗人在将上古神话、南方民歌融入诗歌后形成的一种新诗体。在中国文学史上，“骚体诗”是以屈原的《离骚》为代表作品和主要标志的。后世对此类诗歌体裁的定义和界定，也是以《离骚》为主要标准的。“骚体诗”的每句多以“兮”结尾，篇幅较长，字句较多，且打破每句四言的限制，具有浓烈的情感表达和浪漫主义气息，增强了诗歌的艺术表现力。它能够承载更为复杂的社会生活，让诗歌从四言句式的桎梏中解脱出来。在屈原之后，宋玉、景差都是较为著名的骚体诗作家。

贾谊列传

贾谊又是一个屈原式的人物，虽然两人时代不同，但人生遭遇上的相似性，让遭受了同样际遇的司马迁，也对贾谊寄寓了深切的同情。与屈原一样，才高气盛的贾谊也是忠君遭贬，同样是政治上的不得志成就了个人的成就。司马迁将自己的感情揉入到对贾谊的议论中，又将这种强有力的议论与叙事结合在一起，形成了这篇别具一格的传记。所以，我们在读这篇传记的时候，能时刻感受到司马迁表现出的非常强烈的感情脉络。贾谊年少时就才华过人，故而“是时贾生年二十余，最为少。每诏令议下，诸老先生不能言，贾生尽为之对，人人各如其意所欲出。诸生于是乃以为能不及也”，所以汉文帝对他也殊遇有加。然而在贾谊的易法受挫之后，汉文帝便贬谪贾谊，让他在长沙郁郁而终，行为哀婉幽怨。

贾生名谊[1]，雒阳人也。年十八，以能诵诗属书闻于郡中。吴廷尉为河南守，闻其秀才[2]，召置门下，甚幸爱。孝文皇帝初立，闻河南守吴公治平为天下第一，故与李斯同邑而常学事焉，乃征为廷尉[3]。廷尉乃言贾生年少，颇通诸子百家之书。文帝召以为博士。

是时贾生年二十余，最为少。每诏令议下，诸老先生不能言，贾生尽为之对，人人各如其意所欲出。诸生于是乃以为能不及也。孝文帝说之[4]，超迁[5]，一岁中至太中大夫。

贾生以为汉兴至孝文二十余年，天下和洽[6]，而固当改正朔[7]，易服色，法制度，定官名，兴礼乐，乃悉草具其事仪法，色尚黄，数用五，为官名，悉更秦之法。孝文帝初即位，谦让未遑也[8]。诸律令所更定，及列侯悉就国[9]，其说皆自贾生发之。于是天子议以为贾生任公卿之位。绛、灌、东阳侯、冯敬之属尽害之，乃短贾生曰：“雒阳之人，年少初学，专欲擅权[10]，纷乱诸事。”于是天子后亦疏之，不用其议，乃以贾生为长沙王太傅。

【注释】

[1] 生：古代对读书人的通称。

[2] 秀才：指优异的个人才学。

[3] 征：指朝廷征召聘用人才。

[4] 说：通“悦”，喜悦。

[5] 超迁：指破格提拔。

[6] 和洽：形容太平和睦的状态。

[7] 正（zhēng）朔：指每年的第一天。古代改朝换代后，新王朝都会重新订正“正朔”，通过改定历法的方式规定一年开始的时间。

[8] 未遑：来不及。

[9] 列侯悉就国：指让列侯离开京城前往自己的封邑去。

[10] 擅权：独揽朝政、专权。

【译文】

贾生名叫贾谊，雒阳人。十八岁时，因能够诵读诗书、擅长写作而在郡中闻名。吴姓的廷尉担任河南郡守时，听说了贾谊的优异才学，就召请他到衙门中任职，对他非常器重。汉文帝刚刚即位的时候，听说河南郡守吴公的政绩非常卓越，堪称第一，且与李斯同乡，并曾向李斯问过学，所以征召他为廷尉。吴公于是言说贾谊年轻有才，对诸子百家的学问颇为精通。汉文帝于是征召贾谊，任命为博士。

当时贾谊刚刚二十出头，是博士中最年轻的。每次下令让博士讨论问题，那些年长的博士就无话可说，贾谊却能详细对答，别人都觉得贾谊说出了自己想说的话。众博士都认为贾生的才能杰出，无人能比。汉文帝非常喜欢贾谊，并破格提拔他，一年内竟然升至太中大夫。

贾谊认为从汉朝建立到汉文帝时已有二十多年，天下太平，恰是推行更正历法、变易服色、订立制度、确立官名、振兴礼乐的好时机，于是他拟定了各种仪法，以黄色为尊，采用五行中土的数字“五”，创设官名，完全变更了一直奉行的秦朝旧法。汉文帝此时刚刚即位，仍在非常谦恭地巩固帝位，所以未及实行。各种法令的更改，以及诸侯必须到封国上

任等，都出自贾谊的主张。于是汉文帝就与众大臣商议，打算提拔贾谊出任公卿的职位。但是绛侯周勃、灌婴、东阳侯、冯敬等人嫉妒贾谊，就诽谤道："这个雒阳人，年纪轻且学识浅薄，只想独揽朝政，让诸事变得一团糟。"于是汉文帝就疏远了贾谊，不再采纳他的建议，后来任命贾谊为长沙王的太傅。

贾生既辞往行，闻长沙卑湿，自以寿不得长，又以适去，意不自得。及渡湘水，为赋以吊屈原。其辞曰：

共承嘉惠兮[1]，俟罪长沙[2]。侧闻屈原兮[3]，自沈汨罗。造托湘流兮，敬吊先生。遭世罔极兮[4]，乃陨厥身[5]。呜呼哀哉，逢时不祥！鸾凤伏窜兮[6]，鸱枭翱翔[7]。阘茸尊显兮[8]，谗谀得志；贤圣逆曳兮，方正倒植。世谓伯夷贪兮，谓盗跖廉；莫邪为顿兮，铅刀为铦[9]。于嗟嚜嚜兮[10]，生之无故！斡弃周鼎兮宝康瓠[11]，腾驾罢牛兮骖蹇驴[12]，骥垂两耳兮服盐车[13]。章甫荐屦兮[14]，渐不可久；嗟苦先生兮，独离此咎！

讯曰：已矣，国其莫我知，独堙郁兮其谁语[15]？凤漂漂其高遰兮[16]，夫固自缩而远去[17]。袭九渊之神龙兮[18]，沕深潜以自珍[19]。弥融爚以隐处兮[20]，夫岂从蚁与蛭螾[21]？所贵圣人之神德兮，远浊世而自藏。使骐骥可得系羁兮，岂云异夫犬羊！般纷纷其离此尤兮，亦夫子之辜也！瞝九州而相君兮，何必怀此都也？凤皇翔于千仞之上兮，览德辉而下之[22]；见细德之险征兮[23]，摇增翮逝而去之。彼寻常之污渎兮[24]，岂能容吞舟之鱼！横江湖之鳣鲟兮[25]，固将制于蚁蝼。

【注释】

[1] 嘉惠：美好的恩惠，这里代指皇帝的任命。

[2] 俟罪：谦辞，待罪。这里表示自己没有胜任的能力，随时都有因罪受罚的可能。

[3] 侧闻：侧着耳朵听说，含有恭敬的意思。

[4] 罔极：形容秩序混乱无常的样子。

[5] 陨：通"殒"，丧命。

[6] 鸾凤：传说中的神鸟，这里喻指品行美好的人。

[7] 鸱枭：猫头鹰。古人认为猫头鹰是恶鸟，这里喻指奸邪的小人。

[8] 阘（tà）茸：喻指没有才能的小人。阘，小门。茸，小草。

[9] 铦（xiān）：锋利。

[10] 墨墨：通“默默”，形容不得志的样子。

[11] 康瓠（hù）：指残破的瓦器。

[12] 骖（cān）：古代战车中除了驾辕马，另外的辅助马被称为“骖”。这里为动词，驾驭。蹇（jiǎn）驴：跛脚的驴。

[13] 垂两耳：形容驾车的马非常吃力的样子。

[14] 章甫：殷商时期流行的一种礼帽。屦（jù）：用麻、葛、菅等编制而成的单底鞋。

[15] 堙（yīn）郁：形容忧闷不快的样子。

[16] 漂漂：通“飘飘”，形容高飞邈远的样子。遰（dì）：通“逝”，离去。

[17] 自缩：即“自引”，自己引退。

[18] 九渊：九旋之渊，极言深渊之深。

[19] 沕（mì）：指隐没在非常深的地方。

[20] 爚（yuè）：火光、光亮。

[21] 蛭（zhì）、螾（yǐn）：分别指蚂蟥、蚯蚓，喻指行为龌龊的小人。

[22] 德辉：道德的光辉，这里指的是有德行的君主。

[23] 细德：这里指德行衰弱的人。险征：危险的征兆。

[24] 寻：古代计量单位，长为八尺。常：古代计量单位，长为十六尺。

[25] 横江湖：断绝了江湖，失掉了与江湖的联系。鳣鱏（zhān xún）：一种大鱼。

【译文】

贾谊辞别京城，前往长沙赴任，听说长沙地势低洼、气候潮湿，他认为自己的寿命不会很长，又因为是遭贬至此，很不得意。在渡过湘水时，用辞赋凭吊屈原，赋文说道：

我恭奉天子的诏命，戴罪到长沙赴任。途中听过屈夫子您啊，是自己沉入汨罗江的。今天我来到湘江的边上，委托江水代我凭吊夫子的英灵。您遭遇了世间的纷乱邪恶啊，甚至让您毁灭自己的生命。唉，真是太让人悲伤啦！正遭遇那不好的年代啊。鸾鸟凤凰到处寻找潜伏隐藏的

处所，鹰隼却在自在地翱翔。宦者内臣变得尊贵显赫，阿谀奉承的人肆意张狂；圣贤无法立足啊，端正的人难伸志向。世人都在认为伯夷贪婪，反而认为盗跖廉洁；认为莫邪的宝剑太过粗钝，铅质的刀反而锋利。夫子您的抱负无法施展啊，平白无故地蒙受这样的祸端！这就像丢弃了世代相传的周鼎，反而将残破的瓦盆当成宝物。让疲惫的老牛和跛驴驾车，却让骏马吃力地去拉盐车。将高贵的礼帽用作鞋垫，鞋履反而高高在上了；这样倒行逆施的日子怎么能够长久？夫子您真是不幸啊，竟然遭受了这样不幸的祸患！

总之：算了吧！国家之中没有人了解我，我心中的不快又能向谁诉说？凤凰飘然地飞远离去，我本来就应该自觉隐退。向隐藏在渊底的神龙学习，深深地潜藏自己来避祸自爱。隐藏起光辉去隐居，又怎么能与蚂蚁、水蛭、蚯蚓作邻居？圣人的品德最为可贵，是因为圣人能远离浊世然后自我隐匿。如果良马也甘心受到束缚牵绊，又怎么能说与犬羊有别？生活在这污浊的世间遭此横祸，也是因为夫子您的过错呀。无论走到哪里，都能辅佐君主，又为何一味留恋楚都？凤凰翱翔在千仞高的天空，看到闪耀道德光辉的君主才肯栖息。看到卑劣的人发出的危险征兆，就奋力振翅远远地离去。狭小污浊的小水沟啊，怎么能容得下吞舟的大鱼？丧失了与江湖联系的大鱼，一定会受制于蝼蚁。

贾生为长沙王太傅三年，有鸮飞入贾生舍[1]，止于坐隅。楚人命鸮曰“服”。贾生既以適居长沙，长沙卑湿，自以为寿不得长，伤悼之，乃为赋以自广[2]。其辞曰：

单阏之岁兮[3]，四月孟夏，庚子日施兮[4]，服集予舍，止于坐隅，貌甚闲暇。异物来集兮，私怪其故，发书占之兮[5]，筴言其度[6]。曰“野鸟入处兮，主人将去”。请问于服兮：“予去何之？吉乎告我，凶言其菑。淹数之度兮[7]，语予其期[8]。”服乃叹息，举首奋翼，口不能言，请对以意。

万物变化兮，固无休息。斡流而迁兮，或推而还。形气转续兮[9]，变化而嬗[10]。沕穆无穷兮[11]，胡可胜言！祸兮福所倚，福兮祸所伏；忧喜聚门兮，吉凶同域。彼吴强大兮，夫差以败；越栖会稽兮，勾践霸世。斯游遂成兮，卒被五刑；傅说胥靡兮[12]，乃相武丁。夫祸之与福兮，何异纠纆[13]。命不可说兮，孰知其极？水激则旱兮[14]，矢激则远。万物回薄兮[15]，振荡相转。云蒸雨降兮，错缪相纷[16]。大专槃物兮[17]，坱轧无垠[18]。天不可与虑兮，道不可与谋。迟数有命兮，恶识其时？

且夫天地为炉兮，造化为工；阴阳为炭兮，万物为铜。合散消息兮[19]，安有常则；千变万化兮，未始有极。忽然为人兮[20]，何足控抟[21]；化为异物兮，又何足患！小知自私兮，贱彼贵我；通人大观兮[22]，物无不可。贪夫徇财兮，烈士徇名；夸者死权兮[23]，品庶冯生。怵迫之徒兮[24]，或趋西东；大人不曲兮，亿变齐同。拘士系俗兮[25]，攌如囚拘[26]；至人遗物兮[27]，独与道俱。众人或或兮[28]，好恶积意[29]；真人淡漠兮，独与道息。释知遗形兮，超然自丧；寥廓忽荒兮[30]，与道翱翔。乘流则逝兮，得坻则止；纵躯委命兮，不私与己。其生若浮兮，其死若休；澹乎若深渊之静[31]，氾乎若不系之舟。不以生故自宝兮，养空而浮[32]；德人无累兮，知命不忧。细故蒂蓟兮[33]，何足以疑！

【注释】

[1] 鸮：猫头鹰，被古人认为代表着不祥。

[2] 自广：自我安慰。

[3] 单阏：即十二地支中的“卯”，常用于纪年。

[4] 日施（yí）：指太阳西斜。施，通“迤”，斜行。

[5] 发书：指打开用于占卜的策术书。

[6] 筴：即“策”，又作“谶”，指策书上的预言。

[7] 淹数：又作“淹速”，指生死的迟早快慢的定数。

[8] 语（yù）：告诉、告知。

[9] 形：指天地间所有有形体的事物。气：指天地间所有无形体的事物。

[10] 嬗：演变、蜕变。

[11] 沕穆：形容非常精微、深远的样子。

[12] 胥靡：用绳子把犯人绑缚在一起，首尾相随地服劳役，所以常用来代指刑徒。

[13] 纠纆：指多股绳索绞在了一起。

[14] 旱：通“悍”，形容强劲、急猛的样子。

[15] 回薄：指反复不停地持续激荡。

[16] 错缪：形容互相纠缠、错综复杂的样子。

[17] 大专（jūn）：原指制造陶器的转轮，这里喻指创造万物的大自然。

[18] 坱轧（yǎng yà）：形容漫无边际、广阔无垠的样子。

[19] 消息：指万物的生灭、盛衰。

[20] 忽然：指偶然的事情。

[21] 控抟（tuán）：指值得忧虑的事情。控，掌控、掌持。抟，抚弄。

[22] 通人：道教用语，与下文中的“大人”“至人”“真人”“德人”，都是指具有极高道德修养的人。大观：形容胸襟开阔、所见远大的样子。

[23] 夸者：指喜好虚名和权势的人。

[24] 怵迫：指受到名利诱惑、受到贫贱逼迫的状态。

[25] 系俗：指受到俗累的羁绊。

[26] 攌（huàn）：拘禁、束缚。

[27] 遗物：指忘却、遗弃外界事物的羁绊和拖累的状态。

[28] 或或：通“惑惑”，形容迷惑不解的样子。

[29] 意：通“臆”，胸臆，心中的猜想。

[30] 寥廓：形容辽阔苍茫的样子。

[31] 澹：形容安然、恬静的样子。

[32] 养空：指修养空虚的性情。

[33] 慸葪（dì jiè）：通“蒂芥”，指细小的堵塞物，喻指想不通或心怀嫌隙的状态。

【译文】

贾谊在长沙担任王太傅第三年的一天，有一只鹗鸟飞进了他的住所，停在座位的旁边。楚国人将猫头鹰称作“鹏”。贾谊本来就是遭贬来到长沙的，且长沙地势低洼，气候潮湿，认为自己的寿命不会长久了，于是就写了一篇赋来安慰自己。赋文写道：

汉文帝六年，丁卯年，四月初夏，庚子日。太阳西斜的时候，一只猫头鹰停在我的房子上，在我的座位旁停下来，样子非常自在安闲。怪鸟忽然飞进我家，我私下猜度这是什么征兆。用卦书来占卜，上面写着

“野鸟飞入住宅呀鹏，主人将要离开家”。我请问鹏鸟啊，“我将要前往何方？吉祥，就请告诉我；凶事，也请告诉我。生死早晚都有定数啊，请把期限详细告诉我。” 鸟听了叹息不止，抬起头张开了翅膀。嘴巴无法言讲，请用胸中的推度来对答：

天地万物的变化，本来就没有止息的时候。就像旋转的涡流，反复循环。形与气相互转化就像蝉蜕般演化。这样的道理深微无穷，不是言语能够说周全的。祸之中有福的种子，福之中也隐藏着祸的根。忧与喜聚合在一起，吉与凶同在一个地方。当年吴国多么强大啊，吴王夫差却因为强大败亡。越国败伏于会稽，勾践从此称霸于世。李斯游历成功游说秦国，最终遭受五刑而死。傅说原本是个刑徒，后来却被任命为武丁的宰相。祸与福的关系，与互相缠绕的绳索有什么不同？天命无法详细说明，谁又能知晓它的究竟？水变成激流就会凶猛，箭矢受到强力发射就会飞得很远。万物循环往复相互激荡，在运动中互起变化。云上升而雨下沉，这样的变化真是错综复杂啊。天地运转创造着万物，运行起来真是浩瀚啊。天高远到不可思议，道太深奥超过凡人的思考。生死早晚都由命决定的，谁能知道它的期限？

天地就像冶炼的巨炉，自然就像是司炉的工匠。阴阳运转是炉中的炭火，世间万物皆为炉中的铜。聚散生灭怎会遵循一定的法则？千变万化未曾有过极终。成人也是一个偶然的事情，有什么值得珍惜。死去化作异物又有什么值得忧虑！智慧浅薄的人只会顾及自己，鄙薄外物而重视自身。在通达的人看来，个人与万物相互适应，没有什么事情不是如此。贪财的人赔上性命，刚烈的人成全声名。贪图虚名的人因权势而死，平民百姓却是怕死求生。受名利诱惑而受贫贱逼迫的人，在奔走西东中趋利避害。道德修养高深的人不受物欲驱逐，对世间千变万化的事物一视同仁。愚笨的人受世俗的羁绊，困窘得像受到拘役的囚徒。有至德的人能超然于物外，只与大道永生同在。天下人迷惑自扰太深，胸中充满了爱憎之情。得到天地之道的人则恬淡无为，只与大道生息在一起。抛弃智慧迷惑和形体，超然于万物之外而忘记自身。在空旷深远的世界里，与大道一起浮游翱翔。那就乘着流水任意飘逝吧，碰上沙洲就停下来。将个人的躯体托付给命运，不把它当作私有之物。活着的时候随波逐流，

死了之后就像长久休息。内心如深渊的潭水那样幽深宁静，浮游就像没有绳牵的舟一样自在。不因活着就重视自己的生命，要修养空灵的性情不受羁绊。至德的人不被世俗所累，知道自己的天命就能够不受忧扰！就像鹏鸟飞入住所这样的小事，哪里值得忧虑！

后岁余，贾生征见。孝文帝方受釐[1]，坐宣室[2]。上因感鬼神事，而问鬼神之本。贾生因具道所以然之状。至夜半，文帝前席[3]。既罢，曰："吾久不见贾生，自以为过之，今不及也。"居顷之，拜贾生为梁怀王太傅。梁怀王，文帝之少子，爱，而好书，故令贾生傅之。

文帝复封淮南厉王子四人皆为列侯。贾生谏，以为患之兴自此起矣。贾生数上疏，言诸侯或连数郡，非古之制，可稍削之。文帝不听。

居数年，怀王骑，堕马而死，无后。贾生自伤为傅无状[4]，哭泣岁余，亦死。贾生之死时年三十三矣。及孝文崩，孝武皇帝立，举贾生之孙二人至郡守，而贾嘉最好学，世其家，与余通书。至孝昭时，列为九卿。

【注释】

[1] 受釐：汉代制度规定，祭祀天地时，皇帝派人祭祀或郡国举行完祭祀后，要将剩余的祭肉献给皇帝，以表示皇帝受福。

[2] 宣室：汉代未央宫群落中的一座宫殿，常作为皇帝斋戒的地方。

[3] 前席：指在坐席上往前移动，表示对对方的亲近。

[4] 无状：没有功劳、没有成绩。

【译文】

过了一年多，贾谊受到文帝征召。汉文帝正在接受降福保佑，坐在宣室中接见贾谊。皇帝因为有感于鬼神祭祀的事情，向贾谊询问鬼神的本源。贾谊乘机详尽地阐述了其中的道理。谈话一直持续到夜半时分，文帝不知不觉地坐在座席上向贾谊身边挪动。听完之后，文帝慨叹道："我已经很久不见贾谊了，自认为能超过他，现在看来还是比不过他。"过了不久，文帝诏命贾谊担任梁怀王太傅。梁怀王是汉文帝的小儿子，受文帝宠爱，喜欢读书，所以让贾谊做他的老师。

汉文帝又封淮南厉王的四个儿子全部为列侯。贾谊上疏劝谏，认为这样会给国家带来祸患。贾谊多次上疏，称有的诸侯封地太多，甚至多达几个郡的土地，与古代制度不相符，应该稍稍削弱诸侯的势力，但汉文帝不肯听从。

过了几年之后，梁怀王骑马的时候，因为不慎从马上掉下来，摔死了。他没有留下后代。贾谊认为自己没有尽到太傅的责任，哭泣了一年多，也死去了。死的时候刚刚三十三岁。汉文帝去世后，直至汉武帝即位，提拔贾谊的两个孙子出任郡守，其中以贾嘉最为好学，继承了家业，曾与我有过书信交往。到汉昭帝时，进入九卿之列。

【精彩语段】

贾生以为汉兴至孝文二十余年，天下和洽，而固当改正朔，易服色，法制度，定官名，兴礼乐，乃悉草具其事仪法，色尚黄，数用五，为官名，悉更秦之法。孝文帝初即位，谦让未遑也。诸律令所更定，及列侯悉就国，其说皆自贾生发之。

评析 在司马迁看来，贾谊是一位“屈原式”的人物，也同样度过了悲剧性的人生，而导致贾谊悲剧人生的关键，则是他没有真正寻求到一个强有力的支持者，在时机尚未成熟的时候便提出一系列改革措施，结果在触动当权者的利益后，被当初为他提供支持的汉文帝当作牺牲品。在这篇列传中，司马迁对贾谊寄寓了深深的同情，也隐隐表达出对于自己怀才不遇的愤懑和不满。

知识链接　毛泽东写贾生

唐代诗人李商隐也对贾谊进行过歌咏，创作七绝《贾生》：“宣室求贤访逐臣，贾生才调更无伦。可怜夜半虚前席，不问苍生问鬼神。”毛泽东也曾写过一首关于贾谊的七言绝句，名为《七绝·贾谊》：“贾生才调世无伦，哭泣情怀吊屈文。梁王堕马寻常事，何用哀伤付一生。”在诗歌内容上，李商隐过多着眼于对贾谊悲惨命运的慨叹，毛泽东则是在表达痛惜之情的同时，还体现出对贾谊之死的价值反思,风格也更为刚健。除了这首《七绝·贾谊》,毛泽东还写过一首《七律·咏贾谊》:“少年倜傥廊庙才,壮志未酬事堪哀。胸罗文章兵百万,胆照华国树千台。雄英无计倾圣主,高节终竟受疑猜。千古同惜长沙傅,空白汨罗步尘埃。”通过这首诗,毛泽东表达了与李商隐相似的感受,有个人的欣赏,也有对贾谊之死的痛惜之情。

吕不韦列传

本篇刻画了吕不韦这样一个唯利是图的投机商人的形象。为了让吕不韦的投机商人形象更加丰满，司马迁着力描述了当时在邯郸做人质的才能平庸的秦公子子楚，为了换取吕不韦的支持，甘愿在事成之后“请得分秦国与君共之”，在吕不韦看出子楚一心想将自己的小妾据为己有后，将小妾献给子楚。所以，子楚与吕不韦小妾的儿子，也就是始皇帝嬴政，在司马迁看来就是吕不韦的儿子，就是他在嫪毐与太后私通事发之后，将嫪毐满门抄斩，又将嫪毐与太后生的两个儿子一同杀死，还迁徙太后到雍城，并逼死了作为“生父”的吕不韦，显示出残暴、凶狠的本性。而曾是吕不韦小妾同时又作为嬴政生母的太后，则自始至终都没有名姓，则又能充分表明司马迁对于她的情感立场。总之，司马迁对于本篇传记中的重要人物，没有一个是从同情的角度出发的，而是满含着憎恶和轻蔑。

吕不韦者，阳翟大贾人也。往来贩贱卖贵，家累千金[1]。

秦昭王四十年，太子死。其四十二年，以其次子安国君为太子。安国君有子二十余人。安国君有所甚爱姬，立以为正夫人，号曰华阳夫人。华阳夫人无子。安国君中男名子楚[2]，子楚母曰夏姬，毋爱。子楚为秦质子于赵。秦数攻赵，赵不甚礼子楚[3]。

子楚，秦诸庶孽孙[4]，质于诸侯，车乘进用不饶[5]，居处困，不得意。吕不韦贾邯郸，见而怜之，曰“此奇货可居”。乃往见子楚，说曰：“吾能大子之门。”子楚笑曰：“且自大君之门，而乃大吾门！”吕不韦曰：“子不知也，吾门待子门而大。”子楚心知所谓，乃引与坐，深语[6]。吕不韦曰：“秦王老矣，安国君得为太子。窃闻安国君爱幸华阳夫人，华阳夫人无子，能立適嗣者独华阳夫人耳[7]。今子兄弟二十余人，子又居中，不甚见幸，久质诸侯。即大王薨，安国君立为王，则子毋几得与长子及诸子旦暮在前者争为太子矣[8]。"子楚曰："然。为之奈何？"吕不韦曰："子贫，客于此，非有以奉献于亲及结宾客也。不韦虽贫，请以千金为子西游，事安国君及华阳夫人，立子为適嗣。"子楚乃顿首曰："必如君策，请得分秦国与君共之。"

【注释】

[1] 累：积攒、积聚。

[2] 中男：兄弟排行里居中的位置，通常指次子。

[3] 礼：用作动词，指以应有的礼节对待。

[4] 庶孽孙：不是正妻所生而是由姬妾生育的子孙。

[5] 进：通"赆"，指收入的钱财。

[6] 深语：推心置腹地深入交谈。

[7] 適嗣：正妻生育的长子，这里指王位的继承人。

[8] 毋几：没有希望。

【译文】

吕不韦是一个来自韩国阳翟的大商人，往来于各地，低价买进高价卖出，家中积累起千金财富。

秦昭王四十年（前267年），太子死了。秦昭王四十二年，昭王便将次子安国君立为太子。安国君的儿子有二十多个。他有个非常喜爱的妃子，后来将她立为正夫人，号称华阳夫人。华阳夫人没有儿子。安国君的儿子中有个排行居中的叫做子楚，子楚的母亲是夏姬，不受安国君的宠爱。所以，子楚被秦国送往赵国作人质。后来秦国屡屡进攻赵国，所以赵国对子楚也很不礼貌。

子楚是个庶出的秦王子孙，又在赵国作人质，所以车马用度都不富裕，生活很窘迫，心中很不得意。吕不韦到邯郸去做生意的时候，一见到子楚后就很可怜他，说"子楚是件奇货，值得囤积起来待价而沽"。于是，他就拜访子楚，劝说他道："我能让您的门庭变得光大起来。"子楚笑道："你还是先光大自己的门庭，再来帮我光大门庭吧！"吕不韦说："您不明白，我的门庭需要在您光大门庭之后才能光大啊。"子楚明白了吕不韦的意思，于是请他坐下来深谈。吕不韦说："秦王已经老了，安国君已被确立为太子。我暗地里听说安国君非常喜欢华阳夫人，可是华阳夫人没有儿子，但能

够选立继承人的又只有华阳夫人一人。如今您有二十多个兄弟，而您排行居中，又不怎么受宠幸，且长时间留在别国作人质，等到秦王死去后，安国君继位为王，那时候您就没有机会与长兄和您众多留在秦国的兄弟们争夺太子之位了。”子楚说：“是这样，但是应该怎么办才好呢？”吕不韦说：“您本来就很窘迫，现在又在这里客居，拿不出什么东西来孝敬尊长、结交宾客了。我虽然也不富有，但愿意奉献千金为您到秦国去游说安国君和华阳夫人，想办法让他们将您立为继嗣。”子楚听后马上叩头拜谢：“若是真的能实现您的计划，我愿意和您一起分享秦国。”

吕不韦乃以五百金与子楚，为进用，结宾客；而复以五百金买奇物玩好，自奉而西游秦，求见华阳夫人姊，而皆以其物献华阳夫人。因言子楚贤智，结诸侯宾客遍天下，常曰“楚也以夫人为天[1]，日夜泣思太子及夫人”。夫人大喜。不韦因使其姊说夫人曰：“吾闻之，以色事人者，色衰而爱弛。今夫人事太子，甚爱而无子，不以此时蚤自结于诸子中贤孝者[2]，举立以为適而子之，夫在则重尊，夫百岁之后，所子者为王，终不失势，此所谓一言而万世之利也。不以繁华时树本[3]，即色衰爱弛后，虽欲开一语，尚可得乎？今子楚贤，而自知中男也，次不得为適，其母又不得幸，自附夫人。夫人诚以此时拔以为適，夫人则竟世有宠于秦矣。”华阳夫人以为然，承太子闲，从容言子楚质于赵者绝贤，来往者皆称誉之。乃因涕泣曰：“妾幸得充后宫，不幸无子，愿得子楚立以为適嗣，以托妾身。”安国君许之，乃与夫人刻玉符[4]，约以为適嗣。安国君及夫人因厚馈遗子楚[5]，而请吕不韦傅之，子楚以此名誉益盛于诸侯。

吕不韦取邯郸诸姬绝好善舞者与居，知有身[6]。子楚从不韦饮，见而说之，因起为寿，请之。吕不韦怒，念业已破家为子楚，欲以钓奇[7]，乃遂献其姬。姬自匿有身，至大期时[8]，生子政。子楚遂立姬为夫人。

【注释】

[1] 天：古代指赖以生存的事物。

[2] 蚤：通“早”，趁早、及早。

[3] 繁华：花朵的繁盛期，喻指人的盛年阶段。

[4] 玉符：古代朝廷中一种常用的凭证。

[5] 馈遗：向高贵的人赠送礼品、财物等。

[6] 有身：指身怀有孕。

[7] 钓奇：妄图得到巨大的利益，与“奇货可居”意思相近。

[8] 大期：怀孕待产的最大期限。

【译文】

于是，吕不韦将五百金送给子楚，用来供他日常生活和交结宾客，又用五百金在邯郸购买珍奇玩物，亲自带着去秦国游说。他先是拜见了华阳夫人的姐姐，请她将带来的东西全部献给华阳夫人，并顺便说起子楚如何的聪明贤能，已经结交了天下的众多诸侯宾客，并说子楚经常提及“他将夫人当成上天一样爱戴，日夜流着泪思念安国君和夫人”。华阳夫人听了非常高兴，于是吕不韦又趁机请华阳夫人的姐姐劝说华阳夫人：“俗话说，用姣好容颜侍奉别人的，衰老后便会失宠。如今夫人侍奉太子，虽然很受宠爱，但您却一直没有儿子，为什么不早点儿在太子的儿子中挑选一个有才能又孝顺的人，将他认作自己的儿子并立他为继承人呢？那样，太子在世的时候能享受尊贵，太子死后所立的儿子继位为王，您仍然不会失势，这就是靠一句话就享受到万世的好处啊。如果不趁着现在美貌尚在的时候为自己确立根本，等到年老失宠之后，即使再想说服太子，还有可能吗？如今子楚听起来挺有才能，又排行居中，按次序是无法被立为继承人的，他的生母不受宠爱，所以他愿意依附于夫人，夫人如果能借此机会确立他为继承人，那夫人这一生都会在秦国受尊宠了。”华阳夫人觉得有道理，就寻找机会，向太子委婉地讲起在赵国作人质的子楚的事情，说子楚受到往来于秦赵两国的人的称赞。然后，她又哭着说道：“我很幸运进入您的后宫，但却遗憾没有儿子，我希望能认子楚做儿子，让他做您的继承人，让我终身有个依靠。”安国君答应了，于是就与夫人刻玉符，约定立子楚为继承人。接着，安国君和华阳夫人又给子楚送了很多礼物，并请吕不韦辅导子楚，从此子楚就显名于诸侯之间了。

吕不韦娶了一个色容美妙且舞技高超的邯郸女子，不久她就怀孕了。

有一天，子楚到吕不韦家里饮酒，非常喜欢这个女子，就起身向吕不韦敬酒，请求将这个女子赐给他。吕不韦非常生气，但转念一想，为了子楚，自己业已花费大量家财，如今不妨再用这个女子做饵钩住子楚，于是就将这个女子献给了子楚。这个女子故意隐瞒了自己怀孕的事实，就这样过了十二个月生下一个儿子，取名为政。于是子楚就把她立为夫人。

秦昭王五十年，使王齮围邯郸，急，赵欲杀子楚。子楚与吕不韦谋，行金六百斤予守者吏[1]，得脱，亡赴秦军，遂以得归。赵欲杀子楚妻子，子楚夫人，赵豪家女也，得匿，以故母子竟得活。秦昭王五十六年，薨，太子安国君立为王，华阳夫人为王后，子楚为太子。赵亦奉子楚夫人及子政归秦。

秦王立一年，薨，谥为孝文王。太子子楚代立，是为庄襄王[2]。庄襄王所母华阳后为华阳太后[3]，真母夏姬尊以为夏太后[4]。庄襄王元年，以吕不韦为丞相，封为文信侯，食河南雒阳十万户[5]。

庄襄王即位三年，薨，太子政立为王，尊吕不韦为相国，号称“仲父[6]”。秦王年少，太后时时窃私通吕不韦。不韦家童万人。

当是时，魏有信陵君，楚有春申君，赵有平原君，齐有孟尝君，皆下士喜宾客以相倾[7]。吕不韦以秦之强，羞不如，亦招致士，厚遇之，至食客三千人。是时诸侯多辩士，如荀卿之徒，著书布天下。吕不韦乃使其客人人著所闻，集论以为八览、六论、十二纪，二十余万言。以为备天地万物古今之事，号曰《吕氏春秋》。布咸阳市门，悬千金其上，延诸侯游士宾客有能增损一字者予千金。

【注释】

[1] 予：给予。

[2] 是：这。

[3] 所母：指子楚所拜认的母亲，即华阳夫人。

[4] 真母：本来的母亲，即子楚的生母。

[5] 食：食邑。

[6] 仲父：亚父，地位仅次于生父。

[7] 倾：超越、超过。

【译文】

秦昭王五十年（前 257 年），秦将王龁率军围攻邯郸，赵国局势非常危急，于是赵国人想杀死子楚。子楚于是与吕不韦商议，用六百斤金钱贿赂守城的官吏，得以从邯郸逃出来，到了秦军大营，得以回到秦国。赵国便想杀死子楚的妻子和儿子，子楚的夫人本来就是一个赵国富豪的女儿，到娘家藏了起来，才最终得以脱险。秦昭王五十六年（前 251 年），秦王去世了，太子安国君即位，于是华阳夫人便成为王后，子楚被立为太子。赵国也护送子楚的夫人和儿子政回到秦国。

安国君在位一年就去世了，谥号为孝文王。太子子楚继承了王位，也就是庄襄王。他尊奉华阳王后为华阳太后，尊奉生母夏姬为夏太后。庄襄王元年（前 249 年），吕不韦被任命为丞相，受封为文信侯，以河南雒阳附近的十万户为食邑。

庄襄王在位三年便去世了，太子嬴政继承了王位，任命吕不韦为相国，尊称他为"仲父"。嬴政年纪还很小，太后经常与吕不韦私通。吕不韦的家中有上万奴仆。

当时，魏国的信陵君，楚国的春申君，赵国的平原君，齐国的孟尝君，都是以礼贤下士闻名的君子，喜好结交宾客并以此来竞争。吕不韦觉得秦国已经非常强大，在招贤纳士方面也要与他们争个高下，所以也招徕文人学士，优待有加，聚集起门下食客三千多人。当时各诸侯国都有很多有名的辩士，如荀卿那样的人，著作流传于四海之内，于是吕不韦也命宾客将所见所闻记录下来，综合整理成八览、六论、十二纪，共二十多万字。他认为这本书将天地万物、古往今来的事理全都包括在内了，所以取书名为《吕氏春秋》。他将这部书挂在咸阳集市的大门上，悬赏千金，遍请各国士人宾客，若有人能增删一字的，就将千金赠予他。

始皇帝益壮，太后淫不止。吕不韦恐觉祸及己，乃进嫪毐，诈令人以腐罪告之[1]。不韦又阴谓太后曰："可事诈腐，则得给事中。"太后乃阴厚赐主腐者吏，诈论之，拔其须眉为宦者，遂得侍太后。太后私与通，绝爱之，有身。太后恐人知之，诈卜当避时[2]，徙宫居雍。嫪毐常从，赏赐甚厚，事皆决于嫪毐。嫪毐家童数千人，诸客求宦为嫪毐舍人千余人[3]。

始皇七年，庄襄王母夏太后薨。孝文王后曰华阳太后，与孝文王会葬寿陵。夏太后子庄襄王葬芷阳，故夏太后独别葬杜东，曰："东望吾子，西望吾夫。后百年，旁当有万家邑。"

始皇九年，有告嫪毐实非宦者，常与太后私乱，生子二人，皆匿之。与太后谋曰"王即薨，以子为后"。于是秦王下吏治[4]，具得情实，事连相国吕不韦。九月，夷嫪毐三族[5]，杀太后所生两子，而遂迁太后于雍。诸嫪毐舍人皆没其家而迁之蜀[6]。王欲诛相国，为其奉先王功大，及宾客辩士为游说者众，王不忍致法[7]。

【注释】

[1] 腐罪：指犯下应当判处腐刑（宫刑）的罪过。

[2] 避时：暂时改变住所来躲避灾祸。

[3] 求宦：谋求入仕做官的机会。

[4] 下吏：交送给法官审讯。

[5] 三族：指犯人的父族、母族和妻族。

[6] 没：指没收犯罪者的财产充为官府所有。

[7] 致法：予以法律制裁。

【译文】

嬴政的年纪越来越大了，太后还是一直保持与吕不韦的不正当关系。吕不韦担心事情被秦王政发现后自己会遭殃，就向太后进献了门人嫪毐，同时授意别人告发嫪毐犯罪判处了宫刑。吕不韦偷偷地告诉太后："先假装让嫪毐受宫刑，然后就能让他在宫中侍候你了。"于是太后就私下送给行刑的官吏许多财物，让他们假装对嫪毐施以宫刑，拔掉了他的胡须眉毛，看上去像个宦官，就让他去侍奉太后。太后与他通奸后，特别喜爱他，还怀了孕。太后担心别人会知道，便谎称通过占卜得知须在宫廷外躲避一段时间，就迁居到雍城的宫殿中。嫪毐总是在左右随侍着，所以得到的赏赐非常多，许多事情也是嫪毐说了算。嫪毐的家中有数千奴仆，为

了做官希望成为嫪毐门客的也有一千多人。

秦始皇七年（前240年），庄襄王的母亲夏太后去世了。华阳太后已经与孝文王合葬在寿陵，夏太后的儿子庄襄王也被安葬在芷阳，所以夏太后生前曾要求埋葬在杜原的东边。她说："这里向东能望到我的儿子，向西能望到我的丈夫。百年之后，这里将形成万户的城邑。"

秦始皇九年（前238年），有人向秦王政告发嫪毐并非宦官，经常与太后淫乱，并且已生下两个儿子，都藏在某个地方，甚至与太后商定"要是秦王死了，就让这两个儿子继位"。于是秦王政便下令严查此事，弄清了事情的全部真相，还牵连到了相国吕不韦。这年九月，嬴政下令夷灭嫪毐三族，并杀掉了太后所生的两个儿子，还让太后迁居到雍城的宫中居住。嫪毐的所有门客全都被抄没家产，流放到蜀地。嬴政本来打算也杀掉吕不韦，但因他曾侍奉先王有过非常大的功劳，又因为许多宾客辩士为他求情，所以嬴政就不忍心杀掉他。

秦王十年十月，免相国吕不韦。及齐人茅焦说秦王，秦王乃迎太后于雍，归复咸阳，而出文信侯就国河南。

岁余，诸侯宾客使者相望于道，请文信侯[1]。秦王恐其为变，乃赐文信侯书曰："君何功于秦，秦封君河南，食十万户？君何亲于秦，号称仲父？其与家属徙处蜀[2]！"吕不韦自度稍侵，恐诛，乃饮酖而死[3]。秦王所加怒吕不韦、嫪毐皆已死，乃皆复归嫪毐舍人迁蜀者。

始皇十九年，太后薨，谥为帝太后，与庄襄王会葬茝阳[4]。

太史公曰：不韦及嫪毐贵[5]，封号文信侯。人之告嫪毐，毐闻之。秦王验左右[6]，未发。上之雍郊[7]，毐恐祸起，乃与党谋，矫太后玺发卒以反蕲年宫[8]。发吏攻毐，毐败，亡走。追斩之好畤，遂灭其宗。而吕不韦由此绌矣[9]。孔子之所谓"闻"者[10]，其吕子乎？

【注释】

[1] 请：问候。

[2] 徙：迁徙、迁移。

[3] 酖（zhèn）：古代一种毒酒。

[4] 茝（chǎi）阳：今芷阳，位于今陕西西安东。
[5] 及：以及。
[6] 验：验证、审问。
[7] 郊：古代祭天的仪式，一般在国都郊外进行。
[8] 矫：假托、诈称。
[9] 绌：通“黜”，贬退、斥退。
[10] 闻：这里指骗取名望。

【译文】

秦始皇十年（前 237 年）十月，嬴政免去了相国吕不韦的职务。后来在齐人茅焦的劝说下，嬴政才将太后从雍城的别宫接到咸阳，同时将吕不韦逐出咸阳，让他前往河南的封邑居住。

自此之后的一年多里，各诸侯国的宾客接连不断地到吕不韦的封地去问候吕不韦。嬴政担心吕不韦再生什么变故，便写信给吕不韦：“您有什么功劳于秦国呢，竟然享受河南的十万户食邑？您与秦国有什么亲缘关系呢，竟然被尊称为‘仲父’？您带着家属全都搬到蜀地去吧！”吕不韦估计自己所受的逼迫会越来越紧，担心日后被杀头，就服毒自杀了。这样，嬴政所痛恨的吕不韦、嫪毐都已经死掉了，便下令让被流放到蜀地的嫪毐的门客们回来了。

秦始皇十九年（前 228 年），太后去世，谥号为帝太后，与庄襄王合葬在茝阳。

太史公说：吕不韦与嫪毐也曾显贵一时，吕不韦受封为文信侯。有人告发嫪毐，嫪毐很快就知道了这件事。秦始皇向左右的人验证，但没有揭发此事，而是先到雍城祭天去了。嫪毐担心嬴政回来后自己难免灾祸，便与亲信党羽密谋，假传太后命令抽调军队在蕲年宫造反。嬴政听说后便派军攻打嫪毐，嫪毐失败后逃走。嬴政的兵追到好畤将其杀死，后来又夷灭了他的三族。吕不韦也因此失势。《论语》中孔子所提到的“闻”，大概就是指吕不韦这样的人吧！

【成语解析】

奇货可居：是指将罕有的货物囤积起来，等待高价的时候再出售，从中渔利。后来也用来喻指将某种专长或独有的东西视作自己的资本，

等待有利的时机换取名利或地位。在词意上，“奇货可居”与“囤积居奇”“待价而沽”等相近。

知识链接 《吕氏春秋》

《吕氏春秋》，又称《吕览》，是一部在秦国丞相吕不韦的主持下编修而成的杂家著作，同时也是先秦时期一部重要的散文巨作，成书于约公元前239年。这部书以道家的“黄老”思想为主线，贯穿连缀起其他各家学说，出发点是为统一后的秦朝提供可供依凭的思想著作。但始料不及的是，成年后的秦王政选择了法家思想作为治理国家的正统思想，甚至为了维护政治统治罢黜乃至焚毁其他思想流派的著作。《吕氏春秋》因以道家思想为主线来连缀其他思想，所以《汉书·艺文志》将其列入杂家的范畴。不管怎样，《吕氏春秋》都是一部伟大的著作，它集合了先秦时期道家思想文化之大成，为道家思想的流传和发展做出贡献。《吕氏春秋》包括十二纪、八览、六论，凡一百六十篇，二十余万字。

荆卿列传

“荆轲刺秦”是一则家喻户晓的历史故事，发生在战国末期秦王政灭亡燕国前夕，是燕太子丹因担忧秦王灭燕而谋划的一起刺杀事件，结果却加速了燕国灭亡的进程。刺秦的结果虽然过于悲壮，但荆轲等一系列人物表现出将生死置之度外的勇气和刚烈精神，则受到了后世历代士人的传颂，因而荆轲的形象也深入人心。这种精神的内核，其实也就是“士为知己者死”的大无畏气概。从给以荆轲为代表的刺客立传来看，太史公司马迁对于刺客们是持赞赏态度的，并结合自身的遭遇和爱恨感情，称赞刺客们的“士为知己者死”的刚烈精神。当然，刺客们所表现出来的精神以及司马迁的立足点，都有其特有的时代性，切不可以当今时代的观点和立足点去看待刺客们的内在精神。而司马迁对“易水送别”场景的再现，则让荆轲的形象气质等更为丰满高大，也为故事高潮的出现做了必要的铺垫。

荆轲者，卫人也。其先乃齐人[1]，徙于卫，卫人谓之庆卿。而之燕，燕人谓之荆卿。

荆卿好读书击剑，以术说卫元君，卫元君不用。其后秦伐魏，置东郡，徙卫元君之支属于野王[2]。

荆轲尝游过榆次，与盖聂论剑[3]，盖聂怒而目之[4]。荆轲出，人或言复召荆卿。盖聂曰：“曩者吾与论剑有不称者[5]，吾目之；试往，是宜去，不敢留。”使使往之主人，荆卿则已驾而去榆次矣。使者还报，盖聂曰：“固去也，吾曩者目摄之[6]。”

荆轲游于邯郸，鲁勾践与荆轲博，争道[7]，鲁勾践怒而叱之，荆轲嘿而逃去，遂不复会。

荆轲既至燕，爱燕之狗屠及善击筑者高渐离。荆轲嗜酒，日与狗屠及高渐离饮于燕市，酒酣以往，高渐离击筑，荆轲和而歌于市中，相乐也，已而相泣，旁若无人者。荆轲虽游于酒人乎，然其为人沈深好书[8]；其所游诸侯，尽与其贤豪长者相结[9]。其之燕，燕之处士田光先生亦善待之[10]，知其非庸人也。

【注释】

[1] 先：祖先。

[2] 支属：非直系的亲属。

[3] 论：谈论，含“较量”之意。

[4] 目：指瞪着眼逼视。

[5] 曩（nǎng）：以往的、过去的、从前的。称：相宜、合适。

[6] 摄：通“慑”，震慑、威慑、慑服。

[7] 争道：指因游戏局面上的着数起争执。道，技艺、方法。

[8] 沈深：形容深沉稳重的样子。沈，通“沉”。

[9] 贤豪长者：指贤能、豪杰及德行高尚的人。

[10] 处士：指有才德但无意做官的隐居人。

【译文】

荆轲是卫国人，先祖来自齐国，后来迁徙到卫国，卫国人都称呼他为庆卿。到了燕国之后，燕国人就称呼他为荆卿。

荆卿喜欢读书、击剑，曾经以剑术向卫元君游说，卫元君不肯任用他。后来秦国攻击魏国，在夺占的地方设置东郡，将卫元君的旁支亲属迁徙到野王居住。

荆轲曾经在游历时到过榆次，与盖聂讨论剑术。盖聂很愤怒地用眼睛瞪着他，于是荆轲便离开了。有人劝说盖聂再请荆轲回来，盖聂说：“刚才我与他讨论剑术的时候，遇到他的意见不恰当时，我就用眼瞪了他；你们可以试着去找找他，不过我用眼瞪过他，他这会儿应该已经走了，不敢再在这里停留了。”于是便派人前往荆轲住的地方去，果然发现他已经乘车离开了榆次。派去的人回来向盖聂禀报，盖聂说：“他当然要走了，刚才我瞪了他一眼，让他害怕了。”

荆轲游历到邯郸的时候，鲁勾践与荆轲玩博戏赌输赢，因为博局的路数起了争执，鲁勾践恼怒地呵斥他，荆轲没有反驳，悄悄地逃走了，以后再也没与鲁勾践见面。

荆轲来到燕国之后，与一个以宰狗为业的屠夫和以击筑闻名的人高渐离非常要好。荆轲非常喜欢饮酒，天天与宰狗的屠夫和高渐离在街市上饮酒。喝到兴致之时，高渐离便开始击筑，荆轲就跟着节拍唱歌，过会儿又一起哭泣，就像身边没有别人一样。荆轲尽管与酒徒相混，但为人却非常稳重含蓄，喜欢读书；在所游历过的诸侯各国，他大都结交当地德高望众的贤士豪杰。荆轲到了燕国之后，燕国隐士田光先生善待他，知道他不是个平庸的人。

居顷之，会燕太子丹质秦亡归燕[1]。燕太子丹者，故尝质于赵，而秦王政生于赵，其少时与丹欢。及政立为秦王，而丹质于秦。秦王之遇燕太子丹不善，故丹怨而亡归。归而求为报秦王者，国小，力不能。其后秦日出兵山东以伐齐、楚、三晋，稍蚕食诸侯[2]，且至于燕，燕君臣皆恐祸之至。太子丹患之，问其傅鞠武。武对曰："秦地遍天下，威胁韩、魏、赵氏，北有甘泉、谷口之固，南有泾、渭之沃，擅巴、汉之饶[3]，右陇、蜀之山，左关、殽之险，民众而士厉[4]，兵革有余。意有所出，则长城之南，易水以北，未有所定也。奈何以见陵之怨[5]，欲批其逆鳞哉[6]！"丹曰："然则何由？"对曰："请入图之。"

居有间，秦将樊於期得罪于秦王，亡之燕，太子受而舍之[7]。鞠武谏曰："不可。夫以秦王之暴而积怒于燕，足为寒心[8]，又况闻樊将军之所在乎？是谓'委肉当饿虎之蹊'也[9]，祸必不振矣[10]！虽有管、晏，不能为之谋也。愿太子疾遣樊将军入匈奴以灭口。请西约三晋，南连齐、楚，北购于单于[11]，其后乃可图也。"太子曰："太傅之计，旷日弥久[12]，心惛然[13]，恐不能须臾。且非独于此也，夫樊将军穷困于天下，归身于丹，丹终不以迫于强秦而弃所哀怜之交，置之匈奴，是固丹命卒之时也。愿太傅更虑之。"鞠武曰："夫行危欲求安，造祸而求福，计浅而怨深，连结一人之后交，不顾国家之大害，此所谓'资怨而助祸'矣[14]。夫以鸿毛燎于炉炭之上[15]，必无事矣。且以雕鸷之秦[16]，行怨暴之怒，岂足道哉！燕有田光先生，其为人智深而勇沈[17]，可与谋。"太子曰："愿因太傅而得交于田先生，可乎？"

鞠武曰："敬诺。"出见田先生，道"太子愿图国事于先生也"。田光曰："敬奉教。"乃造焉[18]。

【注释】

[1] 会：适逢、正赶上。

[2] 蚕食：像蚕吃桑叶一样一点点地侵吞。

[3] 擅：拥有、据有。

[4] 厉：指勇敢而有锐气的样子。

[5] 见陵：被欺凌、被欺辱。见，被、遭受。陵，侵犯、欺侮。

[6] 批：触动、触犯。逆鳞：传说中龙的颈部生长着倒鳞，被触到时会引发龙怒，喻指君王暴怒而凶残。

[7] 舍：提供住宿，使……住下来。

[8] 寒心：形容提心吊胆的状态。

[9] 委：抛给、扔给。

[10] 不振：指到了不可拯救的程度。

[11] 购：通"媾"，媾和、讲和。

[12] 旷日弥久：指时间持续非常长久的样子。

[13] 惛（hūn）然：形容忧闷、烦乱的样子。惛，糊涂、烦乱。

[14] 资怨而助祸：积累怨恨助长祸患的发展。

[15] 鸿毛：指大雁轻柔细小的羽毛，喻指燕国薄弱的防守力量。

[16] 雕鸷：凶猛的大鸟，喻指凶猛的秦国。

[17] 勇沈：形容勇敢沉着的样子。

[18] 造：拜访。

【译文】

过了不久，恰好在秦国作人质的燕太子丹从秦国逃回了燕国。过去，太子丹曾在赵国作人质，而秦王嬴政是在赵国出生的，年少时与太子丹很要好。等到嬴政做了秦王，正好太子丹又在秦国作人质，但秦王很冷待太子丹，太子丹便心怀怨恨逃离秦国。回来之后就寻找机会和办法报复秦王，但是燕国国力弱小，力量不够。后来秦国天天出兵攻击齐、楚和三晋，蚕食各诸侯国的土地，战火就要波及燕国了。燕国上下都对战争非常恐惧。太子丹也因此忧虑，向师傅鞠武请教。鞠武答道："秦国的土地已经遍及天下，对韩、魏、赵造成威胁。北面有甘泉、谷口这样坚固险要的地势，南面有泾河、渭水流域的肥沃原野，占据着富饶的巴郡、汉中之地，右边以陇、蜀的崇山峻岭作为屏障，左边以殽山、函谷关作为要塞，人口众多且士兵勇猛，武器储备非常充足。如果秦国意图扩张，那么我们燕国这块占据长城以南、易水以北的地方就没有安稳的日子了。您怎能因为受到冷遇就心生怨恨，还想着要去触犯秦王呢？”太子丹说：“那么我们应该怎么办呢？”鞠武答道：“希望深入地考虑这件事。”

过了一些时候，秦国将领樊於期因为得罪了秦王，逃到燕国。太子丹接纳了他并让他住在馆舍里。鞠武劝谏太子丹说：“您这样做是不可以的。像秦王这样暴虐的人，早已对燕国不满，想起来就已经让人担惊受怕了，又何况当他听说樊将军被您收容了呢？这就是把肉放在饿虎的必经之路上啊，祸患肯定是避免不了的了！即便有管仲、晏婴那样的人，也无法为您谋划计策了。希望您快点把樊将军送到匈奴去，消除秦国攻击我们的口实。也希望您能与西方的三晋结盟，向南与齐、楚联合，并与北方的匈奴单于交好，这样才能对付秦国的进攻。”太子丹说：“师傅的这个计划需要太长时间了，我现在心里非常烦乱，恐怕连片刻时间都不愿等待。况且不止于此，樊将军找不到别的容身之所才来投奔我，我不能因为强秦的逼迫而抛弃我同情、怜惜的朋友，把他送到匈奴去。现在本来就是我求人做事的时候啊，希望老师能考虑一下我的难处。”鞠武说：“选择了危险的方式来寻求安全，制造了祸患却祈愿幸福，疏于谋划却怨恨深重，结交新友却罔顾国家利益，这就是所说的‘积蓄仇怨而助长祸患’了。就像把鸿雁的羽毛放在炭火上一下子就会烧光。况且像雕鸷一样凶猛的秦国，对燕国凶残地发泄怒气，那还能说什么？我们燕国有位田光先生，是个深谋远虑且沉着勇敢的人，太子可以和他商量。”太子丹说：“希望能通过老师与田先生结交，可以吗？”鞠武说：“好的。”鞠武辞别太子后便去见田先生，说：“太子希望与您商讨国家大事。”田光说：“遵命。”于是就前去拜访太子丹。

太子逢迎，却行为导[1]，跪而蔽席[2]。田光坐定，左右无人，太子避席而请曰[3]：“燕秦不两立，愿先生留意也。”田光曰：“臣闻骐骥盛壮之时，一日而驰千里；至其衰老，驽马先之。今太子闻光盛壮

之时，不知臣精已消亡矣。虽然，光不敢以图国事，所善荆卿可使也。”太子曰：“愿因先生得结交于荆卿，可乎？”田光曰：“敬诺。”即起，趋出。太子送至门，戒曰：“丹所报，先生所言者，国之大事也，愿先生勿泄也！”田光俛而笑曰：“诺。”偻行见荆卿，曰：“光与子相善，燕国莫不知。今太子闻光壮盛之时，不知吾形已不逮也，幸而教之曰：‘燕秦不两立，愿先生留意也。’光窃不自外，言足下于太子也，愿足下过太子于宫。”荆轲曰：“谨奉教。”田光曰：“吾闻之，长者为行，不使人疑之。今太子告光曰‘所言者，国之大事也，愿先生勿泄’，是太子疑光也。夫为行而使人疑之，非节侠也[4]。”欲自杀以激荆卿，曰：“愿足下急过太子，言光已死，明不言也[5]。”因遂自刎而死。

荆轲遂见太子，言田光已死，致光之言。太子再拜而跪，漆行流涕，有顷而后言曰：“丹所以诫田先生毋言者，欲以成大事之谋也。今田先生以死明不言，岂丹之心哉！”荆轲坐定，太子避席顿首曰：“田先生不知丹之不肖，使得至前，敢有所道，此天之所以哀燕而不弃其孤也。今秦有贪利之心，而欲不可足也。非尽天下之地，臣海内之王者[6]，其意不厌[7]。今秦已虏韩王，尽纳其地。又举兵南伐楚，北临赵；王翦将数十万之众距漳、邺，而李信出太原、云中。赵不能支秦，必入臣[8]，入臣则祸至燕。燕小弱，数困于兵，今计举国不足以当秦。诸侯服秦，莫敢合从[9]。丹之私计愚，以为诚得天下之勇士使于秦，窥以重利[10]；秦王贪，其势必得所愿矣。诚得劫秦王，使悉反诸侯侵地，若曹沫之与齐桓公，则大善矣；则不可，因而刺杀之。彼秦大将擅兵于外而内有乱，则君臣相疑，以其间诸侯得合从，其破秦必矣。此丹之上愿，而不知所委命，唯荆卿留意焉。”久之，荆轲曰：“此国之大事也，臣驽下，恐不足任使。”太子前顿首，固请毋让[11]，然后许诺。于是尊荆卿为上卿，舍上舍。太子日造门下，供太牢具[12]，异物间进，车骑美女恣荆轲所欲[13]，以顺适其意。

【注释】

[1] 却行为导：退着走作为向导，表主人对客人的尊敬态度。

[2] 蔽席：拂拭座位并向客人让座。蔽，拂拭。

[3] 避席而请：离开自己的座席请教对方，表现出尊敬的态度。

[4] 节侠：指有节操、讲侠义的人。

[5] 明：表明、彰显。

[6] 臣：使……臣服。

[7] 厌：满足。

[8] 入臣：指到秦国称臣。

[9] 合从：即“合纵”，是当时东方六国的联合抗秦政策。

[10] 窥：引诱。

[11] 让：辞让、推辞。

[12] 太牢：古代一种高规格祭祀，包含牛、羊、猪等牺牲各一头，这里代指贵重的美食。

[13] 恣：任意、随心所欲。

【译文】

太子迎出门来，退着走在前边为田光作引导，又跪下身来亲自为田光擦拭座位。待田光坐好后，身边没有别人，太子丹离开自己的座位请教田光道：“如今燕与秦势不两立，希望先生留意。”田光说：“我听说骏马壮年的时候，一天就可跑千里路，在它衰老的时候，即便是劣马也能轻松超过它。现在太子只是听说我壮年时候的光景，却不知我现在精力已经消耗殆尽了。尽管如此，我不愿冒昧地参与国事，我的朋友荆卿却可以派上大用场。”太子丹说：“希望能通过先生结交荆卿，可以吗？”田光说：“遵命。”于是田光即刻便起身告辞，快步出去了。太子丹亲自送到门口，叮嘱道:“我所说到的，先生所说到的，都是事关国家的大事，希望先生不要透露出去！”田光俯身笑道：“好。”田光佝偻着腰背走着去见荆卿，对荆卿说：“我与您之间的要好关系，燕国人没有不知道的。现在太子听说了我壮年时候的光景，却不知道我早已经力不从心了，我很荣幸地听他说：‘如今燕与秦势不两立，希望先生留意。’我自觉与您关系好，就把您向太子举荐，希望您到宫中去拜见太子。”荆轲说：“遵命。”田光说：“我听说，忠厚老成的人做事情，是不能被人怀疑的。如

今太子告诫我‘所说的，是事关国家的大事，希望先生不要透露出去’，这是太子对我不信任啊。行事却受人怀疑，就算不得是个有节操、讲义气的侠士。”于是他便想用自杀的方式刺激荆卿，说：“希望您马上就去太子那里，就说我已经死了，向他表明我绝不会泄露机密。”然后便刎颈自杀了。

于是荆轲便去拜见太子，告诉他田光已死，将田光的话转达给太子丹。太子拜了两拜跪下去，膝行了一段路，痛哭流涕，过了一会儿才说：“我之所以叮嘱田先生不要泄露，是希望能完成国家大事，如今田先生竟然以死来表明不会泄露机密，这难道是我本来的意思吗？”待荆轲坐稳后，太子离席叩头道：“田先生不知道我没有长进，让您能够到我面前，冒昧地陈述现在的形势，这是上天在哀怜燕国，不愿意抛弃燕国的后人啊。现在秦王有贪利之心，他的欲望不会满足。不把天下的土地全部占尽，不使诸国国君全都臣服，他的野心便永不满足。如今韩王已经被秦国俘虏了，韩国土地也被秦占领。秦又挥军南下攻击楚国，向北迫近赵国。秦将王翦率领几十万秦军抵达漳水、邺县一带，李信也已兵出太原、云中。赵国无法抵挡秦军，必定臣服于秦国；赵国臣服之后，燕国便会面临灾祸。燕国国力弱小，数次经历战祸，如今即使调动全国军队也无法抵挡秦军。其他诸侯全都向秦国臣服，都不敢联合起来对抗秦国。我个人认为，如果能招募到天下勇士，出使秦国，以重利诱惑秦王，势必能达到我们的愿望。一旦真的能够劫持秦王，让他退还全部侵占的土地，就像曹沫劫持要挟齐桓公那样，就再好不过了。如果不行，也可以趁机杀死他。秦国将领全都领兵在外，国内出了这样的事情，君臣之间便会彼此猜疑，就能让诸侯趁机联合起来，肯定能击败秦国了。这是我最大的愿望，却不清楚该委托谁去做成，希望荆卿能留意此事。”过了好大一会儿，荆轲才说：“这是关乎国家的大事情，我才能平庸低劣，怕是无法胜任出使的任务。”太子丹又上前叩头，坚决请求荆轲不要推托，荆轲这才答应他。于是太子丹就将荆卿尊奉为上卿，住进上等的馆舍。太子丹天天前往馆舍拜望荆轲，供给高规格的食物，还不时赠送奇珍异宝，用车马美女来满足荆轲的欲望，以迎合荆轲的心意。

久之，荆轲未有行意。秦将王翦破赵，虏赵王，尽收入其地，进兵北略地至燕南界[1]。太子丹恐惧，乃请荆轲曰："秦兵旦暮渡易水[2]，则虽欲长侍足下，岂可得哉！"荆轲曰："微太子言，臣愿谒之。今行而毋信，则秦未可亲也。夫樊将军，秦王购之金千斤，邑万家。诚得樊将军首与燕督亢之地图，奉献秦王，秦王必说见臣，臣乃得有以报。"太子曰："樊将军穷困来归丹，丹不忍以己之私而伤长者之意，愿足下更虑之！"

荆轲知太子不忍，乃遂私见樊於期曰："秦之遇将军可谓深矣[3]，父母宗族皆为戮没。今闻购将军首金千斤，邑万家，将奈何？"於期仰天太息流涕曰："於期每念之，常痛于骨髓，顾计不知所出耳！"荆轲曰："今有一言可以解燕国之患，报将军之仇者，何如？"於期乃前曰："为之奈何？"荆轲曰："愿得将军之首以献秦王，秦王必喜而见臣，臣左手把其袖，右手揕其匈[4]，然则将军之仇报而燕见陵之愧除矣。将军岂有意乎？"樊於期偏袒搤捥而进曰[5]："此臣之日夜切齿腐心也[6]，乃今得闻教！"遂自刭。太子闻之，驰往，伏尸而哭，极哀。既已不可奈何，乃遂盛樊於期首函封之[7]。

于是太子豫求天下之利匕首，得赵人徐夫人匕首，取之百金，使工以药焠之[8]，以试人，血濡缕[9]，人无不立死者。乃装为遣荆卿。燕国有勇士秦舞阳，年十三，杀人，人不敢忤视[10]。乃令秦舞阳为副。荆轲有所待，欲与俱；其人居远未来，而为治行。顷之，未发，太子迟之，疑其改悔，乃复请曰："日已尽矣！荆卿岂有意哉？丹请得先遣秦舞阳。"荆轲怒，叱太子曰："何太子之遣？往而不返者，竖子也！且提一匕首入不测之强秦，仆所以留者，待吾客与俱。今太子迟之，请辞决矣！"遂发。

【注释】

[1] 略：夺占、侵夺。

[2] 旦暮：早晚，极言时间非常短暂。

[3] 深：残酷、刻毒。

[4] 揕（zhèn）：直刺。匈：通"胸"，胸膛。

[5] 偏袒搤（è）捥：脱掉一边的衣袖露出臂膀，用一只手紧握另一只手

的手腕，表激愤的情绪。搤，通“扼”，捉住、握住。捥，通“腕”。

[6] 切齿腐心：咬紧牙齿，愤恨腐蚀内心。形容异常忿恨的样子。

[7] 函封：用匣子盛装并封起来。

[8] 以药焠之：用毒药液给烧红的匕首淬火。

[9] 血濡缕：只需渗出一点点血。

[10] 忤视：逆着看，指对视。忤，逆向。

【译文】

过了很长时间，荆轲都没有出发的意思。此时，秦将王翦已经攻占赵国都城邯郸，俘虏了赵王，吞并了赵国的全部土地。于是又向北进军，直抵燕国的南部边界。太子丹心里很害怕，于是向荆轲请求道：“秦军旦夕之间就要渡过易水了，到那时即便我希望长久地侍奉你，哪里能办得到呢！”荆轲说：“就是太子不跟我说，我也要去拜见您了。如果现在就去秦国，却没有让秦王相信我的东西，那么我还是没有办法接近秦王。那位樊将军，秦王愿意用千斤赏金、万户封邑来悬赏他的首级。如果真的能够得到樊将军的首级和燕国最肥沃的督亢地方的地图来奉献给秦王，他必定会高兴地见我，我才有机会报效您。”太子丹说：“樊将军没有办法了才来投奔我，我不忍心为个人私利伤了长者的心，希望您再考虑别的办法吧！”

荆轲明白太子狠不下心，于是就私下里拜见樊於期：“秦国对待将军真是太残酷了，您的父母亲族都被杀戮。如今又听说秦王用千斤赏金、万户封邑来购买将军的首级，您打算怎么办呢？”樊於期仰天长叹，流着眼泪说道：“我每次想到这些事情，就会彻骨地痛恨，只是没有什么办法！”荆轲说：“如今我有个办法，既能解除燕国的祸患，又能为将军洗刷仇恨，您认为如何呢？”樊於期走到近前问道:“什么办法？”荆轲说:“希望把将军的首级奉献给秦王，秦王必然会高兴地召见我，那时候我便用左手抓住他的衣袖，用右手的匕首直刺他的胸膛，这样就能洗刷将军的仇恨，也可以消除燕国被欺凌的仇恨了。不知道将军是否也有这样的愿望呢？”樊於期脱掉衣袖露出臂膀，用左手紧握住右臂，走近荆轲说道:“这正是让我日夜痛心切齿的事情，没想到今天才听到这办法！”于是樊於期就自刎了。太子丹听到樊於期自杀的消息，急忙驾车前往，趴在尸

体上痛哭流涕，表现得非常悲伤。事情已经如此，于是便将樊於期的首级用匣子装了密封起来。

于是太子丹寻求天下锋利的匕首，终于在赵国人徐夫人那里找到了，用百金的价钱买下，然后命工匠反复用毒药水浸染淬火，用犯人作试验，只要划破皮肤流出一丝血，没有不即刻丧命的。于是就准备好行李，送荆轲出发。燕国有个叫秦舞阳的勇士，十三岁的时候便杀了人，别人都不敢正面瞧他一眼。于是太子丹便让秦舞阳作荆轲的副手。荆轲打算等待一个朋友，一同前往秦国，但是那个人住在很远的地方，还没有赶到，太子丹已经为荆轲准备好了行装。又过了一些天，荆轲还是没有动身出发，太子丹嫌荆轲拖延，怀疑他有反悔的意思，就向荆轲催促道："时间已经非常紧迫了，荆卿是否还有别的想法？希望您能允许我先派秦舞阳去。"荆轲大怒，斥责道："太子怎么这样派遣？冒失地前往而不能完成使命回来的人，是没有出息的小子，何况是拿一把匕首进入吉凶难测的强秦。我之所以久而不行，是在等待一位朋友一起去。现在太子嫌我拖延，就请辞别吧！"于是就出发了。

太子及宾客知其事者，皆白衣冠以送之。至易水之上，既祖[1]，取道，高渐离击筑，荆轲和而歌，为变徵之声[2]，士皆垂泪涕泣。又前而为歌曰："风萧萧兮易水寒，壮士一去兮不复还！"复为羽声慷慨[3]，士皆瞋目，发尽上指冠[4]。于是荆轲就车而去，终已不顾。

遂至秦，持千金之资币物，厚遗秦王宠臣中庶子蒙嘉。嘉为先言于秦王曰："燕王诚振怖大王之威，不敢举兵以逆军吏，愿举国为内臣，比诸侯之列，给贡职如郡县，而得奉守先王之宗庙。恐惧不敢自陈，谨斩樊於期之头，及献燕督亢之地图，函封，燕王拜送于庭，使使以闻大王，唯大王命之。"秦王闻之，大喜，乃朝服，设九宾[5]，见燕使者咸阳宫。荆轲奉樊於期头函，而秦舞阳奉地图柙，以次进。至陛，秦舞阳色变振恐，群臣怪之。荆轲顾笑舞阳，前谢曰："北蕃蛮夷之鄙人，未尝见天子，故振慴。愿大王少假借之[6]，使得毕使于前。"秦王谓轲曰："取舞阳所持地图。"轲既取图奏之。秦王发图，图穷而匕首见。因左手把秦王之袖，而右手持匕首揕之。未至身，秦

王惊，自引而起，袖绝。拔剑，剑长，操其室[7]。时惶急，剑坚，故不可立拔。荆轲逐秦王，秦王环柱而走。群臣皆愕，卒起不意，尽失其度[8]。而秦法，群臣侍殿上者不得持尺寸之兵；诸郎中执兵皆陈殿下，非有诏召不得上。方急时，不及召下兵，以故荆轲乃逐秦王。而卒惶急，无以击轲，而以手共搏之。是时侍医夏无且以其所奉药囊提荆轲也[9]，秦王方环柱走，卒惶急，不知所为，左右乃曰："王负剑！"负剑，遂拔以击荆轲，断其左股。荆轲废，乃引其匕首以擿秦王[10]，不中，中桐柱。秦王复击轲，轲被八创。轲自知事不就，倚柱而笑，箕踞以骂曰："事所以不成者，以欲生劫之，必得约契以报太子也。"于是左右既前杀轲，秦王不怡者良久。已而论功，赏群臣及当坐者各有差，而赐夏无且黄金二百溢，曰："无且爱我，乃以药囊提荆轲也。"

【注释】

[1] 祖：古代人们远行前都会祭祀路神以求平安，这里指一种隆重的饯行仪式。

[2] 为变徵（zhǐ）之声：指发出变徵的音调。古代乐律包括宫、商、角、变徵、徵、羽、变宫七调，与现代音律基本相同，其中变徵苍凉、凄惋，更能衬托悲情。

[3] 羽声：音调高亢激昂，能烘托出慷慨的情绪。

[4] 发尽上指冠：指因愤怒而头发竖起，把帽冠顶起来的样子，是一种夸张的说法。

[5] 九宾：古代一种极为隆重的外交礼仪，但说法不一，如有的主张是九个负责接待的礼宾人员，有的主张是九种不同规格的接待礼节，有的主张是九种地位有别的礼宾人员。

[6] 假借：宽容、宽恕。

[7] 室：这里指剑鞘。

[8] 度：常态、平常时的仪容。

[9] 提：甩打、投掷。

[10] 擿：通"掷"，投掷。

【译文】

太子和知道这件事情的宾客，全都穿戴着素色的衣帽来为荆轲送行。在易水岸边，饯行过后，荆轲即将上路入秦，高渐离击着筑，荆轲随着拍节唱起了歌，歌声苍凉凄惋，听得送行的人都止不住流泪哭泣。荆轲一边走一边唱："风萧萧兮易水寒，壮士一去兮不复还！"之后又唱出了慷慨激昂的音调，听得送行的人都瞪着眼，直竖的头发把帽子都顶了起来。于是荆轲就上车走了，一路上连头都没有回一下。

一到秦国，荆轲就带着价值千金的礼物贿赂了受秦王宠信的中庶子蒙嘉。蒙嘉于是为荆轲通报秦王："燕王真的害怕大王的声威，不敢出兵抗拒大王，希望举国做秦国的臣子，与其他诸侯一样臣事大王，像郡县一样纳税尽职，只要能奉守先王的宗庙。因为心里敬畏不敢亲自前来，特地斩了樊於期的首级，装在密封的匣子里，并将燕国肥沃的督亢地区的地图，一起奉献大王。燕王在朝廷上亲自向大王拜送，派遣使臣前来禀明大王。敬候大王的指示。"秦王听说后非常高兴，便穿上朝服，安排最为隆重的九宾仪礼，在咸阳宫召见燕国使者。荆轲双手捧着装有樊於期首级的匣子，秦舞阳双手捧着装有地图的匣子，一前一后走入大殿，走到殿前台阶下的时候，秦舞阳的脸色突然变了，显得非常害怕，让阶下的群臣都很奇怪。荆轲回头朝秦舞阳笑了笑，上前向秦王谢罪说："北方藩属蛮夷地方的粗野人，从来没有见过天子的威严，所以非常害怕，希望大王能宽恕他一些，让他能够完成使者的任务。"秦王对荆轲说："把秦舞阳捧的地图呈上来。"荆轲便取过地图献给秦王。秦王徐徐展开地图，等地图打开到最后，露出了隐藏的匕首。荆轲便用左手抓住秦王的衣袖，右手握住匕首直刺秦王。但没有刺到身上，秦王吃惊地奋力跳起，挣断了衣袖。秦王想拔出佩剑，但剑很长，只是用手抓住剑鞘，心里非常慌张急迫，佩剑在鞘中又非常紧，无法立刻拔出来。荆轲急迫地追赶秦王，秦王只得绕着柱子躲避。殿内群臣都惊呆了，因为事发突然，全都吓得失去了常态。依据秦国法律，殿上大臣不许携带任何兵器；那些侍从的武官也只能拿着兵器站在殿外守卫，没有皇帝诏令不准进殿。危急时刻，秦王也来不及召唤殿外的侍卫，因此荆轲才能够紧追秦王。群臣们惊慌失措，没有武器抵挡攻击荆轲，只能赤手空拳地与荆轲相搏。这个时候，

侍从的医官夏无且用手中的药袋投向荆轲。秦王绕着柱子躲避，正当仓猝惊慌、不知如何是好的时候，左右的人喊道：“大王，把剑背起来！”于是秦王将佩剑推到身后，才拔出佩剑击杀荆轲，砍断了他的左腿。荆轲身残，便举起手中的匕首向秦王扔过去，没有击中，只击中大殿的桐柱。秦王于是再向荆轲劈砍，荆轲身上遭受八处重伤。荆轲自己知道事情无法成功了，就倚在柱子上大笑，岔开腿坐在地上骂道：“大事之所以不成，是因为我想活捉你，逼迫你订立盟约归还诸侯的土地以回报太子。”于是，左右的人都上前来杀死了荆轲，秦王也不痛快了好久。后来按功过得失赏赐群臣及处罚失职有罪的人。赏赐夏无且黄金二百镒，并说：“无且是因为爱护我，所以才投出药袋攻击荆轲的啊。”

于是秦王大怒，益发兵诣赵[1]，诏王翦军以伐燕。十月而拔蓟城。燕王喜、太子丹等尽率其精兵东保于辽东。秦将李信追击燕王急，代王嘉乃遗燕王喜书曰：“秦所以尤追燕急者，以太子丹故也。今王诚杀丹献之秦王，秦王必解[2]，而社稷幸得血食[3]。”其后李信追丹，丹匿衍水中，燕王乃使使斩太子丹，欲献之秦。秦复进兵攻之。后五年，秦卒灭燕，虏燕王喜。

其明年，秦并天下，立号为皇帝。于是秦逐太子丹、荆轲之客，皆亡。高渐离变名姓为人庸保[4]，匿作于宋子。久之，作苦，闻其家堂上客击筑，傍徨不能去。每出言曰：“彼有善有不善。”从者以告其主，曰：“彼庸乃知音，窃言是非。”家丈人召使前击筑[5]，一坐称善，赐酒。而高渐离念久隐畏约无穷时，乃退，出其装匣中筑与其善衣，更容貌而前。举坐客皆惊，下与抗礼[6]，以为上客。使击筑而歌，客无不流涕而去者。宋子传客之，闻于秦始皇。秦始皇召见，人有识者，乃曰：“高渐离也。”秦皇帝惜其善击筑，重赦之，乃矐其目[7]。使击筑，未尝不称善。稍益近之，高渐离乃以铅置筑中，复进得近，举筑朴秦皇帝[8]，不中。于是遂诛高渐离，终身不复近诸侯之人[9]。

鲁勾践已闻荆轲之刺秦王，私曰：“嗟乎，惜哉其不讲于刺剑之术也！甚矣吾不知人也！曩者吾叱之，彼乃以我为非人也[10]！”

【注释】

[1] 诣：往，到……去。

[2] 解：缓解、宽容。

[3] 社稷幸得血食：社稷或许可以得以祭祀，即国家或许能够得以保全。

[4] 庸保：帮工、伙计。庸，通“佣”，指受雇佣的人。

[5] 家丈人：指所在的东家、主人。

[6] 抗礼：指以平等的礼节接待。

[7] 矐（huò）其目：用烟熏瞎他的眼睛。矐，熏瞎。

[8] 朴：通“扑”，撞击。

[9] 诸侯之人：指以前东方六国的人。

[10] 非人：非同类人，不是一类的人。

【译文】

于是秦王非常愤怒，向赵国增派了军队，命令王翦率军去讨伐燕国，这年十月便攻克了蓟城。燕王喜、太子丹等人带着精锐部队退守到辽东。秦将李信在后面紧紧追随，于是代王嘉便传信给燕王喜说：“秦军之所以这样急迫地追击燕军，是因为太子丹的原因啊。如今您如果杀了太子丹，将他的首级献给秦王，就能得到秦王的宽恕退兵，也许燕国的宗庙社稷就能侥幸保全了。”后来，李信紧追太子丹不舍，太子丹便藏身在衍水中，于是燕王喜就派使者杀掉太子丹，准备把他的首级奉献给秦王。秦王继续进兵攻击燕国。五年后，秦国最终灭亡了燕国，活捉燕王喜。

第二年，秦王统一了天下，建立了皇帝的尊号。当时，秦国对太子丹、荆轲的门客党徒进行追缉，逼迫得大家都四处逃亡了。高渐离也改变了自己的名姓给别人当佣工，藏身在宋子县。时间长了便觉得工作得很劳累，听客人在主人家的厅堂上击筑，便走来走去地不肯离开，还张口评论：“这里击得好些，那里击得不好。”于是主人家的侍者就对主人说：“那个佣工竟然懂音乐，私下里评论优劣。”主人便请高渐离到堂上击筑，在座的人都称赞他击得好，并赏给他酒喝。高渐离便想到自己隐姓埋名很长时间，穷困潦倒得四处躲藏没有尽头，便退下堂来取出装在自己匣里的筑，穿戴好衣服，恢复自己本来的容貌再次来到堂前。在座的所有宾客都非常吃惊，走下堂来以平等的礼节接待他，将他奉为上宾。高渐离受邀请

击筑唱歌，宾客们听了没有不流泪离开的。宋子县的人于是都竞相请高渐离去做客。后来这个消息传到了秦始皇的耳朵里。始皇于是召令他进宫，有认识他的人，就说："这是高渐离啊。"秦始皇对他击筑的才能非常怜惜，所以特地赦免了他的死罪，弄瞎了他的眼睛。始皇让高渐离击筑，没有一次不称赞好的。秦始皇于是渐渐地与他接近。高渐离便将一块铅放到筑里，再进宫靠近始皇击筑时，便举筑扑打秦始皇，结果没有击中。秦始皇便将高渐离杀掉了，从此之后再也不与从前六国的人接近了。

鲁勾践听说了荆轲刺秦王的事情，私下里说："唉！真为他不好好研究剑术感到惋惜啊！我太不了解他这个人了！从前我曾呵斥他，所以他认为我与他不是同路人。"

【精彩语段】

秦王发图，图穷而匕首见。因左手把秦王之袖，而右手持匕首揕之。未至身，秦王惊，自引而起，袖绝。拔剑，剑长，操其室。时惶急，剑坚，故不可立拔。荆轲逐秦王，秦王环柱而走。群臣皆愕，卒起不意，尽失其度。

评析 司马迁的《史记》，不仅是一部非常重要的史学著作，同时也是一部艺术水平非常高的文学著作，通过对"刺秦"部分荆轲一连串动作的描写，以及对秦王及群臣的动作与神态的描述，将当时异常紧张的场面渲染出来，让人产生身临其境的真实感受。这也难怪鲁迅先生会称誉《史记》是"史家之绝唱，无韵之《离骚》"了。

知识链接 燕太子丹

燕太子丹姬姓，名丹，是燕王喜的儿子，被立为太子，是秦始皇统一六国过程中出现的一个悲剧性人物。据汉代传记小说《燕丹子》记述，在灭亡韩国之前，燕丹曾被送往秦国作人质，但受到了秦始皇的冷遇，并因与秦始皇出现冲突而遭到囚禁。燕丹于是向秦始皇请求回国，却被答复只能到"乌头白，马生角"的时候，才能释放他回国，这让他一度非常失望。不久后，监军外果然飞来了一只白头的乌鸦，秦始皇也只能释放燕丹回国。受此侮辱和劫难的燕丹便决定招募刺客刺杀秦王，以阻止他的兼并进程。荆轲刺秦失败后，燕王喜因受秦军的逼迫而杀了燕丹，将他的头颅献给秦军求和，但没能阻滞秦始皇灭亡燕国的进程。

淮阴侯列传

这篇传记通过对韩信生平事迹的记述，展现了其作为“汉初三杰”之一的跌宕人生。在韩信的一生中，萧何无疑是非常重要的一个人，可说是识别韩信这匹“千里马”的伯乐，然而正所谓“成也萧何，败也萧何”，最终韩信还是因萧何的计谋而死，并落得个夷灭宗族的下场。司马迁对韩信军事才能的表现是不吝笔墨的，尤其是通过登坛拜相后与刘邦的对话，展现出了他的雄才大略，而井陉之战前便已预见胜利，且以违反常规的背水布阵的方式陈兵，则又表现出韩信的自信及灵活、知彼的军事才能。然而司马迁又不限于表现韩信的军事才能，如韩信甘愿忍受胯下之辱、回馈漂母等，则又让韩信的形象更加立体、丰满。而对于韩信功高盖世但身死族灭的结局，司马迁则寄寓了无限的同情和感慨。

淮阴侯韩信者，淮阴人也。始为布衣时，贫无行[1]，不得推择为吏[2]，又不能治生商贾[3]，常从人寄食饮，人多厌之者。常数从其下乡南昌亭长寄食，数月，亭长妻患之，乃晨炊蓐食[4]。食时信往，不为具食。信亦知其意，怒，竟绝去。

信钓于城下，诸母漂[5]，有一母见信饥，饭信，竟漂数十日。信喜，谓漂母曰：“吾必有以重报母。”母怒曰：“大丈夫不能自食，吾哀王孙而进食[6]，岂望报乎！”

淮阴屠中少年有侮信者，曰：“若虽长大，好带刀剑，中情怯耳[7]。”众辱之曰：“信能死[8]，刺我；不能死，出我袴下[9]。”于是信孰视之，俛出袴下，蒲伏[10]。一市人皆笑信，以为怯。

【注释】

[1] 无行：指品行不好，没有好的口碑。

[2] 推择：受到推荐并选用为官。

[3] 治生商贾：做些生意维持日常的生计。

[4] 晨炊蓐食：比以前更早地做好早饭，端到卧室床上吃掉。蓐，草席。

[5] 母：大娘。古代对老年妇女的一种尊称。漂：指用流水冲洗丝绵茧絮中杂质的工作。

[6] 王孙：公子、少年。这是当时对年轻人的一种敬称。

[7] 中情：指内心。

[8] 能死：不怕死。

[9] 袴：通“胯”，人两腿之间的部分。

[10] 蒲伏：通“匍匐”，趴在地上跪行。

【译文】

淮阴侯韩信是淮阴人。还是平民百姓的时候，韩信非常贫穷，而且品行不好，既无法受推选当选官吏，也无法靠做生意维持生活，经常过着到别人家蹭吃蹭喝的日子，招致很多人的厌恶。他经常去下乡南昌亭的亭长家里蹭吃蹭喝，一连去了几个月。后来亭长的妻子厌恶他，就在每天人们还没起床的时候就做好早饭，让家里人吃完饭，等到别人家都该吃饭的时候，韩信去了却没有了饭食。韩信明白他们的意思，心里非常生气，最终再也没有去过亭长家。

韩信到城下钓鱼，有几位老妇人正在漂洗茧絮，其中一位看出韩信非常饥饿，就把自己的饭拿出来给他吃。一连几十天都是如此，直到老妇人们都漂絮完离开。韩信高兴地对那位老妇人说：“我日后定会重重地报答您。”老妇人生气地说：“身为男子汉却无法养活自己，我是觉得你这位公子可怜才给你饭吃的，难道是希望得到你的报答吗？”

当地的屠户中有个年轻人侮辱韩信：“你虽然长得又高又壮，还经常带刀佩剑的，其实是个胆小鬼。”后来又当众侮辱他：“你如果不怕死，就用你的剑刺死我；如果你怕死，就从我的裤裆下面爬过去。”韩信仔细打量了他半天，最终还是俯身趴在地上，从他的裤裆下爬了过去。满街的人都笑话韩信，认为他非常胆小怯懦。

及项梁渡淮，信杖剑从之，居戏下，无所知名。项梁败，又属项羽，羽以为郎中。数以策干项羽[1]，羽不用。汉王之入蜀，信亡楚归汉，上未之奇也。

信数与萧何语，何奇之。至南郑，诸将行道亡者数十人，信度何等已数言上，上不我用，即亡。何闻信亡，不及以闻，自追之。人有言上曰："丞相何亡。"上大怒，如失左右手。居一二日，何来谒上，上且怒且喜，骂何曰："若亡，何也？"何曰："臣不敢亡也，臣追亡者。"上曰："若所追者谁何？"曰："韩信也。"上复骂曰："诸将亡者以十数，公无所追；追信，诈也。"何曰："诸将易得耳。至如信者，国士无双[2]。王必欲长王汉中，无所事信；必欲争天下，非信无所与计事者。顾王策安所决耳。"王曰："吾亦欲东耳，安能郁郁久居此乎？"何曰："王计必欲东，能用信，信即留；不能用，信终亡耳。"王曰："吾为公以为将。"何曰："虽为将，信必不留。"王曰："以为大将。"何曰："幸甚。"于是王欲召信拜之。何曰："王素慢无礼[3]，今拜大将如呼小儿耳，此乃信所以去也。王必欲拜之，择良日，斋戒[4]，设坛场，具礼，乃可耳。"王许之。诸将皆喜，人人各自以为得大将。至拜大将，乃韩信也，一军皆惊。

【注释】

[1] 干：求取、谋求。

[2] 国士：指国内才能杰出的人物。

[3] 素慢：指一向待人傲慢。素，向来。

[4] 斋戒：古人为表现对祭祀的敬重而进行的沐浴、更衣、独宿、素餐等一系列活动。

【译文】

等到项梁的军队渡过淮河到达淮北时，韩信便带着剑追随他，在项梁的帐下，却始终没有声名。项梁战败身死后，韩信又跟随着项羽，结果只做了项羽帐下的一个侍从。他曾多次向项羽献策，以求得项羽的重用，但始终没有得到采纳。汉王刘邦率军入蜀的时候，韩信离开了项羽，投奔了汉王，但汉王也没有觉得他有特别不凡的地方。

韩信曾与萧何有过多次谈话，萧何认为他有奇才，非常赏识他。汉王前往南郑的路上，逃跑的各路将领就有几十人。等到达南郑后，韩信猜测萧何等人多次向汉王推荐过自己，但始终得不到汉王的任用，于是也逃走了。萧何听到韩信逃跑的消息，来不及向汉王报告，立即骑马前去追赶。有人向汉王报告说："丞相萧何逃走了。"汉王听后非常愤怒，就像失去了左右手一样。过了一两天,萧何回来进见汉王,汉王又气又喜，骂萧何道："你为什么也逃走了呢？"萧何说："我不敢逃走，我是去追赶逃走的人了。"汉王说："你追的那个人是谁呢？"萧何答道："韩信。"汉王于是又骂道："逃跑了几十个将领，都没见你去追赶一个，现在却说去追赶韩信了，骗谁呢？"萧何说："逃走的那些将领都是非常容易得到的人，至于韩信，却是国家中再也找不出第二个的。大王要是真的想安心在汉中长期称王，自然是不需要韩信的，如果大王一定要出去争夺天下，除了韩信之外也就再没有能与您共商大计的人了。只是要看大王是怎么打算的了。"汉王说："我当然是要向东争夺天下了，怎么能够苦闷地一辈子待在这个地方呢？"萧何说："既然大王决定要争夺天下，那么您如果能对韩信委以重任，韩信就能留下来帮助您，如果不能委以重任，韩信最终还是会逃走的。"汉王说："因为有你的举荐，就让他做个将军吧。"萧何说："即便是被委任为将军，韩信也一定还会逃走的。"汉王说："我委任他做大将军。"萧何说："那就太好了。"于是汉王就想派人把韩信叫来宣布任命。萧何说："大王向来待人轻慢而不讲究礼节，如今像委任大将军这样的事情，做起来却像招呼个小孩子一样。这正是韩信要逃走的原因啊。大王如果真的想委任他，就要挑选个吉祥的好日子，沐浴斋戒，在广场上设坛，举行完备隆重的仪式才行啊。"汉王于是答应照办。将领们听说汉王要拜大将了，都暗自高兴，都以为自己能得到大将军的职位。等到拜将那天一看，原来是韩信，全军上下都非常吃惊。

信拜礼毕，上坐。王曰："丞相数言将军，将军何以教寡人计策？"信谢，因问王曰："今东乡争权天下，岂非项王邪！"汉王曰："然。"曰："大王自料勇悍仁强孰与项王？"汉王默然良久，曰："不如也。"信再拜贺曰[1]："惟信亦为大王不如也。然臣尝事之，请言项王之为人也。项王暗噁叱咤[2]，千人皆废[3]，然不能任属贤将，此特匹夫之勇耳。项王见人恭敬慈爱，言语呕呕[4]，人有疾病，涕泣分食饮，

至使人有功当封爵者，印刓敝[5]，忍不能予，此所谓妇人之仁也。项王虽霸天下而臣诸侯，不居关中而都彭城。有背义帝之约，而以亲爱王，诸侯不平。诸侯之见项王迁逐义帝置江南，亦皆归逐其主而自王善地。项王所过无不残灭者，天下多怨，百姓不亲附，特劫于威强耳[6]。名虽为霸，实失天下心。故曰其强易弱。今大王诚能反其道：任天下武勇，何所不诛！以天下城邑封功臣，何所不服！以义兵从思东归之士，何所不散！且三秦王为秦将，将秦子弟数岁矣，所杀亡不可胜计，又欺其众降诸侯，至新安，项王诈阬秦降卒二十余万，唯独邯、欣、翳得脱，秦父兄怨此三人，痛入骨髓。今楚强以威王此三人，秦民莫爱也。大王之入武关，秋毫无所害[7]，除秦苛法，与秦民约，法三章耳，秦民无不欲得大王王秦者。于诸侯之约，大王当王关中，关中民咸知之。大王失职入汉中[8]，秦民无不恨者。今大王举而东，三秦可传檄而定也[9]。”于是汉王大喜，自以为得信晚。遂听信计，部署诸将所击。八月汉王举兵东出陈仓，定三秦。

【注释】

[1] 贺：赞同、嘉许。

[2] 暗噁（wù）：形容满怀怒气的样子。叱咤：呼喊、咆哮。

[3] 废：形容因担惊而不敢动的样子。

[4] 呕呕：形容仪容温和的样子。

[5] 刓（wán）敝：指一直在手里玩弄直到边角磨损。

[6] 特劫于威强：只是勉强屈服于强大的淫威。

[7] 秋毫：秋天时鸟兽新生长出来的细小的绒毛，喻指非常细微的部分。

[8] 失职：指丧失本来应该得到的封地和在关中称王的权利。

[9] 传檄：指发布文书、文告等宣示。

【译文】

拜将仪式结束后，韩信受邀上座。汉王说：“萧丞相曾多次向我称赞将军的才能，将军有什么良策教导我呢？”韩信客气了一番，然后问汉王道：“大王如果想要向东进攻争夺天下，对手不就是项羽吗？”汉王说：“是。”韩信说：“大王您自己觉得您的勇武、强悍、仁厚、兵力等方面，与项羽比谁强谁弱？”汉王沉默了很长时间，说道：“我比不上他。”

韩信起身向汉王拜了两拜，称赞他道："我也觉得您比不上项羽啊。但是，我曾在他的帐下任职，就让我来说说他的为人吧。项羽愤怒咆哮的时候，能吓得千百人不敢妄动，他非常勇猛，但是不善任用有才能的将领，说起来只不过算是匹夫之勇。项羽能够恭敬慈爱地对待他人，说起话来言语温和，对待生病的人会心疼地流下眼泪，会与别人分享食物，可是有人作战有功，理应加封晋爵的时候，他却把印绶把在手里玩摩到失去棱角，也舍不得授予别人。这就是所谓的'妇人之仁'啊。项羽虽然称霸于天下，令诸侯向他臣服，可是他不在关中建都，而是选择建都彭城，还违背义帝先前立下的约定，让自己的亲信称王，让各路诸侯都非常不满。诸侯们看到项羽将义帝赶到僻远的江南地方，于是都将各自先前的国君驱逐出去，选择好的地方自立为王。另外，凡是项羽率军经过的地方，没有一处不遭屠戮和破坏的，惹得天下人怨声载道，老百姓都不愿归附他，只是受迫于他的威势，表面上服从而已。现在项羽只算得上是名义上的霸主，实际上已经失去了天下民心的支持，所以他的强盛很容易变弱。如今大王如果真的能与他相反：信任并大胆使用骁勇善战的人，有什么样的敌人能够不被诛灭呢？分封天下城邑给立下战功的臣子，有什么样的人不肯臣服您呢？您顺从将士东归的愿望，征调他们反抗残暴的军队，有什么样的敌人无法被击溃呢？如今受项羽封赏的三个关中王，当初都是秦朝的将领，统率秦地子弟征战几年了，战死的和逃跑的不计其数，后来他们欺骗士卒向项羽投降，结果在新安，被狡诈的项羽活埋了二十多万人，只有章邯、司马欣和董翳三个人活下来，如今秦地百姓都对这三个人恨入骨髓。项羽凭着自己的强大威势，将这三个人强行封立为王，没有一个是受秦地百姓拥戴的。当初大王入关之后秋毫无犯，废除了秦朝的严刑酷法，与秦地百姓约定法令，只有三章律条，秦地百姓没有一个不希望大王在秦地称王的。根据诸侯事先的约定，大王就应该在关中称王的，关中百姓全部知道这件事情，后来是被项羽剥夺了爵位而到汉中称王，秦地百姓没有一个不心怀怨恨的。现在大王如果发兵东进，只需在三秦地区发一个通告就可以了。"汉王听了特别高兴，觉得自己今天才见识到韩信的真正才能实在太晚了，便听从韩信的计划，给各路将领分派了攻击的目标。八月，汉王经陈仓向东挺进，很快就收复了三秦地区。

信与张耳以兵数万，欲东下井陉击赵。赵王、成安君陈余闻汉且袭之也，聚兵井陉口，号称二十万。广武君李左车说成安君曰："闻汉将韩信涉西河，虏魏王，禽夏说，新喋血阏与[1]，今乃辅以张耳，议欲下赵，此乘胜而去国远斗，其锋不可当。臣闻千里馈粮，士有饥色；樵苏后爨[2]，师不宿饱。今井陉之道，车不得方轨，骑不得成列，行数百里，其势粮食必在其后。愿足下假臣奇兵三万人，从间道绝其辎重[3]；足下深沟高垒，坚营勿与战。彼前不得斗，退不得还，吾奇兵绝其后，使野无所掠，不至十日，而两将之头可致于戏下。愿君留意臣之计。否，必为二子所禽矣。"成安君，儒者也，常称义兵不用诈谋奇计，曰："吾闻兵法十则围之，倍则战[4]。今韩信兵号数万，其实不过数千。能千里而袭我，亦已罢极。今如此避而不击，后有大者，何以加之！则诸侯谓吾怯，而轻来伐我。"不听广武君策，广武君策不用。

韩信使人间视[5]，知其不用，还报，则大喜，乃敢引兵遂下。未至井陉口三十里，止舍。夜半传发，选轻骑二千人，人持一赤帜，从间道萆[6]山而望赵军，诫曰："赵见我走，必空壁逐我，若疾入赵壁，拔赵帜，立汉赤帜。"令其裨将传飧，曰："今日破赵会食！"诸将皆莫信，详应曰："诺。"谓军吏曰："赵已先据便地为壁，且彼未见吾大将旗鼓，未肯击前行，恐吾至阻险而还。"信乃使万人先行，出，背水陈。赵军望见而大笑。平旦，信建大将之旗鼓，鼓行出井陉口，赵开壁击之，大战良久。于是信、张耳详弃鼓旗，走水上军。水上军开入之，复疾战。赵果空壁争汉鼓旗，逐韩信、张耳。韩信、张耳已入水上军，军皆殊死战，不可败。信所出奇兵二千骑，共候赵空壁逐利[7]，则驰入赵壁，皆拔赵旗，立汉赤帜二千。赵军已不胜，不能得信等，欲还归壁，壁皆汉赤帜，而大惊，以为汉皆已得赵王将矣。兵遂乱，遁走，赵将虽斩之，不能禁也。于是汉兵夹击，大破虏赵军，斩成安君泜水上，禽赵王歇。

诸将效[8]首虏，毕贺，因问信曰："兵法右倍[9]山陵，前左水泽，今者将军令臣等反背水阵，曰破赵会食，臣等不服。然竟以胜，此何术也？"信曰："此在兵法，顾诸君不察耳。兵法不曰'陷之死地而后生，置之亡地而后存’？且信非得素拊循[10]士大夫也，此所谓‘驱市人而战之’，其势非置之死地，使人人自为战；今予之生地，皆走，宁尚可得而用之乎！”诸将皆服曰：“善。非臣所及也。”

【注释】

[1] 喋血：血流成河，形容战斗非常惨烈。

[2] 樵苏后爨（cuàn）：指匆忙地打柴割草烧火做饭，很难让士卒吃得饱。苏，小草。

[3] 间道：隐蔽的小道。辎重：指军需物资等，这里特指粮草。

[4] 十则围之，倍则战：出自《孙子兵法》，说的是当己方兵力十倍于敌人时就可以包围敌人，兵力比敌人多一倍时，就可以与敌对阵了。

[5] 间视：指暗中打探消息。

[6] 萆（bì）：通“蔽”，隐蔽。

[7] 逐利：争夺战利品。

[8] 效：呈献、贡献。

[9] 倍：通“背”，背靠、背向。

[10] 拊循：抚慰、使顺从，引申为听从指挥。

【译文】

韩信与张耳共同率领着几万人，准备向东突破井陉口攻击赵国。赵王歇和成安君陈余听说这个消息后，将军队集结在井陉口附近，号称有二十万。广武君李左车建议陈余：“听说汉将韩信已经偷偷渡过了西河，俘虏了魏王豹，活捉了夏说，又在阏与大量杀伤敌兵，如今又有张耳协助，准备攻取我们赵国。这是依仗胜利的锐气而远离本国的一次征战，其锋芒难以阻挡。但是我听说，从非常远的地方输送粮草，士卒就会挨饿；临做饭前才打柴割草，士卒就经常无法吃饱。如今井陉这条小道，宽度尚不够两辆战车并行，不够人马成列通过，行进的军队会绵延数百里，他们的粮草必定会远远地落在后面。请您拨派给我三万奇兵，让我由隐蔽的小路去截断他们的运输通道，您只需要在正面深挖战壕，高筑营垒，坚守不出，不给他们交战的机会。他们向前无法求战，向后无法退回，由我的奇兵阻挡住他们的后路，让他们身处荒野找不到任何食物，这样用不了十天，就能将韩信和张耳的首级送到将军的帐下。希望您能

认真考虑我的建议。否则，我们肯定会被他们俘虏的。”陈余是个书生，信奉的是儒家的仁义理论，平时便主张正义之师不用阴谋诡计，便说：“兵书上说己方兵力十倍于敌人，就可以围而歼之，兵力超过敌人一倍就可以与之作战。如今韩信的军队号称数万，实际上也就是几千人，竟敢不远千里地来袭击我们，已经是非常疲惫的了。面对这样的敌人，如果我们都回避作战，如果有更强大的军队前来，我们又能怎样对付呢？这次如果我们不打，诸侯们会认为我们胆小懦弱，就会轻易地来攻击我们。”于是不采纳李左车的建议。

韩信暗中派人前去探听消息，听说李左车的计谋没有被采纳，就回来报告韩信。韩信非常高兴，于是才敢率兵前进。在离井陉口还有三十里的地方，韩信下令停下来宿营。半夜时传令全军整顿装备，从中挑选了两千名轻骑兵，让每人手持一面红旗，经小路上山隐蔽起来，监视赵军的举动。韩信叮嘱道：“交战时，赵军见到我军败逃，一定会倾巢出动追赶，你们就迅速冲入赵营，拔掉赵军的旗帜，换上我们汉军的旗帜。”接着，韩信又让副将安排饭食，通令全军：“等打垮了赵军再正式吃早饭。”将领们都不相信韩信的话，只假装答应道：“好。”韩信又对将领们说：“赵军已经占据有利地形，修筑了防御工事，在没有看到我们大将的旗帜、仪仗之前，是不会进攻我们的先头部队的，怕我们主力到了山路险要的地方就退回去了。”于是韩信派出一万人作为先头部队，出了井陉口，背靠着河水列阵。赵军远远望见都大笑不止。天蒙蒙亮的时候，韩信率领主力举着大将的旗帜架起军鼓，击鼓出了井陉口。赵军见了就打开营垒进攻汉军，双方战斗了很长一段时间。韩信、张耳佯装战败，抛旗弃鼓地逃回河边阵地。河边阵地的部队闪开道路放他们过去，然后又与赵军激战。赵军果然全部出动，争夺汉军丢弃的旗鼓并追逐韩信、张耳。韩信、张耳率领全军在河边阵地，与赵军殊死奋战，让赵军无法前进一步。这时，韩信埋伏的两千轻骑兵，一看赵军倾巢出动争夺战利品，便迅速冲进赵军的营垒，拔掉赵军的全部旗帜，换上了汉军的两千面红旗。赵军不能打败汉军，不能俘虏韩信等人，想要回营，却见营垒中已经满是汉军的红旗，都惊慌失措，以为汉军已经捕获了全部赵军将领。赵军士卒于是四处溃散，即便督军斩杀了一些逃跑士卒也无济于事。于是汉兵前后夹击，将赵军彻底击败，在泜水边杀死赵将陈余，俘虏了赵王歇。

众将把敌军的首级和俘虏呈献给韩信，向韩信祝贺胜利之后，问韩信道："兵法上主张布阵应该选择右边和背后靠山的地形，而前边和左边临水的位置，今天将军却是让我们背水列阵，还说在打垮赵军之后正式吃早饭，我等当时并不信服，可是最后竟然真的像您说的那样取胜了，这是什么战术呢？"韩信答道："这个在兵法上也有，大概是诸位没有留意吧。兵法上不是说'陷之死地而后生，置之亡地而后存'吗？况且我没有得到平时由自己指挥的将士，就像所说的'驱赶街市上的百姓去作战'，就得把他们置于绝境中，让他们为保全自己而战；如果选择一个有退路的地方布阵，他们早就跑光了，那我们还怎么能让他们作战呢？"将领们听了都非常佩服，说："太对了。将军所说的我们确实没有想到过。"

楚数使奇兵渡河击赵，赵王耳、韩信往来救赵，因行定赵城邑[1]，发兵诣汉。六月，汉王出成皋，东渡河，独与滕公俱，从张耳军修武。至，宿传舍。晨自称汉使，驰入赵壁。张耳、韩信未起，即其卧内上夺其印符，以麾召诸将，易置之[2]。信、耳起，乃知汉王来，大惊。汉王夺两人军，即令张耳备守赵地。拜韩信为相国，收赵兵未发者击齐。

信引兵东，未渡平原，闻汉王使郦食其已说下齐，韩信欲止。范阳辩士蒯通说信，于是信然之，从其计，遂渡河。齐已听郦生，即留纵酒，罢备汉守御[3]。信因袭齐历下军，遂至临菑。齐王田广以郦生卖己，乃亨之[4]，而走高密，使使之楚请救。韩信已定临菑，遂东追广至高密西。楚亦使龙且将，号称二十万，救齐。

齐王广、龙且并军与信战，未合[5]。人或说龙且曰："汉兵远斗穷战[6]，其锋不可当。齐、楚自居其地战，兵易败散。不如深壁，令齐王使其信臣招所亡城，亡城闻其王在，楚来救，必反汉。汉兵二千里客居，齐城皆反之，其势无所得食，可无战而降也。"龙且曰："吾平生知韩信为人，易与耳。且夫救齐不战而降之，吾何功？今战而胜之，齐之半可得，何为止！"遂战，与信夹潍水陈。韩信乃夜令人为万余囊，

满盛沙，壅水上流，引军半渡，击龙且，详不胜，还走。龙且果喜曰："固知信怯也。"遂追信渡水。信使人决壅囊，水大至。龙且军大半不得渡，即急击，杀龙且。龙且水东军散走，齐王广亡去。信遂追北至城阳，皆虏楚卒。

汉四年，遂皆降平齐。使人言汉王曰："齐伪诈多变，反覆之国也，南边楚，不为假王以镇之[7]，其势不定，愿为假王便。"当是时，楚方急围汉王于荥阳，韩信使者至，发书，汉王大怒，骂曰："吾困于此，旦暮望若来佐我[8]，乃欲自立为王！"张良、陈平蹑汉王足，因附耳语曰："汉方不利，宁能禁信之王乎？不如因而立，善遇之，使自为守。不然，变生[9]。"汉王亦悟，因复骂曰："大丈夫定诸侯，即为真王耳，何以假为！"乃遣张良往立信为齐王，征其兵击楚。

【注释】

[1] 行定：指在行军途中安定百姓。

[2] 易置：变更军中的职位。

[3] 罢：解除、撤除。

[4] 亨：通"烹"，用水煮。

[5] 未合：还没有正式交战。

[6] 穷战：指拼尽全力地战斗。

[7] 假王：暂时代理做齐王。

[8] 佐：辅佐、佐助。

[9] 变生：发生变故，指可能引发韩信背叛汉王刘邦。

【译文】

楚国多次以奇兵渡河袭击赵国，张耳、韩信派兵来回救援受攻击的地方，趁机稳定赵国其他地方的城邑，还要调派军队去支援汉王。这年六月，汉王从成皋逃出来，向东渡过黄河，与滕公夏侯婴一起前去张耳、韩信驻军的修武，当晚住在县城的客馆里。第二天早晨，汉王自称是汉王派来的使臣，骑马闯入赵军的军营。当时韩信、张耳还没有起床，汉王就直接冲进他们的军帐，收缴了他们的印绶和兵符，下令召集众将，重新分配他们的职务。韩信、张耳起床后，才知道汉王到了军营，都非常吃惊。汉王夺取他们的军权之后，命令张耳在赵地镇守，委任韩信以

相国的虚位，为汉王在赵地组织没有使用的军队，东进攻打齐国。

韩信率军东进，还没渡过平原津的时候，就听到了汉王委派的郦食其已经说服齐王归顺的消息，于是韩信打算停止东进。从范阳来的辩士蒯通劝说韩信继续东进，韩信认为有道理，就听从他的建议，率军渡过黄河。当时齐王已经听从了郦生的游说，将郦生挽留下来正与之畅饮，并撤除了对汉军的防御设施。韩信突袭了驻扎在历下的齐国军队，打到了齐国都城临淄。齐王田广以为受到了郦生的欺骗，一气之下就把郦生烹杀了，而后逃到高密，并派人向楚国求援。韩信占据临淄后，又一路向东追赶田广，直至高密城西。此时，项羽派遣的将军龙且也率领兵马赶到，前来救援齐国，号称有二十万人。

于是齐王田广与龙且率领的楚军会合来战韩信，战斗尚未开始，有人劝说龙且："汉军远离国土，在此拼死作战，锋芒无人能挡。齐、楚军队是在本地乡土上作战，士卒容易溃散。不如构建深沟高垒坚守，不与汉军硬拼。请齐王派出亲信的大臣，安抚那些沦陷的城邑，让这些地方的官民都知道齐王还活着，再加上楚军援救，必定会起来反叛汉军。汉军远离本国两千里，如果齐国各地的人们都纷纷反叛他们，他们就会连粮食都得不到，这样即使不交战也能迫使他们投降了。"龙且说："我早就了解韩信为人怯懦，很容易对付。况且我是奉命前来援救齐国的，一仗不打就让敌人投降了，我还有什么功劳可言？现在我如果战胜了他，就可以得到齐国一半的土地，为什么不打呢？"于是决定开战，与韩信隔潍水摆开阵势。韩信命人连夜制作了一万多个口袋，全都装满沙土，在潍水的上游截断河流，然后率军涉水去攻击龙且，刚刚渡过一半，攻击龙且的汉军就佯装败阵，往回跑。龙且果然非常高兴："我早就知道韩信是个胆小怕事的人。"于是就指挥军队涉水追赶韩信。韩信下令扒开上游堵水的沙袋，让河水汹涌而下。这时候，龙且的军队有大部分还没有渡过潍水，韩信立即猛烈反击，将无法退回去的楚军全部歼灭，并杀死了楚将龙且。被挡在潍水对岸的尚未渡河的楚军四处溃散，齐王田广见势也逃跑了。韩信乘胜追击到城阳，将剩余的楚军士卒全部俘获。

汉四年(前 203 年)，韩信攻占了齐国所有的地方。他派人向汉王请示："齐国民风狡诈多变，反复无常，南面又与楚国接壤，如果不临时设立一

个齐王来镇守安抚的话，局势很难稳定下来。希望汉王允许我暂时充当一个代理的齐王。”此时，汉王正被项羽围困在荥阳，韩信的使者到达荥阳后，汉王看到韩信的书信便勃然大怒，骂道：“我被围困在这里，日日夜夜地盼望你能来帮助我，如今你却想着自己称王！”站在身边的张良、陈平赶紧暗中踩了一下汉王的脚，凑到汉王耳边说道：“眼下汉军处在不利的处境中，如何能禁止得了韩信称王呢？不如趁机就册封他为王，好好地对待他，让他把齐国守好。否则，可能真的会生乱。”汉王这时也醒悟过来，接着骂道：“大丈夫攻占一个国家，本来就应该称王，何必要求做个暂时代理的王？”汉王便派张良前往齐国，封韩信为齐王，征调他的军队进攻楚国。

楚已亡龙且，项王恐，使盱眙人武涉往说齐王信曰：“天下共苦秦久矣，相与戮力击秦[1]。秦已破，计功割地，分土而王之，以休士卒。今汉王复兴兵而东，侵人之分，夺人之地，已破三秦，引兵出关，收诸侯之兵以东击楚，其意非尽吞天下者不休，其不知厌足如是甚也！且汉王不可必[2]，身居项王掌握中数矣，项王怜而活之。然得脱，辄倍约[3]，复击项王，其不可亲信如此。今足下虽自以与汉王为厚交，为之尽力用兵，终为之所禽矣。足下所以得须臾至今者[4]，以项王尚存也。当今二王之事，权在足下[5]。足下右投则汉王胜，左投则项王胜。项王今日亡，则次取足下。足下与项王有故，何不反汉与楚连和，参分天下王之？今释此时，而自必于汉以击楚，且为智者固若此乎！”韩信谢曰：“臣事项王，官不过郎中，位不过执戟，言不听，画不用[6]，故倍楚而归汉。汉王授我上将军印，予我数万众，解衣衣我，推食食我，言听计用，故吾得以至于此。夫人深亲信我，我倍之不祥，虽死不易。幸为信谢项王[7]！”

武涉已去，齐人蒯通知天下权在韩信，欲为奇策而感动之，以相人说韩信。后数日，蒯通复说。韩信犹豫不忍倍汉，又自以为功多，汉终不夺我齐，遂谢蒯通。蒯通说不听，已详狂为巫。

汉王之困固陵，用张良计，召齐王信，遂将兵会垓下。项羽已破，高祖袭夺齐王军。汉五年正月，徙齐王信为楚王，都下邳。

【注释】

[1] 戮力：合力作战。

[2] 必：相信、信任。

[3] 倍：背弃、背叛。

[4] 须臾：片刻，引申为延续、拖延。

[5] 权：喻指决定胜负的关键。

[6] 画：谋划、计策。

[7] 幸：希望、盼望。

【译文】

龙且战死之后，项羽心里有些恐慌了，于是派盱眙人武涉前往游说齐王韩信："天下人都久受暴秦统治之苦，大家合力攻打它。推翻暴秦之后，项王按功分封，划地为王，封立各路诸侯。大家本已息兵停战，汉王却不肯安分，兴师东进，侵占他人封地，强占他人疆土，灭亡三秦之后，兵出函谷关，集合各国军队向东攻击楚国，看他的意图是不独吞天下不肯罢休了，他竟然贪心到了这种地步。况且汉王非常不可信，身陷项王重围已经很多次了，是项王可怜他让他脱身，然而他转身就背弃盟约，又来攻打项王。他就是这样一个不可亲近、不可信任的家伙。现在您自以为与汉王交情深厚，愿意为他竭力作战，最终还是要被他收拾的。您之所以还能活到今天，是因为项王还在啊。当前项王与汉王之间的胜负，全都决定于您。您站在右边，汉王就能胜，您站在左边，项王就能胜。如果今天项王被消灭了，下一个就要轮到您了。您与项王有旧交，为何不能离开汉王而联合项王，将天下三分而独立称王呢？如果放弃了今天这个机会，而是一心帮着汉王打项王，这会是聪明睿智的人的选择吗？"韩信委婉地说道："当初我在项王帐下不过是个负责护卫的郎中，所说的话不被采纳，所献的计策不被采用，所以我才离开项王投奔汉王。我一入汉，汉王就拜我为上将军，让我统领数万军队，脱下自己的衣服给我穿，将自己的食物分给我吃，我所说的话、所献的计策全都采纳，所以我才有了今天的成就。汉王这样亲近、信赖我，我背叛他不会有好下场，所以我对他的忠心至死不渝。请您替我感谢项王的美意！"

武涉离开以后，齐国辩士蒯通知道决定楚汉胜负的关键在于韩信，

便想用妙计打动他，于是打算用相人术来说服韩信。又过了一些日子，蒯通再去游说韩信。韩信犹豫着拿不定主意，不忍心背叛汉王，又认为自己建立了卓越的功勋，终究不会被汉王夺去封国，于是便谢绝了蒯通。蒯通见自己的意见没有被采纳，便装疯做了巫师。

后来汉王在固陵被围困，他采纳张良的计策，征召齐王韩信率兵进击，于是韩信率军与汉王在垓下会师。项羽刚被消灭，高祖便突然夺取了韩信的军权。汉高祖五年正月，高祖改封韩信为楚王，建都下邳。

信至国[1]，召所从食漂母，赐千金。及下乡南昌亭长，赐百钱，曰："公，小人也，为德不卒。"召辱己之少年令出胯下者以为楚中尉。告诸将相曰："此壮士也。方辱我时，我宁不能杀之邪？杀之无名[2]，故忍而就于此。"

项王亡将钟离眛家在伊庐，素与信善。项王死后，亡归信。汉王怨眛，闻其在楚，诏楚捕眛。信初之国，行县邑[3]，陈兵出入。汉六年，人有上书告楚王信反。高帝以陈平计，天子巡狩会诸侯[4]，南方有云梦，发使告诸侯会陈："吾将游云梦。"实欲袭信，信弗知。高祖且至楚，信欲发兵反，自度无罪，欲谒上，恐见禽。人或说信曰："斩眛谒上，上必喜，无患。"信见眛计事。眛曰："汉所以不击取楚，以眛在公所。若欲捕我以自媚于汉，吾今日死，公亦随手亡矣。"乃骂信曰："公非长者！"卒自刭。信持其首，谒高祖于陈。上令武士缚信，载后车。信曰："果若人言：'狡兔死，良狗亨；高鸟尽，良弓藏；敌国破，谋臣亡。'天下已定，我固当亨！"上曰："人告公反。"遂械系信。至雒阳，赦信罪，以为淮阴侯。

信知汉王畏恶其能，常称病不朝从[5]。信由此日夜怨望，居常鞅鞅[6]，羞与绛、灌等列。上常从容与信言诸将能不，各有差。上问曰："如我能将几何？"信曰："陛下不过能将十万。"上曰："于君何如？"曰："臣多多而益善耳。"上笑曰："多多益善，何为为我禽？"信曰："陛下不能将兵，而善将将，此乃信之所以为陛下禽也。且陛下所谓天授，非人力也。"

【注释】

[1] 国：指韩信封国的都城下邳。

[2] 无名：没有意义。

[3] 行：巡视、巡察。

[4] 巡狩会诸侯：指古代天子每隔几年便会巡视各诸侯国，并接受各国诸侯的朝见。

[5] 朝从：朝见、从行。

[6] 鞅鞅：通“怏怏”，形容因不满意、不服气而郁闷失意的样子。

【译文】

韩信来到楚国之后，派人找到了当年曾把饭分给他吃的那位漂洗茧絮的老妇人，赏赐给了她千金。他找到了南昌亭的亭长，赏赐给他一百钱，说：“您是个小人，做好事有始无终。”他把曾经当众侮辱自己、让自己有过胯下之辱的年轻人找来，让他做了楚军的中尉。他还对自己的将士们说：“这个人是位壮士。当年他侮辱我的时候，我难道不能立刻就杀死他吗？只是杀掉他也不会得到好名声，所以我忍受了他对我的侮辱而让我有了今天的成就。”

项羽的部将钟离眛的老家在伊庐，素来与韩信关系友好。项羽死后，他逃到楚国投奔了韩信。汉王对钟离眛心怀怨恨，听说他回到楚国就在韩信手下，便下诏让韩信逮捕钟离眛。韩信刚刚回到楚国，每次到所属的县邑巡视时，都会带着一些士卒做卫队。汉高祖六年，有人上书诬告韩信妄图谋反。高祖采纳陈平的计策，谎称要外出巡视会见诸侯，到南方的云梦泽去视察，派遣使臣通告诸侯聚集到陈地朝会，告诉他们说“我要到云梦泽巡视”，实际上是要借机袭击韩信，韩信不知道内情。一直等到高祖快要到达楚国的时候，韩信才起了疑心，想发兵抵抗却认为自己没有犯罪，想去朝见高祖但又担心被捉拿。这时有人游说韩信：“杀了钟离眛，去朝见皇上，皇上肯定会非常高兴，您也就没必要担心了。”韩信于是去找钟离眛商议。钟离眛说：“汉王之所以不敢派兵进攻楚国，是因为我在您这里，如果您想用我来讨汉王的欢心，那么我今天死，您明天就会跟着死。”见韩信没有反应，他便骂韩信道：“您真是一个德行不厚的人！”说完就自刎而死了。韩信带着钟离眛的人头，前往陈地朝拜高祖。

高祖马上命令武士将韩信捆绑起来，装在自己的车辇后面的车上。韩信说：“果然是像人们所说的‘狡兔死光了，再出色的猎狗也会遭烹杀；天上的飞鸟猎光了，再优良的弓箭也会被收藏起来；敌人刚被消灭，功臣就要被杀光了’。如今天下已无战乱，我也到了该遭烹杀的时候了！”高祖说：“有人告发你妄图谋反。”于是就给韩信带上了刑具。等回到雒阳之后，高祖又赦免了韩信的罪过，降级改封为淮阴侯。

韩信知道高祖对自己的才能非常忌惮也十分妒忌，于是常常借口身体有病不去朝见他，也不与高祖同行。从此，韩信的心里充满了怨恨，闷闷不乐，为自己与绛侯、灌婴处于同等的地位而羞耻。高祖曾经闲暇时与韩信闲聊评论将军作战能力的高低上下，韩信对他们的评价各有不同。高祖问韩信：“像我这样的才能，可以统率多少兵马？”韩信说：“陛下最多只能统率十万人马。”高祖问：“那您怎么样呢？”韩信说：“我是越多越好。”高祖笑着说道：“您的本事这么大，为什么还受我役使呢？”韩信说：“陛下虽然不擅长率兵打仗，但却善于任用将领，这就是我受陛下役使的原因。况且陛下的权力是上天赐予的，不是常人可以达到的。”

陈豨拜为钜鹿守，辞于淮阴侯，淮阴侯挈其手，辟左右与之步于庭[1]，仰天叹曰：“子可与言乎？欲与子有言也。”豨曰：“唯将军令之。”淮阴侯曰：“公之所居，天下精兵处也；而公，陛下之信幸臣也[2]。人言公之畔，陛下必不信；再至，陛下乃疑矣；三至，必怒而自将。吾为公从中起[3]，天下可图也。”陈豨素知其能也，信之，曰：“谨奉教！”汉十年，陈豨果反。上自将而往，信病不从。阴使人至豨所，曰：“弟举兵，吾从此助公。”信乃谋与家臣夜诈诏赦诸官徒奴[4]，欲发以袭吕后、太子。部署已定，待豨报。其舍人得罪于信，信囚，欲杀之，舍人弟上变[5]，告信欲反状于吕后。吕后欲召，恐其党不就[6]，乃与萧相国谋，诈令人从上所来，言豨已得死，列侯群众皆贺。相国给信曰：“虽疾，强入贺。”信入，吕后使武士缚信，斩之长乐钟室。信方斩，曰：“吾悔不用蒯通之计，乃为儿女子所诈[7]，岂非天哉！”遂夷信三族。

太史公曰：吾如淮阴，淮阴人为余言，韩信虽为布衣时，其志与众异。其母死，贫无以葬，然乃行营高敞地[8]，令其旁可置万家。余视其母冢，良然。假令韩信学道谦让，不伐己功，不矜其能[9]，则庶几哉，于汉家勋可以比周、召、太公之徒，后世血食矣。不务出此，而天下已集[10]，乃谋畔逆，夷灭宗族，不亦宜乎！

【注释】

[1] 辟：避开、躲开。

[2] 信幸臣：即“亲信”，受到皇帝宠幸的臣子。

[3] 从中起：在京城中起事作为内应。

[4] 诸官徒奴：指在官府中服役的刑徒和官奴。

[5] 上变：上书向皇帝告发人有异常行为的事情。

[6] 党：通“倘”，如果、万一。

[7] 儿女子：指妇女和小孩子。

[8] 行营：指四处寻找、谋求。

[9] 不伐己功，不矜其能：不夸耀自己的战功和才能。伐、矜，都有“自满、自夸”的意思。

[10] 天下已集：指天下局面已经安定。集，安定。

【译文】

陈豨被任命去钜鹿做郡守，临行前来向韩信辞行。韩信避开左右的侍从，拉着陈豨的手在院子里散步，仰望着天空自叹道：“您能让我说些心里话吗？有些心里话我想说给您听。”陈豨说：“一切听从将军的吩咐！”韩信说：“您所要去管理的地方，汇聚了国内最精锐的军队，而您又是最受陛下信任和宠幸的臣子，如果有人向陛下告发说您谋反，陛下肯定不会相信；如果再有人告发，陛下就会产生怀疑；如果有第三次告发，陛下必然会发怒并亲率军队前去征讨您。那时候，有我为您在都城里做内应，天下就能轻松夺取了。”陈豨一向相信韩信的军事才能，对他的话深信不疑，说：“我一定遵照您的指教行动！”汉高祖十年，陈豨果然造反了。高祖亲自率兵前往征讨，韩信借口身体有病没有跟着去，并暗地里派人前往陈豨那里说：“您只管起兵，我在都城里给您做内应。”于是韩信就与家臣商量计划，夜里假传诏书将在各官府里服劳役的刑徒和官奴全部

赦免，让他们去袭击吕后和太子。一切准备都已就绪，就等陈豨那边的消息了。这时候韩信的一位门客得罪了韩信，结果韩信囚禁了他，还打算杀掉他。于是门客的弟弟就把韩信谋反的行为向吕后告密，吕后想要诏令韩信进宫，又担心其党羽不肯就范，于是就与相国萧何商量好，派人假称从高祖那里来的，说陈豨已兵败被俘并被处死，群臣诸侯都会入朝祝贺。萧何又亲自去韩信家中哄骗他："即便您身体有病，也还是撑着进宫祝贺吧。"韩信只得进宫，结果刚进长乐宫，吕后就下令武士将韩信捆了起来，在长乐宫一间存放钟磬的屋室里将其杀掉了。韩信临死前说："我真后悔当初没有听从蒯通的劝告，以至于今天受妇人和小子欺骗，难道这不是天意吗？"接着吕后又下令诛杀了韩信的三族。

太史公说：我曾经到过淮阴，当地人跟我说，当韩信还没有显赫的时候，他就有着与常人不同的心志。他的母亲死后，家里穷得没有钱安葬，但他还是找到了一处又高又宽敞的地方作坟丘，准备让坟墓周围以后可以安置万户人家。我去看了他母亲的坟墓，果真是这样的。韩信当初如果能懂得谦恭退让，不矜夸自己的战功，不显示自己的才能，那么他为汉王朝所建立的功勋，甚至可以媲美周朝的周公旦、召公奭、姜太公这些人，并能让后世子孙安享荣禄。可是他却没这样做，在天下安定之时还图谋造反，结果宗族被诛灭，不是罪有应得吗？

【精彩语段】

上常从容与信言诸将能不，各有差。上问曰："如我能将几何？"信曰："陛下不过能将十万。"上曰："于君何如？"曰："臣多多而益善耳。"上笑曰："多多益善，何为为我禽？"信曰："陛下不能将兵，而善将将，此乃信之所以为陛下禽也。且陛下所谓天授，非人力也。"

评析 历史上素有"韩信将兵，多多益善"的俗语，然而还是被只能将兵十万的刘邦所驾驭，其中的区别大概也就是韩信缺少刘邦所具备的手腕和临时决断的能力。尽管能够统领汉军取得最终的胜利，但是韩信妄自尊大、优柔寡断的性格，还是让他在讨封假王之时便惹恼了刘邦，最终也没能逃脱刘邦、吕雉手中屠刀的杀戮。尽管能够忍受"胯下之辱"，最终却不能忍受作为顶头上司的刘邦的猜忌和贬谪，不看局势的变化发展却只凭个人力量的膨胀而意图反抗，这既是韩信的悲哀，也是值得今人借鉴的深刻道理。

知识链接 兔死狗烹

“兔死狗烹”是一个源自《史记》的成语，即“狡兔死，良狗亨”，喻指为统治者效劳的人在大事成功后被抛弃或杀掉，也指忘记别人的好处，做出对别人不利的事情。西汉初期，汉高祖刘邦为了维护自己的政治统治，将一些为汉朝建国做出重大贡献的功臣良将相继杀掉，就像兔子死光了就轮到烹杀猎捕兔子的狗一样。作为股肱之臣的韩信，从汉五年扶助刘邦登上帝位，到汉十年被皇后吕雉诱杀于长乐宫，再除去期间刘邦对韩信的不断猜忌、贬谪，君臣之间和平相处的时光也就是一年多。这也无怪乎韩信会在临死之前发出“狡兔死，良狗亨；高鸟尽，良弓藏；敌国破，谋臣亡”的悲叹。

张释之冯唐列传

张释之和冯唐都是汉文帝时候的杰出人物，对于他们，司马迁是非常景仰的，甚至直接引用《尚书》中的“不偏不党”“不党不偏”来称赞他们。他们都非常敢于坚持自己的立场，敢于直言评判最高统治者的行为得失，所以司马迁才由衷地称许他们的言论：“有味哉！有味哉！”他们的才能在汉文帝时期得到了施展，却因为都曾与汉景帝有所冲突，而受到了贬抑，最终张释之只当了一个有名无实的淮南王相，冯唐则先是被任命为一样有名无实的楚相，最终仍然被夺职。这样的悲惨、坎坷的际遇，让司马迁非常愤慨，也寄寓了深切的同情。而主要人物之间的对话，也使这篇文章具有了强烈的文学性特征，体现出司马迁独特的写作风格。

张廷尉释之者，堵阳人也，字季。有兄仲同居。以訾为骑郎[1]，事孝文帝，十岁不得调[2]，无所知名。释之曰：“久宦减仲之产，不遂。”欲自免归[3]。中郎将袁盎知其贤，惜其去，乃请徙释之补谒者。释之既朝毕，因前言便宜事[4]。文帝曰：“卑之，毋甚高论，令今可施行也。”于是释之言秦汉之间事，秦所以失而汉所以兴者久之。文帝称善，乃拜释之为谒者仆射[5]。

释之从行，登虎圈。上问上林尉诸禽兽簿，十余问，尉左右视，尽不能对。虎圈啬夫从旁代尉对上所问禽兽簿甚悉，欲以观其能口对响应无穷者[6]。文帝曰：“吏不当若是邪？尉无赖[7]！”乃诏释之拜啬夫为上林令。释之久之前曰：“陛下以绛侯周勃何如人也？”上曰：“长者也。”又复问：“东阳侯张相如何如人也？”上复曰：“长者。”释之曰：“夫绛侯、东阳侯称为长者，此两人言事曾不能出口，岂敩此啬夫谍谍利口捷给哉[8]！且秦以任刀笔之吏，吏争以亟疾苛察相高，然其敝徒文具耳[9]，无恻隐之实。以故不闻其过，陵迟而至于二世[10]，天下土崩。今陛下以啬夫口辩而超迁之[11]，臣恐天下随风靡靡[12]，

争为口辩而无其实。且下之化上疾于景响[13]，举错不可不审也[14]。”文帝曰：“善。”乃止不拜啬夫。

上就车，召释之参乘，徐行，问释之秦之敝。具以质言[15]。至宫，上拜释之为公车令。

顷之，太子与梁王共车入朝，不下司马门，于是释之追止太子、梁王无得入殿门。遂劾不下公门不敬[16]，奏之。薄太后闻之，文帝免冠谢曰：“教儿子不谨。”薄太后乃使使承诏赦太子、梁王，然后得入。文帝由是奇释之，拜为中大夫。

【注释】

[1] 訾（zī）：通“资”，家中的资财。

[2] 调：升迁、升职。

[3] 自免归：自己请求免官辞职回家。

[4] 便宜事：指对国家和人民有利的事情。

[5] 拜：指授予官爵。

[6] 观其能口：显示他能言善辩的才能。

[7] 无赖：不能作为依赖，无能。

[8] 利口捷给：能言善辩、滔滔不绝的样子。

[9] 敝：通“弊”，弊病。徒文具：只是具有官样文书的样子。

[10] 陵迟：衰落、衰微。

[11] 超迁：越级升迁。

[12] 随风靡靡：跟随着社会风气而倒下。靡，指顺风倒下。

[13] 下之化上：下层百姓受到上层教化。景响：影子和声音。景，通“影”。

[14] 举错：举动行为。错，通“措”，行为。审：指审慎的态度。

[15] 质言：真实的话语。

[16] 不敬：即“大不敬”，指对皇帝态度不恭敬。

【译文】

廷尉张释之是堵阳人，字季，与他的哥哥张仲生活在一起。家中资财多所以作了骑郎，事奉汉文帝，连续做了十年都没有得到升迁，不为人知。张释之说：“做了那么长时间的郎官，损耗了哥哥的资财，让我不安。”所以就想辞职回家。中郎将袁盎知道他富有德才，为他的离开感到惋惜，

就请求汉文帝调补他为谒者。张释之朝见文帝后，就陈说有利于国计民生的事情，文帝说："说些接近现实容易实施的，不要高谈阔论，说的应该马上就能实施。"于是，张释之就谈起秦汉之际的事，用了很长时间谈论秦朝的灭亡和汉朝的兴盛的原因。文帝非常赞赏，就封他做了谒者仆射。

张释之陪着汉文帝出行，登临虎圈。汉文帝询问登记在册的各种禽兽的情况，连续十几个问题，上林尉左看右看都不能回答。看管虎圈的啬夫在旁边代上林尉回答了问题，答得非常周全，想借此显示自己对答如流的口才。汉文帝说："做官吏不该像这样吗？上林尉不可靠。"于是他诏命张释之改任啬夫为上林令。张释之等了一会儿上前说："陛下认为绛侯周勃怎么样呢？"文帝说："是个德高望重的人！"张释之又问："东阳侯张相如怎么样呢？"文帝回答道："是个德高望重的人。"张释之说："绛侯与东阳侯都被认为是德高望重的人，可他们议论事情时都不善言谈，现在这样做，难道是要让人们效法这个伶牙俐齿的啬夫吗？秦代重用舞文弄法的官吏，所以全体官吏都争相迅急办事、苛刻督责，然而流弊在于只有官样文书的表面，而欠缺怜悯同情的内在。所以，秦君听不到自己的过失，造成国势日衰，二世而亡了。如今陛下因为啬夫能言善辩就想越级提拔，我担心天下人会追随这种风气，争相巧言而不求实际了。况且居下位者被居上位者感化，就像回声影子一样快速，陛下做事情不可不审慎啊！"文帝说："对！"于是就不再改任啬夫做上林令了。

文帝上了车，让张释之陪乘在自己身旁，然后让车慢慢前行。文帝问张释之秦政的弊端，张释之全都如实回答。回到宫里，文帝就提拔张释之担任公车令。

过了不久，太子与梁王一起乘车入朝，在司马门外没有下车，张释之马上就迎上去阻止了太子、梁王，不让他们进宫。他还以他们在宫门外不下车是犯了"不敬"的罪过，禀报给皇帝。薄太后听说了这件事，文帝脱帽赔罪说："都怪我没有严厉教导儿子。"薄太后于是派遣使臣带去她的赦令，太子、梁王才能够入宫。由此，文帝更加看重张释之的与众不同，提拔他做了中大夫。

顷之，至中郎将。从行至霸陵，居北临厕。是时慎夫人从，上指示慎夫人新丰道，曰："此走邯郸道也。"使慎夫人鼓瑟[1]，上自倚瑟而歌[2]，意惨凄悲怀，顾谓群臣曰："嗟乎！以北山石为椁[3]，用纻絮斮陈[4]，蕠漆其间[5]，岂可动哉！"左右皆曰："善。"释之前进曰："使其中有可欲者，虽锢南山犹有郄[6]；使其中无可欲者，虽无石椁，又何戚焉[7]！"文帝称善。其后拜释之为廷尉。

顷之，上行出中渭桥，有一人从桥下走出，乘舆马惊[8]。于是使骑捕，属之廷尉[9]。释之治问[10]。曰："县人来，闻跸，匿桥下。久之，以为行已过，即出，见乘舆车骑，即走耳。"廷尉奏当，一人犯跸[11]，当罚金。文帝怒曰："此人亲惊吾马，吾马赖柔和[12]，令他马，固不败伤我乎？而廷尉乃当之罚金！"释之曰："法者，天子所与天下公共也。今法如此而更重之，是法不信于民也。且方其时，上使立诛之则已。今既下廷尉，廷尉，天下之平也，一倾而天下用法皆为轻重，民安所措其手足[13]？唯陛下察之。"良久，上曰："廷尉当是也。"

【注释】

[1] 鼓瑟：弹奏乐器瑟。瑟，古代一种弦类乐器。

[2] 倚瑟而歌：指合唱与瑟调相合的歌曲。

[3] 椁：古代丧葬装殓尸体，一般会用到棺和椁，棺为内层，椁为外层。

[4] 纻：指用苎麻编制成的粗布。絮：丝的纤维，丝絮。斮（zhuó）：砍断。

[5] 蕠（rú）：麻絮，这里是"连缀"的意思。漆：动词，涂抹。

[6] 郄：通"隙"，缝隙、裂缝。

[7] 戚：悲伤、忧虑。

[8] 乘舆：指专供皇帝、诸侯乘坐的车子。

[9] 属（zhǔ）：嘱咐、交代。

[10] 治问：审问。

[11] 跸：指古代帝王出行时要事先清空道路，禁止他人通行。

[12] 柔和：形容柔顺温和的样子。

[13] 措：放置。

【译文】

过了些时候，张释之升任中郎将，跟着文帝到了霸陵，汉文帝站在霸陵的北侧眺望。此时慎夫人也随行，于是文帝用手指着通往新丰的路给她看，说："这是通往邯郸的路啊。"接着他又让慎夫人鼓瑟，自己随着瑟的曲调哼唱，情意非常悲戚，回头对群臣说："唉！如果用北山的石头做棺椁，用苎麻的丝絮充塞石椁的缝隙，再用漆涂抹固着，难道还能打得开吗？"身边的近侍说："是的。"张释之却说道："如果里面有让人起贪欲的东西，即便是用整个南山做棺椁，也还会有缝隙；如果里面没有让人起贪欲的东西，即便是没有石椁，又何必忧虑呢！"文帝称赞他说得好，后来就改任他为廷尉。

此后不久，文帝出巡经过中渭桥时，突然有个人从桥下跑了出来，让皇帝的车驾受了惊。于是文帝让骑士捉住了这个人，交给廷尉张释之。张释之审问了那个人。那人说："我是长安县的百姓，听到了清道的号令就躲在了桥下。过了很长时间，以为皇帝的队伍已经过去，就从桥下出来了，结果看见皇帝的车队，就马上跑起来了。"然后，张释之向皇帝禀报对那个人的处罚，因为他触犯了清道的禁令，将被处以罚金。文帝发怒道："他惊了我的马，幸亏我的马温和，如果换做别的马，说不定就会摔伤我了，可是你却只判处他罚金！"张释之说："法律需要皇帝与百姓共同遵守。如今的法律这样规定，却要加重处罚别人，就无法取信于民。如果在当时，陛下您立刻让人杀掉他也就算了，既然将人交给了我，我就必须公正执法，稍有偏失，天下的执法者就会因为任意加重或减轻判罚，让老百姓手足无措。希望陛下明察。"过了很长时间，文帝才说："你的判罚是正确的。"

其后有人盗高庙坐前玉环[1]，捕得，文帝怒，下廷尉治。释之案律盗宗庙服御物者为奏[2]，奏当弃市。上大怒曰："人之无道，乃盗先帝庙器，吾属廷尉者，欲致之族[3]，而君以法奏之，非吾所以共承宗庙意也[4]。"释之免冠顿首谢曰："法如是足也。且罪等[5]，然以逆顺为差[6]。今盗宗庙器而族之，有如万分之一，假令愚民取长陵一抔土[7]，陛下何以加其法乎？"久之，文帝与太后言之，乃许廷尉当。

是时，中尉条侯周亚夫与梁相山都侯王恬开见释之持议平，乃结为亲友。张廷尉由此天下称之。

后文帝崩，景帝立，释之恐，称病。欲免去，惧大诛至；欲见谢，则未知何如。用王生计，卒见谢，景帝不过也[8]。

王生者，善为黄老言[9]，处士也[10]。尝召居廷中，三公九卿尽会立[11]，王生老人，曰“吾袜解[12]”，顾谓张廷尉：“为我结袜！”释之跪而结之。既已，人或谓王生曰：“独奈何廷辱张廷尉，使跪结袜？”王生曰：“吾老且贱，自度终无益于张廷尉。张廷尉方今天下名臣，吾故聊辱廷尉，使跪结袜，欲以重之[13]。”诸公闻之，贤王生而重张廷尉。

张廷尉事景帝岁余，为淮南王相，犹尚以前过也[14]。久之，释之卒。其子曰张挚，字长公，官至大夫，免。以不能取容当世[15]，故终身不仕。

【注释】

[1] 高庙：指汉代用来供奉汉高祖刘邦的宗祠。坐：通“座”，神座。

[2] 案：通“按”，按照、依照。

[3] 致：给予。

[4] 共承：态度恭敬地承奉。共，通“恭”，指恭敬的态度。

[5] 罪等：罪责相同。

[6] 以逆顺为差：根据犯罪程度的轻重进行区分。

[7] 抔（póu）：用手捧东西，这里为量词。

[8] 过：斥责、责备。

[9] 黄老言：指“黄老学说”。汉朝初期，统治者崇尚道家思想，尊奉黄帝、老子为道家始祖。

[10] 处士：指有才德但隐居不肯做官的人。

[11] 三公九卿：古代朝廷中最主要最核心的官僚体系，从秦朝延续到隋朝，三省六部制出现后废止。三公九卿的官职名称和权力等多有变动，秦汉时的三公包括丞相、太尉、御史大夫，九卿包括太常、鸿胪、宗正、郎中令、卫尉、太仆、廷尉、少府、大司农等。

[12] 袜解：绑缚袜子的带子松了。解，通“懈”，松懈、松脱。

[13] 重之：加强某人的名声。重，加重、加强。

[14] 尚：追论、追究。以前过：指曾经以“不敬”的罪名弹劾景帝、梁王的事情。

[15] 取容：指曲意讨好、取悦。

【译文】

后来，有人盗走了高祖祠庙神座前的玉环，被抓到了，文帝非常愤怒，交给廷尉去治罪。张释之于是按着法律上的规定，以偷盗宗庙服饰器具的罪名回奏皇帝，判处那个人死刑。文帝非常恼怒，说：“这个人胆大包天胡作非为，竟然偷盗先帝庙中的器物，我交给你审理的目的，就是要判处他诛灭全族，你却一味地根据律条惩处，这不是我敬奉宗庙的本意啊。”张释之于是摘掉帽子叩头谢罪道：“根据法律进行这样的惩处已经可以了。况且即使罪名相同，也要根据犯罪的轻重程度。如今他盗窃了宗庙中的器物就判处灭族，万一哪天有个愚蠢的人挖了长陵的一捧土，陛下打算用什么样的刑罚惩处他呢？”过了很久，文帝和薄太后说起了这件事，才准许了张释之的判决。当时，中尉条侯周亚夫与梁国的国相山都侯王恬开都见识到张释之执法论事公正，就与他建立了亲密的朋友关系。张释之从此受到天下人的称赞。

后来，文帝去世了，景帝即位。张释之内心非常惶恐，便假装生病，想辞职回家，又怕招致杀头；想当面向景帝谢罪，却又不知该怎么去办。于是他采纳王生的计策，向景帝谢罪，景帝并没有责罚他。

王生是一位喜好黄老学说的处士，曾受诏进宫，当时满朝大臣都齐聚一堂，王生年老，说：“我的袜带松脱了。”然后回过头来就对张释之说：“你来给我系好袜带！”张释之就恭敬地跪下为王生系好袜带。事后，有人问王生：“你为何在朝堂上羞辱张廷尉，让他为你跪着系袜带呢？”王生说：“我年老，地位又卑下，料想终究不会给张廷尉带来什么好处。张廷尉是当今天下的名臣，我让张廷尉跪下来为我系袜带，是想借此增加他的名望。”诸位大臣听说后，都赞誉王生的贤德且更加敬重张廷尉了。

张廷尉事奉了景帝一年多后，遭贬做了淮南国的相国，这还是因为以前得罪过景帝。再过了一些时候，张释之去世了。他的儿子名叫张挚，

字长公，官职做到大夫，最后还是被免职了，因为他不肯迎合当时的权贵和显要，所以到死也没有再做官。

冯唐者，其大父赵人[1]。父徙代。汉兴徙安陵。唐以孝著[2]，为中郎署长，事文帝。文帝辇过[3]，问唐曰："父老何自为郎？家安在？"唐具以实对。文帝曰："吾居代时，吾尚食监高袪数为我言赵将李齐之贤，战于钜鹿下。今吾每饭，意未尝不在钜鹿也。父知之乎？"唐对曰："尚不如廉颇、李牧之为将也。"上曰："何以？"唐曰："臣大父在赵时，为官率将，善李牧[4]。臣父故为代相[5]，善赵将李齐，知其为人也。"上既闻廉颇、李牧为人，良说[6]，而搏髀曰[7]："嗟乎！吾独不得廉颇、李牧时为吾将，吾岂忧匈奴哉！"唐曰："主臣！陛下虽得廉颇、李牧，弗能用也。"上怒，起入禁中。良久，召唐让曰："公奈何众辱我[8]，独无闲处乎[9]？"唐谢曰："鄙人不知忌讳。"

【注释】

[1] 大父：祖父。

[2] 著：以……著称。

[3] 辇：指人拉的车子，后指专门供帝王乘坐的车。

[4] 善李牧：与李牧交好。

[5] 故：从前。

[6] 良说：形容非常高兴的样子。说，通"悦"，喜悦。

[7] 搏髀：指用手拍击大腿。

[8] 众辱：当众羞辱、侮辱。

[9] 闲：安静、僻静。

【译文】

冯唐的祖父是赵国人。他的父亲移居到代，汉朝时又迁到安陵。冯唐因孝行著称，受到举荐做了中郎署长，事奉汉文帝。一次，文帝乘着车子经过冯唐所在的官署，问冯唐说："您这么老了，怎么还在做郎官？是哪里的人啊？"冯唐如实作答。汉文帝说："我曾在代郡，听尚食监高袪多次向我谈起赵将李齐，讲述他如何在钜鹿城下英勇作战。如今我每

当吃饭的时候，心思没有不在钜鹿城下的。您知道他吗？”冯唐回答道：“他的指挥才能离廉颇、李牧还有距离。”汉文帝说：“为什么这样说呢？”冯唐说：“我祖父曾在赵国统率过士兵，与李牧交情不错。我父亲以前在代国为相，与李齐也关系亲密，所以我知道他们的本事。”汉文帝听完冯唐的话很高兴，拍着大腿说：“为什么我却得不到像廉颇、李牧这样的将领，要是有这样的将领，我难道还会这样忧虑匈奴之患吗？”冯唐说：“臣诚惶诚恐，我认为陛下即便得到像廉颇、李牧这样的人，也不会让他们有所作为。”汉文帝非常愤怒，起身回宫。过了很长时间，他又派人找来冯唐责备他：“您为何当众羞辱我？难道就不能暗地里告诉我吗？”冯唐道歉道：“我太鄙陋了，不懂得忌讳回避。”

当是之时，匈奴新大入朝那，杀北地都尉印。上以胡寇为意[1]，乃卒复问唐曰：“公何以知吾不能用廉颇、李牧也？”唐对曰：“臣闻上古王者之遣将也，跪而推毂，曰阃以内者，寡人制之；阃以外者[2]，将军制之。军功爵赏皆决于外，归而奏之。此非虚言也。臣大父言，李牧为赵将居边，军市之租皆自用飨士，赏赐决于外，不从中扰也。委任而责成功[3]，故李牧乃得尽其智能，遣选车千三百乘，彀骑万三千[4]，百金之士十万[5]，是以北逐单于，破东胡[6]，灭澹林[7]，西抑强秦，南支韩、魏。当是之时，赵几霸。其后会赵王迁立，其母倡也[8]。王迁立，乃用郭开谗，卒诛李牧，令颜聚代之。是以兵破士北，为秦所禽灭。今臣窃闻魏尚为云中守，其军市租尽以飨士卒，出私养钱[9]，五日一椎牛[10]，飨宾客军吏舍人，是以匈奴远避，不近云中之塞。虏曾一入，尚率车骑击之，所杀甚众。夫士卒尽家人子[11]，起田中从军，安知尺籍伍符[12]。终日力战，斩首捕虏，上功莫府[13]，一言不相应，文吏以法绳之[14]。其赏不行而吏奉法必用。臣愚，以为陛下法太明，赏太轻，罚太重。且云中守魏尚坐上功首虏差六级[15]，陛下下之吏，削其爵，罚作之[16]。由此言之，陛下虽得廉颇、李牧，弗能用也。臣诚愚，触忌讳，死罪死罪！”文帝说。是日令冯唐持节赦魏尚，复以为云中守，而拜唐为车骑都尉，主中尉及郡国车士。

七年，景帝立，以唐为楚相，免。武帝立，求贤良[17]，举冯唐。唐时年九十余，不能复为官，乃以唐子冯遂为郎。遂字王孙，亦奇士，与余善。

太史公曰：张季之言长者，守法不阿意[18]；冯公之论将率，有味哉！有味哉！语曰“不知其人，视其友”。二君之所称诵，可著廊庙。书曰“不偏不党[19]，王道荡荡[20]；不党不偏，王道便便[21]”。张季、冯公近之矣。

【注释】

[1] 以胡寇为意：指为胡寇入侵感到忧虑。意，担心、忧虑。

[2] 阃（kǔn）：门槛，这里指国门。

[3] 委任：交代任务给……。委，委托、托付。责：要求、督促。

[4] 彀（gòu）骑：持弓弩的骑兵。彀，弓弩张满的样子。

[5] 百金之士：指因战功可获百斤赏金的士兵。

[6] 东胡：我国古代生活在匈奴以东的一支游牧民族，后来分化为乌桓人、鲜卑人。

[7] 澹林：我国古代生活在代郡以北的一支北方民族，又称“澹林之胡”“林胡”。

[8] 倡：从事歌舞的艺人。

[9] 私养钱：指用于个人养家的钱财。

[10] 椎牛：杀牛。椎，捶击的工具。

[11] 家人子：指古代平民百姓的子弟。

[12] 尺籍伍符：指古代的军法制度。尺籍，汉代一种一尺长的、用于记录杀敌立功功劳的竹板。伍符，古代军中出于约束部下的目的而使各伍相互担保的一种符信。

[13] 上功莫府：到将帅的营帐报告功劳。

[14] 以法绳之：用法律纠正他们。绳，纠正、约束。

[15] 首虏：斩获的敌人的首级。

[16] 罚作：指秦汉时对犯轻罪者以做苦工替代惩罚的方式。

[17] 贤良：即“贤良文学”，指为朝廷推举品行好、学问好的人。

[18] 阿意：指委屈自己来迎合权贵的心意。

[19] 偏：偏袒、偏私。党：阿附。

[20] 荡荡：形容非常平坦宽广的样子。

[21] 便便：通“辩辩”，形容光辉坦荡的样子。

【译文】

这时，匈奴人又开始大肆进犯朝那，杀死了北地郡的都尉孙卬。汉文帝因此感到忧虑，于是再次询问冯唐：“您如何知道我不能重用廉颇、李牧的呢？”冯唐答道：“我听说古代君王派将军作战时，都会跪下来推着车毂说：‘国门内的事情我来决断，国门外的事情将军裁定。所有军中立战功封爵奖赏的事情都是由将军在外决定，回来后奏报朝廷。’这不是虚言呀。我祖父说，李牧统率赵国军队作战时，将征收的税金全都用来犒赏部下。赏赐由在外的将军自行决定，朝廷从来不干预。君王将重任交付给他，并且要求他取胜，所以李牧能充分发挥才智，精选兵车一千三百辆，善骑射的士兵一万三千人，能够建立功勋的士兵十万人，所以能在边境之外驱逐单于，攻破东胡，消灭澹林，抵御西面的强秦，支援南部的韩魏。这时候的赵国，几乎成为霸主。后来正好赶上赵王迁即位，他母亲原本是个卖唱女。他刚即位就听信郭开的谗言，杀掉了李牧，让颜聚替代他。所以赵军才溃败，被秦国人消灭了。现在我听说魏尚正担任云中郡的郡守，他将从军市上收集到的税金全都用来犒赏士兵，还自己出钱，每五天杀牛宴请一次宾客、军吏以及左右的亲随，所以匈奴人才躲得远远的，不敢侵犯云中郡。匈奴曾经入侵过那里，结果魏尚率军出击，杀死了很多敌军。那些士兵都来自一般的人家，从乡村田野来到军中，哪里知道尺籍、伍符上的律令呢？他们只知道拼力作战，杀敌捕俘然后到军帐中报功，只要有一句话不符合实际情况，就会受到法官的制裁。应该获得的奖赏无法兑现，犯了错却被官吏依法必究，所以我才愚昧地认为陛下的法令过于严明，奖赏太轻而惩罚太重。况且云中郡的郡守魏尚只是因为多报了杀敌六人的错误，就被陛下交给司法，不仅削夺了爵位，还被判处了一年徒刑。这样看来，即便是陛下得到了像廉颇、李牧这样的人，也是无法重用的。我确实愚蠢，触犯了陛下的禁忌，实在该当死罪，该当死罪！”文帝听了非常高兴，当天就让冯唐手持汉节前去赦免魏尚，重新任命他为云中郡的郡守，并且任命冯唐为车骑都尉，负责统领中尉和各郡国驾驶战车作战的士卒。

汉文帝后元七年（前 157 年），汉景帝即位，改任冯唐为楚国丞相，不久便被免职。汉武帝即位后征求贤士，大家就举荐冯唐。此时的冯唐已经九十多岁，无法再做官了，于是皇帝就任命他的儿子冯遂为郎官。冯遂字王孙，也具有杰出的才能，与我（司马迁）关系很好。

太史公说：张释之谈论德高望重的人的一番话，与他严守法度不逢迎皇帝心意的事情，还有冯唐关于任命将帅的谈论，多么意味深长啊！很是意味深长啊！俗话说："不了解那个人，看看他与什么样的人做朋友就能知道。"他们两位所赞许的人，可以标著在朝廷上。《尚书》中说："不偏私不结党，王道才会广泛传播；不结党不营私，王道才能光辉坦荡。"张季、冯公与这样的境界很近！

【精彩语段】

释之曰："法者，天子所与天下公共也。今法如此而更重之，是法不信于民也。且方其时，上使立诛之则已。今既下廷尉，廷尉，天下之平也，一倾而天下用法皆为轻重，民安所措其手足？唯陛下察之。"

评析 张释之是西汉时期著名的法学家，以"秉公执法"著称，并将此作为终生的追求。尤其是他所坚持的"法者，天子所与天下公共也"的观点，更是与"法不阿贵、刑无等级"的观点不谋而合。甚至在当时森严的等级制度下，张释之敢于坚持原则弹劾时为太子的汉景帝，不能不说是非常难能可贵的。不仅如此，张释之还从坚持法律公平的道义出发，拒绝服从权力的重压，对身处弱势地位的普通百姓秉公处置，与后来汉武帝时期盛行的"酷吏"风气形成鲜明的对比。

知识链接 "强项令"董宣

东汉人董宣在担任洛阳令时，遇到了一件家奴仗势杀人的案子。这个家奴的主人，是光武帝刘秀的姐姐湖阳公主，命案发生后受到湖阳公主的包庇，令官府衙役无法抓捕。后来等到公主出门的时候，这个杀人的家奴陪乘出行，当行进到夏门外的万寿亭时，碰到了早就在此等候的董宣。董宣拦住公主的车马，

先是大声数落公主的过失，然后又喝令犯罪的家奴下车，将这个家奴在公主的面前打死。无法忍受的湖阳公主向光武帝刘秀告状，愤怒的刘秀将董宣召来，得知事情的原委之后，便命令董宣向公主磕头赔罪，但董宣死活不肯低头，刘秀命令宦官强行按压，董宣双手撑地，就是不肯赔罪。最终，刘秀只得命令："强项令出！"从此董宣便有了"强项令"的美名。董宣担任了五年洛阳令，在任期间打击横行不法之人，74岁时死在任上。光武帝前去吊唁时，发现董宣家中只有几斛大麦和一辆破车，下令朝廷以大夫的礼节安葬他。

李将军列传

司马迁最为擅长的，是抓住人物的主要特征来塑造人物形象。在这篇传记中，司马迁抓住了李广最为突出的一些特征，如常以少胜多、险中取胜，最能体恤士卒、与士卒同甘共苦，治军简易、身先士卒、颇受拥戴等，让李广的形象为之鲜明，而数个战斗场面的描写，则又表现出李广智勇双全的一面，在长期斗争中让匈奴人闻风丧胆，进而崇敬有加地称他为“飞将军”。然而因为皇帝的嫌弃及贵戚的排挤，李广至死都未能封侯，只能以自杀表达抗议和愤怒。借这篇《李将军列传》，司马迁表达出了对贤能受到压制的惋惜，也暗含着对统治者任人唯亲、寡恩刻薄的谴责。司马迁以正反相称的笔法、精炼流畅的语言、生动传神的描写，让李广的英雄形象变得非常丰满。

李将军广者，陇西成纪人也。其先曰李信，秦时为将，逐得燕太子丹者也。故槐里，徙成纪。广家世世受射[1]。孝文帝十四年，匈奴大入萧关，而广以良家子从军击胡[2]，用善骑射[3]，杀首虏多[4]，为汉中郎。广从弟李蔡亦为郎，皆为武骑常侍，秩八百石[5]。尝从行，有所冲陷折关及格猛兽[6]，而文帝曰：“惜乎，子不遇时！如令子当高帝时，万户侯岂足道哉[7]！”

及孝景初立，广为陇西都尉，徙为骑郎将。吴楚军时[8]，广为骁骑都尉，从太尉亚夫击吴楚军，取旗，显功名昌邑下。以梁王授广将军印，还，赏不行。徙为上谷太守，匈奴日以合战。典属国公孙昆邪为上泣曰：“李广才气，天下无双，自负其能，数与虏敌战，恐亡之。”于是乃徙为上郡太守。后广转为边郡太守，徙上郡。尝为陇西、北地、雁门、代郡、云中太守，皆以力战为名。

【注释】

[1] 受：传习、学习。

[2] 良家：指家世清白的人家，为汉朝兵源之一，另一种为罪犯和贫民。
[3] 用：因为、由于。
[4] 杀首：斩杀敌人割取首级。
[5] 秩：指俸禄等级。
[6] 折关：突破险阻。
[7] 万户侯：拥有万户封邑的爵位。
[8] 吴楚军时：指景帝三年发生的吴楚七国叛乱。

【译文】

将军李广是陇西郡成纪县人。他的先祖李信在秦朝时是有名的将军，曾追捕并捉到燕太子丹。李广原来住在槐里，后来搬到了成纪。李广家世代传习射箭的技巧。文帝前元十四年（前 166 年），匈奴人向萧关大举进攻，于是李广凭着良家子弟的身份参军，抗击匈奴，因为擅长骑射，杀死了很多敌人，所以被提拔为中郎。这个时候，李广的堂弟李蔡以中郎身份事奉皇帝。两人都是武骑常侍，俸禄每年八百石。李广曾护卫文帝出行，经常会有冲锋陷阵、突破险阻以及与猛兽勇猛格斗的事情，文帝称赞道："真是可惜啊！你没有碰上好时机，如果正处在高祖打江山的时候，即使做个万户侯也不是难事啊！"

景帝即位后，李广先是被任命为陇西都尉，后又改任为骑郎将。七国叛乱的时候，李广以骁骑都尉的身份，跟从太尉周亚夫讨伐叛军。在昌邑城下的战斗中夺得敌军军旗，战场扬名。由于梁孝王私下里授予李广一枚将军印，所以回朝后就没有受到封赏。后来，李广被调任为上谷郡太守，每天都要与前来骚扰的匈奴军交战。于是典属国公孙昆邪对皇上哭诉："李广的本领天下无双，因此他才仗恃自己的本领，天天与敌人作战，我真担心朝廷会失去这员名将。"于是，景帝便将李广改派到上郡去做太守。后来，李广又转任陇西、北地、雁门、代郡、云中等郡的太守，都以英勇奋战闻名。

匈奴大入上郡，天子使中贵人从广勒习兵击匈奴[1]。中贵人将骑数十纵，见匈奴三人，与战。三人还射，伤中贵人，杀其骑且尽。中贵人走广。广曰："是必射雕者也[2]。"广乃遂从百骑往驰三人。三人亡马步行，行数十里。广令其骑张左右翼，而广身自射彼三人者，杀其二人，生得一人，果匈奴射雕者也。已缚之上马，望匈奴有数千骑，见广，以为诱骑，皆惊，上山陈。广之百骑皆大恐，欲驰还走。广曰："吾去大军数十里，今如此以百骑走，匈奴追射我立尽。今我留，匈奴必以我为大军之诱，必不敢击我。"广令诸骑曰："前！"前未到匈奴陈二里所，止，令曰："皆下马解鞍！"其骑曰："虏多且近，即有急，奈何？"广曰："彼虏以我为走，今皆解鞍以示不走，用坚其意。"于是胡骑遂不敢击。有白马将出护其兵，李广上马与十余骑奔射杀胡白马将，而复还至其骑中，解鞍，令士皆纵马卧。是时会暮，胡兵终怪之，不敢击。夜半时，胡兵亦以为汉有伏军于旁，欲夜取之，胡皆引兵而去。平旦，李广乃归其大军。大军不知广所之，故弗从。

居久之，孝景崩，武帝立，左右以为广名将也，于是广以上郡太守为未央卫尉，而程不识亦为长乐卫尉，程不识故与李广俱以边太守将军屯[3]。及出击胡，而广行无部伍行陈，就善水草屯，舍止，人人自便，不击刀斗以自卫[4]，莫府省约文书籍事[5]，然亦远斥候[6]，未尝遇害。程不识正部曲行伍营陈[7]，击刀斗，士吏治军簿至明，军不得休息，然亦未尝遇害。不识曰："李广军极简易，然虏卒犯之[8]，无以禁也；而其士卒亦佚乐[9]，咸乐为之死。我军虽烦扰，然虏亦不得犯我。"是时汉边郡李广、程不识皆为名将，然匈奴畏李广之略，士卒亦多乐从李广而苦程不识。程不识孝景时以数直谏为太中大夫。为人廉，谨于文法[10]。

【注释】

[1] 中贵人：在宫中受宠的人，即宦官。

[2] 射雕者：指射雕的能手，射雕能显示出射手高超的射箭本领。

[3] 将军屯：指掌管军队驻防等事务。将，动词，掌管。

[4] 刀斗：即"刁斗"，古代一种军用锅，白天用来做饭，夜里巡更时敲击。

[5] 莫府：即"幕府"，指旧时将帅在外时的营帐，后泛指军政大吏的府署。籍：记功簿。

[6] 斥候：指行军中负责侦察瞭望的哨兵。

[7] 部曲：部署，部下。

[8] 卒：通“猝”，突然。

[9] 佚：通“逸”，安逸、安闲的样子。

[10] 文法：指朝廷制定颁布的条文法令等。

【译文】

李广担任上郡太守时，正碰上匈奴人大肆攻击上郡，此时皇帝派了一名受宠信的宦官随同李广反击匈奴。有一次，宦官带领几十名骑兵在原野上纵马驰骋，偶遇三个匈奴人，便与他们打了起来。三个匈奴人回身射箭，射伤了这名宦官，把宦官带领的几十名骑兵几乎全部射死。宦官逃回来向李广报告，李广说：“这几个人一定是射雕的能手。”于是他立刻率领一百名骑兵前去追赶。那三个匈奴人没有马，徒步往回走出了几十里。李广命令骑兵左右包抄，自己拉弓射箭，结果射死了两个，活捉了一个，审问后得知果然是匈奴的射雕手。他们刚把俘虏捆绑在马上，就望见远处出现了几千名匈奴骑兵。他们看到了李广，以为是汉军派出的诱敌骑兵，都非常吃惊，便冲上山去列出战阵。李广手下的一百名骑兵非常惊恐，都想赶紧骑马往回逃。李广说：“我们距离主力有几十里，如果现在我们往回跑，匈奴人肯定会追击射杀，立刻就会把我们杀光。如果我们现在停下来不走，匈奴人肯定以为我们是来引诱他们的，一定不敢进攻我们。”于是李广向骑兵命令道：“前进！”他率领骑兵向前行进，一直到离匈奴人的阵地不到二里的地方才停下来，下令道：“全都下马，把马鞍解下来！”有人说：“敌人数量那么多，又离我们这么近，我们都解下马鞍，万一出现紧急情况，我们怎么办？”李广说：“敌人肯定认为我们会逃跑的，现在我们把马鞍解下来，就是让他们知道我们不逃，让他们更相信我们是来诱敌的。”匈奴骑兵果然一直不敢攻击。后来敌军有个骑白马的将领出阵来整肃军容，李广突然上马率领十几名骑兵飞奔，用弓箭射死了那个匈奴将领，然后又退回来，解下马鞍休息，命令士兵将马放开，然后随便躺卧在地上。此时已是黄昏时分，匈奴人始终怀疑李广等人，不敢进攻。直到半夜时分，匈奴人以为附近有汉朝伏兵埋伏，打算趁夜偷袭，所以就赶紧撤走了。第二天清晨，李广回到了军营，军中将士因为不知道李广昨晚去了哪里，所以一直在原地待命。

过了好多年，汉景帝去世，汉武帝即位。皇帝身边的近臣都称赞李广是位名将，于是李广从上郡调入朝廷，担任未央宫禁卫军的长官，当时程不识正在担任长乐宫禁卫军的长官。程不识与李广从前都是以边郡太守的身份率领军队驻防守边的。在出兵进攻匈奴的时候，李广的军队不讲求严格的队列和阵势规定，只寻找水丰草茂的地方驻扎军队，宿营的时候士卒都觉得很便利，晚上也没有人巡逻放哨，军部幕府的文书簿册都很简约，但因为能在离营地很远的地方布设哨兵，随时掌握敌情，所以也从未遭到过敌人的偷袭。程不识行军作战一切都按着规章制度执行，夜里要有人巡逻放哨，军部文书也要严格按照规定整理档簿，让全军都难得休息，但也没有遭到过敌人的突袭。程不识说："李广治军简便易行，如果遇到敌人突袭，恐怕他就难以招架了。但是他帐下的士卒都很快活，都心甘情愿地为他效命。我治军虽然纷繁，但敌人也不敢突袭我。"当时，李广、程不识都是汉朝边郡抗击匈奴的名将，但匈奴人对李广的胆识谋略非常忌惮，且士卒大都乐意跟随李广而苦于跟随程不识。程不识曾在景帝时因为直言敢谏，被授予太中大夫，且为人清廉，对朝廷法令认真遵从。

后汉以马邑城诱单于，使大军伏马邑旁谷，而广为骁骑将军，领属护军将军[1]。是时，单于觉之，去，汉军皆无功。其后四岁，广以卫尉为将军，出雁门击匈奴。匈奴兵多，破败广军，生得广。单于素闻广贤，令曰："得李广必生致之。"胡骑得广，广时伤病，置广两马间，络而盛卧广[2]。行十余里，广详死，睨其旁有一胡儿骑善马，广暂腾而上胡儿马[3]，因推堕儿，取其弓，鞭马南驰数十里，复得其余军，因引而入塞。匈奴捕者骑数百追之，广行取胡儿弓，射杀追骑，以故得脱。于是至汉，汉下广吏。吏当广所失亡多，为虏所生得，当斩，赎为庶人[4]。

顷之，家居数岁。广家与故颍阴侯孙屏野居蓝田南山中射猎[5]。尝夜从一骑出，从人田间饮。还至霸陵亭，霸陵尉醉，呵止广[6]。广骑曰："故李将军。"尉曰："今将军尚不得夜行，何乃故也！"止广

宿亭下。居无何[7]，匈奴入杀辽西太守，败韩将军，后韩将军徙右北平。于是天子乃召拜广为右北平太守。广即请霸陵尉与俱，至军而斩之。

广居右北平，匈奴闻之，号曰“汉之飞将军”，避之数岁，不敢入右北平。

广出猎，见草中石，以为虎而射之，中石没镞[8]，视之石也。因复更射之，终不能复入石矣。广所居郡闻有虎，尝自射之。及居右北平射虎，虎腾伤广，广亦竟射杀之。

【注释】

[1] 领属：接受统领的节制。

[2] 络：用绳子编结成的网兜。

[3] 暂：骤然、突然。

[4] 赎：古代罪犯可以用财物充抵刑罚。

[5] 屏野：指退隐在田野之中。屏，隐居。

[6] 呵：通“喝”，吆喝、命令。

[7] 居无何：过了不长时间，不久之后。

[8] 镞：箭头。

【译文】

后来汉朝决定用马邑城来引诱单于上钩，派遣大量汉军在马邑周围的山谷中设伏，李广被任命为骁骑将军，接受护军将军韩安国的统领节制。但是，单于发觉了汉军的计谋，很快就把军队撤了回去，让汉军将士没有功劳。又过了四年，李广从未央宫卫尉提拔为将军，兵出雁门关讨伐匈奴，结果遭遇了匈奴主力，大军被击溃，李广也被生擒。因为早就听说李广的盛名，所以单于曾下令：“捉到李广一定要活着送来。”李广被生擒后，因为正受伤生病，就被匈奴骑兵架在两匹马中间的一个绳编的网兜里。李广一直装死不动，走出了十几里路，李广斜眼看旁边一个匈奴兵骑着一匹好马，就突然一纵而起跳上那个匈奴兵的马，把他推下去，夺过他的弓箭，向南一口气飞奔了数十里，终于追上了他的残部，率领他们回到关内。当时有数百名匈奴骑兵从后面追赶，李广用抢夺过来的弓箭射死了追上来的敌人，最终得以逃脱。回到京城后，朝廷命令执法的官吏审判李广。因为李广损失的士卒太多，自己又遭活捉过，应该被判处斩首，李广家里用钱物为他赎了死罪，他才得以免死，最后被贬为普通百姓。

转眼李广已在家闲居数年。在家闲居时，李广常常与隐居在蓝田县的颍阴侯灌婴的孙子灌强一起到终南山中打猎。一天夜里，李广带着一个骑兵外出，与别人约定到田野间饮酒。回来时经过霸陵亭的时候，被喝醉酒的霸陵亭尉大声喝斥，责骂李广违反了朝廷禁止夜行的规定。李广的随从说:“这是前任的李将军。”亭尉说:“即便是现任将军也不许通行，更何谈是前任的呢！”于是硬将李广扣留在霸陵亭下过了一夜。没过多久，匈奴人入侵辽西郡，杀死当地太守，击败了将军韩安国，韩将军被调任右北平太守后不久便死了。于是汉武帝再次征召任命李广为太守镇守右北平。李广请求调任霸陵亭尉为自己部下，结果刚到军中就把他杀了。

李广镇守右北平，匈奴人听说后，都称呼他为“汉朝的飞将军”，一连几年都躲着他，不敢侵犯右北平。

有一次，李广外出打猎，误将草丛里的一块石头看作一只猛虎，就开弓向它射去，结果整个箭头都射进了石头里，走近一看才知道是块石头。然后再射，始终无法再射入了。李广镇守各边郡的时候，只要是听说有老虎，就常常亲自去射杀。后来在镇守右北平时射虎，被跳起来的老虎咬伤了，但最终还是射死了这只老虎。

广廉，得赏赐辄分其麾下，饮食与士共之。终广之身，为二千石四十余年[1]，家无余财，终不言家产事。广为人长，猿臂[2]，其善射亦天性也，虽其子孙他人学者，莫能及广。广讷口少言[3]，与人居则画地为军陈，射阔狭以饮[4]。专以射为戏，竟死。广之将兵，乏绝之处[5]，见水，士卒不尽饮，广不近水；士卒不尽食，广不尝食。宽缓不苛，士以此爱乐为用。其射，见敌急，非在数十步之内，度不中不发，发即应弦而倒。用此[6]，其将兵数困辱，其射猛兽亦为所伤云。

居顷之，石建卒，于是上召广代建为郎中令。元朔六年[7]，广复为后将军，从大将军军出定襄，击匈奴。诸将多中首虏率[8]，以功为侯者，而广军无功。后二岁，广以郎中令将四千骑出右北平，博望侯

张骞将万骑与广俱，异道[9]。行可数百里，匈奴左贤王将四万骑围广，广军士皆恐，广乃使其子敢往驰之。敢独与数十骑驰，直贯胡骑，出其左右而还，告广曰："胡虏易与耳[10]。"军士乃安。广为圜陈外向，胡急击之，矢下如雨。汉兵死者过半，汉矢且尽。广乃令士持满毋发，而广身自以大黄射其裨将[11]，杀数人，胡虏益解。会日暮，吏士皆无人色，而广意气自如，益治军。军中自是服其勇也。明日，复力战，而博望侯军亦至，匈奴军乃解去。汉军罢，弗能追。是时广军几没，罢归。汉法，博望侯留迟后期，当死，赎为庶人。广军功自如[12]，无赏。

【注释】

[1] 为二千石：担任年俸两千石的官职，在汉代大致为郡守、郎中令等职位。

[2] 猿臂：形容李广的双臂修长而又灵活的样子。

[3] 讷口：说话迟钝、口拙，指李广不善言辞。

[4] 阔狭：比赛射军阵图时，因行列宽度不一，便以射中窄的行列为胜者，负者须罚酒。

[5] 乏绝：指行军途中缺水断粮的时候。

[6] 用此：因此。

[7] 元朔：汉武帝的第三个年号，前后持续六年时间（前128—前123年）。

[8] 首虏率：指战场杀敌和俘获敌人的数量。依汉制，达到规定数量的将领可以封侯。

[9] 异道：指不同的道路、途径。

[10] 易与：指非常容易对付。

[11] 大黄：当时射程最远的弩弓，用兽角制成，黄色，比一般的弓要大。

[12] 军功自如：指功过相抵。

【译文】

李广做官非常清廉，得到的赏赐总是分给自己的部下，吃的喝的也总是与士卒分享。所以他当了四十多年年俸两千石的官，家中都没能积攒下一点多余的财物，他也始终不肯说起自己的家产。李广身材很高，两臂很长，善射的本领也是因为天赋，即使是他的子孙或别人向他学习射箭，也没有赶得上他的。李广语言表达迟钝，平时很少说话，与别人在一起时喜欢在地上研究军阵，喜欢与人比赛射箭，输了只罚喝酒。他一生都用射箭娱乐，一直到死。李广带兵征战，遇到缺粮断水的时候，见到水就先让士兵喝，只要还有人没喝到水他就绝不喝；吃东西的时候，只要还有士兵没有吃上饭，李广就一口饭也不吃。李广宽厚和气地对待士卒，所以士卒都非常拥戴他，乐于为他效力。李广每逢遇到敌人急冲过来时，不到数十步之内，如果估计射不中他就绝不射出。只要是开弓射箭，敌人肯定都应声倒地。因此，他所统率的士兵数次被困受辱，他射猛兽的时候也曾被猛兽伤到过。

过了一些时候，石建死了，于是汉武帝召回李广，任命李广接替石建担任郎中令。元朔六年（前 123 年），李广被任命为后将军，随大将军卫青兵出定襄征讨匈奴。此次出征，许多将领都按照战场斩杀和俘获敌人的数量计战功而被封侯，只有李广劳而无功。两年后，李广以郎中令的身份统率四千骑兵出右北平，博望侯张骞统率一万骑兵与李广同时出征，分别行进。行进了几百里后，李广被匈奴左贤王的四万骑兵包围。这时候，李广统率的士兵都很害怕，于是李广就派儿子李敢率先冲击匈奴。李敢率领几十名骑兵飞驰直插匈奴骑兵军中，又从左至右穿插而归，然后向李广报告：“这些匈奴敌军很好对付！”这才稳定了军心。李广将军队排布成圆形阵势，抵挡四面围攻的匈奴军队。一阵箭雨过后，汉军死伤过半，自己的箭也要用光了。于是李广命令士兵拉满弓但不射出，李广则亲自用大黄弩一连射杀几个匈奴副将，才吓得匈奴人逐渐不再猛攻。这时天色已晚，汉军士卒人人面无人色，只有李广镇定自若，神态自然，继续整顿军队，军中士卒都非常佩服他的果敢胆识。第二天，李广再次顽强奋战，直到张骞率军赶到，匈奴人才撤走。李广的汉军非常疲惫，无力追击。此次李广的军队几近全军覆没，班师回朝之后，依据汉朝法律，张骞因为进军迟缓，理应被处死刑，出钱赎罪后削职为民。李广的军队因战功与罪责相抵，没有得到任何封赏。

初，广之从弟李蔡与广俱事孝文帝。景帝时，蔡积功劳至二千石。孝武帝时，至代相。以元朔五年为轻车将军，从大将军击右贤王，有

功中率，封为乐安侯。元狩二年中[1]，代公孙弘为丞相。蔡为人在下中，名声出广下甚远，然广不得爵邑，官不过九卿，而蔡为列侯，位至三公。诸广之军吏及士卒或取封侯。广尝与望气王朔燕语[2]，曰："自汉击匈奴而广未尝不在其中，而诸部校尉以下，才能不及中人，然以击胡军功取侯者数十人，而广不为后人，然无尺寸之功以得封邑者，何也？岂吾相不当侯邪？且固命也？"朔曰："将军自念，岂尝有所恨乎[3]？"广曰："吾尝为陇西守，羌尝反[4]，吾诱而降，降者八百余人，吾诈而同日杀之。至今大恨独此耳。"朔曰："祸莫大于杀已降，此乃将军所以不得侯者也。"

后二岁，大将军、骠骑将军大出击匈奴，广数自请行，天子以为老，弗许；良久乃许之，以为前将军。是岁，元狩四年也。

【注释】

[1] 元狩：汉武帝的第四个年号，前后共六年时间（前 122—前 117 年）。

[2] 望气：古人的一种迷信活动，即通过观察星象或气象来占卜吉凶。

[3] 恨：悔恨。

[4] 羌：居住在今河西走廊及以西地区的一个古代少数民族。

【译文】

当初，李广与堂弟李蔡同为汉文帝驾前的侍从。到汉景帝在位时，李蔡因累积的战功获得年俸两千石的官职。汉武帝即位后，李蔡被任命为代国相国。元朔五年（前 124 年）被任命为轻车将军，在随大将军卫青征讨匈奴右贤王时有军功，达到封赏标准，受封为乐安侯。元狩二年（前 121 年）中，李蔡竟然接替公孙弘出任丞相。李蔡的人品只处在下中等的位置，声名也远比不上李广，但李广一生都没有得到封爵和封地，官位最高也没超过九卿，而李蔡却受封为侯，位列三公。甚至李广曾经统领的将军和士兵中，后来也有人受封侯爵。李广曾与一个懂星象的叫王朔的术士闲聊："从汉朝讨伐匈奴开始的所有战斗，我几乎没有一次没参加过。可是军中校尉以下的军官中，有的才能够不上中等，但是已经有几十个因战功受封为侯。我李广没有比他们差的地方，却直至今天都没能因功封侯、得到封地，这是为什么呢？难道我的骨相就不该封侯吗？

还是因为我本来就没有封侯的命呢？”王朔说：“将军自己好好回想，是否发生过让您自己悔恨的事情呢？”李广说：“我担任陇西太守时，曾有一次羌人叛乱，我先是诱骗他们投降，当时已经投降的人有八百多，但我欺骗了他们，当天就把他们都杀了。直到今天，我一直都为这件事感到极为悔恨。”王朔说：“能让人遭受阴祸的事情里，最大的就是谋杀已经投降的人，这就是为什么将军您一直不能封侯。”

又过了两年，汉武帝派大将军卫青、骠骑将军霍去病率军征讨匈奴，李广多次请求参战。汉武帝认为他年纪已高，开始时没有答应；后来勉强答应了，任命他为前将军。这一年是汉武帝元狩四年（前 119 年）。

广既从大将军青击匈奴，既出塞，青捕虏知单于所居，乃自以精兵走之，而令广并于右将军军，出东道。东道少回远[1]，而大军行水草少，其势不屯行[2]。广自请曰：“臣部为前将军，今大将军乃徙令臣出东道；且臣结发而与匈奴战[3]，今乃一得当单于[4]，臣愿居前，先死单于。”大将军青亦阴受上诫，以为李广老，数奇[5]，毋令当单于，恐不得所欲。而是时公孙敖新失侯，为中将军从大将军，大将军亦欲使敖与俱当单于，故徙前将军广。广时知之，固自辞于大将军。大将军不听，令长史封书与广之莫府[6]，曰：“急诣部，如书。”广不谢大将军而起行，意甚愠怒而就部[7]，引兵与右将军食其合军出东道。军亡导，或失道，后大将军。大将军与单于接战，单于遁走，弗能得而还。南绝幕[8]，遇前将军、右将军。广已见大将军，还入军。大将军使长史持糒醪遗广[9]，因问广、食其失道状，青欲上书报天子军曲折[10]。广未对，大将军使长史急责广之幕府对簿[11]。广曰：“诸校尉无罪，乃我自失道。吾今自上簿。”

至莫府，广谓其麾下曰：“广结发与匈奴大小七十余战，今幸从大将军出接单于兵，而大将军又徙广部行回远，而又迷失道，岂非天哉！且广年六十余矣，终不能复对刀笔之吏。”遂引刀自刭。广军士大夫一军皆哭。百姓闻之，知与不知，无老壮皆为垂涕。而右将军独下吏，当死，赎为庶人。

太史公曰：传曰[12]：“其身正，不令而行；其身不正，虽令不从。”

其李将军之谓也？余睹李将军悛悛如鄙人[13]，口不能道辞。及死之日，天下知与不知，皆为尽哀。彼其忠实心诚信于士大夫也！谚曰："桃李不言，下自成蹊。"此言虽小，可以谕大也[14]。

【注释】

[1] 回：迂回、曲折前进。

[2] 屯行：合并队伍共同前进。屯，聚集。

[3] 结发：即"束发"，古代男子十五岁时即可束发，象征着已经成年。这里是指年少或年轻的时候。

[4] 当：正面对敌。

[5] 数奇：指命运不好。古代占卜将偶数视为吉兆，将奇数视为不吉。

[6] 长史：这里指大将军的秘书。封书：将写好的公文加以封存。

[7] 愠：形容怨恨的样子。

[8] 绝：横贯、横穿。幕（mò）：通"漠"，沙漠。

[9] 糒（bèi）：干饭。醪（láo）：浊酒。

[10] 曲折：喻指曲直详尽的情况。

[11] 对簿：指按照簿册上的记载一一对质，即"受审"的意思。

[12] 传：汉人将《诗》《书》《易》《礼》《春秋》等称为"经"，将解说这些经书的著作统称为"传"。这里指的是《论语》。《论语》是一部孔子的弟子及再传弟子记述孔子言论的书籍，并非孔子亲笔著述，所以被称为"传"。

[13] 悛（quān）悛：形容老实厚道的样子。

[14] 谕：通"喻"，比照、比拟。

【译文】

李广随大将军卫青征讨匈奴到达塞北后，卫青捉到了一个匈奴俘虏，知道了匈奴单于的住处，于是卫青就想亲率精锐追逐单于，命令李广率军去与右将军赵食其会合，从东路出击。东路稍微绕远，而卫青所在的中路途经水草缺少之地，必定要日夜兼程，无法停留。于是李广请求卫青："陛下任命我为前将军，大将军现在却让我从东路出击，我从年少时便与匈奴作战，到今天才有对阵匈奴单于的机会，我愿意担任前锋，甘愿与单于决战。"早在出征前，汉武帝便暗中警告大将军卫青，认为李广一来年老，二来运气不济，不许他与单于对阵，担心难以如愿以偿。当时，卫青的好友公孙敖刚刚丢了爵位，正以中将军的身份随大将军征战，卫青也是想让公孙敖与自己一起对敌单于，以重新封侯，所以决意调开李广。李广也知道其中的缘由，但还是请求大将军允许自己对阵单于。大将军不听从，干脆命令长史将文书直接发到李广的军帐，催促他："赶快去右将军帐下报到。"李广满腔怒气地起程了，率军前去与右将军赵食其会合，也没有向大将军告辞。结果右路军没有向导，半路上迷了路，没能在约定时间到达前线。单于在与大将军交战失利后，就撤军逃跑了。于是，卫青此次出征没有战果。大将军向南穿越沙漠之后，才遇到了李广和赵食其。李广只见了卫青一面，什么都没有说就回到自己军中。大将军派长史将干粮和酒带给李广，同时向李广和赵食其询问东路军迷路的详情，说是要向皇帝报告出兵不利的原委。李广不理睬长史的询问，大将军便派长史急切地责问李广帐下的将领，逼问事情的曲直。李广说："我帐下的校尉都没有过错，军队迷路是我的原因，现在我亲自去向皇帝禀报。"

回到自己的军帐，李广对帐下将领说："我从年少时起便与匈奴交战，至今已有大小七十多次，此次有幸随从大将军征战匈奴碰上匈奴单于，没想到却被大将军调去绕远，偏偏又迷了路，难道这不是上天的安排吗？如今我已经六十多岁了，无论怎样也不愿再去忍受那些刀笔吏的对质侮辱了。"说完，他便拔刀自刎而死。李广帐下的将士都为李广的死而痛哭不止。都城的百姓听到这个消息后，不管是认识李将军的还是不认识的，也不管是老的少的，都为李广伤心落泪。右将军赵食其接受了执法官吏的审问，判决他死罪，后来他用财物赎身，成了平民。

太史公说：《论语》上说："自己行为端正的人，即使不下达命令别人也愿意跟从；自己行为不端正的，即使下达命令别人也不会听从。"这句话说的不正是李将军吗？我看李将军的样子，就像是个老实厚道的乡下人，开口说话不能准确表达自己的意思。可是在他死后，全天下的人不论认识他的还是不认识他的，都为他感到悲伤哀痛。难道不是因为他的忠实品格感动大家了吗？俗话说："桃树李树虽然都不会讲话，但它们的本质却能吸引人在树下踩出一条小路来。"这句话虽然是在讲小事，但说明的却是大道理呀！

【精彩语段】

初，广之从弟李蔡与广俱事孝文帝。景帝时，蔡积功劳至二千石。孝武帝时，至代相。以元朔五年为轻车将军，从大将军击右贤王，有功中率，封为乐安侯。元狩二年中，代公孙弘为丞相。蔡为人在下中，名声出广下甚远，然广不得爵邑，官不过九卿，而蔡为列侯，位至三公。诸广之军吏及士卒或取封侯。

评析 唐代诗人王勃说“冯唐易老，李广难封”，或许是对上面文字的最好概括。从李广与堂弟李蔡同时事奉孝文帝开始，李蔡累有升迁，李广却难有封赏，甚至连李广曾经的部下，都有官位超过李广的。这既是李广的悲哀之处，也成为后来引发其悲剧结局的根源。然而从后人的观点来看，是李广的个性，让他终难得到汉武帝的青睐。后来，司马迁因“李陵之祸”身遭不幸，使他对于汉武一朝武将命运有了更多的关切，也使他对李广产生了深切的同情。

知识链接　龙城飞将

“龙城飞将”是对唐朝时期边塞勇猛将士的称呼。在唐代，“龙城”已是重要的边防重镇，长年需要有勇猛的将士在此守卫，防止境外少数民族对中原王朝的袭扰。历史上，“龙城”“飞将”通常指西汉时期长年与匈奴人作战的两名军事将领——奇袭龙城的大将军卫青和骁勇善战的“飞将军”李广。元光六年（前129年），卫青被封为“车骑将军”，首次带兵出征便以奇兵突袭了匈奴人的“圣地”龙城，俘虏700人班师回朝，让卫青一战成名。而抗击匈奴的汉中郎将李广，则因弓马骑射的技术娴熟闻名，长期坚守在汉朝与匈奴交锋的前线，被匈奴人称为“飞将军”。

卫将军骠骑列传

这篇传记是司马迁为汉代名将卫青和霍去病撰写的合传，记述的是在匈奴屡犯中原的背景下，汉武帝派遣卫青和霍去病征战北疆、扬威大漠的历史故事。汉武帝颇有雄才大略，从年轻时候就开始了对匈奴的军事反击，大胆任用卫青和霍去病，频频出击，掀起了中原民族以军事力量抗击边境胡人袭扰的高潮，其规模之大、威势之盛、战果之丰，都是前所未有的，客观上维护了中原帝国的统一和安定，国家也变得更为强大。但连续的征战，在沉重打击匈奴人势力的同时，也给大汉帝国造成了巨大的人员伤亡和物资损失，甚至让汉武帝变得穷兵黩武。故而，对于连年征战的委婉批评，也是司马迁写作这篇传记的出发点之一。在谋篇布局上，司马迁主要记事，也以环境描写渲染铺垫，因而具有极强的艺术感染力。同时，司马迁多以陈述事实的方式展现卫青的战功，而多用皇帝诏令的方式展现霍去病的战场功绩，其中的褒贬色彩立显。

大将军卫青者，平阳人也。其父郑季，为吏，给事平阳侯家[1]，与侯妾卫媪通，生青。青同母兄卫长子，而姊卫子夫自平阳公主家得幸天子，故冒姓为卫氏[2]。字仲卿。

青为侯家人，少时归其父，其父使牧羊。先母之子皆奴畜之[3]，不以为兄弟数。青尝从入至甘泉居室[4]，有一钳徒相青曰[5]：“贵人也，官至封侯。”青笑曰：“人奴之生，得毋笞骂即足矣，安得封侯事乎！”

青壮，为侯家骑，从平阳主。建元二年春[6]，青姊子夫得入宫幸上。皇后，堂邑大长公主女也[7]，无子，妒。大长公主闻卫子夫幸，有身，妒之，乃使人捕青。青时给事建章，未知名。大长公主执囚青，欲杀之。其友骑郎公孙敖与壮士往篡取之，以故得不死。上闻，乃召青为建章监，侍中。及同母昆弟贵，赏赐数日间累千金。子夫为夫人。青为大中大夫。

元光五年[8]，青为车骑将军，击匈奴，出上谷。青至茏城，斩首虏数百。

【注释】

[1] 给事：供职。

[2] 冒：假冒、冒充。

[3] 奴畜之：用对待奴仆的态度对待、养育卫青。

[4] 居室：为汉代拘禁犯法官员及其家属的地方。

[5] 钳徒：指受到钳刑的犯人。钳刑，将铁圈系在脖子上的一种刑罚。

[6] 建元：汉武帝的第一个年号，前后共计六年（前140—前135年）。

[7] 堂邑大长公主：指汉文帝的长女，武帝的姑母刘嫖，因嫁给堂邑侯陈午而得此称号。

[8] 元光：汉武帝的第二个年号，前后共计六年时间（前134—前129年）。

【译文】

大将军卫青，是河东郡平阳人，父亲郑季当过县衙里的小吏，曾经在平阳侯的家中做事，与平阳侯的妾卫媪通奸，生下了卫青。卫青同母异父的哥哥叫做卫长子，姐姐叫卫子夫，卫子夫在平阳公主家中受到汉武帝的宠爱，所以他们都冒充姓卫。卫青，字仲卿。

卫青出生在平阳侯家，少年时候就被送回到郑季身边，郑季让他放羊。郑季妻子所生的儿子都以对待奴仆的态度对待卫青，不将他看成兄弟。卫青曾跟别人到过甘泉宫的监室，关在里边的一个囚徒给卫青相面："你是个贵人，将来是会封侯的！"卫青笑笑说："我是一个奴婢生的孩子，不被人打骂就很知足了，怎么可能会有封侯的事呢？"

卫青成年之后，去平阳侯家做骑兵，经常跟随平阳公主。汉武帝建元二年（前139年）春，卫青的姐姐卫子夫受武帝宠幸被选进宫。皇后陈阿娇是堂邑大长公主的女儿，没有儿子，很嫉妒别人受宠。大长公主听说卫子夫受武帝宠幸，有了身孕，非常嫉妒，就派人抓住了卫青。当时卫青供职于建章宫，还没有名气。大长公主囚禁了卫青，打算杀死他。卫青的朋友骑郎公孙敖带人将卫青抢了出来，他才没有死。武帝听说后，就召见了卫青，让他做了建章宫的监官，加侍中官衔。就连那几个同母异父的兄弟都顿时显贵起来，几天之内得到的赏赐累积达千金。卫子夫受封为武帝的夫人后，卫青做了大中大夫。

元光五年（前130年），卫青被任命为车骑将军，率军从上谷郡出兵讨伐匈奴。卫青率兵到达茏城，斩杀匈奴兵数百人。

元朔元年春，卫夫人有男，立为皇后。其秋，青为车骑将军，出雁门，三万骑击匈奴，斩首虏数千人。明年，匈奴入杀辽西太守，虏略渔阳二千余人[1]，败韩将军军。汉令将军李息击之，出代；令车骑将军青出云中以西至高阙。遂略河南地，至于陇西，捕首虏数千，畜数十万，走白羊、楼烦王。遂以河南地为朔方郡。以三千八百户封青为长平侯。

其明年，元朔之五年春，汉令车骑将军青将三万骑，出高阙；卫尉苏建为游击将军，左内史李沮为强弩将军，太仆公孙贺为骑将军，代相李蔡为轻车将军，皆领属车骑将军[2]，俱出朔方；大行李息、岸头侯张次公为将军，出右北平：咸击匈奴。匈奴右贤王当卫青等兵，以为汉兵不能至此，饮醉。汉兵夜至，围右贤王，右贤王惊，夜逃，独与其爱妾一人、壮骑数百驰，溃围北去[3]。汉轻骑校尉郭成等逐数百里，不及，得右贤裨王十余人，众男女万五千余人，畜数千百万，于是引兵而还。至塞，天子使使者持大将军印，即军中拜车骑将军青为大将军[4]，诸将皆以兵属大将军，大将军立号而归[5]。

【注释】

[1] 略：掠取、攻取。

[2] 领属：隶属。

[3] 溃围：突破汉军的包围圈。

[4] 拜：授予官职、加封官职。

[5] 号：名号。

【译文】

元朔元年（前128年）春，卫子夫生了男孩，受封为皇后。秋天，

卫青担任车骑将军，统兵三万出雁门攻击匈奴，斩杀匈奴数千人。次年，匈奴侵扰边郡，杀死辽西太守，掳走了渔阳郡百姓两千多人，打败了韩安国的军队。于是，汉武帝下令李息兵出代郡攻击匈奴，车骑将军卫青兵出云中，向西攻打直至高阙。攻占了黄河以南地区，直到陇西地区，抓捕敌人数千，牲畜数十万头，赶走了白羊王和楼烦王。于是汉朝在占领的河南地区设立朔方郡，卫青因战功获封长平侯，获食邑三千八百户。

又过了一年，即元朔五年（前124年）的春天，汉武帝命令车骑将军卫青率领骑兵三万，兵出高阙；命令卫尉苏建为游击将军、左内史李沮为强弩将军、太仆公孙贺为骑将军、代郡国相李蔡为轻车将军，皆受车骑将军卫青统辖，兵出朔方；任命大行令李息、岸头侯张次公为将军，兵出右北平：全部同时出击匈奴。卫青率领的军队正遇上匈奴右贤王的军队，他们以为汉军无法到达这里，便喝得酩酊大醉。汉军夜间赶到，将右贤王团团围住，右贤王非常惊慌，连夜冲破汉军包围逃走，只带走了他的一个爱妾和数百精壮骑兵，向北方逃去。轻骑校尉郭成率军追赶数百里，没有追上，只抓到了右贤王属下的十多个小王，一万五千多匈奴民众，几十万至数百万头牲畜，然后率军凯旋。卫青率军回到关边塞的时候，汉武帝派来的使者手持大将军印信迎接他，在军中任命车骑将军卫青做了大将军，授命大将军统辖其他带兵的将军。于是大将军确立官号后，率军回到了都城。

其明年春，大将军青出定襄，斩首数千级而还。月余，悉复出定襄击匈奴，斩首虏万余人。右将军建、前将军信并军三千余骑，独逢单于兵，与战一日余，汉兵且尽。前将军故胡人，降为翕侯，见急，匈奴诱之，遂将其余骑可八百，奔降单于。右将军苏建尽亡其军，独以身得亡去，自归大将军。大将军问其罪正闳、长史安、议郎周霸等[1]：“建当云何[2]？”霸曰：“自大将军出，未尝斩裨将。今建弃军，可斩以明将军之威。”闳、安曰：“不然。兵法‘小敌之坚，大敌之禽也’。今建以数千当单于数万，力战一日余，士尽，不敢有二心，自归。自归而斩之，是示后无反意也。不当斩。”大将军曰：“青幸得以肺腑待罪行间，不患无威，而霸说我以明威，甚失臣意。且使臣职虽当斩将，

以臣之尊宠而不敢自擅专诛于境外，而具归天子，天子自裁之，于是以见为人臣不敢专权[3]，不亦可乎？”军吏皆曰“善”。遂囚建诣行在所[4]。入塞罢兵。

是岁也，大将军姊子霍去病年十八，幸，为天子侍中。善骑射，再从大将军，受诏与壮士，为剽姚校尉，与轻勇骑八百直弃大军数百里赴利[5]，斩捕首虏过当[6]。于是天子曰：“剽姚校尉去病斩首虏二千二十八级，及相国、当户，斩单于大父行籍若侯产[7]，生捕季父罗姑比，再冠军，以千六百户封去病为冠军侯。”

大将军既还，赐千金。是时王夫人方幸于上，宁乘说大将军曰：“将军所以功未甚多，身食万户[8]，三子皆为侯者，徒以皇后故也。今王夫人幸而宗族未富贵，愿将军奉所赐千金为王夫人亲寿[9]。”大将军乃以五百金为寿。天子闻之，问大将军，大将军以实言[10]，上乃拜宁乘为东海都尉。

【注释】

[1] 正：即军正，古代军中的法官。

[2] 云何：该军法给苏建定怎样的罪名。

[3] 于是：由此。

[4] 行在所：指古代天子巡行途中停驻的地方。

[5] 直弃：脱离。赴利：寻找有利时机夺取战功，建立功勋。

[6] 过当：霍去病斩杀和俘虏的敌人数量超过了自身的损失。

[7] 大父行：匈奴词汇，祖父辈。

[8] 食万户：指以万户的赋税和物产作为食邑。

[9] 奉：奉献、奉送。

[10] 以实言：即“言以实”，指将实情说出来。

【译文】

第二年春，大将军卫青兵出定襄讨伐匈奴，斩杀数千匈奴人而回。一个多月后，全军再次出兵定襄攻打匈奴，斩杀一万多敌人。右将军苏建、前将军赵信兵合一处，有骑兵三千多，遇上了匈奴单于率领的军队，苦战一天多，汉军几乎全军覆没。前将军赵信本是匈奴人，投降汉朝后受封为翕侯，看到军情危急，又受到匈奴人的引诱，率领剩余的八百骑兵投降了匈奴单于。右将军苏建损失了全部军队，只身一人逃出来，回来面见大将军卫青。卫青于是征询军正闳、长史安和议郎周霸的意见：“应该定苏建什么样的罪？”周霸说道:“自从大将军出征,从来没有杀过副将。如今苏建损失了全部军队只身而回，应该斩首来确立大将军的威严。”军正闳和长史安说：“不能这样。兵法上说‘军队力量弱小却坚决拼搏，必然会被力量强大的一方消失’。如今苏建以几千人的力量对抗数万人的匈奴军队，奋战了一天多，损失了全部战士，却仍然不敢背叛汉朝，只身返回。如果这样还要将他斩首，等于是告诉战士以后打了败仗就不要返回汉朝了。所以不应判定斩首苏建。”卫青说：“我幸运地以皇帝亲戚的身份任职军中，不担心没有威严，周霸劝我借此立威，这有失做臣子的心意。天子赋予我的职权允许我临场杀将，但我不愿因受尊宠而在战场上擅自杀人，我想将情况详细报告给陛下，让陛下裁决，让陛下知道我们不敢专权，不也是件好事吗？”军中将士听后都说：“好！”于是卫青下令将苏建关押起来，送往皇帝巡视的地方。卫青也率兵返回。

这一年（前 123 年），卫青姐姐的十八岁的儿子霍去病受到了汉武帝的宠爱，担任天子的侍中。霍去病擅长骑射，曾经两次跟随大将军征讨匈奴。按汉武帝的诏令，卫青授予霍去病为剽姚校尉。他率领八百名轻骑兵远离主力数百里，寻找有利时机袭击匈奴，斩杀和俘虏的敌军数量超过了受到的损失。于是汉武帝说：“剽姚校尉霍去病斩杀俘虏敌军两千零二十八人，其中有匈奴的相国、当户，杀死了单于叔父籍若侯产，捕获了单于叔父罗姑比。两次出征功劳都是全军第一，封霍去病为冠军侯，领取一千六百户作为食邑。”

卫青回到京城后，汉武帝赏赐给他千金。这时候，正受到汉武帝宠幸的是王夫人，于是宁乘劝卫青道：“将军之所以军功不是太多，还能食邑万户，且三个儿子都受封为侯，是因为您是卫皇后的弟弟。如今王夫人正得皇帝的宠幸,但她的家族还没有富贵,希望您能用陛下赏赐的千金,送给王夫人的父母双亲做寿礼。”于是卫青拿出五百金去祝寿。汉武帝听说了这件事，就问卫青为何这样，卫青便将宁乘的话如实说给了汉武帝，汉武帝便任命宁乘为东海郡的都尉。

冠军侯去病既侯三岁，元狩二年春，以冠军侯去病为骠骑将军，将万骑出陇西，有功。天子曰："骠骑将军率戎士逾乌盭[1]，讨遬濮[2]，涉狐奴，历五王国，辎重人众慑慴者弗取[3]，冀获单于子[4]。转战六日，过焉支山千有余里，合短兵[5]，杀折兰王，斩卢胡王，诛全甲[6]，执浑邪王子及相国、都尉，首虏八千余级，收休屠祭天金人[7]，益封去病二千户。"

其夏，骠骑将军出北地，已遂深入[8]，与合骑侯失道[9]，不相得，骠骑将军逾居延至祁连山，捕首虏甚多。天子曰："骠骑将军逾居延，遂过小月氏，攻祁连山，得酋涂王，以众降者二千五百人，斩首虏三万二百级，获五王，五王母，单于阏氏、王子五十九人[10]，相国、将军、当户、都尉六十三人，师大率减什三[11]，益封去病五千户。"诸宿将所将士马兵亦不如骠骑[12]，骠骑所将常选，然亦敢深入，常与壮骑先其大军，军亦有天幸，未尝困绝也。然而诸宿将常坐留落不遇[13]。由此骠骑日以亲贵，比大将军。

其秋，单于怒浑邪王居西方数为汉所破，亡数万人，以骠骑之兵也。单于怒，欲召诛浑邪王。浑邪王与休屠王等谋欲降汉，使人先要边[14]。是时大行李息将城河上，得浑邪王使，即驰传以闻[15]。天子闻之，于是恐其以诈降而袭边，乃令骠骑将军将兵往迎之。骠骑既渡河，与浑邪王众相望。浑邪王裨将见汉军而多欲不降者，颇遁去[16]。骠骑乃驰入与浑邪王相见，斩其欲亡者八千人，遂独遣浑邪王乘传先诣行在所，尽将其众渡河，降者数万，号称十万。

居顷之，乃分徙降者边五郡故塞外[17]，而皆在河南，因其故俗，为属国[18]。

其明年，天子与诸将议曰："翕侯赵信为单于画计，常以为汉兵不能度幕轻留[19]，今大发士卒，其势必得所欲。"是岁元狩四年也。

【注释】

[1] 乌盭（lì）：通"乌戾"，匈奴境内的一座山峰。

[2] 遬（sù）濮：匈奴的一个部族。

[3] 慑慴（zhé）：因畏惧而服从。

[4] 冀：希望。

[5] 合短兵：指以刀剑之类的短兵器交战，一般规模较小。

[6] 全甲：指全副武装的敌人。

[7] 祭天金人：指匈奴人祭天所用的金属偶像。

[8] 遂：通“邃”，形容非常深远的样子。

[9] 失道：丢失了道路，即迷路。

[10] 阏氏（yān zhī）：汉朝时匈奴单于正妻的封号。

[11] 什三：十分之三。

[12] 宿将：指履历资深的将军。

[13] 留落：指行动迟缓，落在后边。不遇：错失好的战机。

[14] 要：通“邀”，通告。

[15] 传：驿站，这里指驿站里备用的车驾。闻：传报朝廷知道。

[16] 颇遁去：指有很多不愿降汉，逃走了。

[17] 边五郡：指当时汉匈边境上的陇西、北地、上郡、云中、朔方五个汉郡。

[18] 为属国：做汉王朝的属国，由朝廷派遣都尉进行监护。

[19] 轻留：轻易驻留。

【译文】

冠军侯霍去病受封后的第三年，也就是元狩二年（前121年）的春天，汉武帝任命冠军侯霍去病为骠骑将军，率领一万骑兵兵出陇西郡，攻击匈奴，立下军功。武帝说：“骠骑将军率军越乌盭山，伐遬濮国，渡狐奴河，穿越五个匈奴王国，没有劫掠因畏惧而顺从的人和他们的财物，只是希望俘虏单于的儿子。在六天时间里，越过焉支山一千多里，与敌人短兵作战斩杀了折兰王、卢胡王，诛杀了全副武装的敌兵，捕获了浑邪王的儿子及相国、都尉等人，杀死及俘虏八千多敌军，从休屠王那里缴获了祭天用的金人。因此加封霍去病两千户食邑。”

这年夏天，霍去病兵出北地郡，孤军深入匈奴腹地，与迷路的合骑侯公孙敖失去了联系。于是霍去病单独率军过居延泽到达祁连山，俘虏了很多敌人。汉武帝说：“骠骑将军霍去病过居延泽，穿过小月氏，进攻祁连山，俘虏了酋涂王，接受两千五百人投降，斩杀敌军三万零二百人，抓到了五个小匈奴王、五个小匈奴王的母亲、五十九个匈奴王子，以及

匈奴相国、将军、当户、都尉等六十三人，率领出击的军力减损了十分之三，所以加封霍去病五千户食邑。”当时，其他老将所率的兵士和马匹武器等都比不上骠骑将军，而骠骑将军所率领的士兵经常都是经过严格挑选的，霍去病敢于深入敌人腹地作战，本人经常率领壮士在汉军主力前面冲锋，并且他也确实有些好运气，从来没有遇到过很大的困境。但是，那些老将军却常常因为进军迟缓，不是贻误战机就是遇不到敌军。因此，霍去病越来越受到汉武帝的宠爱和青睐，很快就取得了与大将军卫青差不多的地位。

这年秋天，统领西部精锐力量的浑邪王因为多次被霍去病打败而损失惨重，匈奴大单于对此非常恼怒，打算召浑邪王到王庭，把他除掉。得到消息的浑邪王，便与休屠王等人谋划向汉朝投降，派人到边境通告汉朝。这时，大行令李息正在黄河岸边督建新城，见过浑邪王的使者后，立即派人乘传车进京向皇帝报告。汉武帝听说后，担心浑邪王是要以投降为名偷袭边境，于是命令霍去病率军前去迎接。霍去病渡过黄河，与浑邪王的部队遥遥相望，浑邪王的部将见到汉军后又不想投降了，很多人立刻离开了。霍去病径直冲进匈奴军营与浑邪王相见，杀掉了八千名不想投降的匈奴人，然后让浑邪王单独乘坐传车，先行前往汉武帝的行营，然后自行率领浑邪王的全部军队南渡黄河，投降的有几万人，号称十万。

过了不久，汉武帝下令将投降汉朝的匈奴人，分别安置在边境五郡的边塞之外，处在黄河以南的地区，让他们保留原有的习俗，作为汉朝的属国存在。

又过了一年，汉武帝与将军们商议：“翕侯赵信为匈奴单于谋划，总是认为汉军无法越过大漠，轻易驻留，如今我们要派军前去突袭，一定会实现捕获单于的愿望。”这一年是元狩四年。

元狩四年春，上令大将军青、骠骑将军去病将各五万骑，步兵转者踵军数十万[1]，而敢力战深入之士皆属骠骑。骠骑始为出定襄，当单于。捕虏言单于东，乃更令骠骑出代郡[2]，令大将军出定襄。郎中令为前将军[3]，太仆为左将军，主爵赵食其为右将军，平阳侯襄为后将军，皆属大将军。兵即度幕，人马凡五万骑，与骠骑等咸击匈奴单于。

赵信为单于谋曰："汉兵既度幕，人马罢，匈奴可坐收虏耳。"乃悉远北其辎重[4]，皆以精兵待幕北。而适值大将军军出塞千余里，见单于兵陈而待，于是大将军令武刚车自环为营[5]，而纵五千骑往当匈奴。匈奴亦纵可万骑。会日且入，大风起，沙砾击面，两军不相见，汉益纵左右翼绕单于。单于视汉兵多，而士马尚强，战而匈奴不利，薄莫[6]，单于遂乘六骡，壮骑可数百，直冒汉围西北驰去。时已昏，汉、匈奴相纷挐[7]，杀伤大当。汉军左校捕虏言单于未昏而去，汉军因发轻骑夜追之，大将军军因随其后。匈奴兵亦散走。迟明，行二百余里，不得单于。颇捕斩首虏万余级，遂至窴颜山赵信城，得匈奴积粟食军[8]。军留一日而还，悉烧其城余粟以归。

是时匈奴众失单于十余日，右谷蠡王闻之，自立为单于。单于后得其众，右王乃去单于之号。

骠骑将军亦将五万骑，车重与大将军军等，而无裨将。悉以李敢等为大校，当裨将，出代、右北平千余里，直左方兵，所斩捕功已多大将军。军既还，天子曰："骠骑将军去病率师，躬将所获荤粥之士[9]，约轻赍[10]，绝大幕，涉获章渠，以诛比车耆；转击左大将，斩获旗鼓；历涉离侯，济弓闾，获屯头王、韩王等三人，将军、相国、当户、都尉八十三人，封狼居胥山[11]，禅于姑衍，登临翰海[12]。执卤获丑七万有四百四十三级，师率减什三，取食于敌，逴行殊远而粮不绝[13]。以五千八百户益封骠骑将军。"

两军之出塞，塞阅官及私马凡十四万匹[14]。而复入塞者不满三万匹。乃益置大司马位，大将军、骠骑将军皆为大司马。定令，令骠骑将军秩禄与大将军等[15]。自是之后，大将军青日退，而骠骑日益贵。

【注释】

[1] 转者：指转运、押运军需物资的人。踵：脚后跟，这里指在后面跟随。

[2] 更令：更改命令、改变任命。

[3] 郎中令：这里指李广。

[4] 远北：远远地运到北方。

[5] 武刚车：加装防护装置的军车。自环为营：彼此排列形成环形作

为阵营。

[6] 薄莫：逼近晚上，即傍晚。莫，通“暮”，晚上。

[7] 纷拏（rú）：形容局面混乱的样子，这里指扭打、厮杀。

[8] 食军：供粮给军队食用。

[9] 躬将：亲自率领。荤粥（xūn yù）：即匈奴。

[10] 轻赍（jī）：少量物资，形容轻装简从的样子。

[11] 封：指在山上筑坛祭天的一种仪式。

[12] 翰海：一说为大沙漠，一说为今俄罗斯贝加尔湖地区。

[13] 逴（chuō）：形容越来越远的样子。

[14] 塞阅：指出塞作战之前检阅军队。

[15] 秩禄：指确定官吏的品级与俸禄。

【译文】

元狩四年（前 119 年）的春天，汉武帝命令卫青、霍去病各率领骑兵五万出击，另派步兵几十万和输送战备物资的军队紧随其后，特别让那些骁勇善战、敢打敢冲的将士由霍去病统率。开始时，霍去病打算兵出定襄，去迎击匈奴大单于。后来从俘虏的匈奴兵口中得知大单于在东部，于是汉武帝改令霍去病兵出代郡，命大将军卫青兵出定襄。当时，郎中令李广担任前将军，太仆公孙贺为左将军，主爵赵食其为右将军，平阳侯曹襄为后将军，他们全都听命于大将军。在大军穿越沙漠之前，卫青督率全部五万人马，与霍去病约定共同攻打匈奴大单于。此时，赵信为大单于谋划：“汉军越过沙漠后必然人困马乏，匈奴军可以以逸待劳、不战而胜了。”于是他们就将所有的辎重装备全部运到遥远的北方，把精兵调集到大漠以北等待汉军。卫青率领军队深入匈奴腹地一千多里后，见匈奴军队已经在列阵等待，于是下令用武刚车构筑环形营垒，然后派出五千骑兵纵马冲击匈奴军阵，匈奴也派出约一万骑兵迎击。此时太阳就要落山了，刮起的大风吹起的沙石打在人们的脸上，让双方都无法看清对方，卫青又命左右两翼向前包抄匈奴单于。单于见汉军人数众多，且战斗力仍然很强大，再战下去不利于匈奴。所以单于就乘坐一辆六头骡子拉的车，率领着数百名精壮的骑兵，冲开汉军包围朝西北逃走了。这时候天已经黑下来了，汉军与匈奴人相互厮杀，双方的伤亡大致相同。

汉军左校尉听捉到的匈奴俘虏说，单于已经在尚未天黑时离去，于是卫青派出轻骑兵前去追击，自己统率军队紧随其后。匈奴兵也溃散逃走了。天快亮的时候，汉军追击了二百多里，但没有追到单于，只俘获、斩杀了一万多匈奴兵，到达窴颜山赵信城时，缴获了匈奴存在那里的大批粮草补给军队。汉军在那里休整了一天后返回，将城池和剩下的粮草全都烧掉了。

当时匈奴人十多天都找不到大单于，右谷蠡王听说后，就自立为单于。后来单于与部众会合，右谷蠡王便取消了自己的单于称号。

当时霍去病也率领了五万骑兵，携带的军需物资与卫青大致相同，只是没有副将。于是他任命李敢等人为大校，充当自己的副将，出代郡、右北平深入匈奴腹地一千多里，碰上了匈奴的左贤王，杀伤的数量远远超过大将军卫青。班师回朝后，汉武帝说："骠骑将军霍去病率军出征，督率所俘虏的匈奴兵，只带着少量军需装备，穿越大漠，渡河活捉了大单于的近臣章渠，杀死了匈奴的小王比车耆，然后又攻击匈奴的左翼大将，夺取敌军旗、战鼓。翻越离侯山，渡过弓闾河，活捉屯头王和韩王等三人，俘获将军、相国、当户、都尉等计八十三人。然后在狼居胥山上祭天、姑衍山上祭地，登山远望翰海。活捉和斩杀的匈奴兵卒共计七万零四百四十三人，汉军的损失大约为十分之三。他们能够从敌人那里取得粮食，因而才行军到了极远的地方而没有绝粮。所以特别为骠骑将军霍去病增加五千八百户食邑。"

当初卫青与霍去病各率大军出塞时，曾在边塞阅兵，出征的官马和私马共计十四万匹，再回到边关的时候，剩下的战马还不足三万匹。于是汉武帝下令增置大司马的职位，授予大将军卫青和骠骑将军霍去病。明确规定，骠骑将军的官阶和俸禄与大将军等同。从此以后，卫青的地位日渐衰落，霍去病则日益尊显。

骠骑将军为人少言不泄[1]，有气敢任[2]。天子尝欲教之孙吴兵法，对曰："顾方略何如耳[3]，不至学古兵法。"天子为治第，令骠骑视之，对曰："匈奴未灭，无以家为也[4]。"由此上益重爱之。然少而侍中，贵，不省士[5]。其从军，天子为遣太官赍数十乘，既还，重车余弃粱肉[6]，而士有饥者；其在塞外，卒乏粮，或不能自振[7]，而骠骑尚穿域蹋鞠[8]，事多此类。大将军为人仁善退让，以和柔自媚于上，然天下未有称也。

骠骑将军自四年军后三年，元狩六年而卒。天子悼之[9]，发属国玄甲军[10]，陈自长安至茂陵，为冢象祁连山。

自大将军围单于之后，十四年而卒。竟不复击匈奴者，以汉马少，而方南诛两越，东伐朝鲜，击羌、西南夷，以故久不伐胡。

太史公曰：苏建语余曰："吾尝责'大将军至尊重，而天下之贤大夫毋称焉[11]，愿将军观古名将所招选择贤者，勉之哉！'大将军谢曰：'自魏其、武安之厚宾客，天子常切齿[12]。彼亲附士大夫[13]，招贤绌不肖者[14]，人主之柄也。人臣奉法遵职而已，何与招士！'"骠骑亦放此意[15]，其为将如此。

【注释】

[1] 少言不泄：不泄露别人的秘密，形容沉默寡言的样子。

[2] 有气敢任：形容气魄宏伟、敢做敢为的样子。

[3] 方略：战略、谋略。

[4] 家为：即"为家"，指经营自家的事情。

[5] 省士：指关心士卒疾苦。

[6] 重车：指专门运载军需物资的车辆。

[7] 振：站立。

[8] 穿域：指划定区域作为球场。蹋鞠：即"蹴鞠"，用作动词，踢球。

[9] 悼：悼念、哀伤。

[10] 发：征发、调遣。

[11] 称：赞扬。

[12] 切齿：形容极端愤慨的样子。

[13] 亲附：亲近抚慰。

[14] 绌：通"黜"，废除。

[15] 放：通"仿"，仿效、效法。

【译文】

霍去病为人沉默寡言，性格内向，但做事果敢且有气魄。汉武帝曾想教授给他孙子和吴起的兵法，他答道："战争关键在于临场应变，不必

拘泥于古代兵法。”汉武帝为他修建了府邸，让他去看看，他答道：“还没有消灭匈奴，没有心思考虑自家经营。”这就让汉武帝对他更加器重和喜欢。由于霍去病自小在宫中做侍卫，地位尊显，所以从不知道体恤士卒。出兵打仗的时候，汉武帝派宫廷中管理伙食的官吏为他运送数十车食物，等到班师的时候，车上吃不完的东西都坏掉了，但军中却有不少人在挨饿。在塞外作战时，有的士卒因为缺粮饿得无法站立，但霍去病仍然划定球场踢球玩乐。类似的事情还有很多。与霍去病相比，卫青则仁爱善良，恭良谦让，用柔顺和蔼的态度取悦皇帝，但却不怎么受天下人的称赞。

霍去病是在元狩四年（前 119 年）出击匈奴之后的第三年，也就是元狩六年（前 117 年）去世的。汉武帝非常伤心，调集了投降汉朝的匈奴铁甲军，从长安排到茂陵为霍去病送葬，并仿照祁连山的样子修建了霍去病的陵墓。

大将军自从围攻单于战役后，过了十四年后去世。这期间一直没有攻打匈奴，是因为汉朝马匹少，而且正在南讨两越，东征朝鲜，攻打羌和西南夷，所以很长时间没有攻打匈奴。

太史公说：苏建曾向我言说：“我曾经向大将军卫青说：‘您的地位这样尊贵，却得不到天下贤大夫的称颂，为何不能像古代名将那样招纳天下贤士呢？’大将军推辞说：‘自从魏其侯和武安侯广纳宾客、结交党羽后，皇上便对这样的事情极为痛恨。让士大夫亲近并依附自己，选纳贤才贬黜不肖者这类的事情，本来就是皇帝应该做的。做臣子的只需奉公守法尽职尽责就是了，何必选贤纳士呢？’”霍去病大概也是效仿这种做法的，也是这样做将军的。

【精彩语段】

骠骑将军为人少言不泄，有气敢任。天子尝欲教之孙吴兵法，对曰：“顾方略何如耳，不至学古兵法。”天子为治第，令骠骑视之，对曰：“匈奴未灭，无以家为也。”

评析 在汉武帝抗击匈奴的过程中，霍去病是一个无法被忽视的人。其在短短的几年中，取得了同时代人无法比拟的成就，而“匈奴未灭，无以家为”八个字，也将霍去病的爱国情怀以及对建功立业的渴望表现得淋漓尽致。然而，英雄早逝，令人唏嘘。

知识链接　燕然勒功

尽管汉武帝扫除了南匈奴对汉朝的影响，但退居漠北的匈奴分支仍然是汉王朝的威胁。汉和帝时期，车骑将军窦宪率兵攻破北匈奴，在追击匈奴兵三千余里后，登上了燕然山，在山上刻石勒功，记述汉军出击匈奴的威德。后来，人们便以“燕然勒功”来指称那些把记功文字刻在石头上的行为，也指建立或成就伟大的功勋。“燕然勒功”的典故常被后世引入文学作品，如唐代诗人皇甫冉《春思》中有“为问元戎窦车骑，何时返旆勒燕然”的诗句，北宋词人范仲淹《渔家傲·秋思》中有“燕然未勒归无计”的诗句，都是对“燕然勒功”这一历史典故的活用。

循吏列传

本篇《循吏列传》中记述的都是古代的贤良官吏，包括四位相国和一位法官，称得上都是执掌国家权柄的社稷重臣。在这些重臣的身上，我们能够看到他们的道德风范，能够从他们的行为举止中，看到一个国家之所以繁盛昌隆的根本，也足以看出司马迁对于这些贤良之吏的缅怀与敬仰之意。身处汉武盛世之中而记述古代的良吏，不能不说司马迁寄寓其中以深刻的含义。从汉初到汉武帝时期并非没有贤良官吏，司马迁却故意舍近求远，不写当世而写春秋战国时期的五位良吏，则是出于对汉武帝重用酷吏治理人民的不满。本篇传记中的五位历史人物，除了孙叔敖的故事还算完整外，其余四人故事简要但精当有力，让人过目不忘，印象深刻，表现出司马迁高超的精炼文字的能力，于简净的文字中表现出无穷的深意。

太史公曰：法令所以导民也，刑罚所以禁奸也。文武不备[1]，良民惧然身修者，官未曾乱也。奉职循理[2]，亦可以为治，何必威严哉？

孙叔敖者，楚之处士也。虞丘相进之于楚庄王以自代也。三月为楚相，施教导民，上下和合[3]，世俗盛美[4]，政缓禁止[5]，吏无奸邪，盗贼不起。秋冬则劝民山采，春夏以水[6]，各得其所便，民皆乐其生。

庄王以为币轻，更以小为大，百姓不便，皆去其业。市令言之相曰："市乱，民莫安其处[7]，次行不定。"相曰："如此几何顷乎？"市令曰："三月顷。"相曰："罢，吾今令之复矣。"后五日，朝，相言之王曰："前日更币，以为轻。今市令来言曰'市乱，民莫安其处，次行之不定'。臣请遂令复如故。"王许之，下令三日而市复如故。

楚民俗好庳车[8]，王以为庳车不便马，欲下令使高之。相曰："令数下，民不知所从，不可。王必欲高车，臣请教闾里使高其梱[9]。乘

车者皆君子，君子不能数下车。”王许之。居半岁，民悉自高其车。

此不教而民从其化[10]，近者视而效之，远者四面望而法之。故三得相而不喜，知其材自得之也；三去相而不悔，知非己之罪也。

【注释】

[1] 文武：指各种行政法规和刑罚措施。

[2] 循理：依照既有的原则做事。

[3] 和合：形容和睦同心的样子。

[4] 盛美：形容非常美好的样子。

[5] 禁止：听从禁令的要求而停止。

[6] 春夏以水：指春夏之时趁着河水上涨的时机采伐并运送林木。

[7] 莫安其处：百姓都无法安心于本来所从事的事情。处，位置。

[8] 庳（bēi）车：矮车，古代一种底盘很低的车子。

[9] 梱（kǔn）：门限、门槛，也指国门。

[10] 不教：指不使用行政法令的力量来管束。从其化：顺从于他的教化。

【译文】

太史公说：“法令的作用是引导民众的，刑罚的作用是阻止民众作恶的。文法与刑律不完备的时候，善良的百姓心存戒惧自我约束，是因为做官的人的行为端正没有违乱纲纪。只要官吏能够奉公尽职按原则行事，就能够将天下治理好，何必要用严刑峻法呢?

孙叔敖本来是楚国的隐者。相国虞丘举荐孙叔敖给楚庄王，希望他接替自己的职务。孙叔敖入仕三个月就被任命为相国，他施行的政令及教化，让官民之间变得和睦同心，风俗变得十分淳美。他执政宽松不严苛但令行禁止，官吏不做邪恶伪诈的勾当，民间也没有盗窃的事情发生。到了秋冬两季他就鼓励人们到山林中伐木，春夏两季就让人们借助上涨的河水把木材运出来。百姓各有自己的谋生之道，生活都过得很安乐。

庄王觉得楚国的钱币太轻，就下令将小钱换成大钱，结果百姓用起来非常不方便，都放弃了自己本来从事的事情。管理市场的市令报告孙叔敖说：“市场乱了，老百姓没有一个人能安心地做买卖了，秩序变得很差。”孙叔敖问：“这种情况持续多久了？”市令回答：“有三个月了。”

孙叔敖说："不用多说了，我现在就想办法让市场恢复秩序。"五天后，他向庄王劝谏："以前更改钱币，是觉得旧币太轻。如今市令报告说'市场变得混乱，百姓没有一个人能安心地做买卖了，秩序变得很差'。我请求大王恢复原来的币制。"庄王同意了，发布命令后才三天，市场秩序就得到了恢复。

楚国人喜欢乘坐矮车，楚王觉得矮车不便于驾驭马匹，就想让人把矮车改高。孙叔敖说："政令颁布多次，让百姓觉得无所适从，这不好。要是您一定要把车改高，臣请求让老百姓加高自家的门槛。乘车的人都是身份尊贵的君子，他们不能为过门槛而频繁下车，自然就会把车底座改高了。"庄王答应了孙叔敖的请求。半年过去了，全国上下的老百姓都主动调高了乘坐的车子。

这就是孙叔敖不用颁布法令约束百姓，就让百姓顺从他的教化，身边人看到他的言行自然就会效仿他，离得远的人看到周围人们的变化也会跟着变化。所以孙叔敖三次担任相国但不沾沾自喜，他明白这是用自己的才能换来的；他三次被罢免相位也并没有悔恨，因为他知道自己没有过错。

子产者，郑之列大夫也[1]。郑昭君之时，以所爱徐挚为相，国乱，上下不亲，父子不和。大宫子期言之君，以子产为相。为相一年，竖子不戏狎[2]，斑白不提挈[3]，僮子不犁畔[4]。二年，市不豫贾[5]。三年，门不夜关，道不拾遗。四年，田器不归。五年，士无尺籍，丧期不令而治[6]。治郑二十六年而死，丁壮号哭，老人儿啼，曰："子产去我死乎！民将安归？"

公仪休者，鲁博士也。以高弟为鲁相[7]。奉法循理，无所变更，百官自正。使食禄者不得与下民争利，受大者不得取小[8]。

客有遗相鱼者，相不受。客曰："闻君嗜鱼[9]，遗君鱼，何故不受也？"相曰："以嗜鱼，故不受也。今为相，能自给鱼；今受鱼而免，谁复给我鱼者？吾故不受也。"

食茹而美，拔其园葵而弃之。见其家织布好，而疾出其家妇，燔其机[10]，云"欲令农士工女安所雠其货乎"？

【注释】

[1] 列大夫：指居于大夫之列。

[2] 竖子：狂妄的浪荡子。戏狎（xiá）：形容态度轻浮嬉戏的样子。

[3] 斑白：鬓发花白的样子，这里指老人。提挈（qiè）：用手提着东西。

[4] 犂畔：在田地边耕种，也就是做农活儿。

[5] 不豫贾（gǔ）：指不预先抬高物价，以双方议定的价格公平交易。

[6] 治：这里指办丧事。

[7] 高弟：才识优异的人。

[8] 受大者：指享用俸禄多的人，即朝廷的高官。取小：占取小便宜。

[9] 嗜：形容极为喜好的样子。

[10] 燔（fán）：焚烧、烧毁。

【译文】

子产是郑国的大夫。郑昭公在位的时候，任命受自己宠信的徐挚担任相国，致使国政混乱不堪，官民不能相互亲和，父子不能和睦相处。子期将这些情况告诉郑昭公，昭公就任命子产做相国。子产执政一年后，浪荡的公子就不再轻浮嬉戏，老年人也不会再手提重物，儿童也不会再下田耕种。两年过去了，市场买卖变得公平，都不会提前定高价了。三年过去了，民间出现夜不闭户、路不拾遗的状况。四年过去了，农民即使收工了也不必把农具带回家。五年过去了，男子没有再征召徭役、兵事，遇到丧事能自觉执行丧葬的礼仪了。子产治理郑国二十六年后去世，青壮年痛哭失声，老人则像孩子一样哭泣，说："子产离开我们而去了，老百姓以后能依靠谁！"

公仪休是鲁国的博士，因为才学优异被任命为鲁国的相国。他遵守并奉行法律制度，按原则做事情，丝毫不改变规制，所以百官的品行非常端正。他下令做官的人不许与百姓争夺利益，身居高位的官员不许占小便宜。

有位客人给相国公仪休送来了一些鱼，他不肯接受。客人说："我是听说您非常爱吃鱼才送来的，您为何不肯接受呢？"公仪休回答道："就是因为我非常爱吃鱼，所以才不能接受啊。现在我身居相国之位，自己还能买鱼吃；如果因为今天收了你的鱼而遭免官，今后谁还会送我鱼吃

呢？所以我绝不能收下你的鱼。”

公仪休吃了自家的蔬菜觉得味道很好，就把自己家菜园中的冬葵全都拔下来扔掉。他觉得自家织的布好，就立即将家中的织妇驱逐出门，还烧毁了织布机。他说：“难道要让种菜的农民和织布的妇人没地方卖他们生产的物品吗？”

石奢者，楚昭王相也。坚直廉正，无所阿避[1]。行县，道有杀人者，相追之，乃其父也。纵其父而还自系焉[2]。使人言之王曰：“杀人者，臣之父也。夫以父立政[3]，不孝也；废法纵罪，非忠也；臣罪当死。”王曰：“追而不及，不当伏罪，子其治事矣。”石奢曰：“不私其父，非孝子也；不奉主法，非忠臣也。王赦其罪，上惠也；伏诛而死，臣职也。”遂不受令，自刎而死。

李离者，晋文公之理也[4]。过听杀人[5]，自拘当死。文公曰：“官有贵贱，罚有轻重。下吏有过，非子之罪也。”李离曰：“臣居官为长[6]，不与吏让位；受禄为多，不与下分利。今过听杀人，傅其罪下吏[7]，非所闻也。”辞不受令。文公曰：“子则自以为有罪，寡人亦有罪邪？”李离曰：“理有法，失刑则刑，失死则死[8]。公以臣能听微决疑[9]，故使为理。今过听杀人，罪当死。”遂不受令，伏剑而死[10]。

太史公曰：孙叔敖出一言，郢市复。子产病死，郑民号哭。公仪子见好布而家妇逐。石奢纵父而死，楚昭名立。李离过杀而伏剑，晋文以正国法。

【注释】

[1] 阿避：指阿谀奉承、曲从逃避。

[2] 系：囚禁、拘禁。

[3] 立政：树立政绩、建立功名。

[4] 理：法官。

[5] 过听杀人：因为审理案件出现过失错杀了人。

[6] 居官为长：担任最高的官职。

[7] 傅：指将罪责推给别人。

[8] 失刑则刑，失死则死：因失误错判刑罚就自己受罚，因失误错杀了

人就自己赴死。

[9] 听微决疑：指根据非常细微的隐情来判断疑难的案件。

[10] 伏：指接受惩罚。

【译文】

石奢是楚昭王时的相国，他刚强正直廉洁公正，既不会阿谀逢迎，也不会胆小避事。一次巡视的时候，途中碰见有凶手杀人，他追上凶手一看，发现竟是自己的父亲。他放走了父亲，回来之后就把自己关在监牢里。他派人告诉楚昭王："杀人的凶犯是我的父亲。如果用惩治父亲来树立我的政绩，这是不孝的行为；如果废弃国家的法度来纵容犯罪，又是不忠的行为；所以我应该判处死罪。"楚昭王说："您追捕凶犯没有抓获，不应该论罪伏法，您还是去处理政事吧。"石奢说："不对自己的父亲有偏心，不是孝子；不遵守王法的约束，不是忠臣。您赦免我的罪过，是您对我的恩惠；我甘愿伏法而死，则是作为臣子的职责。"石奢拒绝听从楚王的命令，自刎而死。

李离是晋文公时的法官。他因为审案有误错杀了人，发觉后就把自己关在监牢判处死罪。晋文公说："官职有贵贱的分别，刑罚也有轻重的分别。这是您的属下官吏犯下的过失，不该是您的罪责呀。"李离说："我所担任的官职是长官，从来没有把职位让给下属；我领取的官俸有很多，也从来没有把好处分给他们。现在我因为审案有误错杀了人，却要把过错推给下级，这样的道理我没听说过。"因此他不肯接受晋文公的赦令。晋文公说："您如果认定自己有罪，那么我也有罪吗？"李离说："法官断案遵照的是法规，错判刑就要亲自面临刑罚，错杀了人就要以命相抵。您因为我能审查细微的隐情道理判断疑难的案件才让我担任法官之职。如今我断案有误错杀了人，理应被判处死罪。"于是他不肯接受晋文公的赦免，伏剑自刎而死。

太史公说：孙叔敖只说了一句话，就让国都的市场秩序恢复如初。子产病逝后，郑国的百姓全都失声痛哭。公仪休因为看到织妇织出精美的布就把她赶出家门。石奢放走了自己的父亲而自杀谢罪，给楚昭王树立美名。李离因为错判杀人甘愿伏剑自刎，帮助晋文公严肃整饬了国家的法令。

【精彩语段】

客有遗相鱼者，相不受。客曰:“闻君嗜鱼，遗君鱼，何故不受也？”相曰:“以嗜鱼，故不受也。今为相，能自给鱼；今受鱼而免，谁复给我鱼者？吾故不受也。”

评析 “公仪休嗜鱼”是一则著名的历史故事，讲述的是鲁国人公仪休尽管有爱吃鱼的名声，但在被任命为相国之后便拒绝别人送来的鱼，以身作则，最大可能地杜绝职位腐败现象的出现。其实这也是对于眼前利益与长远利益的权衡问题，只有能掌握好眼前利益与长远利益的关系，才能获得最好的结果。在这一点上，公仪休的做法即使是对现代人来说，也仍然具有非常深刻的借鉴意义。

知识链接 路不拾遗，夜不闭户

作为中国古代历史上著名的盛世，“贞观之治”中一度出现“路不拾遗，夜不闭户”的社会景象。这当然是与唐太宗的励精图治，以及全体臣民的共同努力分不开的。司马光在《资治通鉴》中这样写道:“上与群臣论止盗，或请重法以禁之，上哂之，曰:‘民之所以为盗者，由赋繁役重，官吏贪求，饥寒切身，故不暇顾廉耻耳。朕当去奢省费，轻徭薄赋，选用廉吏，使民衣食有余，则自不为盗，安用重法邪？’自是数年之后，海内升平，路不拾遗，外户不闭，商旅野宿焉。”也就是说，唐太宗认为盗贼的出现是因为赋税太多，劳役、兵役太重，且官吏贪得无厌，致使老百姓无法吃饱穿暖，自然会生偷盗之心。所以，唐太宗在位时力倡节俭，轻徭薄赋，选贤任廉，让老百姓吃饱穿暖、接受教育，随着人们的思想德行水平逐渐提高，社会风气也大大改善，自然也就能出现“路不拾遗，夜不闭户”的盛世景象了。

张汤列传

张汤是汉武帝时期的一个著名酷吏，同时也是这个时代一系列酷吏的代表。他们擅用酷刑峻法，在皇帝的支持下异常凶狠残暴，虽然客观上确实对强化皇权、国家统一、打击豪强、抑制商贾、惩治污吏等有积极的作用，并能聚敛足够的财富，以应对频繁战争所需的巨额开销。但是，汉武帝重用酷吏的消极而负面的影响，也是非常显见的，如酷吏使用严刑峻法的过程中造成更多的冤狱、普通百姓无辜被杀、官逼民反致使盗贼猖獗等。司马迁写当世的这些酷吏酷行，在表达对苛政虐民思想的反对的同时，也表现出了其思想上的进步性。但是，司马迁并没有因为这些酷吏的酷行而完全忽略张汤等酷吏身上的优点，甚至对酷吏身上的优点也能不吝笔墨地大力赞扬，表现出了对于史实记述的公允性和实事求是的态度，也体现出司马迁对传记应该实现“美刺”功用这一重要原则的不懈坚持。

孔子曰：“导之以政，齐之以刑[1]，民免而无耻[2]。导之以德，齐之以礼，有耻且格[3]。”老氏称：“上德不德，是以有德[4]；下德不失德，是以无德[5]。法令滋章[6]，盗贼多有。”太史公曰：信哉是言也！法令者治之具，而非制治清浊之源也。昔天下之网尝密矣，然奸伪萌起[7]，其极也，上下相遁[8]，至于不振。当是之时，吏治若救火扬沸[9]，非武健严酷[10]，恶能胜其任而愉快乎！言道德者，溺其职矣[11]。故曰“听讼，吾犹人也[12]，必也使无讼乎”。“下士闻道大笑之[13]”。非虚言也。汉兴，破觚而为圜[14]，斲雕而为朴[15]，网漏于吞舟之鱼[16]，而吏治烝烝[17]，不至于奸，黎民艾安[18]。由是观之，在彼不在此。

【注释】

[1] 齐：规范、约束。

[2] 免：指免于犯罪。

[3] 格：革除、纠正，即革除百姓的坏习气使之走上正途。

[4] 上德不德，是以有德：具有“上德”的人无意表现为外在的“有德”，因此实际上是有“德”的。是以，因此。

[5] 下德不失德，是以无德：具备“下德”的人有意表现出外在的“有德”，因此实际上是丧失了“德”。

[6] 滋章：越来越严酷的样子。章，通“彰”，森严酷烈的样子。

[7] 萌起：不断产生。

[8] 遁：欺瞒。

[9] 救火扬沸：即“抱薪救火”和“扬汤止沸”，实际上都是无济于事的。

[10] 武健：形容强健有力的样子。严酷：指严厉的法令。

[11] 溺其职：丧失自己的职责。

[12] 犹人：与别人等同。

[13] 下士：指才德不高的人。

[14] 破觚（gū）而为圜（yuán）：喻指汉代法制较前代发生较大变化。觚，古代一种有棱角的酒器，呈多边形。圜，通“圆”。

[15] 斲（zhuó）雕而为朴：指去掉花纹恢复本来的样子，喻指汉代法律重视本质的变化。斲，古同“斫”，砍削。雕，指雕刻的花纹。朴，本来的状态。

[16] 吞舟之鱼：形容鱼的形体之大，这里是说汉代法律条款宽疏的程度。

[17] 烝烝：形容纯厚盛美的样子。

[18] 艾（yì）安：指太平无事的样子。

【译文】

孔子说：“用国家政令引导百姓，用严厉刑法约束百姓，可以让百姓免于犯罪，却不会使他们有羞耻心。若是用道德引导百姓，用仪礼约束百姓，就会让百姓有羞耻心并走上正途。”老子说：“具有‘上德’的人不刻意表现为外在的‘德’，因此有‘德’；具有‘下德’的人用心表现为外在的‘德’，因此丢失了‘德’。法令越严酷，盗贼却越多。”太史公说：这些话是可信的啊！法令为政治服务，却不是导致政治清浊的根本。从前天下法律是很严密的，但奸邪欺诈的行为仍然会出来，最严重的时候，当官的和为民的相互欺骗，国家因此一蹶不振。此时，官吏理政就像抱薪救火、扬汤止沸一样，没有强健有力的人和严酷的法令，如何会胜任并能和顺呢？宣扬道德的人，丧失了其职责。所以孔子说：“审理案件，我与别人差不多，一定要人们不再诉讼才好。”“才德不高的人听到道德之言会大笑起来。”这并非虚妄的话。汉朝建立后，把方正有棱角的改为圆形的，去除器物外部的雕饰露出质朴的本质，法律由繁苛变得宽简，就像可以漏掉大鱼的渔网。但是官吏的道德淳厚丰美，不至于做出奸邪的事情，百姓也就都平安无事。由此可见，国家政治局面的美好，在于君王施行宽厚的德行，而不在于实施严酷的法律。

张汤者，杜人也。其父为长安丞，出，汤为儿守舍。还而鼠盗肉，其父怒，笞汤[1]。汤掘窟得盗鼠及余肉，劾鼠掠治[2]，传爰书[3]，讯鞫论报[4]，并取鼠与肉，具狱磔堂下[5]。其父见之，视其文辞如老狱吏，大惊，遂使书狱[6]。父死后，汤为长安吏，久之。

周阳侯始为诸卿时，尝系长安，汤倾身为之[7]。及出为侯，大与汤交，遍见汤贵人。汤给事内史，为宁成掾，以汤为无害，言大府[8]，调为茂陵尉，治方中[9]。

武安侯为丞相，征汤为史，时荐言之天子，补御史，使案事[10]。治陈皇后蛊狱，深竟党与[11]。于是上以为能，稍迁至太中大夫。与赵禹共定诸律令，务在深文，拘守职之吏。已而赵禹迁为中尉，徙为少府，而张汤为廷尉，两人交欢，而兄事禹[12]。禹为人廉倨，为吏以来，舍毋食客。公卿相造请禹，禹终不报谢，务在绝知友宾客之请，孤立行一意而已。见文法辄取，亦不覆案，求官属阴罪[13]。汤为人多诈，舞智以御人[14]。始为小吏，乾没[15]，与长安富贾田甲、鱼翁叔之属交私[16]。及列九卿，收接天下名士大夫，己心内虽不合，然阳浮慕之。

【注释】

[1] 笞：鞭打、拷打。

[2] 掠治：拷打审问、严刑逼供。

[3] 爰（yuán）书：指古代用来记录罪犯供词的文书。

[4] 讯鞫：反复审问以穷究罪行。论报：将判决结果向上级报告。

[5] 具狱：将所有的审讯材料全部准备齐全以便最后定案。磔（zhé）：古代一种分裂肢体的酷刑。

[6] 书狱：学习书写狱辞。

[7] 倾身：用尽全身力量。为之：替他辩护。

[8] 言大府：向上级举荐。

[9] 方中：土建工程。

[10] 案事：查验、办理牢狱案件。

[11] 竟：究竟、穷究。党与：同“党羽”，同党。

[12] 兄事禹：指以对待兄长的礼节对待赵禹。

[13] 阴罪：指尚未暴露、尚未审问核定的罪行。

[14] 舞智：指耍弄个人的小聪明。

[15] 乾没：白白地吞没别人的财物。

[16] 交私：偷偷交往、暗中勾结，指利用手中的职权与商人一起牟利。

【译文】

张汤是杜县人。他父亲曾担任长安县丞，有一次出门时，父亲就让还是小孩子的张汤看家。父亲回家后，发现老鼠偷了肉，就对张汤发怒，用鞭子抽打他。张汤便掘开鼠洞，找到偷肉的老鼠和没吃完的肉，就控告老鼠的罪行，并拷打审问，记述审问的过程，反复审问追究罪行，上报判决，并把老鼠和剩肉一同取来，最后定罪，将老鼠分尸处死。他父亲看到眼前的一幕，又看那判决文书写得非常老练，特别惊讶，就让张汤学习写作断案的文书。父亲死后，张汤就在长安县里做了很长时间的小吏。

周阳侯田胜位居九卿之列前，曾经被拘禁在长安县，张汤曾尽全力营救他。田胜封侯后，与张汤保持着密切的交往，并介绍当朝的权贵给张汤，让张汤与他们认识。张汤任职于内史，是宁成的手下，因为张汤有着无人能比的才华，受到宁成的推荐，被提拔为茂陵尉，主持陵墓的土建工程。

武安侯田蚡做丞相的时候，征召张汤并任命为内史，经常向天子举荐他，补任御史，负责查验办理案件。在主持处理陈皇后巫蛊的案件时，张汤深入追查陈皇后同党。于是汉武帝觉得他办事能力突出，一步步提拔他至太中大夫。他与赵禹共同制定法律条文，力求做到苛刻严峻，对恪尽职守的在职官吏进行约束。不久，赵禹被提升为中尉后又改任少府，而张汤担任廷尉，两人保持友好的交往，张汤像对待兄长一样对待赵禹。

赵禹为人廉洁却傲慢，所以当官以来一直没有门客。朝中的同僚拜访，赵禹也始终不回访答谢，只求切断与朋友宾客的来往，一门心思地独自处理公务。看到法令条文后，他就直接运用，也不去查问，只求能追查到官员不为人知的罪过。张汤为人多诈，喜欢用智谋操控别人。开始在县衙里做小吏时，就喜欢用自己的职权牟取私利，曾与长安的富商田甲、鱼翁叔之辈勾结。等到位列九卿之后，就与天下名人士大夫结交，虽然心里与他们不合，表面上却装出仰慕的样子。

是时上方向文学[1]，汤决大狱[2]，欲傅古义[3]，乃请博士弟子治《尚书》《春秋》补廷尉史，亭疑法[4]。奏谳疑事[5]，必豫先为上分别其原，上所是，受而著谳决法廷尉絜令[6]，扬主之明。奏事即谴，汤应谢，向上意所便，必引正、监、掾史贤者，曰："固为臣议，如上责臣，臣弗用，愚抵于此。"罪常释[7]。间即奏事，上善之，曰："臣非知为此奏，乃正、监、掾史某为之。"其欲荐吏，扬人之善、蔽人之过如此。所治即上意所欲罪，予监史深祸者[8]；即上意所欲释，与监史轻平者[9]。所治即豪，必舞文巧诋[10]；即下户羸弱，时口言，虽文致法[11]，上财察[12]。于是往往释汤所言。汤至于大吏，内行修也。通宾客饮食。于故人子弟为吏及贫昆弟，调护之尤厚。其造请诸公，不避寒暑。是以汤虽文深意忌不专平，然得此声誉。而刻深吏多为爪牙用者，依于文学之士。丞相弘数称其美。及治淮南、衡山、江都反狱，皆穷根本。严助及伍被，上欲释之。汤争曰："伍被本画反谋，而助亲幸出入禁闼爪牙臣[13]，乃交私诸侯如此，弗诛，后不可治。"于是上可论之。其治狱所排大臣自为功[14]，多此类。于是汤益尊任，迁为御史大夫。

【注释】

[1] 文学：指儒家学说。汉武帝崇尚孔子和孟子等儒家学说，施行"罢黜百家，独尊儒术"的政策，推动儒家学说为政治统治服务。

[2] 狱：案件。

[3] 傅：附会、使附着，这里指儒家经典上的说法。

[4] 亭：判定。这里是说在遇到有疑问的法律条文时，就根据《尚书》

和《春秋》的思想原则进行判断，使其符合儒家思想的要求。

[5] 谳（yàn）：呈奏。

[6] 决法：指用作判案所依据的法规。廷尉：指以廷尉的名义进行公布。挈令：刻在木板上的法令。挈，通“契”，用刀刻。

[7] 释：宽恕、赦免。

[8] 深祸者：使祸患深入者，即指执法严酷的监史。

[9] 轻平者：指执法轻而平和的监史。

[10] 舞文：指舞弄笔墨玩弄曲解法令条文的规定。巧诋：指用诋毁的语言将人置于死地。

[11] 文致法：依据法令条文来衡量是否犯法。

[12] 财：通“裁”，裁定、判定。

[13] 禁闼：禁中，也就是皇帝居住的地方。

[14] 排：排斥、排挤。

【译文】

此时，皇上正醉心于儒家学说，所以张汤判决案件时，就附会儒家观点，于是请求让博士弟子中研究《尚书》《春秋》的人担任廷尉，评判法律条文中的可疑之处。每次禀报疑难的案件时，都会提前向皇上说明事情的原委，皇上觉得对就接受并记述下来，作为判案的依据，并以廷尉的名义公布，对皇上的圣明加以颂扬。如果所奏的事情受到了斥责，张汤就认错谢罪，顺从皇上的心思，并且举荐正、监和掾史中贤良的，说：“他们本来提议过我，就如皇上责备的那样，只是我没有采纳，我竟然愚蠢到这种程度。”所以，他常常得到皇帝的宽恕。有的时候他会写奏章给皇上，凡是皇上认为好的，他就说：“我不知道这个奏章，应是正、监、掾史中的某个人写的。”他想举荐别人，就夸大别人的好处，掩饰别人的过失，经常会这样做。他所负责处理的案件，若是皇上想严惩的，他就让执法严酷的监史去办；若是皇上想轻罚的，他就让执法轻而公平的监史去办。如果案件的对象是豪强，他就一定要运用律条，巧妙构陷。若是碰上平民百姓和弱者，就常常口述给皇帝，虽然按律应判刑，但也请皇上裁定。于是，皇上往往就宽恕张汤所说的人。张汤虽然身居高位，是因为有着很好的自身修养，与宾客喝酒吃饭时不分彼此，尤其会厚待老朋友中当官的子弟以及贫穷的兄弟们。他拜访三公的时候，从来不避寒暑。所以张汤尽管执法严酷，内心善妒，做事难以纯正公平，却有了个好名声。那些酷烈刻毒的执法官吏被用作下属的，都与儒学之士关系亲近。丞相公孙弘多次赞赏他的美德。等他去处理淮南王、衡山王、江都王等人谋反的案件时，都能做到追查到底。对于严助和伍被，皇上本来想宽恕，张汤争辩道："伍被本是策划谋反的人，严助是受皇上宠幸的人，是可以出入宫廷的臣子，竟然私下与诸侯结交，如果不杀他，以后就不容易管理臣子了。"于是，皇上便同意了对他们的判决。他在处理案件的同时打击大臣，为自己邀功，大多如此。张汤从此便更受皇帝的尊宠和信任，被提拔为御史大夫。

会浑邪等降[1]，汉大兴兵伐匈奴，山东水旱，贫民流徙，皆仰给县官[2]，县官空虚。于是丞上指[3]，请造白金及五铢钱[4]，笼天下盐铁，排富商大贾，出告缗令[5]，锄豪强并兼之家，舞文巧诋以辅法。汤每朝奏事，语国家用，日晏，天子忘食。丞相取充位[6]，天下事皆决于汤。百姓不安其生，骚动。县官所兴，未获其利，奸吏并侵渔[7]，于是痛绳以罪[8]。则自公卿以下，至于庶人，咸指汤。汤尝病，天子至自视病，其隆贵如此[9]。

匈奴来请和亲，群臣议上前。博士狄山曰："和亲便。"上问其便，山曰："兵者凶器，未易数动。高帝欲伐匈奴，大困平城，乃遂结和亲。孝惠、高后时，天下安乐。及孝文帝欲事匈奴，北边萧然苦兵矣[10]。孝景时，吴楚七国反，景帝往来两宫间，寒心者数月。吴楚已破，竟景帝不言兵，天下富实。今自陛下举兵击匈奴，中国以空虚，边民大困贫。由此观之，不如和亲。"上问汤，汤曰："此愚儒，无知。"狄山曰："臣固愚忠，若御史大夫汤乃诈忠。若汤之治淮南、江都，以深文痛诋诸侯，别疏骨肉[11]，使蕃臣不自安。臣固知汤之为诈忠。"于是上作色曰："吾使生居一郡，能无使虏入盗乎？"曰："不能。"曰："居一县？"对曰："不能。"复曰："居一障间？"山自度辩穷且下吏[12]，曰："能。"于是上遣山乘鄣。至月余，匈奴斩山头而去。自是以后，群臣震慴[13]。

汤之客田甲，虽贾人，有贤操。始汤为小吏时，与钱通[14]，及

汤为大吏，甲所以责汤行义过失，亦有烈士风[15]。

汤为御史大夫七岁，败。

【注释】

[1] 浑邪：浑邪王，是当时的一个匈奴王，于武帝元狩二年（前 121 年）率众投降汉朝。

[2] 仰给：指依靠别人的供给生存。

[3] 丞：通“承”，秉承、顺从。

[4] 五铢钱：汉代流通的一种钱币，重量为五铢。

[5] 告缗令：指颁布于汉武帝元鼎二年（前 115 年）的一项法令，动员民众交纳税收和揭发偷漏税的行为，至汉武帝元封元年（前 110 年）终止。

[6] 充位：形容清闲无事的样子。

[7] 侵渔：指侵夺并从中渔利。

[8] 痛绳：指痛下决心依据法律彻底惩办。

[9] 隆贵：非常高贵的样子。

[10] 萧然：指骚动不安的样子。苦兵：指因战争困苦不堪的样子。

[11] 别疏：离间疏远。骨肉：指存在血缘关系的人，喻指诸王与中央的关系。

[12] 辩穷：在辩论中无话可说，也就是辩论失败的意思。下吏：被交给司法管理判罪。

[13] 震慴：即“震慑”，指因受震动心中惊惧的样子。

[14] 钱通：用钱财来建立交情。

[15] 烈士：指有志于功业并追求信义的人。

【译文】

恰巧碰上匈奴浑邪王投降汉朝，汉朝出动大军讨伐匈奴，崤山以东遭遇了水涝和干旱，贫苦的百姓流离失所，只能依靠官府的供应，国库因此日渐空虚。于是张汤顺从皇上的意思，请求铸造白金和五铢钱，垄断天下的盐铁经营权，打击富商豪强，颁布告缗令，铲除豪强兼并的势力，运用法律条文巧妙诬陷，辅助国家法令的推行。张汤每次向皇帝奏事，都会谈论到国家的财用情况，一直持续到傍晚，皇帝也因此忘记了吃饭时间。丞相变得无事可做，闲待在相位上，因为张汤决定着天下的事情。百姓无法安心生活，骚动不安，政府兴办的事情也得不到利益，而奸官

污吏群起侵夺盗窃，于是皇帝痛下决心彻底依法惩办。从朝廷中的三公九卿，到普通的平民百姓，全都指责张汤。张汤曾经生了一次病，皇帝亲自前去看望，他的高贵程度竟然达到了如此地步。

匈奴人到朝廷来请求和亲，群臣们都在朝堂上议论此事。博士狄山说："和亲有好处。"皇上问好处在哪里，狄山说："武器凶险，不可以多次动用。高帝想讨伐匈奴，结果被围困在平城，于是开始与匈奴和亲。孝惠、高后时，天下安乐。孝文帝时，朝廷想征讨匈奴，结果北方变得骚扰不安、百姓饱受战争之苦。孝景帝时，吴楚七国等叛乱，皇帝往来于未央宫和长乐宫之间，担忧了几个月。吴楚等七国平定后，皇帝直到去世前都不再提起战争，天下变得富裕殷实。现在陛下进攻匈奴，让国库财用变得空虚，边境百姓生活困苦。可见用兵不如和亲。"皇上又问张汤，张汤说："这是个愚蠢的儒生，不通道理。"狄山说："我本来就愚忠，但是御史大夫张汤却是诈忠。张汤处理淮南王和江都王案子时，用严刑酷法肆意诋毁诸侯，离间同宗之亲，让各封国都自感不安。我原本就知道张汤是诈忠。"于是皇上改变了脸色，说："我派你去做一个郡的郡守，你能抵挡匈奴的抢掠吗？"狄山说："不能。"皇上说："当一个县令呢？"狄山说："不能。"皇上又说："驻守边境的城堡呢？"狄山觉得自己无话回答了，皇帝就会把自己交给法官治罪，所以说："能。"于是，皇上就派狄山去守卫边塞城堡了。一个多月后，匈奴人杀了狄山之后便撤兵了。从这以后，群臣都感到非常震惊恐惧。

张汤的门客田甲虽然出身商人，但品行贤良。张汤做小吏的时候，他就与张汤以钱财交往，等张汤身居高官之后，他就对张汤品德道义上的过错多有责备，很有忠义之士的风度。

张汤一共当了七年御史大夫，然后被撤职了。

河东人李文尝与汤有郤[1]，已而为御史中丞，恚[2]，数从中文书事有可以伤汤者[3]，不能为地[4]。汤有所爱史鲁谒居，知汤不平，使人上蜚变告文奸事[5]，事下汤，汤治论杀文，而汤心知谒居为之。上问曰："言变事纵迹安起[6]？"汤详惊曰："此殆文故人怨之。"谒居病卧闾里主人，汤自往视疾，为谒居摩足。赵国以冶铸为业，王数

讼铁官事，汤常排赵王。赵王求汤阴事[7]。谒居尝案赵王，赵王怨之，并上书告："汤，大臣也，史谒居有病，汤至为摩足，疑与为大奸。"事下廷尉。谒居病死，事连其弟，弟系导官。汤亦治他囚导官，见谒居弟，欲阴为之，而详不省。谒居弟弗知，怨汤，使人上书告汤与谒居谋，共变告李文。事下减宣[8]。宣尝与汤有郤，及得此事，穷竟其事，未奏也。会人有盗发孝文园瘗钱[9]，丞相青翟朝，与汤约俱谢，至前，汤念独丞相以四时行园，当谢，汤无与也，不谢。丞相谢，上使御史案其事。汤欲致其文丞相见知[10]，丞相患之。三长史皆害汤，欲陷之[11]。

【注释】

[1] 郤：通"隙"，间隙，这里指怨恨、隔阂。

[2] 恚（huì）：怨恨。

[3] 文书：指官府中的公文档案材料等。

[4] 不能为地：指不留余地地予以利用。

[5] 变告：因事情紧急无法按常规进行而越级匿名上报。

[6] 安起：从何而起。

[7] 阴事：暗中从事犯法的事情。

[8] 事下：分派差事给……去查办。

[9] 瘗（yì）钱：埋在陵墓四角的殉葬钱。

[10] 致其文：指呈报丞相四时巡视陵墓的法令条文。

[11] 陷：构陷、陷害。

【译文】

河东人李文曾经与张汤有矛盾，在他当了御史中丞之后，心中便对张汤非常怨恨，多次从宫中文书里寻找可以中伤张汤的东西，不留余地地使用。张汤有个叫鲁谒居的亲近下属，知道张汤因此心中不平，就让人向皇帝密告李文做过的坏事，这事又恰巧交给张汤处置，张汤就判李文死罪，然后把他杀了，他也知道这是鲁谒居策划的。皇上问道："匿名书上告发李文的事是如何发生的？"张汤假装惊讶地说："这也许是李文的老朋友怨恨他吧。"后来鲁谒居在乡里房东的家中病倒了，张汤亲自去看望，为鲁谒居按摩脚。赵国人以冶炼铸造为业，赵王刘彭祖多次与朝廷派来的主管冶铸的官员产生矛盾，所以张汤经常借机打击赵王。赵王于是搜集张汤的违法之事。鲁谒居曾检举赵王，赵王因此怨恨他，于是就向皇帝告发他们二人，说："张汤身为大臣，属官鲁谒居病倒了，张汤竟然亲自给他按摩脚，我怀疑他们之间肯定一起做过大坏事。"这事被交付廷尉处理，鲁谒居病死了，事情牵涉到他的弟弟，于是就把他的弟弟关在官署中。张汤到官署中审理别的犯人，看到了鲁谒居的弟弟，想暗地里帮助他，所以装作没见到他。鲁谒居的弟弟不明白张汤的心思，就对张汤非常怨恨，所以就请别人向皇帝禀报张汤与鲁谒居暗中谋划，一起匿名告发李文的事情。皇帝将这件事交给减宣处置。减宣曾经与张汤有矛盾，等他接到了案子，将案情查清楚后，没有立即上报。正巧这时候有人偷挖了孝文帝陵墓中的殉葬钱，丞相庄青翟上朝时，约定与张汤一起谢罪，来到皇上面前，张汤想起丞相担负四季巡视陵园的责任，所以应当丞相向皇帝谢罪，与自己没关系，便不肯向皇帝请罪。庄青翟谢罪后，皇上交给御史查办。于是张汤便想按律条给庄青翟判一个明知故纵的罪名，让庄青翟非常忧虑。丞相手下的三个长史，也都因此非常忌恨张汤，想陷害他。

始，长史朱买臣，会稽人也。读《春秋》。庄助使人言买臣，买臣以《楚辞》与助俱幸[1]，侍中，为太中大夫，用事[2]；而汤乃为小吏，跪伏使买臣等前。已而汤为廷尉，治淮南狱，排挤庄助，买臣固心望。及汤为御史大夫，买臣以会稽守为主爵都尉，列于九卿。数年，坐法废，守长史，见汤，汤坐床上[3]，丞史遇买臣弗为礼[4]。买臣楚士，深怨，常欲死之。王朝，齐人也。以术至右内史。边通，学长短[5]，刚暴强人也。官再至济南相。故皆居汤右，已而失官，守长史[6]，诎体于汤[7]。汤数行丞相事[8]，知此三长史素贵，常凌折之[9]。以故三长史合谋曰："始汤约与君谢，已而卖君；今欲劾君以宗庙事，此欲代君耳。吾知汤阴事。"使吏捕案汤左田信等[10]，曰汤且欲奏请，信辄先知之，居物致富，与汤分之，及他奸事。事辞颇闻[11]。上问汤曰："吾所为，贾人辄先知之，益居其物[12]，是类有以吾谋告之者。"汤不谢。汤又详惊曰："固宜有。"减宣亦奏谒居等事。天子果以汤怀诈面欺[13]，

使使八辈簿责汤[14]。汤具自道无此，不服。于是上使赵禹责汤。禹至，让汤曰："君何不知分也。君所治夷灭者几何人矣？今人言君皆有状，天子重致君狱，欲令君自为计，何多以对簿为？"汤乃为书谢曰："汤无尺寸功，起刀笔吏，陛下幸致为三公，无以塞责。然谋陷汤罪者，三长史也。"遂自杀。

汤死，家产直不过五百金，皆所得奉赐，无他业。昆弟诸子欲厚葬汤，汤母曰："汤为天子大臣，被汙恶言而死，何厚葬乎！"载以牛车，有棺无椁。天子闻之，曰："非此母不能生此子。"乃尽案诛三长史[15]。丞相青翟自杀。出田信。上惜汤，稍迁其子安世。

【注释】

[1] 幸：受到重用。

[2] 用事：管理此事。

[3] 床：指古时的一种坐具。

[4] 丞史：丞与史，指张汤的助手和下属。

[5] 长短：指战国时期的"纵横"思想。

[6] 守长史：指代行长史的职权。

[7] 诎（qū）体：指拜见长官时跪伏在地上。诎，通"屈"，俯身在地。

[8] 行：指代理官位、职责。

[9] 凌折：指欺凌并使之屈尊、折节。

[10] 左：通"佐"，指知情的证人。

[11] 事辞：指有关事情真相的供辞、说法。闻：指皇帝知道了张汤与田信之间的事情。

[12] 益居：更多地囤积货物。

[13] 怀诈：指心怀奸诈。面欺：当着面欺骗。

[14] 簿责：指按着记录在案的罪行对张汤进行责问。

[15] 案诛：审理并诛杀。

【译文】

当初，会稽人长史朱买臣，喜欢读《春秋》。庄助让人向皇帝举荐朱买臣，朱买臣因为熟读《楚辞》，与庄助一起得到皇上的宠幸，任侍中，担任太中大夫，执掌朝权。此时的张汤还只是个小官吏，在朱买臣等人的面前听差。不久，张汤被任命为廷尉，借着办理淮南王案件的机会排挤庄助，让朱买臣开始从心里怨恨张汤。等到张汤升任御史大夫后，朱买臣从会稽太守调任为主爵都尉，与张汤同属九卿之列。几年后，朱买臣因犯法遭解职，代理长史的职位，去拜见张汤时，张汤就坐在椅子上，身边的丞史等属官也不礼待朱买臣。朱买臣是楚人，心中非常怨恨张汤，经常想着置张汤于死地。王朝是齐人，凭着精通儒家学说被任命为右内史。边通擅长纵横学说，是个性格刚强暴烈的强悍之人，曾经两次官至济南王的相国。以前，他们都比张汤的官位高，但都是不久就丢了官，代理长史的职权，听候张汤的差遣。张汤曾多次兼任丞相，知道这三个长史本来有过很高的地位，就经常欺负压制他们。所以，三位长史一起谋划并告知庄青翟："起初张汤与您约定一同向皇上谢罪，然后就出卖了您；现在又借宗庙之事来控告您，是想替代您的位置。我们知道张汤的一些违法的私密事。"于是他们就派人逮捕并审理了张汤的同案犯田信等人，说张汤曾向皇帝奏请政事，田信提前知道了消息，就囤积物资借机发财致富，然后与张汤分赃，以及一些其他的坏事。这些供辞有些后来被皇帝听到了，皇帝就问张汤："我要做什么事情，商人却提前知道了，就囤积货物，就像有人把我的想法通告给他们一样。"张汤没有谢罪，却假装惊讶地说："应该说肯定是有人这样做了。"恰巧减宣上奏书禀报张汤与鲁谒居一起犯法的事情，皇帝果然认为张汤心怀狡诈，当面欺骗自己，就派出使者按记录在案的罪证逐条审问张汤。张汤说自己没有做过这些事情，不服从审判。于是皇上就派赵禹前去审问张汤。赵禹当面责备张汤："您怎么这样不知本分呢？您办理案件的时候，有多少人被夷灭家族？现在人家告发您的罪状证据确凿，皇上很难处理您的案子，想让您自己想办法处理，何必多此一举对证答辩呢？"张汤于是就写信谢罪："张汤没有立下什么功劳，最初只是个县里的文书小吏，陛下宠幸我，让我做了三公九卿的官位，自然是无法推卸罪责的，然而阴谋陷害我的人，是三位长史。"于是张汤就自杀了。

张汤死的时候，家里的财物总共不超过五百金，都是所得的俸禄和皇帝的赏赐，没有其他产业。张汤的兄弟和儿子们都想厚葬张汤，张汤的母亲说："张汤是皇帝的大臣，是因为受了诬告而死的，有什么必要厚

葬呢？”于是就用牛车拉着棺材埋葬，没有外椁。皇帝听说后，说：“不是这样的母亲，生不出这样的儿子。”于是下令穷究此案，把三个长史全都杀了。丞相庄青翟也自杀了。田信最后被释放。皇帝怜惜张汤，就稍稍提拔了他的儿子张安世的职位。

【精彩语段】

会浑邪等降，汉大兴兵伐匈奴，山东水旱，贫民流徙，皆仰给县官，县官空虚。于是丞上指，请造白金及五铢钱，笼天下盐铁，排富商大贾，出告缗令，锄豪强并兼之家，舞文巧诋以辅法。汤每朝奏事，语国家用，日晏，天子忘食。丞相取充位，天下事皆决于汤。百姓不安其生，骚动。县官所兴，未获其利，奸吏并侵渔，于是痛绳以罪。则自公卿以下，至于庶人，咸指汤。汤尝病，天子至自视病，其隆贵如此。

评析 到汉武帝时期，皇帝的权力再次得到显著增强，其中重用酷吏是一个非常重要的途径，如《酷吏列传》中的宁成、周阳由、赵禹、张汤、义纵、王温舒、尹齐、杨仆、减宣、杜周等，都是这个时期酷吏的重要代表。重用酷吏的好处非常明显，如维护皇帝的专制统治、强化社会治安、吏政突出且清廉，这些都是汉武帝吏治的显著特点。但是，重用酷吏的弊端也非常明显，如激化社会矛盾和阶级矛盾、破坏社会稳定和商品经济发展的根基。本段中，汉武帝任用酷吏来打击商贾、垄断专营，结果造成人民无法安居乐业。官员贪墨肆意横行，又往往让酷吏成为一系列失败政策的替罪羊，经常遭到皇帝主子的抛弃，大多结局悲惨。此外，本语段中提及的“告缗令”，实质上是汉武帝为应对边关战事以及国内的饥荒问题而采取的极端手段，后来也成为导致张汤失势的一个重要原因。

知识链接 覆水难收

“覆水难收”是与朱买臣有关的一个成语故事，指水倒在地上了就难以再收回，喻指事情已成定局而没有挽回的可能。据说朱买臣年轻时非常好学但家境贫穷，他的妻子崔氏起初还能忍受清贫，但时间长了就不耐烦起来，最后还催逼朱买臣写下休书，以便自己能另嫁别人。朱买臣苦留不住，只得任崔氏离去。没过多久，朱买臣被举荐给汉武帝获封为太守。听到消息的崔氏又立刻跑到朱买臣面前，哀求让自己再回朱家。朱买臣命人端来一盆清水泼在地上，表示如果崔氏能将水收回盆中，就让她重新回到朱家。羞愧难当的崔氏知道她与朱买臣的缘分已尽，便自尽而死。

游侠列传

《游侠列传》是一篇稍显特别的传记,记述的对象是汉代的著名侠士。在司马迁看来,这些侠士是“其言必信,其行必果,已诺必诚,不爱其躯,赴士之厄困……不矜其能,羞伐其德”的高贵之士,是受到天下民众信赖和尊崇的大英雄,尽管他们的一些行为确实不符合汉朝法律的规定,却丝毫不影响他们在司马迁心中的形象和位置。所以,司马迁在对“盗跖居民间者”式的豪侠加以鞭挞和否定的同时,也对朝廷官吏诛杀侠士的行为表示愤慨,于曲折婉转中表现出对上层封建统治者的虚伪态度以及汉朝法律不公的无情揭露,表达出自己的人民史观。正因为这种思想倾向,后世的“正统”封建史学家班固才将司马迁视作“退处士而进奸雄”,却不料无心插柳地显示出司马迁这篇《游侠列传》的进步性。司马迁将叙事与议论有机结合,通过层层回环的叙述,将自己心中激愤的“不平之气”,巧妙地倾诉出来。

韩子曰:“儒以文乱法[1],而侠以武犯禁[2]。”二者皆讥[3],而学士多称于世云。至如以术取宰相卿大夫[4],辅翼其世主,功名俱著于春秋,固无可言者。及若季次、原宪,闾巷人也[5],读书怀独行君子之德[6],义不苟合当世,当世亦笑之。故季次、原宪终身空室蓬户[7],褐衣疏食不厌[8]。死而已四百余年,而弟子志之不倦[9]。今游侠,其行虽不轨于正义[10],然其言必信,其行必果[11],已诺必诚,不爱其躯,赴士之厄困,既已存亡死生矣,而不矜其能,羞伐其德[12],盖亦有足多者焉[13]。

且缓急[14],人之所时有也。太史公曰:昔者虞舜窘于井廪,伊尹负于鼎俎,傅说匿于傅险,吕尚困于棘津,夷吾桎梏[15],百里饭牛,仲尼畏匡,菜色陈、蔡[16]。此皆学士所谓有道仁人也,犹然遭此菑[17],况以中材而涉乱世之末流乎?其遇害何可胜道哉!

鄙人有言曰[18]:“何知仁义,已飨其利者为有德。”故伯夷丑周[19],

饿死首阳山，而文武不以其故贬王[20]；跖、蹻暴戾[21]，其徒诵义无穷[22]。由此观之，"窃钩者诛[23]，窃国者侯[24]，侯之门仁义存"，非虚言也。

【注释】

[1] 乱法：扰乱国家的法律制度等。

[2] 武：指勇武的行为。

[3] 讥：讥讽、非难。

[4] 术：方法，这里指权术。

[5] 闾巷人：指平民百姓。

[6] 独行：指坚持不同凡俗的节操或行为。

[7] 空室蓬户：极言家境贫困的样子。空室，室内空空的样子。蓬户，用蓬蒿编成的门。

[8] 褐衣：用粗布制成的衣服。疏食：指粗糙低劣的饭食。

[9] 志：怀念。

[10] 正义：指当时的道德准则和法律。

[11] 果：形容坚定不动摇的样子。

[12] 伐：自我夸耀、夸赞。

[13] 多：赞美、称赞。

[14] 缓急：偏义复词，形容急迫的样子。

[15] 桎梏（zhì gù）：古代刑具，脚镣和手铐。

[16] 菜色：因过度饥饿而呈现出的脸色。

[17] 犹然：尚且。菑：通"灾"，苦难。

[18] 鄙人：指见识浅陋的平民百姓。

[19] 丑：认为可耻、以……为可耻。

[20] 贬王：指有损王者的声誉。

[21] 暴戾：形容凶暴残忍的样子。

[22] 诵义：称赞道义。

[23] 窃钩者：偷取衣带钩的人，指小偷。

[24] 窃国者：这里指的是国家的最高统治者。

【译文】

韩非子曾说："儒生用儒家经典来扰乱国家的法度，侠士则用武力

来违犯国家的法令。”韩非子对这两类人都是持批评态度的，但儒生如今却受到世人的颂扬。至于那些凭着儒术身居宰相卿大夫之位，辅助天子，功名载于史书中的人，就自然不必说了。即便是像季次、原宪这样的乡里儒生，因为谨守君子的德操，不肯与世俗风气苟同，也曾受到世俗的嘲笑。所以他们一生都住在陋室之中，身着粗布短衣，连饭都吃不饱。虽然他们已经死去四百多年了，但仍受到后世弟子的称道。如今的游侠，虽然行为不符合现在的道德标准，但他们说话算数，做事就做到底，答应的事情就一定兑现，甚至不惜牺牲生命去解救别人脱离危难，让濒于死亡的人重获新生，让仗势欺人的人受到惩罚，却从不夸耀自己的本领，也不夸耀个人的功德，这大概也非常值得赞美吧！

况且，情况紧急的事情，人们也是时常会遇到的。太史公说：虞舜曾在淘井和修仓廪的时候遭人暗算，伊尹曾不得不背负鼎俎当厨子，傅说曾藏身在傅险做苦力，吕尚曾在棘津遭受困厄，管仲曾是戴着脚镣手铐的囚徒，百里奚曾做过喂牛的奴隶，孔子曾被拘囚在匡地，忍饥于陈、蔡之间。这些都是后世儒生颂扬的有高尚道德的人，尚且会遭遇到这样的灾难，更何况是才能中等又生逢乱世的人呢？他们遇到的灾难，又怎么会能说得完呢？

乡下人常说：“什么叫懂仁义，已经享受其利益的就是好人。”因此尽管有伯夷不食周粟而饿死于首阳山，但却无损文王、武王的王者声誉。盗跖、庄跻性格凶暴残忍，但他们的道义却受到党徒长久的歌颂和流传。这样来看，“偷衣带钩的被杀头，窃国家权柄的被封侯，受封王侯的人家就自有仁义”，这话不是一句虚假不实的话呀！

今拘学或抱咫尺之义[1]，久孤于世，岂若卑论侪俗[2]，与世沈浮而取荣名哉[3]！而布衣之徒，设取予然诺[4]，千里诵义，为死不顾世，此亦有所长，非苟而已也。故士穷窘而得委命，此岂非人之所谓贤豪间者邪？诚使乡曲之侠[5]，予季次、原宪比权量力，效功于当世[6]，不同日而论矣。要以功见言信[7]，侠客之义又曷可少哉！

古布衣之侠，靡得而闻已。近世延陵[8]、孟尝、春申、平原、信陵之徒，皆因王者亲属，藉于有土卿相之富厚，招天下贤者，显名诸侠，不可谓不贤者矣。比如顺风而呼，声非加疾[9]，其埶激也。至如闾巷之侠，修行砥名[10]，声施于天下，莫不称贤，是为难耳。然儒、墨皆排摈不载[11]。自秦以前，匹夫之侠，湮灭不见，余甚恨之。以余所闻，汉兴有朱家、田仲、王公、剧孟、郭解之徒，虽时扞当世之文罔[12]，然其私义廉洁退让，有足称者。名不虚立，士不虚附。至如朋党宗强比周[13]，设财役贫[14]，豪暴侵凌孤弱，恣欲自快，游侠亦丑之。余悲世俗不察其意，而猥以朱家、郭解等令与暴豪之徒同类而共笑之也[15]。

【注释】

[1] 拘学：指固守自己的见解或拘泥于片面理论而不肯改变的学者。咫尺之义：指非常狭隘片面的道理。

[2] 侪（chái）俗：指迁就、屈从世俗的人。

[3] 与世沈浮：随着世俗而起伏上下，与“随波逐流”同义。

[4] 取予：指遵从于道义的规范，从别人那里取得或给予别人。

[5] 乡曲之侠：指生活于民间的游侠。

[6] 效：比较。

[7] 功见（xiàn）：事情的效果显现出来，也就是把事情办成了。

[8] 延陵：指春秋时期吴国公子季札，因受封延陵而称延陵季子。

[9] 疾：指声音宏亮的样子。

[10] 砥名：即砥砺名节以提高个人的声誉。

[11] 排摈：排斥、抛弃。

[12] 文罔：通“文网”，指国家的法律禁令条文等。

[13] 比周：互相勾结。

[14] 设财役贫：依仗个人的财富奴役、驱使穷人。

[15] 猥：谬误、错误。

【译文】

如今拘于偏见的学者，死守着一点狭隘的道义，孤立于世俗风气之外，困苦地生活在世界上，哪里比得上放下狭隘的观点服从于世俗，随着世事的沉浮去猎取荣耀和名声呢？而那些出身平民的游侠，谨慎地看待取

舍，重视许诺的兑现，让即使住在千里之外的人都称赞他们的道义。他们愿意为了道义不惜牺牲，不怕世俗的非议，这些便是他们的长处，不是随便一个人就能够做到的。所以，当人们身处窘境的时候，愿意向他们求救，难道这不是人们所称颂的贤能豪杰吗？如果用游侠的权力和影响以及对社会的贡献与季次、原宪相比较，是不能同日而语的。如果从办事效果和兑现许诺的角度来看，游侠的行为又怎么能缺少呢！

古代平民侠客的事迹，现在已经没有办法知道了。像近代的延陵季子、孟尝君、春申君、平原君、信陵君等这些人，都因为君王亲属的身份，凭着封国及卿相的雄厚财富，招揽天下的贤士，显名于各诸侯国之间，不能说不是贤能之士。这就像顺着风呼喊，声音并没有加强，却听起来很响亮，传播得很远。至于那些出身平民的游侠，凭着个人的修行品德，提高自己的知名度，让名望在世俗中流传广布，赢得天下人的赞颂，这才是非常难做到的。然而，儒家和墨家都非常鄙弃他们的事迹，从不在自己的作品中记述它们。所以秦朝以前的游侠事迹，如今都已经湮没无闻了，真是让人惋惜啊！从我所知道的情况看，汉朝建立以来，出现了朱家、田仲、王公、剧孟、郭解等人，虽然会时常触犯朝廷的法令，但他们能让自己的行为符合道义标准，秉承廉洁谦让的品行，确实有值得称颂的地方。他们的名声并不是吹嘘起来的，人们也不是无缘无故地依附他们的。至于那些结党谋求私欲的宗室豪强，相互勾结在一起，依仗自己的财富奴役穷人，依仗自己的权势欺凌孤弱，肆无忌惮地放纵自己的行为，让游侠看来也是可耻的事情。让我哀伤的是，世俗之中的人们不能看出这两类人之间的区别，竟然错误地将朱家、郭解等人与那些依仗权势财富欺压弱小的人等同一类而加以嘲笑。

郭解，轵人也，字翁伯，善相人者许负外孙也。解父以任侠，孝文时诛死。解为人短小精悍，不饮酒。少时阴贼[1]，慨不快意[2]，身所杀甚众。以躯借交报仇[3]，藏命作奸剽攻[4]，休乃铸钱掘冢[5]，固不可胜数。适有天幸，窘急常得脱，若遇赦。及解年长，更折节为俭[6]，以德报怨，厚施而薄望[7]。然其自喜为侠益甚。既已振人之命，不矜其功，其阴贼著于心，卒发于睚眦如故云[8]。而少年慕其行，亦辄为报仇，不使知也。解姊子负解之势，与人饮，使之嚼[9]。非其任[10]，强必灌之。人怒，拔刀刺杀解姊子，亡去。解姊怒曰："以翁伯之义，人杀吾子，贼不得[11]。"弃其尸于道，弗葬，欲以辱解。解使人微知贼处[12]。贼窘自归，具以实告解。解曰："公杀之固当，吾儿不直[13]。"遂去其贼，罪其姊子，乃收而葬之。诸公闻之，皆多解之义，益附焉。

解出入，人皆避之。有一人独箕倨视之[14]，解遣人问其名姓。客欲杀之，解曰："居邑屋至不见敬，是吾德不修也，彼何罪！"乃阴属尉史曰："是人，吾所急也[15]，至践更时脱之[16]。"每至践更，数过[17]，吏弗求。怪之，问其故，乃解使脱之。箕踞者乃肉袒谢罪。少年闻之，愈益慕解之行。

【注释】

[1] 阴贼：指内心阴险狠毒的样子。

[2] 慨不快意：指因愤怒而心中不快。

[3] 交：名词，指所结交的朋友。

[4] 作奸：指专门做坏事。剽攻：从事抢劫的勾当。

[5] 掘冢：做盗掘坟墓的坏事。

[6] 折节：指改变个人的操行。俭：通"检"，检点、约束自身。

[7] 薄望：指不求回报。

[8] 睚眦（yá zì）：指因小事而发作行凶。

[9] 嚼（jiào）：通"釂"，饮酒干杯。

[10] 非其任：不是他足以胜任的，指对方的酒量不行。

[11] 贼不得：抓不到杀人者。

[12] 微知：暗地里得知。

[13] 不直：理亏、不占理。

[14] 倨：通"踞"，态度傲慢的样子。

[15] 急：关注、关心。

[16] 践更：依汉代律法，在籍的男子每年都需在地方服役一个月，富裕人家可以每月出两千钱，雇佣贫苦人家代服劳役，称为践更。

[17] 数过：犹言"多次轮到"。

【译文】

郭解是河内郡轵县人，字翁伯，是擅长为人相面的许负的外孙。郭解的父亲因为行侠，在汉文帝时被处死。郭解个头儿矮小，精明强健，不喝酒。小时候他为人残忍狠毒，心中不快时杀掉了很多人。他为了给朋友报仇，不惜自己的生命，常常藏匿负罪逃亡的人，经常触犯法律参与抢劫，私铸钱币，偷坟掘墓等，罪行多得不可胜数。但是他的运气很好，每次境遇窘迫时都能逃脱，要么就是遇上朝廷大赦。郭解长大成人后，突然变得谨行守法了。他用恩德回报别人的怨恨，付出很多而要求很少，但是崇义行侠的风格却越来越强烈。他救了别人的命却不矜夸自己，内心仍然凶狠，说不好什么时候会因为小事就突然行凶杀人。当时有很多少年都非常仰慕他，常私下为他复仇，却又不让郭解知道。郭解姐姐的儿子仗着郭解的势力，与别人喝酒时劝别人尽饮，别人喝不了了，他还强行灌酒。那人一怒之下杀死了郭解的外甥，然后就逃走了。郭解姐姐愤怒地说："凭着你郭解的名气，人家杀死了我的儿子，竟然捉不到杀人的凶手？"于是她就将儿子的尸体放在道上，不埋葬，想以此让郭解难堪。郭解暗地里派人查找凶手的去向。凶手没有办法，只得主动找到郭解，向郭解说明真相。郭解说："你杀的没错，是我的外甥没有道理。"于是就放走了凶手，将罪责归在外甥的身上，然后收尸埋了他。人们听说了这件事情，都对郭解的道义行为大为赞赏，更加愿意依附他。

郭解每次外出，人们都会态度恭敬地给他让路，可是有一次却有一个人坐在地上傲慢地看着郭解。郭解派人去询问那人的姓名，随行的人中有人想杀掉那个人。郭解说："住在家乡而不被尊敬，是我的德行修养还不够，他有什么罪！"于是他就私下里嘱咐县尉："这个人是我最关心的，服徭役的时候请免除他的徭役。"所以每当轮到他服徭役的时候，县尉都没有找他。这让他很奇怪，就问其中的缘故，得知是郭解暗中让人免除了他的徭役，于是他就光着背来向郭解请罪。县中少年听说了这件事，对郭解的行为越发仰慕了。

雒阳人有相仇者，邑中贤豪居间者以十数[1]，终不听。客乃见郭解[2]。解夜见仇家，仇家曲听解[3]。解乃谓仇家曰："吾闻雒阳诸公在此间，多不听者。今子幸而听解[4]，解奈何乃从他县夺人邑中贤大夫权乎[5]！”乃夜去，不使人知，曰：“且无用[6]，待我去，令雒阳豪居其间，乃听之。”

解执恭敬[7]，不敢乘车入其县廷。之旁郡国，为人请求事，事可出[8]，出之；不可者，各厌其意，然后乃敢尝酒食。诸公以故严重之[9]，争为用[10]。邑中少年及旁近县贤豪，夜半过门常十余车，请得解客舍养之[11]。

及徙豪富茂陵也，解家贫，不中訾[12]，吏恐，不敢不徙。卫将军为言：“郭解家贫不中徙。”上曰：“布衣权至使将军为言，此其家不贫。”解家遂徙。诸公送者出千余万。轵人杨季主子为县掾，举徙解。解兄子断杨掾头。由此杨氏与郭氏为仇。

解入关，关中贤豪知与不和，闻其声，争交欢解[13]。解为人短小，不饮酒，出未尝有骑。已又杀杨季主。杨季主家上书，人又杀之阙下。上闻，乃下吏捕解。解亡，置其母家室夏阳，身至临晋。临晋籍少公素不知解，解冒[14]，因求出关。籍少公已出解，解转入太原，所过辄告主人家。吏逐之，迹至籍少公[15]。少公自杀，口绝。久之，乃得解。穷治所犯[16]，为解所杀，皆在赦前。轵有儒生侍使者坐，客誉郭解，生曰：“郭解专以奸犯公法，何谓贤！”解客闻，杀此生，断其舌。吏以此责解，解实不知杀者。杀者亦竟绝，莫知为谁。吏奏解无罪。御史大夫公孙弘议曰：“解布衣为任侠行权，以睚眦杀人，解虽弗知，此罪甚于解杀之。当大逆无道。”遂族郭解翁伯。

【注释】

[1] 居间：指充当调解中间人。

[2] 客：这里指门客。

[3] 曲听：委屈自己的心意听从，表示对调解人的尊重。

[4] 幸：谦词，让我感到荣幸。

[5] 权：权力、声望。

[6] 无用：不要听从我的话。

[7] 执：谨慎、恭敬。

[8] 出：指得到解决。

[9] 严重：尊重、敬重。

[10] 为用：替他出力。

[11] 舍养：指让出自己的房舍来供养。

[12] 訾：通“资”，钱财。

[13] 交欢：结交为友好的朋友。

[14] 冒：冒昧，指不经约定便前来相见。

[15] 迹：根据踪迹追索而来。

[16] 穷治：追根到底、追问究竟。

【译文】

雒阳城中有两个结仇的人家，当地的十几位贤人豪杰从中调解，都没能解决他们的仇恨。于是就有人来请郭解从中调解。郭解趁晚上去与结仇的人家约谈，看在郭解的面子上，两户人家勉强接受了调解。于是，郭解对他们说：“我听说雒阳城中的多位贤士都为你们调解过，但你们都不肯听从。如今你们接受了我的调解，可我怎么能到这里来侵夺别人调解的权力呢？”于是郭解就连夜离开雒阳，不愿意让当地人知道自己调解的事情，并且叮嘱：“你们暂时不要听从我的调解，等我离开后，雒阳贤士再来调解时，你们再照我的调解办法办。”

郭解以恭敬的态度待人，进县衙门时从来不敢不下车。去其他郡国替人办事的时候，如果能够办成的，就尽量办成，办不成的也要让各方尽量满意，然后才敢接受别人的招待。所以，大家更加尊重他，都争着供他驱遣效命。县城里的少年和邻县的贤士，夜间造访郭解的就有十多辆车，都是请求迎接受到郭解庇护的人回家供养的。

等到皇帝诏令各郡豪富人家迁到茂陵居住时，郭解家中贫困，财产达不到迁徙的标准，但名单中仍然有郭解的名字，当地官吏害怕得罪上司，不敢不让郭解迁徙。这时候，大将军卫青替郭解向皇帝求情：“郭解家中贫困，够不上迁徙的标准。”皇帝说：“一个平民居然能使将军为他说话，说明这户人家不穷困。”于是郭解一家被强制迁徙。送行的人为郭解出资一千多万钱。轵县人杨季主的儿子在县里做掾吏，举报迁徙郭解。于是郭解哥哥的儿子就砍了杨掾吏的头，从此杨家便与郭家结下了仇。

郭解迁入关中后，居住在关中的贤士豪杰无论是否与郭解相识，听说他来了，都争相与他结交。郭解个子矮小，不喝酒，出门时也不驾车马。后来又有人杀掉了杨季主，杨季主的家人上书状告郭解，但又有人在宫门前将告状的人杀掉了。皇帝听说了这件事，便下令逮捕郭解，郭解于是逃跑了，将母亲安置在夏阳，自己逃到了临晋。临晋的籍少公向来与郭解不相识，郭解如今却很冒昧地来请求他放行，于是籍少公便将郭解放走了。郭解后来到了太原，每经过一个地方，都会把自己的情况告诉留宿他的人家。官吏追查郭解，追查到籍少公的家里时，籍少公自杀了，线索就此断绝了。过了很长时间，官府才将郭解抓捕归案，四处追查他的罪行，发现郭解杀人的事情都发生在大赦之前。轵县的一个儒生陪同查办郭解案件的使者闲谈，座中便有人称赞郭解的美好德行，这个儒生说："郭解特别喜欢做奸邪犯法的事情，怎么称得上是个贤士呢？"郭解的门客中有人听说了这番话，就去杀掉了这个儒生，还割下了他的舌头。负责审案的官吏责问郭解，让他交出凶手，但郭解也不知道是谁杀了人。凶手终究没有再现身，没人知道他是谁。官吏只好宣布郭解无罪。这时候，御史大夫公孙弘说："郭解作为一个平民，居然冒充好汉玩弄权威，因小事而杀人，虽然这次的凶手是谁他不知道，但罪过却比自己杀人还要严重，所以应该判处郭解大逆无道。"就这样，郭解被夷灭全族。

【精彩语段】

鄙人有言曰："何知仁义，已飨其利者为有德。"故伯夷丑周，饿死首阳山，而文武不以其故贬王；跖、蹻暴戾，其徒诵义无穷。由此观之，"窃钩者诛，窃国者侯，侯之门仁义存"，非虚言也。

评析 太史公司马迁对古代这种"天下正义只存乎统治者"的现象是持批判态度的。他通过对郭解的记述，展现出一种独立于国家官僚统治体制之外的民间力量，然而当这种民间力量终究不能被统治阶级容许的时候，便会成为统治阶级政治统治的牺牲品。所以，司马迁才会说："'窃钩者诛，窃国者侯，侯之门仁义存'，非虚言也。"

知识链接　五陵原

“五陵原”是西汉初年因修建皇陵而形成的，由五个大型的陵邑组成。汉高祖九年(公元前198年)，在郎中刘敬的建议下，刘邦从关东地区迁出大量两千石高官、高訾富人及豪杰，安置在关中专门修建的长陵县邑，命他们居住守护长陵。后来，汉惠帝刘盈、汉景帝、汉武帝、汉昭帝也仿效汉高祖的做法，在修建安陵、阳陵、茂陵、平陵的时候，分别修建了安陵邑、阳陵邑、茂陵邑和平陵邑用于安置迁入的民众，与汉高祖设立的长陵邑一起，最终形成了“五陵原”的格局。

太史公自序

《太史公自序》将太史公世谱家学的始末作为主要内容，并叙述自己的成长过程，申明了《史记》创作的始末，娓娓道来，洋洋大观，错落有致而又井然有序。它既是《史记》的自序，又可看作是太史公为自己写的一篇传记，其一生所遭遇的重大事件，全在其中得以呈现，为后世从事《史记》及司马迁本人的研究提供了重要资料。司马迁从父亲执手流涕托以史相开始，后横遭腐刑、忍辱著书，再到申写《六家要旨》、论写《六经要义》，反映出太史公父子在学术思想上的深厚造诣，后世同有著述但无法相比。其有如百川汇海、万壑朝宗的文辞之势，让后世的学士文人都难以望其项背，充分表现出太史公司马迁的文学素养和高超的艺术表现力。

昔在颛顼，命南正重以司天，北正黎以司地。唐虞之际，绍重黎之后[1]，使复典之[2]，至于夏商，故重黎氏世序天地。其在周，程伯休甫其后也。当周宣王时，失其守而为司马氏。司马氏世典周史。惠襄之间，司马氏去周适晋[3]。晋中军随会奔秦，而司马氏入少梁。

自司马氏去周适晋，分散，或在卫，或在赵，或在秦。其在卫者，相中山。在赵者，以传剑论显[4]，蒯聩其后也。在秦者名错，与张仪争论，于是惠王使错将伐蜀，遂拔，因而守之。错孙靳，事武安君白起。而少梁更名曰夏阳。靳与武安君阬赵长平军，还而与之俱赐死杜邮，葬于华池。靳孙昌，昌为秦主铁官，当始皇之时。蒯聩玄孙卬为武信君将而徇朝歌。诸侯之相王[5]，王卬于殷。汉之伐楚，卬归汉，以其地为河内郡。昌生无泽，无泽为汉市长。无泽生喜，喜为五大夫，卒，皆葬高门。喜生谈，谈为太史公。

【注释】

[1] 绍：继承。

[2] 典：掌管。

[3] 适：到……去。

[4] 显：显扬于、显贵于。

[5] 相王：指诸侯之间相互尊称为王。

【译文】

从前帝颛顼统治天下的时候，命令南方首长重管理天文，命令北方首长黎管理地理。尧舜在位的时候，又让重、黎的后代继续管理天文、地理，直到夏商时期，重、黎氏世代都在管理天文地理方面的事情。周朝时，程伯休甫都是他们的后裔。周宣王时，重、黎氏丢掉了职位而被司马氏取代。司马氏世代掌理着周的史籍。周惠王、襄王统治时期，司马氏离开周都来到晋国。后来，晋国中军随会奔亡到秦国，司马氏也迁居到了少梁。

自从司马氏离开周都前往晋国之后，族人分散到各诸侯国，有的住在卫国，有的住在赵国的，有的住在秦国。在卫国的，后代曾在中山国做相国。在赵国的，有因传授剑术而显名，蒯聩就是他们的后裔。在秦国的，有人名为司马错，曾与张仪争论，后来受秦惠王派遣攻打蜀国，攻占后又做了蜀地的郡守。司马错的孙子司马靳，曾事奉武安君白起。而少梁后来则更名为夏阳。司马靳与武安君在长平坑杀了赵国军队，回来后与武安君都被赐死在杜邮，埋葬在华池。司马靳的孙子司马昌，曾担任秦国主管铁器冶铸的官员，正当秦始皇的时代。蒯聩的玄孙司马卬，曾担任武安君的部将并率军攻占朝歌。诸侯群起的时候，司马卬称王于殷国。汉王刘邦攻击楚霸王项羽的时候，司马卬投靠了汉王，将他的封地改为河内郡。司马昌的儿子为司马无泽，司马无泽曾在汉高祖时担任长安城集市长官。无泽生儿子司马喜，司马喜爵位至五大夫，这些先祖死后都被埋葬在高门。司马喜的儿子为司马谈，司马谈便是太史公。

太史公既掌天官，不治民。有子曰迁。

迁生龙门，耕牧河山之阳。年十岁则诵古文[1]。二十而南游江、淮，上会稽，探禹穴，窥九疑，浮于沅、湘[2]；北涉汶、泗，讲业齐、鲁之都[3]，观孔子之遗风，乡射邹峄[4]；厄困鄱、薛、彭城，过梁、楚以归。于是迁仕为郎中，奉使西征巴、蜀以南，南略邛、笮、昆明，还报命。

是岁天子始建汉家之封[5]，而太史公留滞周南，不得与从事，故发愤且卒[6]。而子迁适使反，见父于河、洛之间。太史公执迁手而泣曰："余先周室之太史也。自上世尝显功名于虞夏，典天官事。后世中衰，绝于予乎？汝复为太史，则续吾祖矣。今天子接千岁之统，封泰山，而余不得从行，是命也夫，命也夫！余死，汝必为太史；为太史，无忘吾所欲论著矣。且夫孝始于事亲，中于事君，终于立身。扬名于后世，以显父母，此孝之大者。夫天下称诵周公，言其能论歌文、武之德，宣周、邵之风，达太王王季之思虑，爰及公刘，以尊后稷也。幽、厉之后，王道缺，礼乐衰，孔子修旧起废，论《诗》《书》，作《春秋》，则学者至今则之[7]。自获麟以来四百有余岁[8]，而诸侯相兼，史记放绝[9]。今汉兴，海内一统，明主贤君忠臣死义之士，余为太史而弗论载，废天下之史文，余甚惧焉，汝其念哉！"迁俯首流涕曰："小子不敏，请悉论先人所次旧闻，弗敢阙[10]。"

卒三岁而迁为太史公，䌷史记石室、金匮之书[11]。五年而当太初元年[12]，十一月甲子朔旦冬至，天历始改，建于明堂[13]，诸神受纪。

【注释】

[1] 古文：这里指用先秦古文字著述的书籍。

[2] 浮：指乘船航行。

[3] 讲业：研究学问。讲，研究、商讨。

[4] 乡射：即射礼，是古代一种射箭饮酒的礼仪。邹峄：又称邹山，位于今山东邹县东南。

[5] 是岁：指汉武帝元封元年（前 110 年）。

[6] 且：就要、将要。

[7] 则之：将……作为准则。

[8] 获麟：指鲁哀公十四年(前 481 年),鲁哀公在行猎中捕获了一头麒麟。

[9] 放绝：指因被弃置而中断。绝，中断。

[10] 阙：遗漏。

[11] 紬：缀集、编纂。石室、金匮：均为汉代朝廷收藏、存放图书、档案的地方。

[12] 太初：汉武帝使用的第七个年号，前后共四年（前 104—前 101 年）。

[13] 明堂：古代帝王宣讲政令的地方。

【译文】

太史公管理天文，不管理民事。他有个儿子名为司马迁。

司马迁出生在龙门，曾在黄河以北、龙门山以南的地方有过一段耕种畜牧的生活。十岁的时候开始学习古文。从二十岁开始就南下到江、淮一带游历，曾登上会稽山，探访禹穴，登上九嶷山观览舜的坟墓，乘船在沅水、湘水上漂流，然后向北渡过汶水、泗水，游学于齐、鲁的旧都，领略孔子的遗风，在邹县、峄山演习乡射的礼节，经历鄱、薛、彭城一带的困厄，最后途经梁、楚的地域回到家乡。随即被任命为郎中，奉命出使巴、蜀以南的地方，途经邛、笮、昆明等地，然后回来向朝廷复命。

这一年，汉武帝第一次到泰山举行封禅大典，太史公司马谈因为有病滞留在洛阳，无法参与这件大事，因为心中遗憾且生气导致病重将死。正好儿子司马迁完成出使任务归来，在黄河、洛水之间与父亲相见。于是太史公握着儿子的手流着眼泪说："我们的先祖曾在周朝做太史。更早的先人在上古虞夏时代也有过显赫的功名，负责掌管天文方面的事情。后来中途衰落，今天会断送在我们的手中吗？如果今后你可以再当上太史令，那就继承祖先创建的事业吧。当今的皇帝承接已经断绝千年的封禅大典，去泰山拜祭天地，我却无法随行，这难道不是命吗？这就是命啊！我死之后，你一定要做太史令；如果你真的做了太史令，一定不要忘记我想要写作的那部著述啊。再说，孝道开始于对双亲的奉养，进而是事奉国家的帝王，而以立身扬名为最终。扬名于后世来显耀父母双亲，是天下最大的孝道。人们自古便称道赞颂周公，就是因为他能够对文王、武王的功德加以歌颂，能够让周公、昭公时代的风尚得以弘扬，能够发扬太王、王季的思想，并能一直上溯至公刘时期，对始祖后稷也能推崇。但是从幽王、厉王以来，王道逐渐衰败，礼崩乐坏，孔子对旧时候的文献进行整理，重新振兴了遭废弃和破坏的礼乐制度，重新讲述了《诗》、《书》，撰写了《春秋》，直到今天仍然是学者们遵行的准则。自鲁哀公获麟以来的四百多年间，诸侯相互攻伐兼并，让史书记述几近断绝。如今汉朝兴起，国家统一，出现了很多明主贤君、忠臣义士的事迹，我虽然担任史官却没有加以记述评论，造成天下修史传统的荒废，让我感到非常惶恐，你一定要牢记这件事情！”司马迁低下头流着眼泪说：“我虽然不聪明，但一定会详述先人整理的历史旧闻，不敢让它出现半点疏漏。”

司马谈去世三年后，司马迁被任命为太史令，开始阅读、收集国家图书馆里的档案文献。五年后，也就是汉太初元年，十一月甲子日凌晨正逢冬至，国家开始使用新的历法，皇帝在明堂中举行了盛大的仪式，诸神接受太初历。

太史公曰：“先人有言：‘自周公卒五百岁而有孔子。孔子卒后至于今五百岁，有能绍明世，正《易传》，继《春秋》，本《诗》《书》《礼》《乐》之际[1]？’意在斯乎！意在斯乎！小子何敢让焉[2]。”

于是论次其文[3]。七年而太史公遭李陵之祸，幽于缧绁[4]。乃喟然而叹曰：“是余之罪也夫！是余之罪也夫！身毁不用矣。”退而深惟曰[5]：“夫《诗》《书》隐约者，欲遂其志之思也。昔西伯拘羑里，演《周易》；孔子厄陈、蔡[6]，作《春秋》；屈原放逐，著《离骚》；左丘失明，厥有《国语》；孙子膑脚，而论兵法；不韦迁蜀，世传《吕览》[7]；韩非囚秦，《说难》《孤愤》；《诗》三百篇，大抵贤圣发愤之所为作也。此人皆意有所郁结，不得通其道也，故述往事，思来者。”于是卒述陶唐以来，至于麟止，自黄帝始。

【注释】

[1] 本：将……作为本原、以……作为根据。

[2] 让：辞让、推辞。

[3] 论次：确定次序加以论述。

[4] 缧绁（léi xiè）：捆绑犯人的绳子，这里指牢狱。

[5] 惟：思虑、考虑。

[6] 厄：指陷入穷困、困厄的境地。

[7]《吕览》：即《吕氏春秋》，是吕不韦主持编著的一部杂家学术著作。

【译文】

太史公司马迁说："我父亲说过：'自周公之后五百年，出现了孔子。孔子死后到如今又是五百年，又有谁能够继承发扬古代先贤所开创的事业，能够正确评定《易传》，续写孔子的《春秋》，并依据《诗》《书》《礼》《乐》本义，来创作一部新的著作呢？'说不定他说的就是眼前人吧！就是眼前人吧！这又让我如何能够推辞呢？"

于是我就开始编次得到的史料和文献，评论成篇。写到第七年，因为李陵事件，我被囚禁在狱中。于是感叹道："这是我的罪过啊！这是我的罪过啊！我的身体受到了毁伤，怕是再也做不成事情了。"然而退而深思："《诗》《书》之所以含义隐微且言辞简约，大概是作者想要表达他的心志和情绪。当初周文王被拘禁在羑里，重新推演了《周易》；孔子在陈、蔡之间遭遇到困厄，创作了《春秋》；屈原因为受到了放逐，才创作了《离骚》；左丘明因为双目失明，才编撰了《国语》；孙子因为受了膑刑，才创作了兵法；吕不韦被贬流放到蜀郡，所以世上才有《吕览》流传；韩非子被囚禁在秦国的监牢中，所以才写下了《说难》《孤愤》；《诗》三百篇，大部分也是圣人贤士因为愤懑写出来的。这些人都是因为有所抱负却得不到施展，所以才追述往事，思考未来。"于是最终下定决心，记述上起陶唐以来至汉武帝获麟之间的历史，从黄帝开始。

【精彩语段】

昔西伯拘羑里，演《周易》；孔子厄陈、蔡，作《春秋》；屈原放逐，著《离骚》；左丘失明，厥有《国语》；孙子膑脚，而论兵法；不韦迁蜀，世传《吕览》；韩非囚秦，《说难》《孤愤》；《诗》三百篇，大抵贤圣发愤之所为作也。此人皆意有所郁结，不得通其道也，故述往事，思来者。

评析 这句话是《太史公自序》中的一句传统名句，实际上也阐述了司马迁之所以创作《史记》的重要原因。如同西伯、孔子、屈原、左丘明、孙子、吕不韦、韩非等人在重大遭遇之后才有了传世不衰的巨著，司马迁也是因为心中郁结了同样的感情，才通过创作、著述的方式，委婉含蕴地传达出来。所以，鲁迅才称赞这部伟大的著作为"史家之绝唱，无韵之《离骚》"，可谓正切主旨。

知识链接 诗经"六义"

作为我国第一部诗歌总集，《诗经》代表了先秦诗歌艺术的最高成就。"六义"是《诗·大序》中出现的一种说法，即"诗有六义焉：一曰风，二曰赋，三曰比，四曰兴，五曰雅，六曰颂"。后世一般认为，风、雅、颂是诗的三个分类，赋、比、兴则是诗的表现手法。其中，"风"为地方色彩浓烈的音乐形式，包括十五"国风"，是劳动人民口头创作乐曲的集合，带有浓郁的民歌特色。"风"是《诗经》总集中最富现实主义特色的、能够表现人民真实的生活状况的部分，多用鲜明而朴素的语言，表现丰富多彩的节律和音乐感，一咏三叹，因而成为《诗经》总集中最富精华的部分。